U0557229

権威・前沿・原创

皮书系列为
"十二五""十三五""十四五"时期国家重点出版物出版专项规划项目

GREEN BOOK

智 库 成 果 出 版 与 传 播 平 台

殡葬绿皮书

GREEN BOOK OF FUNERAL

中国殡葬事业发展报告（2018~2022）

REPORT ON FUNERAL DEVELOPMENT OF CHINA (2018-2022)

研　创／民政部一零一研究所
主　编／刘　锋
副主编／王　玮　王永阔

社会科学文献出版社
SOCIAL SCIENCES ACADEMIC PRESS (CHINA)

图书在版编目（CIP）数据

中国殡葬事业发展报告. 2018~2022 / 民政部一零
一研究所研创；刘锋主编；王玮，王永阔副主编. --
北京：社会科学文献出版社，2022.7
（殡葬绿皮书）
ISBN 978-7-5228-0324-1

Ⅰ. ①中…　Ⅱ. ①民…　②刘…　③王…　④王…　Ⅲ.
①葬礼-服务业-研究报告-中国-2018-2022　Ⅳ.
①D632.9

中国版本图书馆 CIP 数据核字（2022）第 109794 号

殡葬绿皮书

中国殡葬事业发展报告（2018~2022）

研　　创 / 民政部一零一研究所
主　　编 / 刘　锋
副 主 编 / 王　玮　王永阔

出 版 人 / 王利民
责任编辑 / 陈　颖
责任印制 / 王京美

出　　版 / 社会科学文献出版社·皮书出版分社（010）59367127
　　　　　　地址：北京市北三环中路甲 29 号院华龙大厦　邮编：100029
　　　　　　网址：www.ssap.com.cn
发　　行 / 社会科学文献出版社（010）59367028
印　　装 / 三河市东方印刷有限公司

规　　格 / 开　本：787mm×1092mm　1/16
　　　　　　印　张：27.25　字　数：410 千字
版　　次 / 2022 年 7 月第 1 版　2022 年 7 月第 1 次印刷
书　　号 / ISBN 978-7-5228-0324-1
定　　价 / 169.00 元

读者服务电话：4008918866

该书的出版，得到了民政部社会事务司的大力支持和帮助。

殡葬绿皮书编委会

主编简介

刘　锋　中共党员，民政部一零一研究所党委副书记、所长。毕业于北京师范大学，教育学硕士学位；先后就职于民政部人事教育司、民政部基层政权和社区建设司、民政部民间组织管理局、民政部民间组织服务中心（其间：2016 年 3 月至 2017 年 1 月在中央党校中青年干部培训二班学习）、民政部社会组织服务中心（其间：2018 年 10 月至 2020 年 4 月在甘肃省甘南藏族自治州挂职任州委常委、副州长）。

摘　要

　　《中国殡葬事业发展报告（2018~2022）》是由民政部一零一研究所组织有关方面的专家、学者和业内资深工作者共同研创的关于中国殡葬事业发展的系列成果，本书为民政部一零一研究所组织研创"殡葬绿皮书"的第六部。本书分为总报告、发展篇、专题篇、实践探索篇四部分，汇集了21篇研究报告，另有附录2篇。

　　总报告在回顾了五年来全国殡葬事业发展取得主要成绩的基础上，分析了新时期殡葬事业发展面临的形势、机遇和挑战，针对我国殡葬领域存在的制约殡葬事业发展的实际问题，提出了加快补齐法规政策短板，为深化殡葬改革保驾护航；加快补齐服务设施短板，满足基本殡葬服务需求；加快补齐体制机制短板，创新殡葬管理和服务体系；加快补齐工作力量短板，增强殡葬治理和服务能力；加快补齐综合治理短板，树立公序良俗和文明新风等对策和建议。

　　发展篇主要围绕绿色殡葬、科技殡葬、人文殡葬、人才队伍建设、信息化建设和标准化体系建设等主题，回顾了我国推行绿色殡葬、防治环境污染的实践，阐述了遗体防腐技术的历史和现状，探索了不同时代、不同社会阶段及不同主流价值取向之下丧葬礼俗的特征、性质与规律，分析了生命文化教育的基本内涵，提出了生态文明视域下殡葬领域实现双碳目标的新路径，深入开展殡葬领域污染监测和削减大气污染物排放的举措，推广新型遗体防腐技术及相关产品的对策，创新丧事办理、亡者安顿、"以死教生"的生死智慧和丧葬礼俗的新模式，增强殡葬设施人文环境的教化功能，倡导生命文

化教育，展示生命文化教育在殡葬业界的强大活力。

专题篇聚焦殡葬领域应急处置能力建设、业内新冠肺炎疫情应对、骨灰林葬推广、生态设施建设等专题，分别采取信息采集、政策研究、案例分析、专题调研、个案访谈、跟踪溯源、数据处理、比对剖析等手段，结合现实需求和各方面实际状况，提出了一系列发展思路、应对策略和具体建议。

实践探索篇立足民生福祉和群众关切，重点推介山东、浙江、江西和安徽等地新时期推动殡葬事业健康发展的新探索、新实践、新模式和新经验，以期促进"人文殡葬""绿色殡葬""惠民礼葬""数字殡葬"的广泛深入开展，推进殡葬基本公共服务的均等化、普惠化、人文化、规范化、便捷化和现代化。

关键词： 殡葬改革　惠民礼葬　绿色殡葬　科技殡葬

Abstract

Report on Funeral Development of China (*2018−2022*) is the sixth *Green Book for Funeral* in China. It's a collection of the researching achievements on the development of funeral industry in China, composed by experts, scholars and senior workers in the related field organized by the 101 Institute of the Ministry of Civil Affairs. The book is divided into five parts: general report, the developments, special subjects, practice and exploration and appendix, with a total of 21 research reports.

Based on the review of the major achievements made in the development of China's funeral industry in the past five years, the general report analyzes the situation, opportunities and challenges faced by the development of the funeral industry in the new era. To address the issues that restrict the development of funeral industry, the general report offers the following suggestions. Weak links of Laws and policies will be shored up to deepen the funeral reform. Sufficient service facilities will be provided to meet the basic needs of funeral services. Weaknesses in mechanisms should be addressed to innovate the funeral management and service system. More resources need to be mobilized to develop the industry. Efforts should be made in capacity building for funeral governance and service and weaknesses will be resolved for comprehensive governance. A sound environment needs to be fostered where everyone acts in line with public rules and new cultural practices.

The developments chapter mainly focuses on the themessuch as green funeral, scienced-based funeral, humanistic funeral, talent pool building, the application of information technology and standards construction. It reviews efforts made by China in green funeral for pollution prevention and control, expounds the history

and the current status of embalmment technology and explores the characteristics, essence and laws of funeral rites in different times, social stages and environment of varied mainstream values. The chapter also analyzes the essence of the culture of life, and offer new solutions to carbon peaking and carbon neutrality in funeral industry from the perspective of ecological conservation. It calls for more measures for pollution monitoring and emission reduction and promotes new type of embalmment technology and related products. The topics of the innovation of funeral service, settlement of death, life education and new types of funeral customs are discussed in this part. It indicates that efforts should be made to foster a sound environment of funeral facilities for moral enhancement and advocates life education.

The special subjectsfocus on themes including capacity building for emergency management, Covid – 19 response in the industry, promotion of forest burial, construction of ecological infrastructure. It adopts methods of information collection, policy research, case study, special research, case interview, tracking and tracing, data processing and comparison and analysis. Based on the actual needs and conditions, it offers a series of ideas, strategies and suggestions for future development of funeral industry.

The chapter of practice and exploration introduces efforts made to improve people's well being and respond to public concerns. To widen the popularity of humanistic funeral, green funeral, preferential and civil funeral and digital funeral, it mainly introduces efforts made by the provinces of Shandong, Zhejiang, Anhui and Jiangxi in advancing the sound development of funeral industry and the models and experience created by them. It also strives to ensure equal and convenient access to modern public services that are inclusive, humanistic and standardized.

Keywords: Funeral Reform; Preferential Funeral; Green Funeral; Science-based Funeral

目 录 ⌐⌐

Ⅰ 总报告

Ⅱ 发展篇

V 附 录

皮书数据库阅读**使用指南**

CONTENTS ↖↘

I General Report

II Developments Chapters

III   Special Subjects

Ⅳ　Practice and Exploration

Ⅴ　Appendices

总 报 告
General Report

G . 1

2018~2022年中国殡葬事业
发展状况及展望

肖成龙　马金生*

摘　要： 2017~2021年，在党中央和各级政府部门的推动下，我国的殡葬事业稳步前进，在诸多方面取得长足发展。这主要表现在：节地生态安葬成效显著；移风易俗工作有序推进；惠民殡葬政策得到加强；疫情防控常态化背景下殡葬事务有序开展；殡葬信息化建设快速推进；殡葬标准化工作全面开展。在新的社会发展条件下，殡葬领域依然存在法规陈旧、服务设施不足、工作力量薄弱、体制机制不够健全等一系列问题，与人民群众对美好生活的向往和需求之间依然存有一定差距。2022年是实施"十四五"规划的关键之年，也是党的二十大召开之年。为进一步推动殡葬事业的高质量发展，应加快推进《殡葬管理条例》修订步伐，

* 肖成龙，民政部一零一研究所研究员，主要研究方向为殡葬政策研究、环境监测和民政标准化；马金生，博士，教育部人文社会科学重点研究基地中央民族大学中国少数民族研究中心副教授，主要研究方向为殡葬政策与理论、社会文化史。

推动殡葬改革指导性政策文件出台，不断补齐制约殡葬改革发展的制度性短板，着力提升殡葬基本公共服务体系建设水平，推动殡葬服务的规范化、均等化、普惠化、人文化和便捷化发展。

关键词： 殡葬管理　生态安葬　移风易俗　信息化　标准化

作为民生领域的一项重要内容，近年来，党中央、国务院和各级政府部门高度重视殡葬改革。"十三五"时期，积极推进殡葬基本公共服务均等化取得显著成效，"十四五"期间，将进一步坚持殡葬服务公益属性，补齐基础设施短板，在推进移风易俗中更好地实现"逝有所安"。与此同时，随着社会经济的发展和民众精神文化需求的逐步提高，人们对殡葬服务质量提出了更高、更多元、更个性化的要求，现有的殡葬服务难以满足民众的需求，对殡葬服务单位的服务能力提出了挑战。新冠肺炎疫情防控的常态化，使殡葬事业发展面临前所未有的困难。五年来，在党的十九大精神的指引下，各级政府部门本着"多谋民生之利、多解民生之忧""在发展中补齐民生短板""人与自然和谐发展"等理念，深入贯彻习近平总书记对殡葬工作的批示精神，着力加大殡葬基础设施建设力度，努力提升殡葬服务能力，深化殡葬习俗改革，促进了殡葬事业健康有序发展。

一　2017~2021年殡葬事业发展概况

五年来，我国的殡葬事业坚持以习近平新时代中国特色社会主义思想为指导，坚持以人民为中心，围绕惠民殡葬、绿色殡葬、科技殡葬、人文殡葬，以推动殡葬习俗改革为主线，以满足人民群众殡葬需求为导向，以创新殡葬管理机制为动力，以提升殡葬服务能力和专业水平为保障，有力地推动了殡葬事业更好地服务于保障和改善基本民生，促进物质文明、精神文明和生态文明建设。

（一）节地生态安葬成效显著

自民政部等 9 部门[1]联合印发《关于推行节地生态安葬的指导意见》（以下简称《指导意见》）以来，各省级行政区均出台了有关节地生态安葬的实施意见或奖补办法，节地生态安葬率已成为各地新时期殡葬改革的主要考核指标，促进了节地生态安葬持续开展。

1. 节地生态安葬率不断提升

《民政事业发展第十三个五年规划》要求"积极推行火葬区骨灰撒海、撒山、植树（花、草）等节地生态安葬方式，实现节地生态安葬率达到50%以上"。

作为全国首批三个国家生态文明试验区之一的江西省，按照"建墓不见墓""墓园变公园"的理念，将历史埋葬点全部进行生态化改造，集中整治散埋乱葬91.9万穴，"超大墓""豪华墓""活人墓"等现象彻底消除，原有坟头"变小""改卧"，坟地变成了林地、绿地、茶园、果园、公园，与周边自然环境融为一体。

"十三五"以来，广东省新建公益性安葬（放）设施233 个，海葬（树葬）纪念设施56 个，全省实现节地生态安葬奖补政策覆盖率100%，节地生态安葬率超60%。[2] 其中，被民政部评为全国殡葬综合改革试点优秀案例的广州市节地生态安葬率达到84%。据中国网报道，温州市持续深化青山白化治理，到 2022 年，全市青山白化治理率为 100%，节地生态安葬率达70%以上。山东省肥城市充分尊重群众意愿，总结提出了"深埋还耕、深埋造林、树葬公益林、卧碑、骨灰堂、壁葬"等 6 种节地生态安葬模式，已开工建设的农村公益性公墓488 处，村居覆盖率达到87%，节地生态安葬率达到90%以上。[3]

---

① 民政部、国家发展改革委、科技部、财政部、国土资源部、环境保护部、住房城乡建设部、农业部、国家林业局等 9 部门。

② 《以生态安葬促移风易俗 广东殡葬改革"绿"意盎然》，广东省民政厅门户网站，2021 年4 月 2 日，http：//smzt. gd. cn/mzzx/mzyw/content/post_ 3255171. html。

③ 《全省公益性安葬（放）设施建设管理现场交流暨突出问题专项整治培训会议在我市召开》，2021 年 7 月 23 日，http：//www. feicheng. gov. cn/art/2021/7/23/art_ 48418_ 10297032. html。

2. 节地生态安葬奖补有所创新

近年来，节地生态安葬奖补也与惠民殡葬政策实施情况一样，都从保基本，朝广覆盖、扩项目、可持续、提标准方向发展。如浙江省《三门县推行节地生态安葬奖励办法》规定的奖励项目分两类：一是生前享有，二是逝后奖励。

生前享有是指年满70周岁的三门户籍城乡居民自愿在生前申请其亡故遗体火化后采用树葬、花坛葬、草坪葬、海葬等节地生态安葬方式，本人或家属填写《三门县生前享有奖励审核表》并签订协议，本人可在生前每月领取奖励金，生前享有奖励标准见表1。

表1 生前享有奖励标准

年龄(周岁)	奖励标准 （元/月）		
	树葬和花坛葬	草坪葬	海葬
年满70	100	80	120
年满80	150	120	180
年满90	200	160	240
年满100	300	240	360

逝后奖励指生前未签订生前享有协议，但逝后采用树葬、花坛葬、草坪葬、海葬等节地生态安葬方式，家属填写《三门县节地生态安葬奖励申请审批表》，可在完成节地生态葬后领取一次性奖励。逝后奖励标准分三个档次：对在县民政部门审批的指定区域树葬、花坛葬的，给予一次性3000元；草坪葬的，给予一次性2000元；海葬的，给予一次性5000元。

随着社会的发展和节地生态安葬力度的加强，浙江省衢州市区等地，对骨灰实施撒散的，已将每例一次性奖励提高到20000元[1]。杭州等地节地生态安葬奖补对象从当地户籍的所有城乡居民，扩大到驻地现役军人、大中专院校全日制非本地户籍学生和持市区有效居住证的外来人员[2]。

---

[1] 衢州市人民政府办公室：《衢州市区节地生态安葬奖励实施办法（暂行）》（衢政办发〔2019〕17号），2019年4月3日。

[2] 杭州市民政局、杭州市财政局：《关于对杭州市区实施节地生态安葬对象予以奖补的通知》（杭民发〔2018〕201号），2018年10月10日。

（二）移风易俗工作有序推进

在民政部印发《开展殡葬管理服务专项整治活动工作方案》、组织开展专项整治活动的基础上，2018年6月，经国务院领导同意，民政部等9部门联合发布了《全国殡葬领域突出问题专项整治行动方案》①，在全国范围联合开展殡葬领域突出问题专项整治行动，聚焦殡葬领域群众反映最强烈、媒体曝光最集中的突出问题，重点整治公墓建设运营、殡葬服务、中介服务及丧葬用品销售中的违法违规行为。

专项整治行动首先明确了"加强领导，压实责任""积极稳妥，依法依规""惩防并举，标本兼治"三项基本原则，将全国所有的殡仪馆、殡仪服务站、经营性公墓、公益性墓地、医疗机构太平间、宗教活动场所骨灰存放设施等殡葬服务和丧葬用品销售场所纳入了专项整治的范围。各地在党委、政府领导下逐级制定了本地专项整治实施方案，逐一进行整改落实，同时向社会公布整治方案内容和投诉举报电话。

民政部会同相关部门成立联合督查组，对各地专项整治情况进行了指导和督查评估，推进了整改落实。同时，联合督查组对各地专项整治中发现的问题，及时向当地党委和政府反馈，推动问题的解决。督查和评估活动的开展，促进了各地对整改落实情况的复查复核和工作考核。

通过专项整治工作的开展，各地在党委、政府领导下，建立了专项整治行动领导小组或部门联席会议机制，推动了各部门协同合作和行业自律，查找了殡葬管理服务漏洞，加大了违法违规行为惩戒力度，落实了属地管理和行业监管责任，规范殡葬管理和服务，收到预期效果。

2017年9月，民政部印发《全国殡葬综合改革试点方案》，确定北京市民政局等80个单位和地区为全国殡葬综合改革试点。其中，省级试点6个，地级试点25个，县级试点49个。殡葬综合改革试点围绕"健全殡葬

---

① 2018年6月27日，民政部、国家发展改革委、公安部、司法部、自然资源部、住房城乡建设部、国家卫生健康委员会、国家市场监管总局和国家宗教事务局9部门联合发布了《全国殡葬领域突出问题专项整治行动方案》。

工作领导体制和工作机制，强化殡葬公共服务，改革殡葬管理服务方式，加强殡葬监管执法，加快殡葬信息化建设，深化殡葬移风易俗，推进节地生态安葬，治理农村散埋乱葬"等任务有序开展，重在总结殡葬改革的典型经验和先进做法，积极推动创新殡葬改革的方式、方法，全面寻求殡葬改革的创新模式和深化路径，以期形成先行先试、可复制可推广的殡葬管理模式。

2018 年 12 月，全国丧葬礼俗改革暨公益性公墓建设管理座谈会在陕西省大荔县召开，会议强调，推进丧葬礼俗改革是破除传统治丧陋习、减轻群众丧葬负担的重要途径，是创新殡葬服务模式、促进殡葬业转型升级的重要动力，是传承发展优秀传统文化、促进社会文明进步的重要举措，推进丧葬礼俗改革要顺应新时代人民群众对美好生活的新期盼，契合生态环境保护需求和社会文明进步要求，培育具有时代特征、民族特性、群众认同、人文深厚的丧葬礼仪。按照民政部等六部门《关于做好村规民约和居民公约工作的指导意见》要求，许多地区已将殡葬改革要求纳入了村规民约，将殡葬移风易俗纳入各类群众性精神文明创建活动，形成了公序良俗，实现治丧有标准、流程有规范、服务有礼仪，殡葬行业先进事迹正在弘扬时代主旋律、凝聚社会正能量、传递业内好声音。

在殡葬综合改革试点工作中，山东省沂水县的"惠民礼葬"[①] 脱颖而出，受到政府和社会各界高度关注和热烈讨论。2019 年 11 月，全国殡葬综合改革试点工作座谈会在沂水举行，同时"沂水县移风易俗教育基地"揭牌面世。2021 年 5 月，全国"惠民礼葬"改革专家研讨会又在沂水召开，国务院主管领导和民政部领导都对"惠民礼葬"的"沂水经验"给予了充分肯定。"沂水经验"首先确定了殡葬改革是"一把手工程"，回答了"为啥改""改什么""怎么改"，通过调研和算好算透"六笔账"[②]，坚持"三

---

① 2019 年 11 月，民政部办公厅公布了《全国殡葬综合改革试点优秀案例名单》，山东省沂水县的《敢为天下先，创新实施"惠民礼葬"》被列为全国殡葬综合改革试点优秀案例。

② 六笔账：经济账、土地账、资源账、安全账、环境账、祭祀账。

为主"①、"三不准"②、"三严禁"③ 原则，创新实施了以"惠民礼葬"为核心的殡葬改革，在全国率先实现"全民惠葬"政策全覆盖、公益性公墓"免费安葬"全覆盖、"厚养礼葬"服务全覆盖。全县逝者家庭都享受到"殡葬全免费"④ 的惠民政策，户均减负2.5万元丧葬费。沂水县在加强政府殡葬管理的同时，充分发挥了群众自治组织的自治作用，打通了殡葬法规政策落实的最后一公里，建立完善了县乡村三级红白理事会组织，县成立县级红白理事联合会，乡镇（街道）成立乡镇级红白理事会，社区（村）成立村级红白理事会。县联合会指导镇、村两级理事会开展移风易俗、文明殡葬工作，并定期对各级理事会成员开展业务培训。乡镇级理事会指导、监督辖区内村级理事会开展移风易俗工作，落实文明殡葬相关政策。村级理事会负责向群众宣传文明殡葬政策，及时上门做好对逝者及其家属的具体服务工作。

除山东沂水的殡葬改革模式外，部分试点单位在葬式葬法革新方面也有不少突破，为推进殡葬改革摸索和积累了经验。比如，作为综合试点单位之一的新疆乌什县，在殡葬改革的探索上便逐渐摸索出了新路。当地殡葬方式主要采取土葬，墓葬用地日趋紧张。为解决这一问题，当地的政府部门联合宗教界人士，积极探索安葬的新方式，采用并排"复式（两层或多层）"墓穴（平均高1米、宽1米、长2.3米）进行土葬。如此一来，每亩地可安葬400余人，是原安葬人数的4倍。在不新建、不扩建的情况下，不仅缓解了当前墓地紧张问题，还可解决今后数百年当地群众的安葬需求。⑤ 其他殡葬综合改革试点也有颇为称道的经验，限于篇幅，不再赘述。

---

① 三为主：正面工作为主、宣传引导为主、优质服务为主。
② 三不准：不准一刀切、不准强制、不准搞平坟运动。
③ 三严禁：严禁向外租售土地用作墓地、严禁在耕地修建坟墓、严禁制售使用大棺材。
④ 遗体运输费、悼念费、遗体消毒费、遗体整容费、火化费、骨灰盒费、公益性公墓墓穴和墓碑使用费、碑文刻制费等全部免除。
⑤ 马金生、付延功：《关于进一步推动民族地区殡葬事业发展的研究报告》，载丁宏、马金生主编《中国少数民族事业发展报告（2019～2020）》，社会科学文献出版社，2020。

（三）惠民殡葬政策得到加强

21世纪以来，随着"死不起""殡葬暴利"等甚嚣尘上，殡葬的公益属性被政府部门再次强调。通过建立基本殡葬公共服务制度，满足民众对殡葬服务提出的新期待、新要求尤为迫切。党的十八大以后，殡葬民生保障被提上政府部门的议事日程，并不断得到深化和完善。近年来，殡葬基本公共服务体系建设稳中求进，取得明显进展。2017年，《国务院关于印发"十三五"推进基本公共服务均等化规划的通知》（国发〔2017〕9号）颁布，再次明确了加快推进社会事业改革和扩大基本殡葬公共服务有效供给。民政部等16个部门制定的《关于进一步推动殡葬改革促进殡葬事业发展的指导意见》（民发〔2018〕5号），提出了"坚持推进殡葬改革与完善殡葬服务供给相结合，优化殡葬资源配置，完善殡葬服务网络，建立基本殡葬服务制度，确保实现人人享有公益性基本殡葬服务，让人民群众成为殡葬改革的最大受益者"的"公平可及，群众受益"原则，以及建立健全殡葬公共服务体系具体措施，充分体现了以人民为中心的思想和将满足群众殡葬需求作为出发点和落脚点的务实精神。

为推进殡葬基本公共服务体系建设，特别是为了弥补殡葬基础设施建设的历史欠账，近年来，中央和各级政府部门在殡葬基础设施建设上的投入力度不断增强。"十三五"期间，在民政部的争取和国家发改委等部门的支持下，殡葬基础设施建设被纳入全国"十三五"社会服务兜底工程，在《"十三五"社会服务兜底工程实施方案》中，国家对火葬区尚无设施的县级殡仪馆新建、已达到危房标准的县级殡仪馆改扩建、火葬区尚无县级公益性骨灰安放设施建设、已达到强制报废年限或不符合国家环境保护标准的火化设备更新改造等几类项目进行投资兜底。在中央预算内投资逐年增加的背景下，全国特别是中西部以及边疆民族地区的殡葬服务资源配置得到明显优化（见表2）。

表2　殡葬兜底工程项目中央预算内投资控制额度

建设项目	人口数量（人）	中央预算内投资控制额		
		西部	中部	东部
殡仪馆（万元/个）	50万人以下县	640	480	240
	50万人以上县	1120	840	420
骨灰安放设施（万元/个）	—	480	360	180
火化设备（万元/套）	—	50	50	50

注：对于新疆南疆地区、西藏、涉藏地区、享受中西部待遇等政策地区的项目按有关规定执行。

　　"十三五"期间，在中央预算内资金投入地方殡仪馆和公益性骨灰堂建设项目的同时，民政部也加大了部本级福彩公益金支持力度，支持中西部贫困地区殡葬设施建设和殡葬设备改造。江苏、河北、江西、安徽、贵州等多地加大了财政投入力度，公益性公墓、骨灰堂实现城乡全覆盖，群众治丧条件得到明显改善。自《民政部关于全面推行惠民殡葬政策的指导意见》发布至今，全国31个省（区、市）均制定了惠民殡葬实施意见或办法，惠民殡葬政策的实施正在不断地深化，"保基本""广覆盖""可持续""增项目""提标准"已经成为各地的惠民目标和自觉行动。保基本：全国各地普遍将遗体接运、遗体存放、遗体火化、骨灰寄存四项基本殡葬服务项目纳入了惠民范围；广覆盖：殡葬惠民政策惠及辖区内所有居民（包括户籍人口和非户籍常住人口），不断扩大惠及面；可持续：惠民殡葬专项资金被列入地方财政预算并形成长效机制；增项目：增加基本殡葬服务项目，除上述四项基本殡葬服务项目外，各地积极开展免费增项，免费提供卫生棺、裹尸袋、骨灰盒、告别厅、花圈等；提标准：提高惠民服务项目的免费标准和服务水平。

　　江苏、上海等地在推行普惠性殡葬基本服务外，还对城乡居民低保对象、农村五保供养对象、"三无"人员、享受民政部门抚恤的残疾军人、烈士遗属、因公牺牲军人遗属、病故军人遗属、义务兵役制以前的在乡复员军人、享受民政生活补助的参战涉核人员等九类人员免除基本丧葬费。此外，对无名尸的处理及其骨灰保管也更加人性化。宁夏等地出台了困难

群体殡葬救助办法，实现了殡葬救助与城乡低保、优抚抚恤、养老保险等生活保障制度的有效衔接，保障了困难群体的基本殡葬权益，促进了社会公平。

北京东郊殡仪馆从 2018 年起结合惠民殡葬持续开展"暖心服务"，向社会公开承诺"服务项目只增不减、服务收费只减不增"，并聘请社会监督员监督，在保障基本殡葬服务项目首批推出的 17 项惠民措施基础上，又增加了具体惠民便民利民措施，为客户免费提供休息室、小白花、鲜花、黑纱、便民手提袋、轮椅、一次性雨衣、清洁纸巾、票据收纳袋、茶水、饮料、点心、针线、剪刀、老花镜、充电器、雨伞等，让惠民殡葬举措更接地气、更加精细、更暖人心。

（四）疫情防控常态化下殡葬事务有序开展

2020 年初，新冠肺炎疫情突袭而至，成为全球性的公共卫生事件。新冠肺炎疫情的高感染性给殡葬服务带来巨大的压力和挑战，为有效应对新冠肺炎疫情的传播、及时切断新冠肺炎疫情的传染链，2020 年 2 月初，民政部发布了《殡葬服务机构新型冠状病毒感染肺炎患者遗体处置及疫情防控工作指引（试行）》，提出在疫情期间要按照从简、就近处理的原则开展殡葬服务，明确了在特殊时期进行"涉疫"服务的各项具体要求和标准。相关工作指引、指南的及时出台，为殡葬服务单位在疫情期间规范各项工作提供了参考依据。在新冠肺炎疫情最为严重的时期，以及疫情防控进入常态化阶段，各地殡葬服务部门科学防范、有效应对，没有发生一起感染事件，没有一个员工因处置新冠肺炎病患遗体而感染。

自疫情发生以来，在清明节等祭祀节日，各地的公墓等殡葬服务机构分别制定工作规范，采取网络预约、网上祭祀、分流祭扫等手段，有效管控祭扫人员的流动，提供温馨的祭扫服务，均较为圆满地完成了祭扫工作。比如，在 2021 年清明节假期的最后一天，据民政部清明节祭扫工作办公室统计，当天全国开放现场祭扫的殡葬服务机构共有 32732 个，接待现场祭扫的群众 1313 万人次，与前两天相比，人数大幅减少。各殡葬服务机构疏导车辆 231 万台次，参与服务保障的工作人员有 37 万人。此外，各地的殡葬服务机构共开通网络祭扫平台 1292 个。登录网络祭扫平台进行祭扫的群众，则有 175 万人次。清明节三天假期，各地累计接待现场祭扫的群众共计6773 万人次，登录网络祭扫的民众为 738 万人次，共疏导车辆达 1202 万台次，参与服务保障的工作人员为 121 万人次。整个清明节假期期间，各地祭扫活动安全有序，未发生疫情感染以及拥堵踩踏等安全事故。①

（五）殡葬信息化建设快速推进

2018 年 6 月，民政部按照"金民工程"的统一规划和部署，印发了《关于推进"互联网+殡葬服务"的行动方案》，确定了"构建殡葬管理服务信息平台""加强殡葬信息化标准规范建设""提高殡葬在线政务服务水平""推动殡葬服务线上线下互动融合""推进殡葬大数据治理能力建设"五项重点任务，同时给出了实施路径、时间安排和保障措施。将北京、天津、山东、陕西、云南五省市民政部门作为全国殡葬信息建设试点，加快推进"互联网+殡葬服务"系统建设或自建系统升级改造工作，在民政部一零一研究所和民政部信息中心的技术指导与试点省市的共同努力下，首批完成了试点省市殡葬管理服务信息系统的平台构建、网络环境设置、专业人员培训、系统调试运行、使用功能开发等系列工作，取得了试点的预期效果。

目前，信息平台按照"统一标准、两级部署、多级应用"的建设思路，制定并实施了系统基本数据规范和数据交换共享规范，实现了省部两级殡葬管理服务信息平台的互联互通，与市、县级信息平台及殡葬服务机构的信息平台有效对接，促进了殡葬管理服务的线上线下融合，推进了殡葬服务模式不断创新，初步形成了殡葬便民利民服务的新业态，"互联网+殡葬服务"正在成为新时期殡葬事业健康发展的新引擎。同时，"互联网+殡葬服务"新模式在殡葬领域新冠肺炎疫情防控工作中发挥了不可替代的特殊作用。

---

① 《清明节假期各地群众祭扫活动安全有序》，http://www.mca.gov.cn/article/xw/mzyw/202104/20210400033015.shtml。

（六）殡葬标准化工作全面开展

五年间，在第二届全国殡葬标准化技术委员会（以下简称"标委会"）的统一协调和技术支持下，殡葬标准体系得到进一步完善，标准制修订工作成效明显；完成了《殡葬标准汇编》，推动了标准化示范工作等。

在殡葬标准体系完善方面，根据民政部政策法规司《关于开展民政领域标准清理和完善标准体系框架有关工作的通知》要求和《服务业组织标准化工作指南第 2 部分：标准体系》（GB/T 24421.2-2009）的技术规定，标委会组织中国标准化研究院、民政部一零一研究所、北京社会管理职业学院、北京市民政局、上海市民政局的有关专家成立了殡葬标准体系修订项目组，项目组通过对北京、上海、浙江、福建、广东等地殡葬管理部门、殡葬服务机构和殡葬产品生产厂家的实地调研和座谈，了解了行业发展对标准的实际需求，明确了标准化对象，全面梳理了 2008 年版的《殡葬标准体系表》，调整并规范了标准体系结构，补充完善了标准明细表和统计表，同步修订了体系编制说明，经专题研讨、征求意见和专家审定，形成了 2020 年版的《殡葬标准体系表》。新标准体系包括 3 个子体系和 19 个子子体系，共包括 110 项标准（其中：国家标准 25 项，行业标准 85 项），描绘了新时期殡葬标准制修订的蓝图。

在殡葬标准制修订方面，继民政系统标准化建设年之后，五年间殡葬领域共修订了国家职业技能标准 4 项，制定建设标准 2 项，制定民政行业标准 25 项。具体制修订标准情况见表 3。

表 3　2017~2021 年殡葬领域制修订标准情况一览

标准类别	序号	标准名称	标准编号	发布机构
国家职业技能标准	1	殡仪服务员国家职业技能标准（2021 年版）	（4-10-06-01）	人社部民政部
	2	遗体防腐整容师国家职业技能标准（2021 年版）	（4-10-06-02）	
	3	遗体火化师国家职业技能标准（2021 年版）	（4-10-06-03）	
	4	公墓管理员国家职业技能标准（2021 年版）	（4-10-06-04）	

续表

标准类别	序号	标准名称	标准编号	发布机构
建设标准	1	殡仪馆建设标准	建标 181-2017	住建部 国家发改委
	2	城市公益性公墓建设标准	建标 182-2017	
民政行业标准	1	殡葬管理服务信息系统基本数据规范	MZ/T 098-2017	民政部
	2	平板火化机捡灰服务	MZ/T 099-2017	
	3	燃油式平板火化机及辅机运行规程	MZ/T 100-2017	
	4	火化机烟气净化设备通用技术条件	MZ/T 101-2017	
	5	安葬随葬品使用要求	MZ/T 102-2017	
	6	殡仪场所消毒技术规范	MZ/T 103-2017	
	7	火化残余物处理处置要求	MZ/T 104-2017	
	8	火化随葬品使用要求	MZ/T 105-2017	
	9	火葬场二噁英类污染物减排技术导则	MZ/T 106-2017	
	10	遗体火化大气污染物监测技术规范	MZ/T 107-2017	
	11	节地生态安葬基本评价规范	MZ/T 134-2019	
	12	遗体收殓运输消毒卫生技术规范	MZ/T 135-2019	
	13	遗体整容操作技术规范	MZ/T 136-2019	
	14	遗体冷冻柜通用技术条件	MZ/T 137-2019	
	15	突发事件遇难人员遗体处置技术规范	MZ/T 138-2019	
	16	遗体防腐操作规程	MZ/T 139-2019	
	17	殡仪场所致病菌检测技术规范	MZ/T 140-2019	
	18	殡葬管理服务信息系统数据共享和交换规范	MZ/T 141-2019	
	19	燃气式火化机通用技术条件	MZ/T 142-2019	
	20	殡葬公共平台服务规范	MZ/T 143-2019	
	21	殡葬服务机构安全管理指南	MZ/T 144-2019	
	22	殡葬服务单位业务档案管理规范	MZ/T 145-2019	
	23	殡葬场所烟气排放连续监测技术规范	MZ/T 146-2019	
	24	火化机生产制造基本规范	MZ/T 147-2019	
	25	网络祭祀服务规范	MZ/T 173-2021	

2020 年 12 月，标委会组织人员完成了《殡葬标准汇编》（上下册），汇集了殡葬领域或相关行业的 75 项标准①，免费向全国殡葬管理部门、殡

——————

① 《殡葬标准汇编》（上下册）包括：国家标准 12 项，建设标准 2 项，国家职业标准 6 项，民政行业标准 41 项，相关行业标准 14 项。

葬服务机构和相关单位赠送了 1100 多套，为标准的宣贯实施奠定了必要的
基础。

二 殡葬事业发展面临的形势和主要问题

随着新时代中国特色社会主义现代化建设迈入新的时期，新型城镇化建
设、社会主义新农村建设以及人口老龄化进程加快，殡葬事业的发展也面临
着一系列机遇和挑战。特别是人民群众殡葬服务个性化、多样化的新需求增
加，使得扩大殡葬服务有效供给更加迫切。与此同时，社会保障水平的提高
与财政承受的压力日趋增大，法治进程的加快与殡葬法律体系建设滞后的矛
盾更加突出。新冠肺炎疫情防控的常态化，也使殡葬事业的发展面临更为复
杂的形势。以上因素彼此交织，给殡葬事业发展带来前所未有的挑战。

（一）殡葬法规陈旧，法治建设滞后

迄今为止，我国还没有一部"殡葬法"。现行的《殡葬管理条例》于
1997 年 7 月发布，属于行政部门法。条例实施 25 年来，殡葬立法理念、立
法环境、立法条件、管理范围、治理对象、执法手段都发生了不同程度的改
变，原本的法规条文由于过于原则化、笼统化，已无法适应新时代殡葬改革
的需要，更无法应对殡葬管理工作中遇到的新情况和新问题。近年来，尽管
民政部针对殡葬管理工作会同有关部委出台了一批"指导意见"类文件，
但"指导意见"毕竟属于行政指导文件，而不是行政法规，没有法律强制
执行效力，无法弥补法律法规的缺失和不到位。

《殡葬管理条例》修订迟滞，折射出政府各部门之间以及政府和社会各
界对殡葬改革的共识还难以达成，深刻地反映着殡葬改革中目标和手段、国
家意志与个人权利、政府部门之间、政府和市场以及中央和地方、城市与乡
村等方面的关系存有不同程度的张力甚至错位。特别是政府和市场的关系与
界限方面，当前"管办分离"的殡葬管理体制改革已成共识，但如何正确
界定公益与市场，既坚持殡葬公益属性，充分满足基本殡葬需求，又推动殡

葬服务市场化，满足不同层次消费需求，尚待摸索中。"公益"与"市场"的博弈等殡葬改革顶层制度设计上存在的分歧甚至对立，严重影响着殡葬改革的深入开展。

（二）殡葬服务设施不足，无法满足群众基本需求

近年来，尽管中央和各级政府部门加大了殡葬服务设施的建设力度，殡葬服务设施的数量有所增加，殡葬服务环境逐步优化，但总体上殡葬服务设施的数量依然明显不足。据民政部统计，截至2021年底，全国仍有22%实行火葬的县（市、区）没有殡仪馆，推行火葬缺少设施的基本保障；近30%的殡仪馆设施陈旧、亟须改造，影响殡仪服务质量的提升；全国经营性公墓仅有1443个，平均每个县（市、区）不足1个；全国72%的县（市、区）没有城镇公益性公墓，墓葬资源稀缺。现阶段我国殡葬公共服务设施严重不足，加之各地殡葬设施分布存在较大差异，基本殡葬服务设施供给和需求矛盾突出。

殡葬基础设施的不足，一方面带来了供需矛盾的凸显，进而不可避免地带来墓地价格的虚高，为"死不起"舆论的持续发酵提供了土壤；另一方面，当民众"入土为安"的需求得不到满足时，也会滋生其他怪现象。虽然政府部门加大了对乱埋乱葬的治理力度，但是现实生活中部分地区"违规建墓"的现象依然存在，甚至个别地区出现了私建大墓、豪华墓等现象，这些现象的产生都与基础安葬设施不足存在一定的联系。对于此类问题应有充分认知和省思。

（三）执法体制机制不全，行业监管不到位

推进殡葬改革，既要靠教育，更要靠法制，"两手都要抓，两手都要硬"。多年来，殡葬服务属性不明、定位不清、执法不严、监管不力的情形一直存在；与有关行业相比，专项殡葬事务管理还没有形成整套的有效管理制度，"加强殡葬执法监管"还处于试点阶段；基层殡葬管理部门对一些违规违法殡葬行为不敢管、不愿管、管不了，现行殡葬执法体制

机制亟待改革。殡葬执法监管缺失和不到位等，造成服务欠规范、违规责任小、处罚力度弱、违法成本低等后果，严重地阻碍了殡葬事业的健康发展。

（四）殡葬工作力量薄弱，影响殡葬管理和服务质量

殡葬工作涉及基本民生、公共服务、国土资源、环境保护、城乡建设、生态建设、文化建设、卫生防疫、市场监管、民族宗教、安全消防、社会治理、公检法司等方方面面，做好殡葬工作不能仅靠民政系统单打独斗，需要各级党委和政府整合当地人力资源，协调各有关部门同心协力、分工合作、齐抓共管。

面对繁杂的殡葬管理和服务工作，殡葬工作人员不足，力量严重匮乏。殡葬工作力量薄弱主要表现在两个方面：一是殡葬管理力量不足，殡葬管理机构缺少专职工作人员，在开展殡葬专项整治行动中，各级政府和民政部门不得不临时抽调人员组建"殡葬工作专班"来应对各项管理事务；二是殡葬服务力量不足，服务力量既表现在人员数量上，也表现在人员素质上。在全国范围内，殡葬服务的提供还很不均衡，随着"兜底工程"的推进，补建县级殡仪馆和城镇公益性公墓均需要配备相应的服务人员；同时，殡葬服务的提供也很不充分，在拓展服务项目、创新服务模式、完善服务内涵、提升服务质量等方面，无论是系统内服务人员还是社会组织服务人员的专业能力都有待全面提升。

（五）文明礼葬认识程度不高，移风易俗任重道远

殡葬领域危害公共利益问题时有发生，对于单位集体层面，被列为重点整治的主要有未经批准擅自兴建公墓设施、公墓未依法办理建设用地手续、擅自修改公墓建设规划、建造和出售超规定面积墓穴、墓穴（墓位）超标准收费、公益性墓地违规出售墓穴、宗教活动场所擅自设立骨灰存放设施、殡葬服务违规收费、不明码标价销售丧葬用品、违规经营欺行霸市等行为。

对于家庭个人层面，还存在违规土葬、毁林建墓、耕地修坟、乱埋乱葬、骨灰装棺再葬、乱搭灵棚、抛撒纸钱、焚烧纸扎、鞭炮祭扫、看风水、做道场、打灵幡、入殓开光、超度亡魂、丧事大操大办等现象，节俭办丧和文明礼葬程度不高。针对上述问题，尽管政府主导开展了一系列专项整治和移风易俗活动，但是经常发生"死灰复燃"现象，移风易俗任重而道远。

（六）殡葬领域的应急管理机制不健全，制约安全健康发展

全面建设应急管理法律制度体系，加快应急管理法律法规修订工作，推进应急预案和标准体系建设，是国家应急管理部门在未来一段时期内的核心任务。此次新冠肺炎疫情对我国应急管理机制提出了一系列挑战，具体在殡葬服务领域主要体现在三个方面。一是缺乏相应的应急管理法律法规的支撑。目前，我国尽管有《突发事件应对法》《突发公共卫生事件应急条例》《传染病防治法》等有关法律，但应急管理法律法规建设还不尽完善和成熟。在殡葬服务领域，唯一的行政部门法规《殡葬管理条例》中，并未对突发公共卫生事件或应急状态设置任何规定。专门法律法规的缺失，对于突发事件下殡葬服务的有序开展显然不利。二是缺乏殡葬服务资源的紧急征用和储备协调机制。此次新冠肺炎疫情事发突然，在疫情最为严重的武汉市的殡葬服务机构，防护服、口罩、手套、护目镜等防疫物资极度短缺。在中央的统一调配下，尽管问题都得到缓解和有效解决，但相关事例亦暴露了殡葬服务资源储备不足和应急机制缺乏。三是缺乏专门针对殡葬职工的心理疏导机制。在疫情严重时期，特殊的工作环境，不可避免地会给职工心理造成巨大压力。身体的疲惫和心理的压力，没有正常的途径得到休整与疏解，将影响殡葬职工的身心健康。

三　殡葬事业发展的对策建议

2022 年是党的二十大召开之年，是"十四五"规划实施的关键之年，

也是持续深化殡葬改革年，民政部将"坚持殡葬服务的公益属性，破除殡葬领域利益驱动机制，减轻人民群众丧葬负担，加快补齐殡葬服务设施短板，推进殡葬移风易俗"作为2022年全国民政工作的重点任务。面对新形势、新任务和新挑战，推动新时期殡葬事业的可持续发展，应首先坚持如下基本原则：一是坚持以人为本原则，殡葬事业是生命事业，以生命尊重生命、以生命呵护生命、以生命礼赞生命应贯穿殡葬工作的始终，秉持人本理念、回应人民关切、满足群众需求是做好殡葬工作的出发点和立脚点；二是坚持政策导向原则，现代殡葬改革是一项党委领导、政府主导、部门协作、社会支持、群众参与的庞大系统工程，只有法规统领的政策导向，才能兼顾需求导向、问题导向和目标导向，推动殡葬改革的有序发展；三是坚持文化引领原则，优秀的殡葬文化是人类文明的结晶，蕴含传统的孝道文化、善德文化和科学殡葬理念，重礼仪、缅英烈、讲传承、扬家风、淳民风、守公序、尊良俗、塑文明、破陋俗、树新风都需要文化引领，在打造人生后花园的过程中坚持文化自信，筑牢民族精神家园；四是坚持创新发展原则，创新是引领发展的第一动力，是建设现代化殡葬的战略支撑，殡葬领域的创新应包括观念创新、理论创新、制度创新、科技创新、文化创新、管理创新和服务创新。新的一年，针对殡葬领域的突出问题，应重点做好以下几方面工作。

（一）加快补齐法规政策短板，为深化殡葬改革保驾护航

2021年，国务院已将《殡葬管理条例》修订工作纳入年度立法计划，新修订的《江苏省殡葬管理条例》①也颁布实施，民政部门应持续发力，推动早日完成国务院《殡葬管理条例》的修订工作，为深化殡葬改革提供与时俱进的法规依据。此外，在殡葬设施规划、审批、建设、运营、监管方面和殡仪服务、生态安葬、低碳祭扫、遗体运输、无名尸处置等方面，制定与

---

① 《江苏省殡葬管理条例》已由江苏省第十三届人民代表大会常务委员会第二十二次会议于2021年3月31日通过，自2021年6月1日起施行。

新条例和意见配套的专项殡葬管理制度，为深化殡葬改革提供政策依据。与此同时，持续深入推动殡葬综合改革试点工作，及时总结、推广全国殡葬综合改革试点"殡葬监管执法"方面的先进经验，支持并鼓励地方因地制宜地制定地方殡葬管理法规政策，开展先行先试，解决地方性制约殡葬事业健康发展的突出问题。

（二）加快补齐服务设施短板，满足基本殡葬服务需求

按照国家发改委、民政部等四部门《"十四五"时期社会服务设施兜底线工程实施方案》中有关殡葬服务设施建设项目和标准大力开展火葬区尚无殡仪馆和公益性骨灰安放设施建设。在进行殡仪馆和公益性骨灰安放设施建设过程中，应分别执行《殡仪馆建设标准》（建标181-2017）和《城市公益性公墓建设标准》（建标182-2017），新建殡仪馆应同时配套火化设备。在中央财政支持殡葬服务设施建设的同时，争取部省级福利彩票公益金的支持，加快补齐殡葬服务设施短板，努力完成年度全国民政工作的重点任务。有条件的省区市要按照有关殡葬服务设施建设规划，推广北京、河北、江苏、江西、安徽、贵州等地安排地方财政资金、发放专项债券等多方筹措专项资金的成功经验，支持落后地区进行公益性殡葬服务设施建设和改造，提升基本服务能力，夯实惠民殡葬基础。

（三）加快补齐体制机制短板，创新殡葬管理和服务体系

有关殡葬事务的政府管理部门和各级殡葬管理机构要适应新形势、应对新挑战，做好自身定位，着力转变职能、理顺业务关系、优化组织结构、提高工作效能，创新监管方式，增强公信力和执行力，形成权责统一、决策科学、分工合理、执行通畅、监督有力的综合殡葬管理体制机制。殡葬服务机构应进一步明确殡葬服务范围和服务职责，深化单位自身改革，强化公益属性，科学整合和配置殡葬服务资源，针对当地殡

葬服务需求，拓展服务项目，创新服务模式，规范服务过程，提升服务质量，接受社会监督，建立并运行便民惠民和优质高效的殡葬服务体系。

（四）加快补齐工作力量短板，增强殡葬治理和服务能力

针对殡葬管理力量不足的问题，各级殡葬管理机构应根据工作需要配齐专职工作人员，尤其要建立一支殡葬执法监察队伍。对于常态化的殡葬专项整治工作，可将临时组建的"殡葬工作专班"中的年轻骨干人员正式选拔到殡葬管理机构。一方面按岗位补齐专职服务人员，另一方面要大力提升人员素质和技能水平。民政部职业技能鉴定指导中心在组织修订殡葬领域殡仪服务员等四项国家职业技能标准和编写技能培训教材的基础上，应继续组织开发理论知识和技能操作题库，争取人社部支持开展职业技能培训和等级认定，促进殡葬领域从业人员技能水平的提高；加大殡葬领域职业技能培训和评价力度，在全国职业院校殡葬专业普及职业技能等级考评，为殡葬服务机构输送更多的知识型技能人才。全国民政行指委及其殡葬专职委要积极向教育部申报殡葬职业教育本科专业，向人社部申请技工院校殡葬领域的中级、高级、预备技师专业。弘扬工匠精神，举办全国殡葬领域职业技能竞赛和全国殡葬专业院校赛，以赛促练、以赛促学、以赛促干，拓宽殡葬领域高技能人才快速成长的绿色通道。

（五）加强殡葬服务领域应急处置能力建设

目前，在党中央的坚强领导下，新冠肺炎疫情在我国得到有效控制。殡葬服务单位多为差额拨款的事业单位，因此缺少资金应对突发疫情。为加强殡葬服务资源的应急保障，有必要考虑将殡葬服务单位纳入国家应急管理体系，将突发疫情期间的处置遗体费用纳入公共财政体系。在我国自然灾害和突发公共事件逐年增多，特别是在疫情防控常态化的时代背景下，建立殡葬物资的储备制度以备不时之需已非常必要。此外，应加强殡葬服务场所的智能化、信息化建设。在此次疫情中，特别是在清明节期间，网络祭扫、代客

祭扫等成为殡葬服务中的一种新的形式。① 科技力量在社会治理中的重要性，得到不断凸显。因此，应进一步提升殡葬服务设施、设备以及遗体处置手段的现代化、智能化水平，殡葬管理部门系统掌握本地区殡葬人员技术、设备设施等方面的信息，不仅能科学合理调配殡葬服务资源，同时有利于保障殡葬服务机构的人员安全，而且有利于殡葬领域疫情防控。

此外，还要加强对殡仪职工应急处置能力提升的培训以及心理辅导工作。殡仪职工在突发疫情中面临巨大的心理压力，同时还要耐心接待逝者家属，要重视这一群体的心理健康问题。一方面，要发挥服务单位领导集体和党组织的战斗堡垒作用，通过发挥党员的先锋表率作用，在员工中切实发挥凝聚力、向心力和战斗力；同时加强对殡仪职工的心理健康辅导，及时发现员工心理方面出现的不良苗头，有效化解殡仪职工的负面心理问题。另一方面，加强对殡仪职工在心理辅导、心理抚慰等方面的培训，加强职工在与逝者家属互动中的心理抚慰能力和灵活应对能力，特别是负面心理情绪的排解能力，以应对突发事件带来的诸多不确定性。

（六）加快补齐综合治理短板，树立公序良俗和文明新风

推广殡葬法制监管试点工作经验，巩固全国殡葬领域突出问题专项整治成果，加强多部门协调，地方政府部门应推行殡葬工作联席会议制度，在压实政府属地管理责任的同时，明确各有关部门的行业监管责任和殡葬管理部门的主体责任，建立日常监管、定期排查、综合治理的长效机制，加快补齐殡葬综合治理短板。

探索建立殡葬领域不良企事业单位黑名单制度，加强对殡葬领域突出问题整治工作巡视、通报、约谈、挂牌督办和奖惩，力争做到违规必查、违法必究。

强化殡葬领域疫情防控、应急保障和安全管理，宣贯《新型冠状病毒

---

① 马金生：《时代正在推动祭祀模式发生转型》，中国殡葬协会门户网站，2022 年 3 月 6 日，http://www.chinabz.org/xwzx/xwzb/9830.html。

感染的肺炎患者遗体处置工作指引（试行）》《突发事件遇难人员遗体处置技术规范》《殡葬服务机构安全工作指南》等政策标准，营造安全、卫生、健康的殡葬服务氛围。

深入开展殡葬科普、移风易俗宣传、隐患排查和舆情应对与化解活动，发挥红白理事会等群众自治组织作用，打通政策落实的最后一公里，用法规取代陈规，用公序取代乱象，用良俗取代陋俗，用自觉约束行动，用标准规范活动，教育引导群众在办丧过程中自觉地守规矩、讲文明、扬正气、树新风。

发 展 篇

Developments Chapters

G.2
生态文明视域下绿色殡葬发展报告

肖成龙[*]

摘　要： 本报告针对殡葬领域的环境问题，在梳理多年来推行绿色殡葬实践经验的基础上，将绿色殡葬置于生态文明视域下予以剖析，并结合双碳目标，探索了开展殡葬领域碳排放核算和碳汇计量研究的新路径。提出了加强绿色殡葬规划、注重绿色殡葬设计、创建绿色殡葬设施、研发绿色殡葬产品、引导绿色殡葬消费、加强绿色殡葬服务、开展绿色殡葬教育等7项举措，以期促进殡葬事业的科学发展。

关键词： 生态文明　绿色殡葬　双碳目标　科学发展

绿色的本义是指可见光中波长（范围：577～492nm）居中的一种颜

---

[*] 肖成龙，民政部一零一研究所研究员，主要研究方向为殡葬政策、环境监测和民政标准化。

色。绿色是植物的颜色，是万物复苏的色彩，也是公认的环保色。绿色代表生命和自然，绿色寓意和平与安全，绿色象征希望和春天，绿色乃生命之色，生命呼唤着绿色。在现代社会，人们赋予了绿色更加丰富而美好的内涵，将绿色由最初自然界鲜活植被的色彩，延伸到包括一切生物在内的大自然生机盎然的景象，而后又涵盖了与这种景象相适应的人类的各种行为方式和价值取向。这样，绿色一词就从表象走向了内在，从自然界拓展到人类社会，走进我们工作、生活的各个领域。在国际上，通常把绿色具象化为"5R"，即：Reduce——节约资源，减少污染；Reevaluate——绿色生活，再次评估；Reuse——重复使用，多次利用；Recycle——分类回收，循环再生；Rescue——保护自然，万物共存。

与代表生命的绿色相比，传统的殡葬色彩为黑白，主要代表死亡与悲哀。将传统的殡葬色彩加上一抹新绿，让古老的行业展现生机，促进人（包括先人、今人、后人）与自然和谐共融是当代殡葬环保工作者义不容辞的历史使命。据初步考证，国内首次在业界公开提出"绿色殡葬"一词应始于 1996 年笔者编写《殡葬环保》教材①。近年来，绿色殡葬理念已经深入人心，绿色殡葬实践更加丰富多彩。在全社会大力推动"五大文明"② 协调发展的背景下，有必要及时总结推广绿色殡葬实践经验，从生态文明视角梳理、剖析并审视有关疑难问题，结合节能减排和双碳目标，探索殡葬行业绿色发展的新路径和新模式。

一 宣传绿色殡葬理念和推行绿色殡葬实践

绿色殡葬的内涵非常丰富，有狭义和广义之分，涵盖殡葬活动的方方面面，涉及自然科学、社会科学和工程技术多个领域。通常情况下，绿色

---

① 民政部济南民政学校和民政部一零一研究所联合开展"现代殡仪技术与管理"专业（中专班）教学的专业课统编教材之一。

② 五大文明：2018 年 3 月 11 日全国人民代表大会通过的《中华人民共和国宪法修正案》提出了"推动物质文明、政治文明、精神文明、社会文明、生态文明协调发展"。

殡葬是指社会、政府、组织和个人层面，秉持绿色发展理念，采用行政、法律、经济、科技、宣教等综合手段，为推进"五大文明"协调发展，解决环境问题，协调人与自然关系，在殡葬领域加强生态建设、节约资源能源、改善环境质量、控制环境污染、倡导人文关怀等所采取的各种行动的总称。

（一）宣传绿色殡葬理念

推行绿色殡葬，首先要强化绿色殡葬理念，因为理念决定思想，思想支配行动。绿色殡葬理念既是绿色发展理念在殡葬领域的具体体现，也是现代殡葬理念的重要方面。1956 年 4 月 27 日，151 位老一辈无产阶级革命家在《倡议实行火葬》上联名签字，倡议"实行火葬，不占用耕地，不需要棺木，可以节省装殓和埋葬的费用"就是号召节约殡葬资源（宣传绿色殡葬理念）的里程碑。为便于比对，现将主要宣传绿色殡葬理念的文献列于表 1。

表 1　有关宣传绿色殡葬理念的文献

时间	名称	来源	作者	主要相关内容
1956 年 4 月	《倡议实行火葬》	中央档案馆	老一辈革命家	实行火葬,不占用耕地,不需要棺木,可以节省装殓和埋葬的费用
1989 年 3 月	《现代殡葬管理》	民政部社会事务司	樊壁田	积极推行火葬,改革土葬;提倡节俭、文明办丧事
1996 年 9 月	《殡葬环保》	民政部一零一研究所	肖成龙	提出了"绿色殡葬"概念,分析了殡葬环保现状和问题并给出了对策
2005 年 6 月	《推行绿色殡葬　共创美好家园》	《中国环境保护优秀论文集(2005)》	肖成龙	进一步明确了"绿色殡葬"概念;提出了推行绿色殡葬的六个目标和创建绿色殡葬工程的五项举措,并建议将创建绿色殡葬工程纳入《中国跨世纪绿色工程规划》
2005 年 11 月	《倡导绿色殡葬　构建和谐社会》	民政部	张明亮	号召建立一种长效的机制,推进骨灰处理多样化,推动墓地生态化、园林化建设。提出殡葬管理和殡葬改革的最终目的是不保留骨灰

续表

时间	名称	来源	作者	主要相关内容
2010 年 4 月	《绿色殡葬内涵及特征研究报告》	《中国殡葬事业发展报告（2010）》	杨宝祥等	明确了绿色殡葬概念并诠释了其内涵；阐明了绿色殡葬的科学性、环保性和系统性等特征
2013 年 3 月	《殡葬环保实用技术与推广应用战略研究》	《中国殡葬事业发展报告（2012~2013）》	王玮	分析了我国殡葬行业环保实用技术的现状、面临的形势以及存在的主要问题，对国内外促进科技成果转化的情况进行了归纳，对我国殡葬环保实用技术成果推广应用的战略思想、对策措施提出了建议
2013 年 3 月	《殡葬行业遗体防腐的现状与发展趋势》	《中国殡葬事业发展报告（2012~2013）》	杨德慧	分析了我国殡葬行业中遗体防腐的现状及存在的主要问题，展望了遗体防腐的发展趋势，为生态殡葬可持续发展做了基础性研究
2013 年 3 月	《殡葬行业污染控制与环境管理标准体系》	《中国殡葬事业发展报告（2012~2013）》	肖成龙等	论述了建立我国新时期殡葬污染控制与环境管理标准体系的必要性与可行性，明确了殡葬环保标准体系编制的指导思想和技术原则，描绘了殡葬污染控制与环境管理标准体系的层次结构框图并编制了标准体系表
2015 年 4 月	《殡葬行业火化污染控制技术评估与政策建议》	《中国殡葬事业发展报告（2014~2015）》	王玮等	分析了我国殡葬行业火化污染排放现状，从主动减排和被动减排方面评估了殡葬行业火化污染控制技术需求，从技术性、经济性、可行性方面对现有实用技术进行了适用性分析，提出了我国殡葬行业火化污染控制技术政策建议
2015 年 4 月	《生态葬式评估体系研究——以上海为例》	《中国殡葬事业发展报告（2014~2015）》	乔宽元	提出了葬式对生态环境影响的三个主要因素：一是土地消耗指数；二是硬质化指数；三是白色化指数；对常见的十大葬式得出了环评分值，又得出了"葬式生态化指数"，推荐了几种实用的生态葬式
2015 年 4 月	《骨灰和火化残余物安葬环境影响评估》	《中国殡葬事业发展报告（2014~2015）》	王贵领等	提出了骨灰和遗体火化残余物安葬环境的评估目标、评估内容和评估方法，通过骨灰和遗体火化残余物的理化性质分析以及模拟不同安葬环境中 As、Hg、Cr、Pb 和 Cd 等的溶出实验，给出遗体骨灰和火化残余物安葬对环境影响的评估结论和评估建议

续表

时间	名称	来源	作者	主要相关内容
2015 年 4 月	《骨灰生态安葬评价指标体系初探》	《中国殡葬事业发展报告（2014~2015）》	周传航等	对骨灰安葬模式进行生态评价，运用层次分析法，以整体性、代表性、可操作性为原则，从安葬区生态环境、园区生态环境、园区公共服务功能三方面细化了 22 个评价指标，确定了相关权重、评分标准和计算方法
2015 年 4 月	《殡葬行业污控与管理技术体系创建》	《中国殡葬事业发展报告（2014~2015）》	殷惠民等	分析了我国殡葬业污染控制工作的现状，在此基础上提出目前殡葬行业污染控制工作存在的主要问题，建议政府应加快政策法规完善与殡葬环保技术标准化进程，广泛实施污染物排放监控并激励新型火化机的研制
2015 年 4 月	《公益伦理视域下现代殡葬生态研究》	《中国殡葬事业发展报告（2014~2015）》	光焕竹	将现代殡葬生态置于公益伦理视域下予以审视，希望通过对从传统殡葬到现代殡葬变迁的梳理，把握现代殡葬事业的公益转向和公益本质
2015 年 4 月	《我国殡葬行业火化污染控制标准体系框架提升建议》	《中国殡葬事业发展报告（2014~2015）》	张彩丽等	分析了国外火化污染物管理和控制经验，对比国内现状和不足，提出了国内火化污染物管理和控制法律法规、标准体系完善的建议，并尝试构建我国火化污染物管理和控制体系框架
2016 年 2 月	《践行绿色发展理念促进人与自然和谐》	《中国社会报》	肖成龙	建议民政部应尽快组织制定与《关于推行节地生态安葬的指导意见》配套的《节地生态安葬术语》《节地生态安葬设施建设标准》《节地生态安葬指标体系》《节地生态安葬环境指标监测方法》《节地生态安葬率评定指南》《节地生态安葬服务规范》等系列标准，继而开展有关标准化示范活动，为推行节地生态安葬和开展相关管理提供可靠的技术支撑
2016 年 8 月	《生态安葬评价体系构建与应用》	《中国殡葬事业发展报告（2016~2017）》	肖成龙等	提出了生态安葬评价体系构建原则。运用层次分析与专家赋权法，构建了生态安葬评价指标体系及其应用方法。同时探索了利用"大疆 Inspire 1 Pro"无人机航拍测定墓园绿化覆盖率和面积的技术手段，并在北京和天津的墓园管理中予以应用

续表

时间	名称	来源	作者	主要相关内容
2017 年 12 月	《生态安葬评价体系创建与应用》	《中国殡葬事业发展报告（2016~2017）》	周传航等	界定了生态安葬内涵；列举了生态安葬面临的主要问题；提出了生态安葬评价体系构建的原则及其指标体系的构建等
2017 年 12 月	《推行文明祭扫 实践绿色殡葬》	《中国殡葬事业发展报告（2016~2017）》	齐月娜等	在回顾文明共祭活动发展历程和总结活动经验的基础上，提出了文明祭扫活动和实践绿色殡葬的发展方向

（二）推行绿色殡葬实践

推行绿色殡葬的实践活动由来已久，早在 1965 年中央人民政府内务部要求墓地种植林木果树和平坟扩耕，绿化美化墓园行动就在全国城乡普遍开展。2014 年第四次全国殡葬工作会议首次提出节地生态安葬比例（率）要求，标志着我国殡葬改革工作从单一的重火化率到火化率和节地生态安葬率并重的转变。通过对多年来有关推行绿色殡葬的法规、部门规章、工作报告和技术标准的梳理（见表 2），可清晰地把握我国推行绿色殡葬、促进殡葬事业可持续发展的系列活动轨迹。

表 2　有关推行绿色殡葬的法规、部门规章、工作报告和技术标准

时间	名称	来源	主要相关内容
1965 年 7 月	《关于殡葬改革工作的意见》	内务部	要求墓地尽可能种植林木果树；平坟扩耕；倡导开追悼会等
1981 年 12 月	《在全国殡葬改革工作会议上的报告》	全国殡葬改革工作会议	搞好火葬场绿化、美化；根据有关规定实行节约燃料等单项奖或综合奖
1982 年 1 月	《关于进一步加强殡葬改革工作的报告》	民政部	墓址要尽可能选在荒山瘠地，并植树绿化；大力提倡文明、简朴、节约办丧事，反对铺张浪费；火葬场实行节约燃料等单项奖或综合奖；搞好火葬场的绿化和美化工作
1983 年 6 月	《殡葬事业单位管理暂行办法》	民政部	搞好殡仪馆、火葬场、骨灰堂和公墓环境的绿化、美化、净化；殡葬事业单位应进行设备改造和技术革新，降低燃料消耗，消除污染

续表

时间	名称	来源	主要相关内容
1984 年 11 月	《燃油式火化机通用技术条件（MB 1-84）》	民政部	规定了燃油式火化机污染物排放的浓度限值和总量限值等
1985 年 2 月	《关于殡葬管理的暂行规定》	国务院	提倡节俭、文明办丧事；利用荒山地建立公墓；要求土葬改革区实行平地深埋，植树造林
1987 年 4 月	《中小型殡仪车通用技术条件》	民政部	规定了中小型殡仪车安全和遗体舱消毒等技术要求
1989 年 9 月	《提高认识，深化殡葬改革，为建设社会主义精神文明做出贡献》	第二次全国殡葬工作会议	所有公墓用地均应利用荒山瘠地，并进行植树绿化；丧葬礼仪要简朴、文明，厉行节约、反对浪费
1990 年 3 月	《殡仪馆等级标准（试行）》	民政部办公厅	提出了殡仪馆绿化、美化、卫生、设备和服务等要求
1992 年 7 月	《全国土葬改革工作"八五"计划和今后十年规划》	民政部	克服乱埋乱葬现象，破除封建迷信，倡导文明节俭办丧事
1992 年 8 月	《公墓管理暂行办法》	民政部	要求公墓墓志要小型多样，墓区要合理规划，因地制宜进行绿化美化，逐步实行园林化
1992 年 11 月	《燃油式火化机大气污染物排放限值及监测方法》（GB 13801-92）	国家技术监督局	规定了燃油式火化机大气污染物排放限值、火化间污染物浓度限值及监测方法
1995 年 12 月	《关于加快殡葬事业发展的意见》	民政部	严格控制墓穴占地面积，骨灰墓穴占地一般不超过 1 平方米，遗体墓穴不超过 6 平方米；要搞好绿化美化，向园林化、艺术化方向发展
1997 年 6 月	《大力推进殡葬改革，加快殡葬事业发展，为促进社会主义两个文明建设做出贡献》	第二次全国殡葬工作会议	积极倡导和开展骨灰撒海、骨灰植树等不保留骨灰的更加文明的葬法；搞好公墓绿化美化，增加文化艺术含量，向园林化方向发展；今后凡生产的火化设备，必须经民政部环境监测中心站进行污染物排放监测，所有数据必须符合国家规定的标准
1997 年 7 月	《殡葬管理条例》	国务院	提倡以骨灰寄存的方式以及其他不占或者少占土地的方式处理骨灰；更新、改造陈旧的火化设备，防止污染环境；运输遗体必须进行必要的技术处理，确保卫生，防止污染环境等
1998 年 1 月	《关于进一步加强公墓管理的意见》（国务院办公厅转发）	国务院办公厅	要大力推行骨灰寄存、骨灰植树和撒骨灰等不占或少占土地的骨灰处理方式；要搞好公墓的绿化美化，推行墓碑小型化、多样化

续表

时间	名称	来源	主要相关内容
1999 年 10 月	《殡仪馆建筑设计规范》(JGJ 124-99)	建设部	要求遗体停放、消毒、防腐、整容等功能用房均应进行卫生防护；遗体处置用房污水应达标排放；规定了殡仪馆建筑的耐火等级和主要功能用房的换气次数等
2000 年 4 月	《火葬场卫生防护距离标准》(GB 18081-2000)	卫生部	按火葬场所在地区近五年平均风速和年焚尸量规定了火葬场与居住区之间所需卫生防护距离
2003 年 3 月	《入出境棺柩消毒处理规程》(SN/T 1212-2003)	国家质量监督检验检疫总局	规定了入出境棺柩的消毒方法、程序以及消毒效果评价
2003 年 4 月	《殡仪场所致病菌安全限值》(GB 19053-2003)	国家质量监督检验检疫总局	规定了殡仪馆、火葬场、骨灰堂、公墓、殡仪服务站等固定殡仪场所和殡仪车等流动殡仪场所致病菌安全限值、卫生要求及监测检测方法
2003 年 4 月	《燃油式火化机通用技术条件》(GB 19054-2003)	国家质量监督检验检疫总局	规定了燃油式火化机安全要求、环保要求及其检测方法等
2003 年 8 月	《入出境尸体、棺柩、骸骨卫生检疫查验规程》(SN/T 1320-2003)	国家质量监督检验检疫总局	规定了入出境尸体、棺柩、骸骨卫生检疫查验的内容和方法、结果判定及处置
2003 年 8 月	《入出境尸体和骸骨卫生处理规程》(SN/T 1334-2003)	国家质量监督检验检疫总局	规定了入出境尸体和骸骨的卫生处理的对象、要求、程序、结果判定及处置
2008 年 6 月	《太原市绿色殡葬标准(试行)》	太原市民政局	建立殡葬管理网络，保障殡葬管理目标落实，居(村)民积极参与绿色殡葬建设，自觉实行绿色殡葬；殡葬机构实施 ISO 9001 质量管理体系认证、ISO 14000 环境管理体系认证和 OHSAS 18000 职业健康安全体系认证；墓园绿地率达到 30% 以上、绿地覆盖率达到 35% 以上
2009 年 9 月	《燃油式火化机大气污染物排放限值》(GB 13801-2009)	国家质量监督检验检疫总局	规定了燃油式火化机大气污染物排放的浓度限值、总量限值、烟气黑度限值、使用地区等级划分和监测方法
2009 年 12 月	《关于进一步深化殡葬改革促进殡葬事业科学发展的指导意见》	民政部	采取有效措施，扎实推进殡葬改革，积极推广树葬、花葬、草坪葬等节地葬法，鼓励倡导深埋、撒散、海葬等不保留骨灰的方式，推动绿色殡葬；推广环保殡葬产品，特别是节能减排殡葬设备和可降解骨灰盒、棺柩

续表

时间	名称	来源	主要相关内容
2010 年 1 月	《全国殡葬改革示范单位评审标准》	民政部	殡葬管理示范单位骨灰撒散、深埋等节地葬式比例不低于 20%；生态文明示范墓园公墓内树（花、草坪）葬、撒散、深埋等生态节地葬式比例不低于 40%，绿化覆盖率不低于 75%或绿地率不低于 40%
2010 年 1 月	《入出境尸体、棺柩、骸骨卫生检疫查验规程》（SN/T 1320-2010）	国家质量监督检验检疫总局	重新规定了入出境尸体、棺柩、骸骨卫生检疫查验的内容和方法、结果判定及处置
2010 年 4 月	《绿色殡葬内涵及特征研究报告》	《中国殡葬事业发展报告（2010）》杨宝祥等	明确了绿色殡葬概念并诠释了其内涵；阐明了绿色殡葬的科学性、环保性和系统性等特征
2010 年 12 月	《坚持科学发展主题促进现代殡葬新跨越》	《中国民政》窦玉沛	将"建设绿色殡葬,促进生态文明"作为"十二五"时期推进殡葬改革的主要任务之一,要求各级民政部门要切实把建设绿色殡葬放在更加突出的位置,树立绿色低碳理念,以节能减排、保护环境为重点,加快完善自愿节约、环境友好的葬式葬法;执行更加严格的火化焚烧污染物排放标准,实现节能减排
2011 年 3 月	《遗体火化服务》（MZ/T 021-2011）	民政部	火化机应配备必要的除尘装置,烟尘等主要污染物排放应符合国家标准要求;火化工作场所应配备必要的消毒设备和消防灭火装置
2012 年 2 月	《2012 年清明节工作方案》	民政部办公厅	首次以"惠民、绿色、人文"为主题在全国范围开展清明祭扫活动,将"倡导绿色殡葬,弘扬先进文化"作为主要工作内容之一,要求各地发现并培育绿色节地葬法
2012 年 6 月	《关于加快殡葬科技成果转化和推广应用的指导意见》	民政部	要求建立形式多样的绿色殡葬业态,形成较为完善的殡葬标准体系、产品质检和环境监测体系;严格执行有关强制性标准,严把各类污染物减排关,规范殡葬服务单位环保行为
2012 年 11 月	《公墓安葬服务》	民政部	墓葬落葬后应回填土壤,恢复植被或重新绿化
2012 年 11 月	《公墓祭扫服务》	民政部	祭扫场所周边应保持清洁干净,确保消防和人身安全

续表

时间	名称	来源	主要相关内容
2013 年 12 月	《关于党员干部带头推动殡葬改革的意见》	中办、国办	党员、干部都应带头实行生态安葬,采取骨灰存放、树葬、花葬、草坪葬等节地葬法,积极参与骨灰撒散、海葬或者深埋、不留坟头;带头文明祭奠、低碳祭扫,主动采用敬献鲜花、植树绿化、踏青遥祭、经典诵读等方式缅怀故人;不得在林区、景区等禁火区域焚烧纸钱、燃放鞭炮;鼓励党员、干部去世后捐献器官或遗体
2014 年 3 月	《贯彻两办意见、推进殡葬改革暨第四次全国殡葬工作会议报告》	第四次全国殡葬工作会议	争取到 2020 年,骨灰存放、树葬、海葬等节地生态安葬比例达到 40% 以上
2015 年 4 月	《火葬场大气污染物排放标准》(GB 13801 - 2015)	环境保护部等	规定了火葬场遗体处理、遗物祭品焚烧过程中产生的大气污染物排放限值、监测和控制要求及标准实施监督规定
2015 年 8 月	《中华人民共和国大气污染防治法》	全国人民代表大会	(第八十三条)国家鼓励和倡导文明、绿色祭祀。火葬场应当设置除尘等污染防治设施并保持正常使用,防止影响周边环境
2016 年 2 月	《关于推行节地生态安葬的指导意见》	民政部等	坚持绿色富国、绿色惠民,为人民提供更多优质生态产品;坚持节约资源、保护环境,把以人为本、生态文明的理念贯穿于殡葬改革全过程,加大节地生态安葬公共服务产品供给,加强政策激励引导,使满足安葬需求与保护资源环境协调推进,促进形成人与自然和谐发展新格局;严格执行墓位占地面积规定,减少使用不可降解材料,提高集约化、生态化安葬程度;大力倡导网络祭扫、鲜花祭扫、踏青遥祭、植树缅怀等文明低碳祭扫方式等
2016 年 6 月	《民政事业发展第十三个五年规划》	民政部等	积极推行火葬区骨灰撒海、撒散、植树(花、草)、立体存放,占地小于国家规定标准的节地型墓位和土葬改革区遗体深埋不留坟头、占地小于国家规定标准的节地型墓位等节地生态安葬方式,实现节地生态安葬率达到 50% 以上
2016 年 8 月	《生态安葬评价体系构建与应用》	《中国殡葬事业发展报告(2016~2017)》	提出了生态安葬评价体系构建原则。运用层次分析与专家赋权法,构建了生态安葬评价指标体系及其应用方法。同时探索了利用"大疆 Inspire 1 Pro"无人机航拍测定墓园绿化覆盖率和面积的技术手段,并在北京和天津的墓园管理中予以应用

续表

时间	名称	来源	主要相关内容
2017 年 2 月	《殡仪馆建设标准》（建标 181-2017）	住建部等	新建殡仪馆的绿地率宜为 35%，改建、扩建殡仪馆的绿地率宜为 30%
2017 年 2 月	《城市公益性公墓建设标准》（建标 182-2017）	住建部等	城市公益性公墓墓区建设应体现园林化特点，绿化覆盖率不宜低于 30%；城市公益性公墓独立墓穴的单位占地面积不得超过 $0.5m^2$，合葬墓穴不超过 $0.8m^2$（不含公共绿化和道路用地）
2017 年 12 月	《火化机烟气净化设备通用技术条件》（MZ/T 101-2017）	民政部	规定了火化机烟气净化设备的系统工艺及构成、技术要求、检验和验收、标志、包装、运输和贮存
2017 年 12 月	《安葬随葬品使用要求》（MZ/T 102-2017）	民政部	规定了安葬随葬品类别、使用原则和使用要求等
2017 年 12 月	《殡仪场所消毒技术规范》（MZ/T 103-2017）	民政部	规定了殡仪场所消毒的管理、卫生要求，消毒方法和选择原则，遗体、各区域消毒要求与方法以及职业卫生防护等
2017 年 12 月	《火化残余物处理处置要求》（MZ/T 104-2017）	民政部	规定了火化残余物收集要求、贮存要求、设施管理、安全防护和处置要求
2017 年 12 月	《火化随葬品使用要求》（MZ/T 105-2017）	民政部	规定了火化随葬品分类、使用原则
2017 年 12 月	《火葬场二噁英类污染物减排技术导则》（MZ/T 106-2017）	民政部	规定了火葬场二噁英类污染物减排技术原则、技术要求、减排设备、检测和过程控制等要求
2017 年 12 月	《遗体火化大气污染物监测技术规范》（MZ/T 107-2017）	民政部	规定了遗体火化过程中大气污染物监测准备、现场监测要求、数据处理和质量保证等要求
2018 年 1 月	《关于进一步推动殡葬改革促进殡葬事业发展的指导意见》	民政部等	强调把推行节地生态安葬作为深化改革着力点，明确安葬形式、设施规划建设、土地循环利用等方面要求；强调深化丧俗改革，传承发展优秀殡葬文化，发挥基层群众自治组织作用，培育现代殡葬新理念新风尚
2019 年 12 月	《节地生态安葬基本评价规范》（MZ/T 134-2019）	民政部	规定了节地生态安葬率的计算方法、各类安葬设施的节地生态安葬评价指标体系及其计算方法
2019 年 12 月	《殡仪场所致病菌检测技术规范》（MZ/T 140-2019）	民政部	规定了各类殡仪场所致病菌的采样及检测检验方法

时间	名称	来源	主要相关内容
2019 年 12 月	《燃气式火化机通用技术条件》（MZ/T 142-2019）	民政部	规定了燃气式火化机的通用技术要求、安全环保要求、检验规则、测试方法、包装、标识和验收文件等
2019 年 12 月	《殡葬服务机构安全管理指南》（MZ/T 144-2019）	民政部	规定了殡葬服务机构安全管理的基本要求、制度体系、安全教育培训、设施设备安全、服务安全、职业健康及卫生安全要求等
2019 年 12 月	《殡葬场所烟气排放连续监测技术规范》（MZ/T 146-2019）	民政部	规定了殡葬场所的烟气排放连续监测系统的构建原则、系统构成、技术要求、试验检测和运行维护等
2020 年 2 月	《殡葬服务机构新型冠状病毒感染肺炎患者遗体处置及疫情防控工作指引（试行）》	民政部办公厅	规定了新冠肺炎患者（含疑似）遗体的消毒、接运、火化、终末消毒，殡葬服务机构的疫情防控和相关人员卫生防护等要求
2021 年 3 月	《关于做好 2021 年清明节祭扫工作的通知》	民政部办公厅	严格落实祭扫场所清洁消毒、祭扫人员体温检测、口罩佩戴、员工健康监测等防护防控措施；提供网络祭扫、代客祭扫、云祭扫等便民、智能服务；大力推广网络祭扫、鲜花祭扫、家庭追思等文明低碳祭扫方式；积极创建"无烟陵园"，组织开展"鲜花换纸钱""丝带寄哀思""时空信箱"等活动；鼓励引导群众选择植树绿化、踏青遥祭、经典诵读等方式缅怀逝者，不断丰富清明节日内涵
2021 年 5 月	《"十四五"民政事业发展规划》	民政部等	完善殡葬公共服务体系，鼓励优先将生态安葬纳入本地基本公共服务范围；制定节地生态安葬标准，鼓励引导绿色环保用材、节约用地、生态安葬；推动殡葬服务与"互联网+"融合，推广远程告别、网络祭扫等殡葬服务新模式；对已达到强制报废年限或不符合国家环保标准的火化设备进行更新改造；加大生态殡葬奖补力度，在部分地区实施节地生态型公益性公墓示范项目
2021 年 12 月	《网络祭祀服务规范》（MZ/T 173-2021）	民政部	规定了网络祭祀服务的术语和定义、通用要求、服务保障要求、服务流程，网上纪念馆的评价与改进要求

二 生态文明引领下的绿色殡葬举措

生态文明是人类文明发展的全新阶段，是人类遵循人、自然、社会和谐发展客观规律，促进人与自然、人与人、人与社会和谐共生、良性循环、全面发展、持续繁荣的社会形态。在五大文明协调发展进程中，生态文明建设贯穿于物质文明建设、政治文明建设、精神文明建设和社会文明建设的全过程。绿色殡葬是五大文明在殡葬领域协调发展的必然产物，从生态文明的视角观察，推行绿色殡葬实际上就是在殡葬领域推行五大文明（尤其是生态文明）建设。

2015 年 4 月，中共中央、国务院发布了《关于加快推进生态文明建设的意见》，提出了以全面促进资源节约利用，加大环境保护力度，推进绿色发展、循环发展、低碳发展，弘扬生态文化，倡导绿色生活，加快建设美丽中国为主要内容的指导思想和战略目标，为新时代绿色殡葬发展指明了方向。

（一）加强绿色殡葬规划

继海南省制定《海南省推行绿色殡葬五年行动计划（2019—2023年）》、成都市制定《成都市绿色殡葬三年行动计划（2021—2023 年）》和德州市制定《德州市绿色殡葬建设规划（2020—2035 年）》之后，在国家层面上民政部应会同有关部委共同编制《全国绿色殡葬规划纲要》或《全国绿色殡葬规划》，全面指导殡葬领域的绿色低碳循环发展。绿色殡葬规划应包括指导思想、指导原则、总体目标、具体目标、主要任务、重点工程和保障措施等几个部分。

（二）注重绿色殡葬设计

将绿色设计的 3R（即 Reducing 减量化、Reusing 再利用、Recycling 再循环）原则引入殡葬产品和服务的设计策划中。譬如：在减量化方面，应用骨灰压缩技术使单份骨灰大幅度减容，可减小骨灰盒的体积，进而减小骨灰寄存安放格位和骨灰墓穴的空间，提高骨灰寄存、安放和墓地安葬设施的

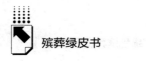

容积率，节约殡葬资源；在再利用方面，推行租用绢花圈替代一次性使用的纸花圈，用电子香烛替代传统香烛都收到很好的效果；在再循环方面，许多新设计的火化机能利用火化余热回收装置提高炉膛供风温度，既能节约火化燃料，又能降低污染并提高火化效率。

（三）创建绿色殡葬设施

在新建、改建、扩建各类殡葬设施过程中，根据《绿色建筑评价标准》（GB/T 50378-2019）有关绿色性能评价规定，结合建设场地的气候条件、地理环境、风环境、光环境、热环境、声环境，科学组织利用各类建设资源，建设安全耐久、健康舒适、使用便利、环境优美、节地、节能、节水、节材的绿色殡葬设施（包括绿色殡仪馆、绿色公墓、绿色骨灰堂等）和绿色殡葬建筑（包括具有殡葬功能的单栋建筑和建筑群）。同时组织开展绿色殡葬建筑评价，创建一批星级（包括一星级、二星级和三星级）全国绿色殡葬设施。

（四）研发绿色殡葬产品

遵循绿色发展理念，在殡葬产业组织绿色生产、研发绿色产品、进行绿色流通、满足绿色消费。按照国务院办公厅《关于建立统一的绿色产品标准、认证、标识体系的意见》要求，争取国家认监委的支持，对主要殡葬设备和殡葬用品构建"一类产品、一个标准、一个清单、一次认证、一个标识"的全国统一体系。在顶层设计和系统规划的基础上，编制绿色低碳殡葬产品清单、认证目录和购买指南，开展绿色殡葬产品认证工作。同时支持并鼓励殡葬生产和服务机构参加地方绿色项目和绿色企业认定。

（五）引导绿色殡葬消费

引导绿色殡葬消费既是推行绿色殡葬、保障可持续发展的重要方面，也是推进殡葬改革、文明节俭办丧事的客观要求。按照国家发改委等部门印发的《促进绿色消费实施方案》，在殡葬活动全周期全链条深度融入绿色理念，遵循绿色消费需求的3E（即 Economic 讲究经济实惠、Ecological 讲求生态效益、Equitable 讲究平等人道）原则，总结、推广、创新简约适度、绿色低碳、卫生环保、文明健康的殡葬消费模式，引导殡葬客户自觉地使用绿色殡葬产品并选择绿色殡葬服务项目，全面促进殡葬消费的转型升级。

（六）加强绿色殡葬服务

绿色殡葬服务是对在殡、葬、祭、传等服务全过程中严格遵循"节约资源、降低消耗、防污低碳"原则，采用绿色技术和管理手段，开展节能、降耗、安全、卫生、环保、健康型殡葬服务的统称。在当下应大力开展绿色的"互联网+殡葬服务"，继续开发绿色殡葬服务项目，开辟全新的绿色殡葬服务市场，同时开展绿色殡葬服务质量评价与改进，以更好地满足绿色殡葬需求。

（七）开展绿色殡葬教育

推行绿色殡葬离不开宣传、离不开教育、离不开培训、离不开人才。在社会层面开展绿色殡葬教育，主要是普及绿色殡葬基础知识、宣讲绿色殡葬法规标准和宣传绿色殡葬理念，让绿色发展意识植根于广大公众心底，化为自觉行动；在学校开展绿色殡葬教育，主要是讲解绿色殡葬专业知识和传授绿色殡葬专业技能，培养绿色殡葬科研、教学、规划、设计、生产、服务专业人才；在殡葬机构开展绿色殡葬教育，主要是传授绿色殡葬岗位技能和推广绿色殡葬实践经验，培养技能型绿色殡葬服务和管理人才，为绿色殡葬的永续发展提供可靠的人力资源保障。

三　双碳目标下的绿色殡葬科研

上述绿色殡葬举措的实现，有赖于绿色殡葬科研的引领。无论是绿色殡葬法规政策和技术标准的制定，还是绿色殡葬设施规划和绿色殡葬产品的开发，都需要绿色殡葬科研的支撑。鉴于绿色殡葬科研所涉及的范围很广，本文重点探讨"双碳目标"[①] 下殡葬领域的碳排放核算和碳汇计量两方面专题。

[①] 双碳目标：我国基于推动构建人类命运共同体的责任担当和实现可持续发展的内在要求，决定 2030 年前实现碳达峰、2060 年前实现碳中和，推动我国绿色发展迈上新台阶。

（一）开展殡葬领域碳排放核算研究

2021 年 10 月，国务院印发了《2030 年前碳达峰①行动方案》，要求各地区、各领域、各行业应明确目标任务，有力有序有效做好碳达峰工作，加快实现生产生活方式绿色变革，确保如期实现 2030 年前碳达峰目标。提出了重点实施能源绿色低碳转型、节能降碳增效、城乡建设碳达峰、循环经济助力降碳、绿色低碳科技创新、碳汇能力巩固提升、绿色低碳全民行动等"碳达峰十大行动"。殡葬领域落实碳达峰行动方案的首要任务是通过开展应用性基础研究，摸清殡葬消费侧碳足迹，组织碳排放本底调查，实测或统计碳排放量，编制殡葬活动碳排放清单，进行领域内碳排放核算，为殡葬领域碳达峰奠定必要的基础。按照殡葬服务基本流程，可探索主要殡葬活动碳排放的基本途径（见表3）。

表 3　主要殡葬活动碳排放基本途径一览

殡葬活动	使用设备用品	碳排放途径	备注
太平间遗体冷冻	遗体冷冻柜	耗电	
遗体遗骸骨灰接运	运尸车	耗油、耗气、耗电	
	运尸船	耗油、耗气、耗电	异地运尸
	运尸飞机	耗油	国际运尸
遗物焚烧	遗物焚烧炉	焚烧逝者衣物、被褥等排放二氧化碳	
	烟气净化装置	耗电	
祭品焚烧	祭品焚烧装置	焚烧花圈、纸扎、冥币等排放二氧化碳	
	烟气净化装置	耗电	
遗体灌注防腐	遗体防腐设备	耗电	
殡仪机构遗体低温保存	遗体冷冻冷藏设备	耗电	
遗体整容整形塑形	卫生敷料	废弃卫生敷料焚烧处理排放二氧化碳	

---

① 碳达峰：是二氧化碳排放量由增转降的历史拐点，指在某一个时点，二氧化碳的排放不再增长，已达到峰值，之后逐步回落。中国向世界承诺 2030 年前，二氧化碳的排放达到峰值。

续表

殡葬活动	使用设备用品	碳排放途径	备注
遗体遗骸火化	火化机	遗体遗骸焚烧排放二氧化碳 火化棺焚烧排放二氧化碳 遗体包装物焚烧排放二氧化碳 耗油、耗气（火化燃料）、耗电	
	烟气净化装置	耗电	
骨灰处理	骨灰处理机	耗电	
生命晶石制作	骨灰熔融装置	耗电、耗气	
骨灰撒海	骨灰运输车	耗油、耗气、耗电	
	骨灰撒海船	耗油、耗气、耗电	

（二）开展殡葬领域碳汇计量研究

开展殡葬领域碳排放核算是手段，而通过减碳和提高碳汇能力实现碳中和①才是目的。早在 1965 年，内务部要求"墓地尽可能种植林木果树"，实际上就是要求墓地提高自身的碳汇能力。时至今日，我国城乡公墓园林化程度不断攀升，其他殡葬设施内的绿化也得到政府和社会的高度重视。坐落于山东曲阜城北、占地 3000 余亩的孔林绿树成荫，古木参天，绿色覆盖率接近 100%，简直是一个大型植物园，其碳汇能力不容小觑。全国各地全部殡葬设施（包括众多的农村公益性公墓）内种植的树木等绿色植被更是不可忽略的碳汇资源。由此可见，在"双碳目标"下进行殡葬领域的碳汇计量研究将具有重大的现实意义和历史意义。

开展殡葬领域碳汇计量研究首先要分类型分地域选取有代表性的殡葬设施作为计量单元，开展碳汇调查与监测，采集有关数据并汇总分析，根据有关碳汇计量监测技术规程计算计量单元的碳汇量。条件成熟时，可成立本领域碳汇计量监测机构，组织编制并实施殡葬领域碳汇计量监测技术标准，承

---

① 碳中和：是指国家、行业、企业或个人在一定时间内直接或间接产生的二氧化碳排放总量，通过植树造林、节能减排等抵消自身产生的二氧化碳排放量，实现正负抵消，达到相对"零排放"。中国向世界承诺，2060 年前实现碳中和。

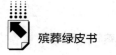

担全国殡葬设施碳汇计量监测工作。

2021 年 9 月，《中共中央 国务院关于完整准确全面贯彻新发展理念做好碳达峰碳中和工作的意见》发布，要求"巩固生态系统碳汇能力""提升生态系统碳汇增量"，巩固殡葬领域碳汇能力和提升殡葬领域碳汇增量将是今后推行绿色殡葬的一项新使命。据报道，上海福寿园、宣城市马山殡仪馆根据《中国自愿碳减排标准》，于 2021 年底在上海环境能源交易所进行减排量核销登记，通过购买"四川省大渡河泸定水电站项目"产生的"温室气体减排量"（CCER），抵销了 2020 年度排放的二氧化碳，实现名义"碳中和"，成为我国殡葬领域践行碳中和的表率。期待全殡葬领域碳达峰碳中和早日到来。

参考文献

魏一鸣、刘兰翠、廖华等：《中国碳排放与低碳发展》，科学出版社，2017。
李怒云、袁金鸿主编《林业碳汇论文精选》，中国林业出版社，2017。

G.3
中国丧葬礼俗的传承与创新研究报告

王国华*

摘　要： 本文旨在探索不同时代、不同社会阶段、不同宗教信仰以及不同主流价值取向之下丧葬礼俗的特征、性质与规律，剖析传统丧葬礼俗的历史意义与现代价值，挖掘并弘扬传统丧葬礼俗中与现代社会相适应、与现代文明相协调的优秀的殡葬文化精华。通过对传统"丧葬礼俗"产生、发展与演变过程的解析，探寻先进的丧葬礼俗的形式、内涵与价值所在，创新人类在办理丧事、安顿亡者、"以死教生"中的生死智慧以及丧葬礼俗的新理念、新规则和新模式，破解现代社会人们面对死亡时如何运用科学途径解决家庭丧葬问题的难题。

关键词： 丧葬礼俗　殡葬改革　殡葬文化

人的一生最为确定的一件事就是"最终都要走向死亡"，最不确定的一件事是"不知道什么时候走向死亡"。这似乎像一个"脑筋急转弯"式的游戏话题，然而，人类社会却由此生发出了许许多多关于"死亡"的人生价值、生命意义、风俗习惯等人生终极问题的思考。"生、老、病、死"本来就是人类和一切生物界的自然现象。中国老庄早就提出过"等生死、齐万物"的哲学观点，认为人与万物一样都有生死存亡的过程。没有死亡现象的出现，就没有生命的价值存在！正如没有疾病的出现，就不能显现健康的

---

* 王国华，北京工业大学教授，博士生导师，北京工业大学文化创意产业研究所所长，北京大学文化产业研究院兼职教授，主要研究方向为文化社会学、民俗学和文化产业理论。

价值一样，生命的珍贵与崇高在很大程度上来源于死亡的衬托。

古往今来，人类在如何面对死亡，如何面对"向死而生"或"事死如生"、"事亡如存"等人生终极问题上，形成了丰富多彩的丧葬伦理与丧葬习俗，诞生了许多关于死亡的文化思想、生死智慧、丧葬礼俗以及丧葬制度，这些文化思想、礼俗制度，不仅化解人们对死亡的恐惧，纾解丧亲者的心灵悲伤，表达亲友对亡人的哀悼、寄托对逝者的哀思等，更重要的是，这些丧葬礼俗能够起到巨大的生命教化与对心理悲伤的抚慰作用，不断实现着"以死教生"的道德教化功能。本文从中国的传统丧葬礼俗的缘起与历史沿革、丧葬礼俗的困境与现实挑战、丧葬礼俗的调适与文化创新以及丧葬礼俗的文化再造与殡葬改革等四个方面入笔，通过对中国丧葬礼俗的缘起与历史沿革的分析，探寻中国古老的丧葬礼俗在漫长的历史长河中发生流转演变与调适的规律，总结传统的丧葬礼俗面对时代变迁的各种挑战时的经验教训，从而传承与弘扬中国优秀的丧葬礼俗传统，发挥现代丧葬礼俗和丧葬制度对于人们珍惜生命、敬畏生命、正确面对死亡、报本反始、敬祖感恩等诚敬人心人性的道德教化与文化建设作用。

一 丧葬礼俗的缘起与历史沿革

所谓"丧葬礼俗"，顾名思义是指特定民族、特定地域为逝者举行葬礼或祭奠仪式等系列悼念活动所展现出的礼仪风俗。很多人把丧葬礼俗仅仅理解为给逝者举行悼念活动的仪式或给逝者下葬时实施的一套礼仪程序。其实，丧葬礼俗的文化内涵十分丰富宽广，它不仅仅是人们看到的逝者追悼会上的追悼仪式或逝者下葬时的礼仪流程展现，更多的是通过临终关怀、哀伤抚慰、追悼仪式、下葬礼仪以及清明和其他节日祭奠等活动，反映特定国家、特定民族和特定地域对生命的尊重以及生者对逝者与自身生命价值的传承与思考。丧葬礼俗是一种极富文化特色的社会文化现象，是一种社会伦理的形象体现，是特定时代的道德观念、道德准则与伦理规范，是中华民俗文化和中国生活方式的重要组成部分。

中华民族自蛮荒时代到夏商周三朝进入文明时代，创立出了一整套中华文化中的丧葬礼俗体系、丧葬文化话语体系以及丧葬礼俗功能价值体系。这三大体系互为支撑、互相协同、循环复制、自我强化，建构出了中国古代丧葬礼俗制度的基本框架。

我们来回顾中国丧葬礼俗的缘起历程。

人类在蛮荒时期不像现代人这样要建造坟墓、举行仪式来安葬逝者。因为那个时期的人类对自身的认知还没有"鬼魂""灵魂"等概念，也就没有像今天这样对待逝者的丧葬礼俗等殡葬行为。蛮荒时代的人类，对自然认知的能力非常薄弱，加上生存环境的恶劣和生存的极其艰辛，死亡是人类十分常见的现象，因而，他们对逝者遗体的处理也像对待野兽尸骨一样，往往将逝者遗体弃之原野或分而食之，更谈不上对逝者的尊重。

从目前的考古发掘资料来看，人类埋葬同类的行为大约出现在旧石器时代。根据碳14（C14）的考古测定，原始人早在旧石器时期就已经出现将逝者和他生前的用具埋在一起的行为。其最初的动机并不是为了环境卫生，而是出于早期人类的原始图腾或者某种人性的想法以及对命运的希望。基督宗教末世论观念中对于丧葬行为缘起的较原始的解释认为，人的存在包括物质（肉体）或非物质（灵魂）两个方面，而且灵魂的存在先于肉体。人死以后，肉体毁灭了，但灵魂还会对活人起作用。许多丧葬仪式都反映了这种观念。神话传说，人死以后，不是入地狱就是升天堂。实行土葬就是让逝者在地下生活。对逝者的祭礼，意味着墓室里的逝者可以接受亲人的祭奠之物。旧石器时代，人们之所以将逝者与其用具、食物一起埋在地下，就是相信人死后在坟墓里仍需要这些东西。史前学家对旧石器时代的考古发现，原始人类还有另外一种埋葬方式，即让逝者以蜷曲之姿侧身躺下。史前学家认为，这是模仿胎儿在母亲子宫里的样子，意味着人死后还要再生。当时的人们还认为，举行埋葬仪式是把逝者送往他该去的地方，如果仪式举行得不合理或不及时，逝者没有送成，活着的人就要害病或遭到不幸。[①] 殡葬行为的产生

[①] 《简明不列颠百科全书》第7卷，中国大百科全书出版社，1985，第20页。

标志着人类已经走出了蛮荒时代，进入有语言交流、有文字记载、有思想创造、有行为规范的早期文明时代。特别是一些先哲先贤们通过对人的梦境的分析和总结，得出了人有灵魂、灵魂不死等结论。先哲认为，人之所以做梦，是因为"人有灵魂"，这个灵魂有着两个世界，一个是现实生活世界，另一个是并不清晰的"非现实"世界，也可以将之称为"冥界"、"鬼魂世界"或"神"的世界。做梦就是人的灵魂在人睡觉之后脱离了人体在另一个空间游走或者是在同另一个世界的人交往的活动……早期文明时代的先哲认为，人的死亡就像人做梦一样，虽然肉体死亡了，但是灵魂依然活着，只是活在另一世界里，它依然对活在现实中的人有着各种各样的影响①。灵魂能干预人事，对于活着的人既可以"降福"也可以"施祸"。灵魂对待活着的人态度如何，主要看生者对逝者的态度和对其遗体的处理方式如何。假如对逝者遗体尊重有加，灵魂就会保佑活着的人，否则就会给生者带来灾祸与麻烦。

与灵魂相生相伴的概念还有"神灵、神界、神仙"等。西方的《古希腊神话故事》《伊利亚特》《奥德赛》等经典名著，中国的《山海经》《封神榜》《盘古开天》《女娲补天》《精卫填海》《后羿射日》《嫦娥奔月》《吴刚砍桂花树》《神农尝百草》《女娲和伏羲》《刑天大战天帝》《黄帝战蚩尤》《愚公移山》《大禹治水》等神话传说，都在不同程度讲述着"非人世界"的神灵故事，这些故事和传说都是人类早期先贤借助想象，征服自然、改造自然的工具，同时，他们也在不断地传播并强化着"灵魂不灭"和"神灵仙界"永存的观念②。

由于人类开始重视神灵、关注灵魂、相信灵魂不灭，于是人们对死亡看得很重，在行动上就表现出重丧重葬。"灵魂不灭"和神灵仙界永存的观念，使得人类开始对处理逝者遗体的意识不断增强，慢慢就形成了今天所说的人类文明前期的"殡葬文化、丧葬礼俗"。很显然，早期人类的殡葬文化较多地反映着人类趋利避害、求吉化凶、祈福增寿的心理诉求。殡葬行为都

① 申洁玲编著《梦文化》，中国经济出版社，1995，第 3 页。
② 陈淑君、陈华文、张旭：《民间丧葬习俗》，中国社会出版社，2011，第 6 页。

是为了取悦逝者的灵魂或冥界的鬼神,以达到生者吉祥如意、一生平安的目的。

从丧葬礼俗的起源到丧葬文化的传播与发展,西周以来,形成了一整套丧葬流程(包括殓殡葬拜诵哭泣等)和一系列仪礼规范。在程序上,汉族地区有小殓、大殓、报庙、殡、引发、葬、祭七、守灵三年等;在丧礼器具方面,有丧葬玉、哭丧棒、丧盆、招魂幡、纸钱、纸马、供花等;在丧葬形式上,有土葬、火葬、水葬、天葬、风葬、塔葬、悬棺葬等多种。另外,还有关于丧服、超度亡灵、哭丧、送葬等诸多的形式与规定。[①] 这种丧葬礼俗体系在形成过程中,还衍生出一整套丧葬礼俗的话语体系。

在中国封建社会里,等级制度森严,对于"死"的叫法也有严格的专称。天子死叫"崩",也叫"山陵崩"或"驾崩",意思是好像山从高处塌下来,是最严重的事。诸侯国国君死了叫"薨",意思是"倾覆"。春秋时代,王纲解纽,周朝名存实亡,周天子失去了控制天下的能力,诸侯各自为大,僭越名分,不守规矩,连死的称呼也要争夺,不愿叫薨,也叫崩。天子与诸侯的下一级是大夫,大夫的死称为"卒"(终了的意思),大夫下一级是"士"(即读书人),他们的死叫作"不禄"。一般平民百姓的死就称"死"。

民间对于死的称呼丰富多彩,例如:过去了、过世了、去了、走了、老了、回去了、长眠、做古、上西天等。有一点文化的人,对于死的叫法又不一样,例如:辞去人世、百年之后、寿终正寝(专指男性)、寿终内寝(专指女性)、成为故物、呜呼哀哉、已故、作古等。死亡还因为年龄不同而叫法不同,以上的叫法都是指年龄在 20 岁以上的人死去才有权如此称呼(享受),而 19 岁以下的人死亡,一概叫作"殇"或"夭折"、"夭逝"、"天逝"。

除了职务、年龄之外,对死的叫法还受情感色彩支配。敬爱的人或亲近的人死了,常用"逝世""去世"等褒义词;对憎恨的人常用"死掉""死去"等贬义词。

---

① 王建辉、易学金主编《中国文化知识精华》,湖北人民出版社,1989,第 155 页。

最后还因为宗教信仰原因，对于死的叫法有其专称。佛教和尚、尼姑死了都叫"圆寂"或"涅槃"；道教的道士死了，叫"羽化"或"登仙"。

古代对于"死"有许多不同的称呼。《浪迹丛谈》中记载了许多死的别称。常见的正常死亡被称为去世、过世、逝世、长眠、安息；意外的死亡被称为遇难、丧生；为国为民而死的被称为牺牲、捐躯、殉国、殉职；未成年而亡的被称为夭折；高龄而死被称为登仙；和尚死被称为圆寂、坐化、示寂、示灭等；古代帝王死被称为驾崩、大薨、山陵崩、大行、登遐；仇敌死亡被称为见阎王、回老家、归西天、断气、一命呜呼。

古文献中称死的词语有卒、殁、疾终、溘逝、作古、逝世、弃世、下世等，还有物故、厌世、弃养、弃世、捐舍馆、弃堂帐、启手足、隐化、迁神、解驾、遁化、迁化、迁形等①。与丧葬礼俗体系和话语表达体系同时诞生的还有丧葬礼俗的功能价值体系。人类进入阶级社会之后，由于生产力的提高，社会分工的细化，不同的社会阶层与不同的思想流派开始大量出现，殡葬文化也迅速发展、丰富并不断演变。殡葬行为除了满足生者"趋利避害、求吉化凶、祈福增寿"的心理需求之外，还增加了统治阶级"教化民众""规范民风""稳固社会"等政治功能，殡葬文化的伦理教化特征日渐显著。

父母亲去世后，子女的第一件事是向亲戚朋友发出通知，这种报告丧事的通知叫作"讣告"或"讣闻"（古代讣、报、赴三字通用）。简单的讣告，仅仅只需写明逝者与发讣告人的关系以及他去世的日期，详细的讣告，可以在讣文内叙述逝者的生平事略和临终的病情等。讣告是报告丧事的书信，亲人接到讣告后，如不能亲临吊唁，要发出唁电或唁函，唁函是给孝子的慰问信。亲友到逝者家去慰问，叫作"悼唁""吊丧""奔丧"。

人死后，办理丧事叫作"治丧"。治，是管理的意思，在治丧期内（古代丧礼三年，后来减为百日，也有省为 49 天的），子孙叫"居丧"。居丧，即处在丧事之中。居丧期间要举行多次祭祀（对逝者陈设祭品致敬之谓）

---

① 王建辉、易学金主编《中国文化知识精华》，湖北人民出版社，1989，第 155 页。

和哀悼。祭奠或举行追悼会之前，孝子要发出通知，通知的落款，百日之内写作"孤（哀）子×××泣血"。所谓"泣血"，郑玄有注"泣无声如出血"。"泣血"的意思是非常哀痛，如果不用"泣血"一词，可以使用"枕块"一词，所谓"枕块"，是指用土块做枕头。用土块做枕头，取其简陋、随便之意。父母去世，做孝子的本应"痛不欲生"，怎能在日常生活上讲求安逸、舒服呢？土块当然比不上棉花枕头好睡，枕块正是为了不敢安睡，时时思念父母养育之恩。

逝者的亲人在居丧期间所穿的衣服，叫作"孝服"（有地方叫作"丧服"）。由于逝者与生者的亲属关系不同，丧服依亲属关系远近不同而分为五个等级，这叫作"五服"。五服内的人与逝者关系较为亲近，丧服较重，丧期较长；五服之外的关系比较疏远，丧服较轻、丧期较短。五服各有其特殊的名称，即斩衰、齐衰、大功、小功、缌麻。斩衰，是用剁成（斩）不缝边（衰）的最粗的生麻布做丧服，取其紧急、无心讲究，随随便便之意，是五服中最重的一种，父亲死了，子和女（未出嫁）要服斩衰；长子死了、丈夫死了，父亲或妻子都是服斩衰的。斩衰期都是三年（两周年）。"齐衰"是用熟麻布做成的，因缝了边，故叫齐。齐衰期有三个月、一年和三年之分。大功九个月、小功五个月，缌麻三个月。这三种丧服都是用较细的熟麻布做成的。

西汉时期戴圣编撰的《礼记》是记录战国以后及至西汉时期社会的变动，包括社会制度、礼仪制度以及人们观念的继承和变化的经典著作，也是反映儒家丧葬观念的经典著作。查询一下相关典籍我们就可以看到，《礼记》中有杂记丧服丧事的诸多篇章，如《檀弓》《曾子问》《丧服小记》《杂记》《丧大记》《奔丧》《问丧》《服问》《间传》《三年问》《丧服四制》等，集中反映了儒家的丧葬观念。西汉以后，汉武帝实施"罢黜百家、独尊儒术"的统治策略，沉默了三百多年的儒家思想获取了正统与主导地位，成为"大一统"的主导思想，儒家文化成为统治阶级的主流文化。两千多年的中国封建社会丧葬文化与丧葬礼俗的基调大多是来自《礼记》等的儒家经典。殡葬的基本功能是：教化风尚、醇厚民风、尊君守道。所谓"慎终追远，民德归厚矣。"（《论语·学而》）儒家代表人物孔子认为，所有的丧仪、丧礼的重要作用在于教化后人。所谓："礼者，钳民魂、体之枷也。……礼虽无形，乃锐器也，胜骁勇万千。"① 孔子十分清楚"礼制"的巨大精神统治效能，他一直强调"礼"的教化价值和对统治者政权的巩固作用。孔子曾经对其弟子说："汝之所学，乃固王位，束苍生，或为君王绣袍之言。"② "吾所言忠者，义者，孝者，实乃不违上者也。"③ 儒家所倡导的"六义"（忠、孝、礼、义、廉、耻）精神之一就是"崇尚孝道"。"孝"乃是丧礼的核心。"事生，饰始也；送死，饰终也。终始具而孝子之事毕，圣人之道备矣"（荀子《礼论篇》）。丧葬的礼仪完全彻底地把这个"孝"给体现出来了。逝者的孩子叫"孝子"，丧服叫"孝服"，穿上丧服叫"戴孝"，逝者葬毕，其子还要守孝三年，其间有诸多禁忌使孝子不能心有旁骛。倡导孝道，以孝道敦厚人心，强化代际联系，进而促进社会治理，这是中国传统丧礼文化的核心。

尽管汉代之后，作为正统的儒家殡葬思想一直主导着中国封建社会殡葬文化的发展方向，但是，诸子百家的殡葬观念也在不断地影响并丰富着中国殡葬文化的发展与变迁。魏晋时期以及宋明时期的道家殡葬观念、汉唐时期的佛家殡葬思想以及晚明、晚清时期的基督教殡葬观等，都对中国殡葬文化的发展与流变产生了巨大的影响。厚葬与薄葬、今生与来世、阳界与阴界、崇俭黜奢与隆丧厚葬、乐生重养与慎终追远、宗法人伦与世俗社会、家族丧礼与现代行会……这些都是不同时期、不同思想流派、不同价值观念和不同伦理道德所表达的不同殡葬理念与价值主张。

自夏商周三代以来，丧葬礼俗已向系统化、程序化的方向发展。特别是周代，"郁郁乎文哉"，是一个崇尚礼仪的时代。丧葬礼俗在西周时期已基

---

① 译文：所谓礼，就是锁住老百姓灵魂与肉体的枷锁。……礼虽然摸不见，却是锐利的武器，胜过千万勇敢的军人。

② 译文：你们跟我学的那些东西，都是些为了巩固君王的王位，控制老百姓，或者是歌颂君王的学说。

③ 译文：我所说的忠、义、孝的实质，是不违背上级的意思。

本具备完形；汉唐时代的丧葬礼俗基本承接着周礼倡导的那套模式。虽然宋代的丧葬礼俗有一些变化，但基本上还是沿着周礼模式前行；明、清两代的丧葬礼俗主要依据《仪礼·士丧礼》，同时参考了《朱子家礼》，形成一套隆重而烦琐的殡葬礼仪，但底色仍然还是周礼体系。鸦片战争到中华人民共和国成立，传统丧葬礼俗在外来文化影响下发生了较大的变化，但是"慎终追远"的礼俗功能依然未改。1949 年中华人民共和国成立以后的丧葬礼俗在"实行火葬，改革土葬，节约殡葬用地，革除丧葬陋俗，提倡文明节俭办丧事"的殡葬改革的方针指导下，开始了"破千年习俗，树一代新风"的新的丧葬礼制的漫长探索之路。本文所论及的丧葬礼俗，是以汉民族为主体的、自西周以来的丧葬礼俗发展与演变沿革，而海疆宽广、幅员辽阔的华夏疆域中的少数民族丧葬习俗以及汉代"罢黜百家，独尊儒术"之前的诸子百家的丧葬礼俗等，未在本阐释之内。

二　丧葬礼俗的困境与现实挑战

鸦片战争之后，特别是五四新文化运动以来，随着中西文化的交流与碰撞、社会结构的解体与重建、多元文化的冲突与融合、科学技术的发展与传播以及宗教文化的演变与整合，中国传统的丧葬文化以及丧葬礼俗无论在理念、内容、形式以及流程范式等方面，都遭遇到现代价值观的巨大冲击，社会结构变迁、人们生活方式转变的深刻影响以及现代商业精神侵蚀等三大困境，使传统的丧葬礼俗、殡葬礼仪开始走向萧条与没落。

首先，在意识形态与价值观冲击方面，传统的"隆丧厚葬"的丧葬观念受到"移风易俗""崇俭黜奢"新思潮的影响；封建宗法人伦的"明尊卑、序人伦"等强化社会等级的丧葬观念，被人本理念、民主自由的思想所打破；五四新文化运动对传统的儒家丧葬礼俗进行了冲击与否定。新文化运动的最突出特征就是：宣传新的马克思主义与社会主义价值观人生观，宣传德先生赛先生（民主与科学）思想体系，宣传新道德与新文学。打倒孔家店，反对传统的丧葬礼俗，提倡现代生活方式；宣传白话文，反对文言

文。那些记载着儒家丧葬礼俗的"文言文历史文献",被视为烦冗的、落伍的、愚昧的社会习俗,受到全社会的摒弃。

其次,工商社会的来临,彻底解构了中国农耕社会的结构与民众的生活方式。忙碌与紧张的都市生活节奏,深刻改变着人们的行为方式。在丧葬礼俗方面,普通民众已经没有充裕的时间按照儒家传统丧葬礼俗去料理各家的丧事,使得人们哀悼逝者的丧期不得不一再缩短,再加上城市的居家环境几乎缺乏停殡的空间,要在自家治丧已愈来愈不可能。丧葬礼俗的一再简化,使葬礼渐渐成为一种仪礼形式化的排场,自然就偏离了殡葬的礼义精神与内涵,忽略了葬礼内在的生命情感,甚至导致殡葬礼仪庸俗化。

最后,工商文明的出现,使得社会活动中的丧葬礼俗慢慢朝着经济产业方向发展。尤其是中国社会进入改革开放的 20 世纪 90 年代,当代殡葬礼仪发展成为特殊的经济产业,殡葬礼仪已转变成为专业的生命礼仪行业,需要有经营理念与管理策略,重视殡葬产品与服务在现代市场经济中的营销工作。丧礼器具以及丧葬形式等,都发生了极其巨大的变化。尽管殡葬礼仪的产业化与商品化受到各种社会舆论的诟病,但是,各种市场化的服务和全新的丧葬产品的提供,也在一定程度上满足了丧家各种需求与欲望。

不能否认,殡葬行业的意识形态化、商品化以及产业化,不仅导致了传统丧葬礼俗的庸俗化与形式化,而且丢弃了传统殡葬礼仪内在的礼义精神,削弱了人性的生命教化与心理情绪的悲伤抚慰功能,导致"中国号称礼仪之邦,几代人反迷信、批传统的结果使我们对英烈、对先人的祭奠简化再简化"[1]。

在上述三重困境中,传统的丧葬礼俗制度在"破千年旧俗、树一代新风"的殡葬改革中创出新思维、新路径,正确认识传统殡葬文化的历史价值与现代意义,寻找和挖掘传统殡葬文化中与当代社会相适应、与现代文明相协调的优秀因子,已经成为我国目前殡葬改革、殡葬文化创新的当务之急。

---

① 陈群林:《殡葬五问》,中国殡葬协会官网,2006 年 6 月。

三　丧葬礼俗的调适与文化创新

每一个民族或种族，每一种文化体系，都有对于死亡的独特理解与阐释。中国古代的丧葬制度，最初的文化功能是提供一种生死智慧，帮助人们化解对死亡的恐惧，纾解丧亲的悲伤。在这些殡葬礼仪中当然包含着丰富的珍惜生命、敬畏生命、劝慰人节哀顺变、引领人正确面对死亡的功能，发挥着报本反始、敬祖感恩等诚敬人心人性的道德教化作用。本来，子女对长辈的那种非常天然的亲亲孝情、生者对逝者的追忆和思念都是一种亲情的自发流露。但是，自从儒家把"孝道""礼"的观念渗透到丧葬活动之后，中国传统的丧葬功能与价值就发生了根本性的变化。丧葬礼俗不再仅仅是一种自觉的行为，而逐渐演变成一种不得不完成的"礼"数，成为一种多少带有强制性的行为，进而成为一种政治行为。这种带有政治行为的丧葬礼俗（例如，儒家丧葬礼俗中的"从临终搬铺移尸到初终的覆面和小殓大殓中的辟踊哭泣，从下葬到虞祭、小祥、大祥乃至三周年的禫祭"，这些丧葬礼仪在过去的半个多世纪中遭受到猛烈的批判，被冠以"封建迷信"的污名）在遭遇五四新文化运动等一系列"革命"浪潮冲击之时，它就必然会出现难以维系和无法传承的局面。尽管人们处理死亡的生命礼仪时仍然遵循着原有的文化模式，但是，某些外在的表现形式不得不被迫调整或转化，而丧葬礼俗的内在礼义精神却不得不通过文化的调适与建设，创新出殡葬礼仪来适应时代的新内涵。

辛亥革命之后的民国政府，在丧葬礼俗的传承与发展方面，做了许多文化调适与建设工作（见表1）。首先是颁布新的礼法制度，规范官府与民间的丧葬礼俗机制。例如，1928年8月，民国临时政府公布《礼制案》，明确规定丧礼中以鞠躬礼代替跪拜礼；1928年10月的《服制》中规定，以黑纱代替丧服。其中的《丧礼草案》虽然进一步废除旧丧礼中的迷信风俗，但将丧服恢复到白衣白冠。1930年、1948年，南京政府接连颁布了第二、第三部《国葬法》，基本内容都被包括在了北碚所定《中华民国礼制》凶礼篇

的特典部分。1943 年，戴季陶在重庆北碚主持召开制礼工作会，制定《中华民国礼制》，其中的凶礼部分，既考虑到多年以来丧礼改革的成果，也照顾到传统礼制的基本精神。其中根据时代精神，对丧服有详细规定。如古代丧服中，妻为夫斩衰三年，而夫为妻齐衰期年，而此礼制将夫妻间的丧服均改为齐衰三年，以体现男女平等精神。儿女不论婚否，为父母均为斩衰三年。夫为岳父母、妻为公婆，均为齐衰期年。

表 1　民国政府关于丧葬礼俗颁布的法规一览

时间	法规名称	主要内容
1916 年 12 月	《国葬法》	在领袖去世的时候,公民们必须以某种恰当的方式来表达他们的怀念
1928 年 8 月	《礼制案》	明确规定丧礼中以鞠躬礼代替跪拜礼
1928 年 10 月	《服制》	规定以黑纱代替丧服
1928 年	《丧礼草案》	废除旧丧礼中的迷信风俗,但将丧服恢复到白衣白冠
1943 年 11 月	《中华民国礼制》	礼制将夫妻守丧期改为均等,以体现男女平等精神

　　其次是推崇新式葬礼和倡导"新生活运动"，以达到重构中国人的现代生活方式之目标。当时不少西化的知识分子呼吁改变传统丧俗，革除丧葬礼俗中的迷信内容，引进西方基督教教徒的丧葬模式。例如，胡适在其母亲去世之际大谈新式丧礼。1934 年蒋介石在江西发起了全国范围内的"新生活运动"，想通过儒家"传统义理"与现代国民理念，扫除民众"愚昧"，塑造新兴国民，进而构建现代化国家。从改造国民日常生活入手，以整齐、清洁、简单、朴素等为标准，以图革除陋习，提高国民素质。从改良国民生活来看，新生活运动具有一定的积极意义。

　　1949 年中华人民共和国成立以来，"殡葬改革"是一系列社会主义运动中的重要内容。1956 年 4 月 27 日，毛泽东在《倡议实行火葬》的倡议书上签字，提出："实行火葬，不占用耕地，不需要棺木，可以节省装殓和埋葬的费用，也无碍于对逝者的纪念。"从此拉开了当代中国"殡葬改革"的序幕，并确立了中国共产党领导下的"实行火葬，改革土葬，节约殡葬用地，革除丧葬陋俗，提倡文明节俭办丧事"的 29 字殡葬改革方针。1965年，内务部颁发了《关于殡葬改革工作的意见》，开始在全国范围内大力推行火葬。"文化大革命"期间，在"破四旧、立四新"运动中，很多殡仪馆和公墓被毁，只剩下非常简单的火葬功能。1978 年中国开始了史无前例的改革开放历程，殡葬改革依然沿着 29 字殡葬改革方针继续前行，1985 年国务院颁布了《关于殡葬管理的暂行规定》，明确宣布了当代殡葬改革的两个基本目标：打击封建迷信和节省土地。1997 年，国务院发布《殡葬管理条例》，进一步修正和细化了《关于殡葬管理的暂行规定》中的相关条目。毛泽东签字将关于推广火葬方案中的"自愿"原则基本变成了"强制执行"。

1949 年以来所开展的殡葬改革，在全国范围内取得了巨大成果，几乎所有汉民族地区都进入了强制火化的时代，几乎所有县城都建设有殡仪馆和城镇公墓，国家设立了多所有关殡葬服务的职业高校和专业研究机构，成立了全国性的殡葬协会和各个地方殡仪服务团体，催生出一批专业殡葬产品生产企业和民间殡葬服务机构，涌现了一大批专注于殡葬行业发展的专业网站、媒体机构以及城市街区的殡葬服务面店和社区的专门社工人员。

毋庸讳言，70 多年的殡葬改革过程中也出现了一些令人震惊的殡葬社会热点事件，这些事件的爆发，从表面来看是火葬土葬、节约土地或生态环保等殡葬改革问题，其核心却是社会礼俗制度变迁的文化延续的"路径依赖"问题。所谓路径依赖，最初是生物学家在研究物种进化时提出的概念，后来被应用到"技术应用效果分析"中。这个概念的核心意思是：一种技术一旦被首先使用起来，就会产生一种收益递增的趋势，随着它的利用率逐渐提高，它在市场上的地位就越巩固，它也就被应用得越广泛……任何礼俗制度都存在"路径依赖"现象。礼俗制度的路径依赖是指，一种礼俗制度一旦被一个社会所采纳，不管这种礼俗制度是否优劣，都会在一定时期产生自我强化倾向而不易改变，除非借助于某种外力才能摆脱这种状态。而这种"自我强化"机制的产生，主要有如下几种原因：第一，礼俗制度变迁过程中存在规模效应和沉没成本，任何礼俗制度的建立和实施都要花费大量成

本，而这种成本一旦投入就无法收回；第二，任何礼俗制度都存在效仿效应，礼俗制度创造收益的能力会引导人们互相模仿和学习，加速该礼俗制度的发展与扩散，实施某种礼俗制度的人或机构越多，该制度就越难改变；第三，任何礼俗制度都存在协作效应，当一种礼俗制度一旦实行起来，就会迅速产生相关配套的制度与措施，并产生协同影响与协同效应；第四，任何礼俗制度都存在"既得利益约束"问题，利益问题是礼俗制度产生路径依赖的深层次因素。一种礼俗制度形成以后，一定会产生一批该制度下的既得利益者和既得利益集团，这些人或集团总会对各种试图改革或改变现存礼俗制度的行为予以压制和打击，即使这种变革对大多数人有利，他们也会想方设法地维护既有的礼俗制度，尽可能地扩大利益获取范围，延长这种礼俗制度的统治时间。这是传统礼俗制度变迁或改革所遇到的最大障碍，也是所谓改革最难解决的问题。

以上四个方面的原因，会使得某种礼俗制度具有一种在原来路径上始终保持下去的惯性，即所谓"礼俗制度自我强化机制"。在这种机制作用下，一个社会一旦选择了一种礼俗制度，无论它是否有效率，都很难从中摆脱出来。

在中国流行了几千年的丧葬礼俗制度，在缺乏一套全新丧葬礼俗制度替代它的时候，路径依赖现象使得人们很难从传统的丧葬礼俗制度中摆脱出来。尽管深化殡葬改革是一项功在当代、利在千秋的民生事业，但是，地方政府如果不考虑传统丧葬习俗的深远影响、不顾及乡土观念依然浓厚的农村地区流传已久的丧葬礼俗，一定会导致强行推行火葬的措施失败，并酿成重大恶性社会事件。

近年来一些地方殡葬改革导致的舆情事件提醒我们，丧葬礼俗制度的变革一定要进行礼俗制度的文化再造和适合地方文化传统与行为习惯的文化创新。丧葬礼俗的文化再造，指的不是丧葬礼仪形式现代化与科技化的更新，而是礼义精神的重振与实践，回到丧葬礼仪世代传承的深层文化结构，继承其丰富多彩的精神性礼义内涵，重新建构合乎人性的集体生活模式，积极开拓合乎现代需求的生命礼仪。殡葬礼仪的根本精神是建立在对生命的尊重与对人性的关怀上，这也是现代人最为需要的文化教养工作，殡葬礼仪是要经由仪式的操作历程来引导人们的生命体验，从人性的价值实现来完成社会道德的伦理规范。殡葬礼仪要更新的不是外在的形式，而是内在的人性教养，教导现代人在科技发达的物质环境中，更要强化对生命存有的价值认知，积极地关注生与死的文化内涵，建立起克服与超越死亡的共同生活法则。

四　丧葬礼俗的文化再造与殡葬改革

如何在传统的丧葬礼俗基础上进行文化再造，实现中国政府的殡葬改革目标、深化未来殡葬礼仪改革与创新的文化面向？我们认为可以从丧葬礼仪的文化内涵创新、丧葬后服务市场的建立以及创建应对过度市场化冲击机制等多个方面来传承和创新中国丧葬礼俗系统，实现"传承不守旧、创新不忘本"的人文殡葬的愿景。

（一）从丧葬礼仪的文化内涵创新入手，给现代丧葬礼俗赋予更多的现代生活元素

孔子《论语》中提出的"慎终追远，民德归厚矣"就是儒家最为核心的殡葬观念。所谓"慎终"，是要求人们重视去世亲人的丧葬之事，而"追远"则是要求人们始终不渝地缅怀和思念去世亲人的德行。更深层的含义是对逝者丧葬之事的慎重与严肃，能够对活着的人有久远的影响。因为庄严缜密的丧葬活动，不仅是表达生者对逝者的追思缅怀，还能够弘扬和传承逝者所留下的优秀思想、良好品格以及生前种种善行良举。好的丧葬礼俗，不仅能够通过丧葬祭祀追慕先祖，不忘所生，实现生命薪火相传、家风家道继承，而且能够在逝者临终时刻亲人的团聚和丧葬礼仪中逝者亲朋与邻里乡亲的团聚过程中，实现敦亲睦族与统协亲友的功能。但是，中国当下的许多丧葬活动恰恰在看得见的各种仪式活动中，体现不出中国古代那些优良的丧葬礼仪背后"慎终追远"等丧葬思想与丧葬功能。其突出的表现有如下几种

现象：第一，只注重对古老丧葬仪式的简单流程模仿，而忘记对逝者生前价值的总结与思考；第二，只注重丧葬礼仪的豪华气派或炫耀逝者家庭或家族的排场与显贵，而忽略了"慎终追远"的优良丧葬思想；第三，只强调隆重、排场、奢华的外在形式，不懂得如何在显赫、排场的形式背后传递那些看不见的优秀的伦理道德与精神文化。

现代丧葬礼俗应当在吸收古代丧葬礼俗精华的同时与时俱进，要在看得见的各种礼仪仪式背后，让人们感受得到对逝者追思怀念的优良精神与值得传承的生命价值。要从对仪式、仪礼等丧葬形式的重视转向对形式所反映的内容的重视，要改变传统葬礼中"繁文缛节"等不适应现代人生活方式的"礼仪、礼节"，把丧葬礼俗变成真正的"精神活动"。有专家认为"精神活动是一种追寻、追索，是向着未知世界的出发，是将混沌的变为有秩序的、将混乱的变为有形式的"①，人们只有通过这种精神活动才能获得启迪、宁静与心理平衡。也正因为如此，殡葬行业的从业者要不间断地学习传统文化中的精华，创新各种丧葬礼俗，使得丧葬礼俗真正实现"慎终追远"的思想功能。比如，告别仪式的创新。什么是告别仪式？它是丧家和亲朋好友向逝者作最后道别的一种仪式。这种告别仪式往往有多种形式，主要由逝者生前所立遗嘱或丧家自己决定。一般有以下两种类型。一是直接告别。有些逝者生前立下死后丧事简办，不开追悼会，也不接受花篮、花圈的遗嘱，只需极少数直系亲属或生前挚友道别即可。至此，家属和挚友到殡仪场所瞻仰遗容，向逝者行礼告别。二是送葬告别。开完追悼会后，由家属随灵车到火葬场，在遗体火葬之前，举行简短的告别仪式，讲一些让逝者安息的话，再看亲人最后一眼，鞠躬行礼送走亲人。

随着时代的进步，国外民众十分强调个人主义，他们往往无法满足于原有或传统的告别形式，开始不再依赖特定的宗教与圣职者，独自举办仪式。其中具有代表性的，即是以追思往生者的亲友们为中心，利用饭店、公共场所等场地举办的"告别式"与"追思会"。刚开始这种型态仅限于艺人或知

---

① 崔卫平：《迷宫般的文化现代性》，《经济观察报》2009 年 10 月 10 日。

识分子等少部分对象，后通过媒体的传播报道，要求举办这种形式之葬仪的民众也愈来愈多，追求原创性更高的仪式的民众正在急速增加。因此，有人称呼此发展是葬仪界的"第三波潮流"。

葬仪还有各式各样的型态，例如中国台湾地区和日本，近年来出现过许多创意新颖的告别仪式，较为独特的有"音乐告别式""影像告别式""文学告别式""友人告别式"。

所谓"音乐告别式"，也可以称之为"音乐葬"，就是在特定的"告别现场"播放或演奏往生者所喜欢的音乐作为背景音乐，然后吊唁者一同回忆往事，最后全体通过大合唱来向往生者告别①。

所谓"影像告别式"，也称之为"影像葬"，就是利用影像的方式来介绍逝者的生平事迹，以追悼逝者。

所谓"文学告别式"，也可称之为"文学葬"，是由主持者介绍往生者所喜爱的文学或朗诵赠诗给往生者②。川端康成的葬仪，是由日本笔会等三个文学团体共同举行"日本文学葬"，为这位文学巨匠的一生画上圆满的句点。

所谓"友人告别式"，也称之为"友人葬"，是由日本创价学会所提倡的一种全新的告别式。"友人葬"是由和往生者交往亲密，却非宗教人士的朋友作为葬仪的主导者，让所有葬礼的参加者发自内心地诵经来尊仰往生者的人生，内心充满富足地为往生者送行，这种想法，是回归到佛教原点的葬仪型态，同时它也是能为建构新的无宗教葬仪带来一些启发的葬仪型态。

以上这些"告别型态"各有特色，但是，它们都具有"从注重形式的时代，转变成注重心意的时代"的特征。重新重视在形式中容易被忽略的"往生者的心意"与"家属的心意"，反映这些重点，并且呈现别出心裁的葬仪型态，才是现在的葬仪所应追求的目标。

---

① https：//www. swans. ne. jp/sousai/modern/trend/.

② http：//www. monkey. com. tw/young/bbs2/bbsresp. asp？idx=613.

（二）后丧葬服务市场的建立是创新和完善现代殡葬系统的重要途径

殡葬服务中的人文关怀引起社会重视，以悲伤辅导为主要内容的后殡葬服务成为殡葬领域新宠。我国现阶段丧葬服务也面临传统信仰淡化、家庭力量单薄、哀悼"快餐"化等问题。后殡葬服务模式的开展，对我国完善殡葬服务体系有较大的推动价值。所谓后殡葬服务是指专业人员本着人文关怀的精神，协助丧属应对丧失亲人后所面临的巨变、顺利度过哀伤期，以预防因情绪过度而导致的自杀、他杀等事故，从而防止破坏社会秩序、激发社会问题。除丧葬抚恤金等社会保障外，后殡葬服务包含悲伤辅导服务的供给、提供心理援助、丧户定期拜访、生活技能恢复、交往平台搭建、传播守望相助的邻里情怀等。而殡葬服务体现人文精神、开展悲伤服务和完善社区后殡葬服务职能是未来我国殡葬服务的发展方向。宗教信仰的淡化、传统家庭结构被颠覆、哀悼"快餐化"趋势，使得丧葬悲伤情绪很难离开丧户，从而影响社会情绪渐变。我国人口接近 14 亿，按照民政部门统计，我国人口年死亡率均在 6‰左右，以此推算，我国每年正常死亡人口 1000 多万，涉及丧属更为众多。因此，后丧葬服务的社会需求巨大，充满人文关怀的后殡葬服务将会为广大丧属提供心理、生理以及精神安全等全方位服务，有利于促进和谐社会的建设。

（三）创建并完善应对殡葬行业过度市场化冲击机制，也是构建现代丧葬礼俗体系的必要举措

近年来，我国的殡葬服务行业出现了过度市场化的倾向，诸如墓地经营、奢华殡葬产品生产等领域的市场化程度甚至超过了美国，殡葬暴利成为公众诟病的话题，需要以政府规制的方式完成殡葬服务公共性的时代任务，约束殡葬行业的过度市场化行为。

应当承认，自 20 世纪 80 年代以来，殡葬行业改革开放，市场机制引入，加上全社会的城市化、产业化进程加速，殡葬活动迅速走出家庭、走向市场，形成了巨大的消费需求。这些改革给丧葬家庭提供了多元化的服务选

择，使得沉寂多年的殡葬市场迅速活跃起来，带动了诸多社会服务市场的活跃，但也在一定程度上造成殡葬产品的价格扭曲，带来了社会公正的缺失。通过构建去市场化的社会机制，弥补一些弱势群体的丧葬家庭面对过度市场化冲击所遭受的损失，将有利于提升当下中国殡葬改革的亲民利民面向。欧美发达国家在殡葬服务中许多有益的"去市场化"的社会性机制创新举措，值得我们学习与借鉴。例如"非营利组织的介入""社区作用领域的拓展""社工参与机制的构建""社会机制参与丧葬相关的教育与培训"等，这些举措都属于针对社会现实需求的文化再造和社会机制创新。

总之，中国传统的丧葬礼俗系统，不是单一的意识形态领域的功能价值体系和简单的丧葬礼仪流程，它涵盖了社会生活的方方面面，且经历几千年的代际传播，已深深镶嵌在无数代国民的心理影像之中。创新我国丧葬礼俗体系，重构中国国民的现代生活方式，既是一项十分艰巨而复杂浩繁的系统工程，更是一种政府与社会多方合作、多方参与的新文化启蒙运动。应秉承传统丧葬文化中的优良传统，取其精华、去其糟粕，客观全面地正视社会结构的变化与时代情绪的变迁，深刻认知礼俗制度变迁的"路径依赖"规律，尤其是要看到现代科技的发展，提升了人类对生命起源、宇宙起源和意识起源的全新认知，中国丧葬礼俗的传承与创新将成为中国人面向未来的重要任务。

G.4
全国殡葬信息化建设发展报告

李秉杰*

摘　要： "互联网+殡葬服务"是互联网技术与殡葬领域深度融合和创新
发展，其目的是提升殡葬公共服务和管理水平，促进殡葬事业科
学发展。本文分析了我国殡葬信息化建设取得的成绩，同时指出
存在各地民政部门对殡葬信息化的认识差异比较大、殡葬信息化
发展还不平衡不充分、信息资源共享存在短板、从殡到葬的数据
还没有形成完整链条等问题及挑战，并有针对性地提出殡葬信息
化建设应当顺应政府数字化转型这一趋势，加快推进数字、智慧
殡葬建设思路，以期促进我国殡葬事业的科学发展。

关键词： 互联网+殡葬　殡葬信息化建设　殡葬服务　智慧殡葬

一　引言

当今时代，以5G、工业互联网、人工智能、云计算、大数据等新一代
信息技术为核心的新一轮科技革命正在孕育兴起，日益成为创新驱动发展的
先导力量，深刻改变着人们的生产生活方式，有力推动着社会发展。习近平
总书记强调"要推动互联网、大数据、人工智能和实体经济深度融合，加
快制造业、农业、服务业数字化、网络化、智能化"。《中华人民共和国国
民经济和社会发展第十四个五年规划和2035年远景目标纲要》明确提出

---
* 李秉杰，控制科学与工程博士，民政部一零一研究所设备和用品研究室副主任，正高级工
程师，研究方向为信息化、人工智能。

"加快数字化发展建设数字中国"的发展目标，通过打造数字经济新优势，加快数字社会建设步伐，提高数字政府建设水平，营造良好数字生态，以数字化转型驱动生产方式、生活方式和治理方式变革。经济社会发展与技术范式变迁同步促进殡葬管理服务方式变革，尤其是在突如其来的新冠肺炎疫情下，"互联网+"正在重塑当代人的生活方式，也在不断刷新人们传统的理念，让每个人更加深刻认识到信息化的重要作用。

殡葬已历经手工时期、机械化时期和简单自动化时期，现在正逐步进入以新一代信息技术为核心、数据为主要驱动力的数字时期，以"业务数据化、数据业务化"为着力点，通过数据驱动重塑殡葬管理架构、业务架构和服务架构，形成"数据决策、数据服务、数据创新"的现代化殡葬治理服务模式。这就需要在殡葬领域中实现程度更深、范围更广的信息化变革，并在此基础上进一步向更高级别的网络化、数字化、智能化迈进。

二　殡葬信息化发展环境持续向好

（一）民政部顶层设计基本形成

为贯彻党中央、国务院关于数字中国建设、"放管服"改革和殡葬改革等重大决策部署，推动殡葬事业科学发展，民政部高度重视殡葬信息化建设。2016 年，民政部社会事务司牵头成立了殡葬信息化建设工作推进小组，健全工作机制，加强资源整合，统筹推进殡葬信息化建设工作。2017 年 11 月，民政部社会事务司在青岛市召开"全国殡葬综合改革试点部署暨殡葬信息化建设推进会"，并确定北京、天津、山东、云南、陕西 5 个省（市）为全国殡葬信息化建设试点地区。自 2017 年启动殡葬信息化建设试点工作以来，《民政部关于印发推进"互联网+殡葬服务"的行动方案的通知》（民发〔2018〕73 号）（以下简称《行动方案》）出台，《行动方案》成为我国"互联网+殡葬服务"建设的系统性政策文件。2020 年民政部办公厅又印发了《关于加快推进殡葬政务信息化建设和应用工作的通知》（民办函

〔2020〕80号），2020年8月18日，民政部召开全国殡葬信息化建设工作调度视频会，对加快推进殡葬政务信息化建设又进行了安排部署。

2021年，民政部印发《"十四五"民政事业发展规划》指出"推动殡葬服务与'互联网+'融合，探索推广远程告别、网络祭扫等殡葬服务新模式，提升殡葬服务便捷化、智能化水平"。① 民政部关于印发《"十四五"民政信息化发展规划》指出"构建全国一体的殡葬管理服务信息平台，建设国家基础殡葬信息数据库，提升殡葬管理服务信息化水平。推动互联网与殡葬服务融合发展，探索开展远程告别、网上祭扫等新模式，为群众提供更加便捷的殡葬服务"。②

这些文件和规划的出台与实施，为全面推进殡葬信息化建设奠定了坚实基础。

（二）地方民政部门配套支持加速完善

在党中央、国务院的统筹部署下，在民政部统一指导下，各地民政部门结合自身特点，接连出台相关政策或规划推动"互联网+殡葬服务"发展，探索符合各自特色优势的差异化发展路径（见表1）。

表1 部分地区"互联网+殡葬服务"相关政策或规划*

地区	文件名称	主要内容
北京市	《北京市"十四五"时期民政事业发展规划》	推进"互联网+殡葬服务"，建立殡葬管理服务数据库，推行预约服务制度，提高殡葬服务管理信息化、规范化、便捷化水平
内蒙古自治区	《内蒙古自治区"十四五"民政事业发展规划》	推动殡葬服务与"互联网+"融合发展，为群众提供更加便捷透明的殡葬服务，探索推广远程告别、网络祭扫等殡葬服务新模式，提升殡葬服务便捷化、智能化水平
浙江省	《浙江省民政事业发展"十四五"规划》	持续推进群众身后"一件事"集成改革，增强数字化服务能力，提升服务便捷化、专业化水平

---

① 民政部、国家发改委印发《"十四五"民政事业发展规划》（民发〔2021〕51号），2021。
② 民政部印发《"十四五"民政信息化发展规划》（民发〔2021〕104号），2021。

地区	文件名称	主要内容
上海市	《上海市民政事业发展"十四五"规划》	创新殡葬服务与"互联网+"融合发展,强化殡葬服务机构的信用监管
广东省	《广东省殡葬事业发展"十四五"规划（2021～2025年)》	构建智慧殡葬,加快"互联网+殡葬服务"进程。加快广东省殡葬管理服务信息系统的全面应用,实现信息数据互联互通和共享共用,建成全省殡葬数据库,逐步完成与其他政务服务信息系统协同应用。加强数据安全管理和个人信息保护,全面提升殡葬政务服务能力
江西省	《江西省民政事业发展"十四五"规划》	加快智慧殡葬建设
江苏省	《江苏省殡葬事业发展规划(2021—2025年)》	推进殡葬工作信息化。推进殡葬公共服务综合信息平台建设,完善殡葬政务服务信息库和基础殡葬信息数据库,逐步实现将全省殡葬服务事项纳入身后"一件事"平台联办。创新"互联网+殡葬服务"发展路径,推动互联网、大数据、人工智能、区块链、5G等现代信息技术与殡葬服务管理深度融合。综合利用网站、手机App、微信公众号、小程序、服务热线等,为群众提供信息查询、网上预约预订、远程告别、网络祭扫、网上评价等规范、透明、方便、多样的在线服务,全面提升殡葬服务管理信息化水平
吉林省	《吉林省殡葬事业发展"十四五"规划（2021－2025年)》	殡葬信息化建设不断加强。全省殡葬管理信息系统全面推广应用,实现信息数据部、省、市、县纵向互联互通,政府各部门横向共享共用,殡葬服务和管理线上线下融合发展

　* 政策或规划信息来源于有关省区市民政厅局官网。

三　殡葬信息化标准加速落地

为加快全国殡葬信息化建设步伐,推进"互联网+殡葬服务"建设,在民政部社会事务司的大力推动下,民政部一零一研究所加速制定相关标准,2017年12月颁布实施了《殡葬管理服务信息系统基本数据规范》（MZ/T098-2017）标准,2019年12月颁布实施了《殡葬管理服务信息系统数据共享和交换规范》（MZ/T141-2019）标准,这两项标准的实施实现了殡葬信息化标准从无到有零的突破,有力推动了我国殡葬信息化建设

工作。

同时,民政部一零一研究所正加紧编制《殡葬公共服务网络平台设计规范》《殡葬物联网信息系统基本数据规范》《殡葬物联网信息系统功能要求》《殡葬物联网信息系统通信架构与接口要求》《殡葬物联网信息系统火化机数据通信技术规范》等五项殡葬信息化建设行业标准。

四 国家平台建设稳步推进

(一)殡葬"一库一网一平台"建设初步取得成效

2021 年民政部启动国家基础殡葬信息数据库建设工作,在民政信息化建设总体框架下,殡葬"一库一网一平台"建设初步取得成效。"一库"即国家基础殡葬信息数据库,集中汇聚全国殡葬基础业务数据、管理服务机构等基础信息,目前已初步建成全国集中、标准统一、动态更新、共享校核的国家基础殡葬信息数据库。"一网"即依托已有民政数据共享交换通道,实现部省两级殡葬管理服务平台互联互通和信息共享交换,实现国家基础殡葬信息集中汇聚、深度融合、有序共享。"一平台"即全国殡葬管理服务信息平台,对殡葬数据通过大数据分析,支撑殡葬管理和决策,促进殡葬事业健康发展。

(二)全国殡葬管理服务信息平台建设情况

2018 年,民政部一零一研究所开始建设全国殡葬管理服务信息平台,供民政部本级使用,平台以实现"四个一"为目标。

1. 一图全感知行业家底

平台作为行业的"天眼",感知每天在发生什么,实时了解省、地市、县(区)、乡、村五级殡葬管理和服务情况、殡葬服务机构运营情况。

2. 一键知全局决策辅助管理

平台作为行业的"帷幄",辅助管理者科学决策,即以"业务数据化、数据业务化"为着力点，通过大数据驱动重塑殡葬管理架构、业务架构和服务架构，形成"用数据决策、数据服务、数据创新"的现代化治理模式。

3. 一图全掌控

平台作为行业的"中枢"，事件处置和联动指挥实现更高效顺畅，实现殡葬审批/备案类殡葬政务服务事项在线联动办理，实时发布通知、公告等。

4. 一方汇聚生态自我演进

平台作为行业的"沃土"，数据是基础，应用是生命，长期践行"平台+生态"战略。

通过"四个一"的建设，逐步实现殡葬领域数字化、场景实时化、可视化与智能化，实现殡葬领域全流程可视、可知、可控、可预测的全域感知智慧殡葬体系，进而提高殡葬公共服务均衡化、透明化、便捷化水平，推进殡葬治理精细化、决策协同化。

五 省级殡葬管理服务信息平台建设初见成效

按照"统一标准、两级部署、多级应用[①]"的建设思路，构建一体化殡葬管理服务信息平台，形成部省两级平台管理服务体系。2017 年，民政部一零一研究所完成全国通用版殡葬管理服务信息系统软件的研发，该软件被推荐作为省级殡葬管理服务信息平台使用。截至 2021 年 12 月 31 日，全国 31 个省（区、市）和新疆生产建设兵团有 25 个省份搭建了省级殡葬管理信息平台，尚有 7 个省份未建立省级殡葬管理信息平台。10 个省份是自建省级殡葬管理信息平台，15 个省份在全国通用版殡葬管理服务信息系统基础上经过本地化开发建立了省级殡葬管理信息平台。

全国通用版殡葬管理服务信息系统软件主要是由管理系统、殡仪馆管理信息业务系统、公墓管理信息业务系统三个子系统组成，基础数据元有 598

[①] 《民政部关于印发推进"互联网+殡葬服务"的行动方案的通知》（民发〔2018〕73 号），2018。

项，其中交换数据元 341 项，基本涵盖了殡仪馆、墓地和其他殡仪服务机构的基本信息、业务信息，随着殡葬信息化的推进和新时代殡葬事业发展需求，殡葬基础数据将不断完善。三个子系统应用统一技术架构、同一数据库，从底层实现了数据互通，其中管理系统的数据源于两个业务系统，两个业务系统是管理系统的数据基础。

六　应用探索纵横深化

自民政部部署《行动方案》以来，部分省（区、市）结合自身工作特点，积极推进"互联网+殡葬"建设工作，形成了工作特色和亮点。有的地区可实现殡葬最新动态、殡仪与安葬服务、殡葬审批备案、辖区内殡葬数据汇总、群众"身后事"联办等；有的地区实现"线上服务""指尖政务"，从而推动了殡葬行业数字化改革；有的地区积极推动殡葬管理与服务从低效到高效、从被动到主动、从粗放到精准的转变。

"上海市殡葬服务平台"通过百度"官网认证"，市民可获得权威的官方动态、精准的机构查询、周到的白事指南。

云南省在应用全国通用版殡葬管理服务信息系统方面，具有功能开发最全、上线率最高、使用效果最好的特点。经营性公墓审批、年检以及"四证"核发等实现了网上办理，在全国率先推广使用基于殡葬管理服务信息系统的 App 软件，做到线上办理农村公益性公墓殡葬业务，计划 2022 年实现省、市、县、乡、村系统"五级"联通。

浙江省推行殡葬数字化改革，通过数字赋能、流程再造，打造从遗体接运、遗体火化、悼念守灵、费用减免、骨灰寄存到骨灰安葬等管理服务全流程数字化，从而提升殡葬管理与服务的便捷化、专业化水平。2019 年 7 月，浙江省民政厅出台推进群众身后"一件事""最多跑一次"改革实施方案，将群众"身后事"办理多部门多流程整合为"一件事、一次办"，构建统一受理、联动办理业务模式。

江西省将殡葬信息化建设纳入全省政务服务平台"赣服通"建设重要

内容，在应用全国通用版殡葬管理服务信息系统基础上，2021 年清明节前夕，"赣服通"政务服务平台上线了殡葬服务小程序，可线上查询殡葬服务单位地址、联系电话、服务事项、当地五项基本殡葬服务免费金额及覆盖人群范围等基本信息；还可线上办理遗体接运、火化和经营性公墓选购等预约功能，实现伤心事宽心办，2022 年将全面推广群众"身后一件事"联办。

广东省民政厅会同省政务服务数据管理局充分发挥"数字政府"一体化平台优势，借助微信政务小程序"粤省事"平台，在民政专区推出"云祭扫"服务。该服务于 2021 年 3 月 22 日正式上线，方便群众线上追思、网络祭扫，避免清明期间祭扫人群扎堆，严防疫病传播、疫情反弹，共度平安清明。

成都市民政局建设成都市智慧殡葬服务监管系统平台，实现遗体全程跟踪、殡葬服务全链条监督，并将智慧殡葬服务监管系统纳入智慧城市治理体系，方便手机 App 接入，提升殡葬管理服务水平。

江苏省常州市建立健全"96444"互联网信息平台，以"96444"呼叫中心为媒介、以殡葬一站式综合服务平台为载体，实现保基本、广覆盖、可持续。

2020 年山东省烟台市首个"智慧殡仪公共服务平台"在福山区殡仪馆上线，实现了殡葬各项业务流程管理服务向规范化、标准化、智能化的转变。通过该平台，逝者家属可以遥寄哀思，在手机上办理殡仪业务，殡葬服务管理部门可以通过云平台与其他相关部门互联互通，实现群众办事"一网通办"。

七　存在问题及挑战

当前，尽管国内与殡葬信息化建设相关的各级政策文件不断推出，多数省份建设热情高涨，积极补齐殡葬信息化建设短板，但有的省份还存在较大差距。总体来看，我国殡葬信息化建设仍处于起步发展阶段，实现数字化、智慧化还有很长的路要走，各地民政部门对殡葬信息化认识重视程度差异比较大，殡葬信息化在发展中还不平衡不充分，信息资源共享存在短板，从殡

到葬的数据还没有形成完整链条，人民群众在丧事办理中没有得到实惠，目前主要存在以下不足。

（一）省级殡葬管理服务信息平台建设不平衡

各地区省级殡葬管理服务信息平台建设过程中，受重视程度、专项资金、基础设施、地理位置、经济水平等多种因素的影响，呈现发展不平衡问题，距离实现政务服务均等化、普惠化的目标仍有距离。

2021年底摸底统计，全国有25个省份建有省级殡葬管理服务信息平台，还有7个省份省级平台建设尚处于空白阶段，省级殡葬管理服务信息建设分为两种模式。

1. 自上而下统筹建设模式

省级民政部门坚持系统化、集约化的整体思路，力图通过对传统政务信息化模式改革，推动殡葬主管部门以及殡仪馆公墓等殡葬服务机构由分散走向整中、由管理走向服务、由单向被动走向双向服务。由于省级统筹自上而下强调较多，要求技术向上看齐、数据向上汇聚，但数据向下的回流机制还不健全，敏捷开发和个性化开发不足，极大遏制了基层殡葬管理及服务机构使用的积极性，也容易导致建设成效不佳。

2. 由点到面全面铺开模式

省级民政部门只负责汇聚全省殡葬数据，辖区内殡仪馆、公墓等殡葬服务机构自行建设平台。平台由于开发时间或开发部门的不同，形成多个异构的、运行在不同的软硬件平台上的信息系统，这些系统没有按照 MZ/T098-2017 和 MZ/T141-2019 标准建设，基础数据项少，数据源彼此独立、相互封闭，使得殡葬数据链条难以在系统之间交流、共享和融合，从而"数据烟囱"林立、"数据孤岛"遍布。

（二）建设思路缺乏互联网、数据思维，存在建设供需不平衡的矛盾

部分地区在殡葬管理服务信息平台建设过程中，没有充分考虑人的多元需求特征，感知人的需求，聚焦殡葬行业发展痛点、堵点等"小切口"，没

有探索实现场景应用、部门协同、制度创新、成果共享等问题，建设思路不清晰，场景应用不够创新，服务能力和水平不足，缺乏互联网、数据思维。典型的现象如下。

有的地区推动"互联网+殡葬服务"建设的做法是"建大屏、做展示、接系统"，短期内形成可"参观"、可"上报"的素材，但由于缺乏对行业真实需求的掌握以及与行业的深度融合、实战应用效果差，不能满足群众和殡葬服务机构需求，形成"展示型盆景"只可远观，导致平台建成后"不好用、不落地"，使用者"不愿用、不会用"。

有的地区"互联网+殡葬服务"建设评价更多聚焦在"效"即"互联网+殡葬服务建得怎么样"上，而对"能"，即"互联网+殡葬服务使用得怎么样"关注不够多。"互联网+殡葬服务"的建设者一般为省级或地市级民政部门，使用者包括地市（州）、县（区）民政部门，殡仪馆、公墓等殡葬服务机构、群众等，建设过程中在需求论证、功能设计、项目测试等阶段较少纳入基层民政部门尤其是殡仪馆、公墓等殡葬服务机构以及普通群众的参与，导致项目没有真正融合殡葬服务机构的管理、业务办理流程、公共服务等环节的应用场景需求，不适用于殡葬服务机构办理业务使用，造成殡仪馆、公墓等殡葬服务机构另行开发适合本单位实际使用需求的信息系统，从而形成报数据一套系统、实际业务办理一套系统的局面。

（三）数据链条不完整、信息共享机制不健全

目前除云南省部分地区殡葬信息化系统率先实现了省、市、县、乡、村五级联通外，其余省份殡葬信息化建设过程中只连通了省、市（地）、县（区）殡仪馆和经营性公墓，致使除火化信息外的土葬信息、农村公益性公墓和农村骨灰堂安葬信息等数据缺失，从殡到葬未形成闭环管控，导致各级民政部门很难有效监管，散埋乱葬、建豪华墓大墓现象时有发生。

信息共享机制未形成、业务协同度深化不够，殡葬数据在社会治理中没有发挥作用。目前个别地区民政部门和公安、社保、卫健委等有关部门以及民政部门内部间虽已开展了有限的数据共享交换，然而还没有形成制度性安

排和长效机制；大部分地区殡葬数据未与公安、社保、卫健、税务、林业和自然资源等部门进行实时交换与共享，跨层级、跨地域、跨系统、跨部门、跨业务的协同管理和服务未达到。例如：对于符合惠民减免政策的逝者，逝者家属还需要向民政部门提供相关纸质证明材料，不能实现跨层级、跨系统、跨部门联办，让数据多跑路，群众少跑腿。再如：多地信息资源目录体系不成熟，需要共享的信息资源底数不清，各地自行梳理的殡葬信息碎片化存于多个分散建设的系统中，信息供需矛盾突出，未制定自上而下的协调管理机制。

（四）双轮驱动不平衡不充分

大部分地区对殡葬管理系统建设相对重视，但对殡葬公共服务系统的建设没有提上议事议程。《行动方案》中明确提出"提高殡葬政务服务在线服务水平，推动殡葬服务线上线下互动融合"①。从目前来看，各级民政部门领导重政务服务平台也就是《行动方案》中"提高殡葬政务服务在线服务水平"建设，轻公共服务平台建设，在"推动殡葬服务线上线下互动融合"上重视不够，线上线下解决群众丧事办理"最后一公里"政策配套少、组织实施难度大、人民得实惠落地难。造成这一现象的主要原因：一是各级民政部门领导对"互联网+殡葬服务"的概念、含义认识不够深刻；二是各级民政部门领导将"互联网+殡葬服务"仅仅看作一种工具和手段，将其定位为部门发展的推动工具，而在让信息多跑路、群众少跑腿，实现"一站式"殡葬服务，解决群众"最后一公里"的丧葬需求方面，存在动力不足现象。

八 建设的思路与建议

从全球发展来看，人类社会的数字化转型是时代潮流、大势所趋，数字

---

① 《民政部关于印发推进"互联网+殡葬服务"的行动方案的通知》（民发〔2018〕73号），
2018。

化治理将成为各国治理能力竞争的核心指标。从我国来看，政府的数字化转型将成为整个经济社会数字化转型的关键。殡葬信息化建设属于政府数字化转型的一部分，应当顺应这一趋势，加快推进数字殡葬建设。

（一）坚持以人民为中心推进殡葬数字化治理

习近平总书记在 2016 年 4 月 19 日网络安全和信息化工作座谈会上强调"网信事业要发展，必须贯彻以人民为中心的发展思想"，以人民为中心、构建服务型政府，是数字时代推进政府管理体制改革的重要导向，推进数字政府变革的目的是打造更加整合统一、服务高效、决策科学、治理有效的政府机构。坚持以人民为中心推进殡葬数字化治理，一是要将数字殡葬建设融入实现人民美好生活向往的过程中，以人民需不需要、满不满意作为建设的出发点和落脚点。在建设过程中，从便利群众使用的视角搭建统一数字化平台，推进办事流程改造，创新管理措施。二是将数字殡葬建设评价工作交给群众，推动落实殡葬政务服务"好差评"机制，有序纳入群众对其他维度建设成效的评价。三是培养数字殡葬建设相关管理人员尤其是领导干部的数字化思维，转变传统殡葬治理理念。

（二）处理好统一建设和基层殡葬服务机构创新的关系

一是在政策层面，加快标准规范体系建设。标准化是信息系统实现信息互联共享、安全可靠的前提。目前，标准规范编制修订较慢，仅颁布了两项数据标准（MZ/T098-2017 和 MZ/T141-2019），而且标准规范使用度不高等问题制约信息共享。下一步还需围绕技术、管理、服务、安全等方面，尽快建立统一标准规范体系，并形成评价、监督与推广机制。

二是在技术层面，省级民政厅（局）应搭建省级层面的殡葬管理服务数据中台，着力提升殡葬数据中台建设能力，为基层殡葬服务机构数字治理创新提供基础性、通用性的系统组件，降低建设成本的同时减少后期碎片化统筹难度。

三是在应用层面，尊重各地创新以及殡葬习俗的实际差异，对基层殡葬

服务机构创新性应用保持开放和鼓励态度，强化技术应用的问题和需求导向，通过向基层殡葬服务机构赋权和赋能，释放基层创新活力。

四是在政企合作方面，要破除"前沿技术""大企业主导"等迷信，营造大小企业共同发展的均衡创新生态。小企业的优势在于理解基层殡葬服务机构的痛点，能够灵活、快速、低成本地开发出可落地使用的轻应用系统，大企业的优势在于强大技术中台能力和庞大用户数据，能够支持应用快速扩展、升级，在殡葬信息化建设时，应当有序纳入各企业主体参与，统筹发挥各类企业优势。

（三）推进殡葬业务流程革命性再造

我国不同地域殡葬习俗差异化较大，因此殡葬服务过程中业务流程各不相同，殡葬习俗是我国传统文化的重要组成部分，要形成统一的殡葬业务流程难度极大。然而，业务流程再造是解决信息系统功能重复、难以协同的路径，也是深化"放管服"改革的重要手段。通过对核心业务的梳理和组织数字化进程、事项标准化与最小颗粒化，最大限度简化和统一办事流程。加快推进"一件事"主题式服务以及"一证通办"、"跨事联办"、"跨地区协办"等服务模式，通过群众侧和政府侧双需求倒逼殡葬业务流程革命性再造。

（四）提高殡葬公共在线服务水平，提升服务实效

在抓实抓细抓好殡葬政务平台建设的同时，要抓紧开展公共服务平台建设，补齐短板弱项，实现政务公共服务双轮驱动、平衡发展。公共服务是"互联网+殡葬服务"建设的根本出发点和落脚点。一是各地民政部门在公共服务平台建设中应本着"以人为本"的理念，围绕用户需求、用户习惯，深度挖掘并整合服务资源，由"多渠道、单一服务"向"多功能、集成服务"转变，优化提升服务水平，打造更多的集约化、融合化的服务，向公众提供便捷高效的网上服务，推进公共服务不断深化。二是各地要依据《行动方案》和统一的标准规范要求，在公共服务平台建设过程中，积极推

动殡葬服务机构公开服务信息、优化服务流程、规范服务收费，加快实现殡葬业务办理信息化、网络化和规范化。殡葬服务机构利用移动端开展远程告别、网上祭祀、网上预约、信息查询、在线选购、评价投诉等规范多样、方便透明的线上服务。

（五）构建符合智慧殡葬需求的殡葬大数据体系

构建符合智慧殡葬需求的殡葬大数据体系，一是构建殡葬祭宣一体化的网络和数据采集体系，将土葬、农村公益性公墓和农村骨灰堂等纳入"互联网+殡葬服务"建设体系，开发简单便捷的适合于红白理事会、农村民政（殡葬）信息员、农村公益性公墓和农村骨灰堂管理人员使用的移动端管理服务信息系统，完善殡葬数据采集链条，实现从殡到葬的闭环管控。二是依托国家基础殡葬数据库和省级殡葬管理服务平台，建立部门之间的数据共享机制，打破数据"孤岛化"现象，运用大数据、云计算技术在协同联动、流程再造等方面的支撑作用，推进殡葬治理部门协同共建机制，实时动态掌控殡葬事业发展，推进殡葬治理体系和治理能力现代化。如：通过多部门协同，排查治理违建墓地、违规收费、黑中介、大墓豪华墓等行为。三是逐步开展殡葬设施、设备等数字化改造，推动殡葬设施、火化设备、遗物祭品焚烧设备、后处理设备、污染物排放等运行数据在殡葬领域的标准化采集、流通与集成应用，为殡葬设施设备赋智提供数据基础，为殡葬治理及决策提供服务。

G.5
遗体防腐技术的开发和推广[*]

李玉光　周雪媚[**]

摘　要： 本报告阐述了遗体防腐技术的历史和现状，系统梳理了古埃及"木乃伊"和中国古代的防腐技术、"解剖学"时代的防腐技术、葬礼时代的防腐技术及现代防腐技术。由于甲醛的强刺激性和致癌性的缺点，无甲醛或低浓度甲醛的高效环保遗体防腐剂是较好的替代。报告还介绍了防腐效果评价方法及国内外关于防腐药剂的管理，提出遗体药物防腐可作为冷藏（冷冻）保存的补充或替代方式，今后应继续推进殡葬防腐技术与相关防腐产品的应用，开发并推广针对水肿、腐败等特殊遗体的长（短）期、环保、低毒的防腐液。

关键词： 遗体防腐　防腐产品　防腐技术

一　遗体防腐概念

遗体防腐是人类社会发展到一定历史时期而产生的有意识的行为。防腐和殡葬史学家 Edward C. Johnson 曾说过："遗体防腐（Embalming）是一种

---

[*] 本研究报告为中央级公益性科研院所基本科研业务费专项"新型无甲醛遗体防腐剂的研究与应用"（项目编号：118011000000160004）的阶段性成果。

[**] 李玉光，博士，民政部一零一研究所基础理论研究室主任、研究员，主要研究方向为生物化工、殡葬基础理论和标准化；周雪媚，博士，民政部一零一研究所研究员，主要研究方向为殡仪场所消毒卫生防护技术。

人工保存尸体的方法，是人类古老的实践艺术之一"。① 美国殡葬服务教育委员会（The American Board of Funeral Service Education）对遗体防腐的定义为，"利用化学方法处理人类尸体，以减少微生物的存在和生长，暂时抑制机体的分解，修复遗体自然外貌以至令人满意"。而在国内，遗体防腐一般也包括遗体冷藏（冻）等物理手段。因此，遗体防腐是研究人体死亡之后遗体保存的一门学科，具体是指采用物理、化学等方法保存遗体，防止或抑制微生物的生长和繁殖，阻止机体组织分解，修复遗体呈现较好的自然外观，以便进行殡仪活动或解剖教学科研等。

人或动物死后，尸体若未经防腐固定处理，很快就会发生组织自溶、腐败。组织细胞在自身释放的酶作用下分解溶化，其形态结构模糊、消失，产生脏器变软、黏膜易于脱落的现象，称为自溶；组织蛋白质因微生物（如腐败细菌等）的作用而发生分解的过程，称为腐败。常用的遗体防腐保存方法有：冷藏冷冻防腐、化学药物防腐、真空或惰性气体防腐、干燥防腐、超低温保存等，其中化学药物防腐为医学、殡葬领域应用最为广泛的防腐方法。

二　遗体防腐的历史、理论和防腐技术的发展

国际上一般认为，遗体防腐起源于古埃及第一王朝时期。从公元前3200 年到公元 650 年为遗体防腐的第一个时期，即古埃及时期——"木乃伊"防腐。第二个时期为"解剖学家时期"，从公元 651 年至 1861 年，欧洲解剖科学的发展促进了遗体防腐技术开发。从 1862 年至今为遗体防腐的现代时期，包含葬礼时代的遗体防腐和现代殡仪服务中的遗体防腐。逝者家属对遗体自然安详外观的感情慰藉需求以及遗体运输等因素，促使防腐技术飞速发展，美国等发达国家已开设了殡葬服务与殡仪馆学专业（Mortuary Science and Funeral Service）。

---

① Robert G. Mayer, *Embalming: History, Theory, and Practice (Fifth Edition)*, McGraw – Hill Books, 2011.

（一）古代遗体防腐技术

1. 古埃及的"木乃伊"技术

木乃伊，源自波斯语 *mumiya*，意为"沥青"，指用防腐香料处理尸体，年久干瘪形成的"人工干尸"；从 1610 年开始，其英语 *mummy* 就有了"尸体按照古埃及人的方式被防腐和干燥"的意思。有报道，智利圣地亚哥大学考古学家在智利阿塔卡马沙漠中发现了迄今最古老的木乃伊——新克罗木乃伊，距今 7000 多年。古埃及法老的木乃伊是世界知名的历史文化遗产，在古埃及时期近 4000 年间，完成了数亿具遗体的防腐处理，法老、重要人士和平民均有制作木乃伊习俗。如此惊人的数字背后，有着深刻的宗教原因。古埃及人制作木乃伊，与他们的"灵魂不死"观念和神话传说密切相关。制作木乃伊的技术是在长期的实践过程中逐渐积累起来的。由最初只是用芦苇包裹遗体，埋在热沙下，使遗体变成干尸；至公元前 2000 多年，埃及人开始从利用纯粹的自然保存手段发展到复杂的防腐程序：首先使用天然防腐物质，如草药、雪松油、天然树脂、沥青和焦油；其次是切除或取出内脏，这种防腐操作保证了在未来数千年里人类遗骸的保存。

2. 中国古代防腐技术

与古埃及的"木乃伊"技术不同，中国的社会习俗一般不允许对遗体剖开，我国古代利用对遗体的精心保护、良好的墓葬条件使遗体经久不腐。远在原始社会的仰韶文化期间，在处理遗体上开始由覆盖树枝草木而易之以石椁，或以陶为棺，或早期的木制棺，这种丧葬很难说已经有了遗体防腐的目的，但是它确实孕育着保护遗体的愿望。商周时期欲使遗体不腐的意图有了萌芽，明显的是丧葬制度不但讲究"椁"，还要用"棺"，而且这种棺椁的木质还要求具有芳香防虫作用。秦汉以后的统治者对丧葬十分考究，不但非常讲究棺椁的层次，而且对陵墓位置的选择、墓穴的深浅、填充物的内容都有严格的要求；同时更加强调芳香药物的应用，以及对遗体的清洗沐浴、衣着被裹等一系列的处理方法，所有上述措施的综合应用，使得秦汉以来有不少遗体保留到现今不腐，如长沙马王堆汉墓古尸、荆州西汉古尸等。由此可见，我国古代遗体的防腐技术已经达到很高的水平①。

古代遗体之所以能保存至今，主要具备了以下三个重要的人为条件或自然条件。一是及时有效地处理遗体，遗体处理是否及时有效是非常重要的。我国古代的遗体防腐方法和技术，多采取综合措施：香料药物防腐是这些综合措施之一，许多香料药物都有较好的抑制或杀灭细菌、真菌的作用，酒精和汞的应用对香料药物的作用是一种强化和补充，尤其是香药酒的浴尸，对防腐有十分重要的作用。二是尽早入殓封棺，把遗体封存在密封性能很好的棺具里，这是入土前保存遗体的一个重要措施，由于棺内空间被包裹的遗体和殓装等塞满，故棺内留存的空气很少，遗体初期的腐败过程和棺内物质的氧化很快就消耗掉残留氧气，使腐败延缓乃至接近"停止"。三是对用以保存尸体的棺椁进行密封处理，使用性能良好的棺椁，并在棺椁外倒上坚实的浇浆，内外棺之间灌有松香等，这些措施起到良好的密封作用。古尸之形成有其必然因素，也有其偶然因素，但总的来说，古代遗体防腐理论和技术的发展相对缓慢和不成熟。近代以来，特别是19世纪末甲醛用于尸体防腐以后，尸体的防腐技术和理论有了飞速发展。

（二）"解剖学家"时代遗体防腐技术

由于缺乏科学理论的支撑，古代遗体防腐技术发展缓慢，16世纪后期解剖学的发展，推动了遗体防腐技术的发展。1543年，比利时医生安德雷亚斯·维萨里（Andreas Vesalius）完成《人体的构造》巨著，以大量、丰富的解剖实践资料，对人体结构进行了精确的描述，使解剖学步入了正轨。维萨里用系统解剖方法揭示了人体的血液循环、呼吸系统在人生命中的重要作用，证明了其是人赖以生存的动力和源泉。自此，人类开始应用循环系统理论来支撑遗体防腐技术。彼得·福雷斯特斯（Peter Forestus）医生在他的著作中描述防腐过程如下：取出尸体的内脏，用冷水和维他命水清洗，用吸

---

① 杨根来：《从古代墓葬文化看遗体的防腐技术》，《长沙民政职业技术学院学报》2004年第4期。

满维他命水、芦荟油、没药、本草药粉的棉花填充腹腔，缝合尸体，最后用蜡布包裹尸体①。

自 18 世纪起，遗体防腐技术开始发展，人们开始利用酒精、甘油、醋酸等作为防腐剂，虽然这些化学品的防腐效果一般，但由于它们各有特点，仍沿用至今，在多种防腐剂配方中都有应用。1867 年，德国化学家奥格斯特·威廉·冯·霍夫曼（August Wilhelm von Hofmann）首次合成甲醛，并确定了它的化学性质。到 1876 年，阿根廷人将甲醛的水溶液（福尔马林）应用在殡葬领域中保存遗体，这是一个跨时代的贡献，为遗体保存提供了可靠和有效的方法，同时也促使遗体防腐操作技术进一步成熟。

甲醛的水溶液开始被应用于组织固定，后来发展应用到医学院遗体解剖的固定，在以后的一个多世纪以来，经过诸多学者的努力，甲醛的应用范围进一步扩大。甲醛已经取代了以前使用过的危险和有毒的重金属盐混合物，并成为现代防腐方法的基础。

（三）现代遗体防腐技术

1. 葬礼时代的防腐技术

作为葬礼目的的现代遗体防腐开始于 1861 年的美国内战。为将在战场死亡的战士尸体运回家乡，美国内战期间成立了专门委员会负责遗体防腐处理。这种防腐工作的目的是保存尸体，避免逝者在不体面、匆忙的情况下被埋葬，并在埋葬前后防止感染的传播。此外，防腐也被用来修复受伤的面部特征或恢复面部的变色。因此，殡葬领域的防腐区别于医学院校中的尸体保存，美国等国家建立了专门的防腐学校。美国用于葬礼的防腐技术包括：排除遗体内所有血液和腐败气体，并注入防腐液；内脏可以被去除，浸泡在防腐液中，然后再放入体内，遗体表面再涂抹一些防腐剂粉末等。美国内战时期的防腐师试验了三氧化二砷（俗称砒霜）、木馏油、汞、松节油和酒精等

---

① Brenner, E., "Human Body Preservation-Old and New Techniques", *Journal of Anatomy*, 2014, 224（3）, pp. 316-344.

多种物质的组合。托马斯·霍尔姆斯（Thomas Holmes）进行了大约 4000 次防腐操作，他在战争爆发时研制出了一种"不含毒性药物"的液体。在 19 世纪末 20 世纪初，三氧化二砷在防腐液中被广泛应用，但后来被甲醛取代。

2. 现代殡仪服务中遗体防腐实用技术

现代社会，人们不仅能熟练地运用物理、化学等方法进行遗体防腐，而且开发了生物塑化技术进行遗体保存。现代殡仪服务中遗体防腐是一项综合性、技术性很强的服务内容，它包括对遗体清洁消毒处理、抽吸排除遗体腹水、排出血液、排出胸腹腔腐败气体、多种防腐方法的综合运用。

总的来说，遗体药物防腐技术可分为灌注防腐、注射防腐、表面防腐、浸泡防腐四大类（见图 1）。

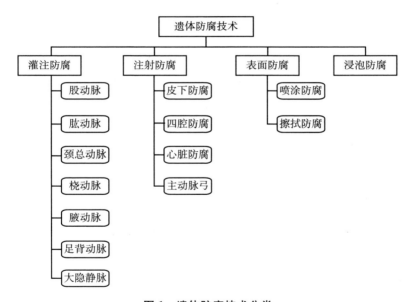

图 1　遗体防腐技术分类

在现代殡仪服务中，灌注防腐和注射防腐应用较多。两者各有优缺点，防腐保存遗体期限较长、气温较高时，灌注防腐效果较好；防腐保存期短、气温较低时，局部注射或表面防腐效果好，并且局部注射法节省防腐药剂、遗体色泽佳。传统的防腐技术只能在一定范围内使用，如动脉灌注法，操作

相对烦琐，需要对遗体进行切开与缝合，因而在殡仪馆使用较多、而上门服务时逝者家属不欢迎；而注射防腐法，对长期防腐及高温天气防腐不太适用。使用灌注法对遗体进行防腐时，需要选择最合适的动脉进行灌注。由于操作习惯不同，不同的防腐师选择的动脉也不同。股动脉最好不要用于女性遗体的注射，因为它会导致不必要的暴露。静脉灌注主要采取的是大隐静脉的灌注程序。

杭州市殡仪馆许康飞开创的"一针式心脏注射法"①，在赴海地执行8名维和警察遗体的防腐整容任务中发挥了关键作用。这种"一针式心脏注射法"由于不需要切口，防腐效果好，因此既适用于殡仪馆，也适合上门服务。从保存遗体完好性、不用切口的角度来看，熟悉左心室或主动脉弓操作的防腐师的一针式心脏注射法无疑效果最佳、操作最方便。张运海②介绍了一种新的尸体防腐方法，即先期通过胃管向胃肠道灌注10%的甲醛防腐液，起到杀灭消化道内腐败菌的作用，随后采用心脏"一针式"灌注的方式进行防腐。这种防腐方法对外籍船员的尸体进行防腐处理，防腐效果很理想，而且这种方法具有操作简单、遗体无损伤、节省药量、减少空气污染等优点，更适合国际运尸等需要长期保存的遗体。

表面防腐方法包括遗体的清洁沐浴、杀菌消毒、表面涂抹、皮下注射、浸泡以及冷藏等。这种针对遗体外部的表面防腐法，具有可以保留遗体表面的完整性、简单方便、卫生安全、可以较大程度地防止传染病的传播、减轻防腐操作人员的工作量并保证遗体的防腐质量等优点。目前，基于我国丧葬习俗中的守灵传统，遗体一般在家里或殡仪馆内保存3～5天，在气温较低时采用表面防腐的方法具有很好的实用价值。

目前，我国殡葬行业遗体保存的主要方法仍是冷冻或冷藏的方法。部分殡仪馆采用了"化学药物防腐+冷藏双保险"的方式保存遗体。如上海遗体防腐研究所在上海地区殡仪馆应用的是"静脉抽吸＋四腔注射＋冷藏

---

① 许康飞、胡慧萍：《封闭式遗体防腐技术：许康飞防腐学说及其应用》，浙江大学出版社，2014。
② 张运海：《尸体防腐新法简介》，《卫生职业教育》2005年第18期。

（10℃）"方法，这种防腐方法的优点是节省药水，但抽吸腹水或血液过程中，增加了遗体携带病原微生物形成气溶胶的风险，而且抽吸腹水或血液需要按照医疗废弃物来处理，增加了处理的成本。成都市殡仪馆采用"肱动脉+冷冻"防腐的方法，这种方法是通过肱动脉灌注 500~1000mL 的防腐液后，再将遗体冷冻（-15℃~-18℃）保存，这种方法的弊端在于在遗体冷冻时，防腐药水在低温下很难发挥作用。云南省常用大隐静脉灌注的防腐方法。目前，国内一些知名遗体防腐师，如杭州市殡仪馆的许康飞、无锡市殡仪馆的余廷和济南市第二殡仪馆的毕爱胜近年常采用"主动脉弓或左心室一针式防腐方法"，无切口、不放血、操作文明，逝者家属易于接受。

三　遗体（尸体）防腐剂的研发与应用

用于遗体防腐的化学药剂称为遗体防腐剂（Embalming Fluid）。在殡葬行业中遗体防腐剂应具有的特性[1]为：应确保遗体的中短期（或长期）保存，防止腐烂变化；组织宜柔软，关节可活动，仪容自然安详；确保职工或家属接触尸体时，无病原微生物感染的风险。

（一）遗体防腐剂

遗体防腐剂分为单一组分防腐剂和多组分防腐剂。单一组分防腐剂中最常用的有甲醛、戊二醛、乙醇、醋酸、三硝基苯酚、铬酸、重铬酸钾、氯化汞等。单一防腐剂使用简便，但防腐效果有较大的局限性，故常用多种成分配制成混合防腐液。Robert G. Mayer[2]总结出遗体防腐剂中，一般含有防腐剂、杀菌剂（消毒剂）、溶剂、改性调节剂（缓冲液、阻凝剂、表面活性剂、润湿剂）、染料、香料等（见图 2）。

---

[1] Brenner, E., "Human Body Preservation-old and New Techniques", *Journal of Anatomy*, 2014, 224 (3), pp. 316-344.

[2] Robert G. Mayer, "*Embalming, History, Theory, and Practice (Fifth Edition)*", McGraw-Hill Books, 2011.

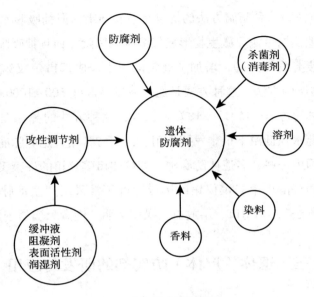

图2　遗体防腐剂的组成

（二）常见遗体防腐剂的组分

1. 防腐剂或固定剂

（1）醛类

①甲醛。甲醛是一种极好的组织固定剂，同时也具有杀菌和杀虫的作用，具有优良的防腐性能，能很快与蛋白质反应并将其转化为可阻止遗体腐烂的不溶性树脂。但甲醛还有许多缺点[1]，如它能迅速使血液凝固，使组织脱水，收缩毛细血管，它能将组织器官表面转化为灰色，并有一种强烈的刺激性气味，世界卫生组织国际癌症研究机构2004年就已经在公告中明确将甲醛上升为一类致癌物。毒理性研究表明，浓度为0.5~2ppm的甲醛可作为一种刺激物，可引起轻微的眼睛和黏膜不适；急性接触甲醛可能会可逆地降低嗅觉；急性和慢性皮肤暴露可能产生刺激和脱皮，以及过敏性接触性皮

---

① Naya，M.，Nakanishi，J.，"Risk Assessment of Formaldehyde for the General Population in Japan"，*Regulatory Toxicology and Pharmacology*，2005，43，pp. 232-248.

炎等。

②戊二醛。在 20 世纪中期，戊二醛在蛋白质固定和早期消毒灭菌领域的许多方面表现出明显优于甲醛的性能。戊二醛能够在很宽的 pH 范围内与蛋白质发生反应，用作消毒剂的戊二醛对大多数微生物（包括病毒和孢子）均有效，因此其消毒效果比甲醛高出许多倍。在防腐液中，戊二醛是一种缓慢的扩散剂，与甲醛会快速固定组织不同，戊二醛会以非常慢的速度形成不可逆的固定。在毒理性方面，戊二醛是一种弱过敏原，戊二醛的蒸气（<1 ppm）可能对支气管和喉黏膜有刺激性，长时间接触可能会引起局部水肿和其他症状。

③乙二醛。乙二醛是一种杀菌剂，乙二醛以其高活性的羰基攻击蛋白质、核苷酸和酯类的氨基，产生稳定的糖基化终末产物，改变蛋白质功能，使酶失活，蛋白质水解受损，抑制细胞增殖和蛋白质合成。但乙二醛容易引起接触性皮炎，往往会使组织染成黄色。

（2）醇类

①乙醇。乙醇在防腐剂中被广泛用作溶剂。德国莱比锡大学解剖学院的 Niels Hammer 等研究指出[1]，可以用乙醇-甘油代替甲醛的固定、以百里香酚代替苯酚保存遗体标本。乙醇与甘油结合时，会使蛋白质可逆地变性，影响蛋白质三级结构的水合物，其氢桥键被破坏。

②甲醇。甲醇对生物体有毒，也具有消毒剂特性。甲醇作为一种防腐化学品，它可以防止甲醛在防腐液中聚合。人类和非人灵长类动物对甲醇特别敏感，中毒特征为甲酸血症、代谢性酸中毒、眼部毒性、神经系统抑郁、失明、昏迷和死亡。

③异丙醇。异丙醇被认为是比乙醇更好的杀菌和防腐剂。

（3）盐类

①亚硝酸钠。亚硝酸钠是一种常用的防腐剂，它主要通过渗透性作用排

---

[1] Hammer, N., Loffler, S., Feja, C., et al., "Ethanol-glycerin Fixation with Thymol Conservation: A Potential Alternative to Formaldehyde and Phenol Embalming", *Anatomical Sciences Education*, 2012, 5, pp. 225-233.

出细胞中的水分达到对组织的防腐。

②硼酸盐。硼酸盐早在古埃及时期就被用于防腐目的。硼酸被归类为防腐剂，也可以作为杀虫剂。作为一种温和的防腐剂或抑菌剂，硼酸及盐对生殖系统有一定的毒性。

2. 杀菌剂（消毒剂）

（1）苯酚

苯酚是一种极好的杀菌剂，1867 年，李斯特首次在医学领域使用苯酚作为消毒剂。1886 年，Laskowski 将苯酚用于医学解剖学中的尸体防腐，他最初使用苯酚和甘油的混合物（1 份苯酚，20 份甘油）；后来，他用酒精代替了部分甘油（1 份苯酚，1 份硼酸，4 份酒精，20 份甘油）[1]。苯酚作为防腐剂，具有较强的渗透能力，能使蛋白质变性。缺点是会导致组织干燥和变色，并有一种难闻的气味。苯酚的暴露风险是对喉咙和胃具有腐蚀性，可引起恶心、呕吐、发绀、血压下降、抽搐和肺水肿等。此外，它还能使皮肤过敏。

（2）2-异丙基-5-甲基苯酚

2-异丙基-5-甲基苯酚俗称百里酚、百里香酚、麝香草酚，是一种天然存在的、含氧的对氰基单萜苯酚衍生物，存在于唇形科植物百里香草、麝香草、牛至草、香青兰、伞形科植物糙果芹种子中。百里酚是天然抗菌剂、食品防腐剂，在抗真菌、抗氧化、抗炎和抑菌等方面作用明显。百里酚的亲脂性扰乱了细菌和真菌膜的完整性，使与代谢相关的蛋白质失活。

（3）异噻唑啉酮类

异噻唑啉酮主要由 "5-氯-2-甲基-4-异噻唑啉-3-酮" 和 "2-甲基-4-异噻唑啉-3-酮" 组成，是一类新型的高效广谱防腐杀菌剂，具有杀菌、灭藻、防腐等功能，对黑曲霉、枯草杆菌、大肠杆菌等多种微生物具有杀灭效果。同时也因为其有低毒、高效、对环境安全、药效持续时间长等优点，

---

① Brenner, E., "Human Body Preservation - old and New Techniques", *Journal of Anatomy*, 2014, 224 (3), pp. 316-344.

受到生物、化学、医药等领域的关注。1，2-苯并异噻唑啉酮又名霉敌，已经在尸体防腐保存、消毒等领域有研究应用[①]。

（4）遗体防腐剂中常见的杀菌剂还有苯扎氯铵、水杨酸、五氯酚酸钠、1，4-二氯苯等。

3.改性调节剂

（1）缓冲液

常用的缓冲液有：硼酸钠（硼砂）、碳酸钠等。如硼酸钠缓冲溶液用在防腐剂中可调节 pH 值，并防止霉菌生长和细菌分解。

（2）阻凝剂

一些盐类具有抗血液凝固作用，也被称为抗凝剂，如柠檬酸钠和草酸钠等。

（3）表面活性剂

脂肪醇聚氧乙烯醚硫酸钠是一种阴离子表面活性剂，可使防腐液渗透到遗体的所有组织；Dayton 等人[②]描述的 2-硫乙酯在防腐液中就是阴离子表面活性剂。

（4）湿润剂

甘油，甘油本身不是消毒剂，但具有湿润的作用，而且提高了甲醛的防腐效率。单甘醇、二甘醇、聚乙二醇和山梨醇等保湿剂，均可作为甘油的替代品。

4.几种新型防腐液

（1）1-甲基-3-辛氧基甲基咪唑鎓四氟硼酸盐

1-甲基-3-辛氧基甲基咪唑鎓四氟硼酸盐是一种离子液体。咪唑鎓阳离子以及杂环芳族和非芳族化合物，能与 DNA 和 RNA 形成离子对，限制水进入组织；1-甲基-3-辛氧基甲基咪唑鎓四氟硼酸盐，其特性类似于石蜡，具

---

① 秦毅等：《用霉敌替换甲醛保存标本对医学生健康影响的调查》，《中国职业医学》2002 年第 1 期。

② Dayton, S., Hashimoto, S., Pearce, M. L., "Influence of A Diet High in Unsaturated Fat upon Composition of Arterial Tissue and Atheromata in Man", *Circulation*, 1965, 32（6），pp. 911-924.

有长烷氧基甲基取代基的离子液体可杀死细菌和真菌，并以此方式抑制组织的生物分解。光学显微镜下观察离子液体固定的组织结构完好无损，比甲醛固定的效果好①。目前在国内，离子液体作为防腐剂用于保存遗体方面的研究还未见报道。

（2）N-乙烯基-2-吡咯烷酮

N-乙烯基-2-吡咯烷酮（NVP）为水溶性高分子聚合物聚乙烯吡咯烷酮的前体，具有固定、抗菌和防腐作用。日本杏林大学 Yoshinori Haizuka 等人②首次报道了 N-乙烯基-2-吡咯烷酮作为一种福尔马林替代品，并且进行了人体遗体防腐实验。他们在动物实验中发现，该防腐剂具有优良的固定、消毒和防腐性能，同时保持组织的柔软和柔韧。12 具捐赠的遗体通过股动脉和颈总动脉使用蠕动泵灌注 NVP，灌注防腐后身体依然柔软灵活，关节的活动度很高，几乎相当于活人的活动度。

（3）四羟甲基氯化磷

四羟甲基氯化磷由磷、甲醛和盐酸反应合成，可以通过皮肤被吸收。一般来说，该物质被用于棉织物中的阻燃剂。宁波大学 Shi 等人③提出了含有15%的四酮基（羟甲基）氯化磷溶液，在酸性缓冲溶液中可作为交联剂。

（三）环保型的复方遗体防腐液

1. 低含量甲醛的防腐液或抑制甲醛挥发的防腐液

目前国内外防腐液中，甲醛仍然是基础的成分。殡葬领域遗体防腐液中甲醛的含量常为 4%~6%。由于甲醛存在强刺激性和致癌性，因此亟须研发出无甲醛或降低甲醛浓度或抑制甲醛挥发的低毒或无毒的尸体（遗体）防

---

① Majewski1，P.，Pernak，A.，Grzymis，M.，et al.，"Ionic Liquids in Embalming and Tissue Preservation. Can Traditional Formalin-fixation be Replaced Safely？"，*Acta Histochemica*，2003，105（2），pp. 135-142.

② Yoshinori Haizuka，Miki Nagase，Satoshi Takashino，et al.，"A New Substitute for Formalin：Application to Embalming Cadavers"，*Clinical Anatomy*，2018，31（1），pp. 90-98.

③ Shi KQ，Shao SX，Yin WG，"An Improved Non-formaldehyde Tissue Preservative"，*Advanced Materials Research*，2012，356，pp. 360-363.

腐液。医学界或殡葬领域探索出了很多改良方法①。Whitehead MC② 对两种
低甲醛含量的商品防腐液进行了评价，其中一种是含有低浓度的甲醛和酒精
的防腐液，该防腐液作为标准甲醛含量的防腐液的替代品被广泛用于动物组
织的保存。另一种主要用于常规甲醛防腐处理后的遗体保存。该防腐液的活
性成分乙醇胺可以通过化学聚合作用联结游离的甲醛分子，从而抑制甲醛的
挥发。这两种防腐液都能有效地降低防腐环境周围空气中的甲醛浓度。陈霜
玲等③报道了一种低毒的含甲醛防腐剂，结果发现，甲醛释放量为常规防腐
剂的 35.7%，能有效杀灭金黄色葡萄球菌和大肠杆菌，对遗体的有效防腐
率达 95%以上，防腐固定效果良好，收缩率小，色泽接近活体状态。

2. 无甲醛的遗体防腐液

（1）以醇类为主要成分的高效环保型遗体防腐液

醇类具有溶菌消毒作用，抗菌谱广，渗透性强，它使蛋白质变性凝固，
导致微生物死亡。Goyri-O' Neill 等人最近报道了一种含有 9 份二乙二醇和 1
份单乙二醇的防腐液。这种防腐液为无色、无味、透明液体，整体看，这种
防腐液具有良好的长期保存质量④。Hammer 等⑤报道了一种包含乙醇、甘油
与麝香草酚复配的防腐液，该防腐液固定的组织触觉和视觉感官良好。李玉
光等发明了"一种高效环保的遗体防腐剂及其应用"，申请（专利）号为
CN201010581997.6，该防腐剂由苯氧乙醇、异噻唑啉酮、有机酸、丙二醇、
丙三醇、乙醇、六亚甲基四胺和乙二胺四乙酸钠等构成。该防腐液无刺激性

① Trompette P., Lemonnier M., "Funeral Embalming: The Transformation of A Medical Innovation", *Science and Technology Studies*, 2009, 22, pp. 9-30.

② Whitehead MC, Savoia MC, "Evaluation of Methods to Reduce Formaldehyde Levels of Cadavers in the Dissection Laboratory", *Clinical Anatomy*, 2008, 21, pp. 75-81.

③ 陈霜玲、李玉光、付慧群等：《甲醛遗体防腐剂改良研究》，《中国临床解剖学杂志》2016年第2期。

④ Goyri-O' Neill J., Pais D., Freire de Andrade F., et al., "Improvement of the Embalming Perfusion Method: the Innovation and the Results by Light and Scanning Electron Microscopy", Acta Medica Portuguesa, 2013, 26, pp. 188-194.

⑤ Hammer N., Loffler S., Feja C., et al., "Ethanol-glycerin Fixation with Thymol Conservation: A Potential Alternative to Formaldehyde and Phenol Embalming", *Anatomical Sciences Education*, 2012, 5, pp. 225-233..

气味，遗体保存效果好，关节可活动，面部组织柔软，可应用于遗体的短期与长期保存。杨德慧等发明了"一种低毒环保的短期遗体防腐剂及其使用方法"，申请（专利）号为 CN201010546655.0，该防腐剂由乙醇、甘露醇（或山梨醇）、1，2-丙二醇、有机酸、百里酚、尼泊金酯、低毒金属盐等构成。

（2）以过氧化物为主要成分的遗体防腐液

过氧化物具有广谱高效、防腐消毒、祛臭漂白的消毒作用，对人体安全无毒，不致癌、致畸。过氧化物遗体防腐液，在酸性条件 pH=5 时消毒效果较好，高浓度情况下会氧化损害组织皮肤。任祖翰发明了"一种用于短期遗体防腐的组合物及制备方法和应用（专利号：CN200410053606.8）"，包含 3%~10%双氧水、5%~33%甘油、3%~20%过氧乙酸、10%~60%正己醇、3%~20%有机酸的防腐剂。该防腐液能够完整保存遗体，操作简便，分解产物对环境无毒无害，但正己醇在水中的溶解度低。

（3）以金属盐为主要成分的防腐液

①以饱和食盐为主要成分的防腐液。Thiel[1] 开发了一种高盐含量、低甲醛含量（0.75%）的防腐溶液，其防腐液包括福尔马林、异丙醇、甘油、苯酚和大量的氯化钠。Burns DM 等[2]比较了福尔马林溶液、Thiel 溶液和饱和食盐法 3 种方法对 6 具尸体进行防腐处理。结果显示饱和食盐法具有较强的微生物杀灭消毒作用，防腐后的尸体具有柔性关节和高组织质量，适合医学解剖学教学。

②以无机铁盐为主要成分的防腐液。姜吉良等[3]研制了三种防腐液：一是 4%三氯化铁和氯化亚铁溶液，并将遗体的内脏组织浸入其中进行定时观察；

---

[1] Thiel W., "Die Konservierung Ganzer Leichen in Natürlichen Farben", *Annals of Anatomy*, 1992, 174 (3), pp. 185-195.

[2] Burns DM, Ian B., Ryan K., et al., "Saturated Salt Solution Cadaver - Embalming Method Improves Orthopaedic Surgical Skills Training", *The Journal of Bone and Joint Surgery*, 2018, 100 (15), pp. 1-10.

[3] 姜吉良、吴斌、黄俊等：《无机铁盐在尸体防腐固定中的应用研究》，《解剖学研究》2009 年第 1 期。

二是用三氯化铁、84 消毒液和蛋白质交联剂组成混合防腐液，对遗体内脏组织进行防腐固定；三是用清水、三氯化铁、麝香草酚和蛋白质交联剂等成分配制成混合防腐液，对 16 具 2~15 岁的童尸经股动脉或颈总动脉灌注。结果表明，浸入 4% 三氯化铁和氯化亚铁溶液中的组织块两个月无腐败现象发生；在由三氯化铁、84 消毒液和蛋白质交联剂组成的保存液中放置 2~3 年后，组织结构仍然清晰，细胞结构完整；三氯化铁混合防腐液固定的童尸无刺激性气味，皮肤颜色接近原色，外形无变化，肢体硬度中等，关节活动性较好，弹性大。

四 防腐剂产品的评价

目前，国内外对于尸体（遗体）防腐剂无相关的评价标准。医学解剖中的防腐同殡葬行业遗体防腐的目的和要求不同，评价标准也不同。殡葬领域的遗体防腐不仅是达到防止遗体腐败、杜绝传染病发生的目的，更注重遗体对生者的心理印象作用，通过现代遗体防腐操作技术使遗体表现"入睡"的自然状态成为各国防腐师追求的目标。理想的遗体防腐效果应能达到以下标准：皮肤弹性好，无异味，整洁，无渗出物；防腐液能对蛋白质起到固定作用，组织固定后，无明显破坏，收缩程度小；对细菌、霉菌及病毒皆有杀灭或抑制作用，遗体不霉变；可保持遗体组织富有弹性、保持良好色泽和关节活动度，防腐效果明显；对特殊遗体进行防腐处理后，可阻止遗体的腐败、变形、变色，尽可能恢复逝者生前的自然容颜；防腐液对环境友好，无腐蚀、无刺激。基于上述考虑，本文总结了关于防腐方法评价的研究。

1. 综合评价

Thiel 对防腐尸体从四个方面进行了评价[①]，认为防腐后尸体应显示出与新鲜组织相当的关节柔韧性、组织柔韧性、类似于新鲜组织的颜色，并且没有生长霉菌。

---

① Thiel W., "Die Konservierung Ganzer Leichen in Natürlichen Farben", *Annals of Anatomy*, 1992, 174 (3), pp. 185-195.

2. 生物力学测试

Nazarian[1] 等对不同防腐方法的生物力学进行了测试。结果显示，福尔马林的固定增加了骨骼的脆性，即使是短时间福尔马林固定标本（<3 小时的防腐处理）后，其冲击强度也显著降低；防腐处理后机械完整性会明显降低。

3. 抗菌能力评价

Woodburne 和 Lawrence[2] 研究了改进的含有酒精-甘油-酚-甲醛的防腐液配方，并测试了 8 种不同的液体对结核分枝杆菌、金黄色葡萄球菌、伤寒菌、埃伯菌、铜绿假单胞菌、炭疽杆菌、破伤风杆菌、化脓性链球菌的杀菌活性，以及对青霉、黑曲霉、免疫球菌、荚膜组织胞浆菌和新型隐球菌的杀菌活性。他们研究表明，遗体动脉和口腔防腐 2 小时后微生物数量减少 99%。

4. 组织学表现

大量研究表明，尸体的组织学表现可以较好地表征防腐处理效果。Frølich 等[3]报告了在死后 8~48 小时进行尸体防腐处理，可得到令人满意的保存。Nicholson[4] 也认为，在死亡后 24 小时内使用福尔马林防腐时，可得到令人满意的组织切片质量，显示出优异或良好的组织学保存。

5. 毒理学评价

毒理学评价是防腐剂安全性的必要评价方法，通过毒理学安全评价可发现和阐明被评价物质的毒性和潜在的危害，为制定预防措施和使用方法提供依据。

本文作者曾委托第三方机构按照消毒技术规范（2002 版）的要求对其研制的高效环保型遗体防腐剂进行了急性经口实验、皮肤刺激实验、急性吸

① Nazarian A. , Hermannsson BJ, Muller J. , et al, "Effects of Tissue Preservation on Murine Bone Mechanical Properties", *Journal of Biomechanics*, 2009, 42, pp. 82-86.

② Woodburne RT, Lawrence CA, "An Improved Embalming Fluid Formula", *Anatomical Record*, 1952, 114, pp. 507-514.

③ Frølich KW, Andersen LM, Knutsen A. , et al. "Phenoxyethanol as A Nontoxic Substitute for Formaldehyde in Long-term Preservation of Human Anatomical Specimens for Dissection and Demonstration Purposes", *Anatomical Record*, 1984, 208, pp. 271-278.

④ Nicholson HD, Samalia L. , Gould M. , et al. "A Comparison of Different Embalming Fluids on the Quality of Histological Preservation in Human Cadavers", *European Journal of Morphology*, 2005, 42, pp. 178-184.

入实验、小鼠微核实验。结果表明，该高效环保防腐剂实验动物经口给药 $LD_{50} \geqslant 5000mg/Kg$，属于实际无毒级；对皮肤无刺激性；对实验动物骨髓嗜多染红细胞无致微核作用。

五　国内外关于防腐剂的管理

1. 国内现状

目前，国内关于防腐剂生产中涉及危险化学品的，按照《危险化学品安全管理条例》进行管理。关于遗体防腐剂产品，目前尚无国家标准与相关的技术规范，民政部一零一研究所正在起草《遗体防腐剂》民政行业标准，拟规定遗体防腐剂的分类、技术要求、试验方法、检验规则、标志和包装、运输和储存、标签和说明书及注意事项等。

2. 国外的法律规定[①]

2013 年 9 月 1 日，欧洲议会和理事会颁布了（欧盟）第 528/2012 号条例。这项新法规旨在改善欧洲生物杀灭产品市场的运作，同时确保高水平的环境和人类健康保护。法令中有两个重要的附件：（I）附件一，涵盖了要求纳入生物杀灭产品的活性物质，以及（II）附件 Ia，包括要求纳入低风险生物杀灭产品的活性物质清单。如果一种活性物质被归类为致癌、致突变、生殖毒性、致敏性或生物累积性，并且不容易降解，则不能被列入附件 Ia。内容涵盖消毒剂和一般生物杀灭产品、非食品防腐剂、害虫控制产品、食品或原料防腐剂、防污产品以及用于控制其他脊椎动物的产品。第 528/2012 号令规定用于防腐的化学品包含在产品类型 22（PT22）中，即防腐和标本制作液，PT22 中包含 25 种物质。

在澳大利亚，防腐剂受到与治疗物品、危险物品和化学物质有关的法律管制；在加拿大，防腐剂作为工作场所物质或商业化学品受到监管；在新西

---

① Brenner E., "Human Body Preservation-old and New Techniques", *Journal of Anatomy*, 2014, 224（3）, pp. 316-344.

兰，防腐液由 1979 年《有毒物质法》管理，由卫生部下属的法定决策委员会有毒物质委员会负责；瑞士通过有毒物质贸易的一般联邦法律来管理防腐液，最终使用的生物杀灭剂需要获得批准；在美国，根据联邦杀虫剂、杀真菌剂和灭鼠剂法案（FIFRA），遗体防腐液作为杀虫剂被监管。

六　现代遗体防腐技术与防腐剂推广及建议

调研结果表明，国内目前开展药物防腐的地区不多，主要是上海市、重庆市、杭州市、无锡市、四川省等地，国际运尸服务也会用到药物防腐。其他省市殡仪馆内的遗体保存方式主要是冷藏或冷冻法。遗体药物防腐可作为冷藏（冷冻）保存的补充或替代方式，不仅具有消毒防腐作用，更有显著的节能减排效果。为了推进殡葬防腐技术与相关防腐产品的应用，给出以下建议。

1. 开发新型高效环保的遗体防腐剂

高效环保的多功能遗体防腐剂具有低毒、低刺激性、使用简单、价格低廉、防腐固定效力强、所保存的标本收缩率小、色泽接近活体状态等特点。宜通过遗体动脉灌注、体腔抽吸注射、一针式心脏（主动脉弓）注射法等技术，有效防止遗体内病原微生物的滋生传播，控制遗体自溶、腐败的发展，可用于尸体、组织和解剖物的防腐保存，起到对遗体迅速有效的防腐、保存、消毒、祛臭作用。

2. 特殊遗体防腐剂的开发

目前，国内一些科研院所和企业也开发出了一系列遗体防腐剂，并获得了相关专利。但对于一些水肿、高度腐败、变色遗体需要更加高效、环保、消肿、褪色等多功能防腐剂的开发。

3. 加强不同研究领域与行业间的合作与交流

在殡葬行业中着力推广不含甲醛的遗体长期和短期防腐液。由于防腐在殡仪服务中是一项实用性、可操作性强的技术，亟须通过职业技能培训，加强行业间的科技创新与理论知识相互交流，使得先进的遗体防腐技术得到很好的应用与推广。

G.6
殡葬领域大气污染防治研究报告[*]

陈曦　薛亦峰　罗雁莎　邢啸林　翟晓曼[**]

摘　要： 火葬场大气污染排放问题一直被社会各界所关注，本研究报告对 2015 年《火葬场大气污染物排放标准》发布以来，全国殡葬领域的大气污染物排放、污染防控和环境效益评估进行了梳理分析。结果显示，全国殡葬领域火葬场火化机和遗物祭品焚烧炉大气污染物排放强度下降明显，环境减排效益显著，全国殡葬领域大气污染源排放和防治效果得以明显改善。本报告为提升民政和生态环境管理部门决策能力，提供相关建议和参考。

关键词： 火葬场　火化机　遗物祭品　大气污染排放

2015 年以来，基于新形势下殡葬改革和环境治理需要，各地持续关注大气污染状况和治理效果。国家标准《火葬场大气污染物排放标准》（GB 13801-2015）的强制执行和污染防治政策的有力实施，对遗体火化和遗物祭品焚烧污染物排放起到有效控制和有力削减，促进火葬场污染控制技术水平不断提升，

* 本研究受中央级公益性科研院所基本科研业务费专项（项目编号：No. 118011000000160004）资助。
** 陈曦，民政部一零一研究所（民政部环境监测中心站）污染控制研究室副主任高级工程师，研究方向为殡葬行业污染控制技术；薛亦峰，北京市生态环境保护科学研究院研究员，研究方向为大气污染防治；罗雁莎，民政部一零一研究所（民政部环境监测中心站）助理研究员，研究方向为殡葬行业污染控制技术；邢啸林，民政部一零一研究所（民政部环境监测中心站）助理研究员，研究方向为殡葬行业污染控制技术；翟晓曼，民政部一零一研究所（民政部环境监测中心站）助理研究员，研究方向为殡葬行业污染控制技术。

殡葬领域环境污染情况得到明显改善，进一步提高了殡葬行业整体装备制造水平和技术含量，为大气环境质量持续改善做出了积极贡献。

一 殡葬领域大气污染物排放情况

自 2015 年《火葬场大气污染物排放标准》（GB 13801-2015）实施以后，各地民政部门及殡葬管理部门便加大了对火化机、祭品焚烧炉污染排放的管控力度，规范减排措施配备，以最大限度减少火化机和祭品焚烧产生的大气污染物，以实现达标排放。但随着火化量逐年增加，殡葬行业大气污染防治压力也逐渐增大，民政部一零一研究所（民政部环境监测中心站）在相关方面做了诸多努力，针对火葬场大气污染物排放和防治情况进行了深入调查研究，形成了一系列报告和成果，为殡葬管理和生态环境管理提供了参考依据和支撑。

（一）殡葬领域基本情况

1. 火化机数量

截至 2020 年底，全国共有火化机 6619 台，较 2001 年的 4299 台，增加了 2320 台。每台火化机平均年处理量约 840 具遗体，日均处理量为 2~3 具。图 1 显示了 2001~2020 年我国火化机数量变化情况。由图 1 可知，虽中间年份火化机数量略有增长较快阶段，但总体呈现平稳增加趋势。这说明，随着殡葬改革和遗体火化观念持续深入人心，选择以火化方式处置遗体逐渐被大众接受。

2. 遗体火化量

自 1956 年我国开始提倡遗体火化，1986 年后，我国年遗体火化量和火化率呈现稳定增加趋势（见图 2），到 2005 年，火化率基本稳定在 50%左右，近 5 年又开始有小幅递增，2020 年，达到 55.9%。尽管近年来火化率不断增加，但仍远不及发达国家水平。如日本，以超过 99.99%的火化率位居世界第一。对比国家统计局发布的我国城镇化率的变化趋势可以看出，遗体火化率与城镇化发展呈正相关关系。2015 年后，我国火化量及火化率逐

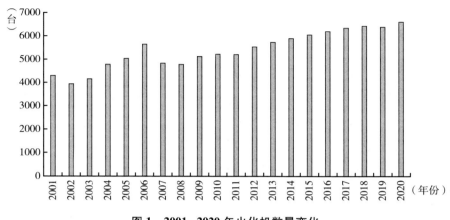

图1 2001~2020年火化机数量变化

资料来源：《民政事业发展统计公报》（2001~2020）。

步出现稳步增长态势，说明我国殡葬改革政策和移风易俗正面导向的积极作用正逐年显现。

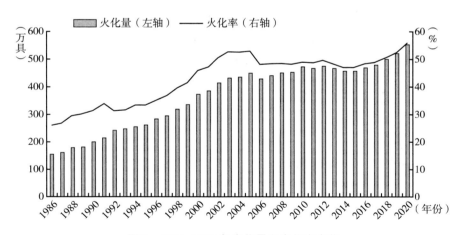

图2 1986~2020年火化量和火化率变化

资料来源：《民政事业发展统计公报》（1986~2020）。

3. 遗物祭品焚烧量

民政部统计公报显示，截至2020年底，全国火化遗体数为555.8万具，相比 2019 年，增加了约 33.1 万具[1]。年火化量的增加，必然导致遗物祭品焚烧量也相应增加。张世豪等人[2]通过对北京市 9 家殡仪馆遗物祭品焚烧情况进行调查，结合 2017 年调研数据与 2010~2016 年火化量统计数据，核算得到 2010~2017 年我国遗物祭品焚烧量基本保持在 13.6 万吨左右。遗物祭品在焚烧过程中，会产生烟尘、SO_2、NO_x、CO、HCl 和二噁英等有毒有害大气污染物。由于我国遗物祭品焚烧设备相对落后，大部分地区存在无组织排放情况，遗物祭品焚烧排放的污染物便成为火葬场重要污染来源。

2015 年以后，各省市采取积极措施对遗物祭品焚烧炉进行升级改造，以降低对大气环境产生直接危害。以北京市为例，2020 年，全市 24 台祭品焚烧炉均已全部加装烟气净化设备，多数火葬场遗物祭品焚烧炉已停用，改用鲜花或绢布花圈替代焚烧，焚烧量较此前大大减少，遗物祭品焚烧产生的污染量也大幅下降。

（二）污染物排放情况

遗体火化和遗物祭品焚烧过程会产生多种有害大气污染物（HAPs），包括烟尘、SO_2、NO_x、CO、HCl、HF、NH_3、VOCs、重金属和二噁英类（PCDD/Fs）等。为了解掌握火葬场遗体火化和遗物祭品焚烧有害大气污染物排放变化情况，多年来，民政部一零一研究所（民政部环境监测中心站）联合多家科研单位，组织开展了火葬场大气污染物排放情况调查、监测和排放特征研究。

1. 火葬场大气污染物排放

民政部一零一研究所（民政部环境监测中心站）在 2016 年北京市 9 台火化机和 5 台遗物祭品焚烧炉有害大气污染物排放监测数据基础上，于 2018 年7~11 月，接续对天津市、河北省 11 台火化机、1 台遗物祭品焚烧炉开展了大气污染物排放监测，并进行了遗物祭品模拟燃烧实验，研究了京津冀火化机、

---

[1] 《民政事业发展统计公报》（2019、2020）。
[2] 张世豪等：《遗物祭品焚烧大气污染物排放特征及控制对策》，《环境污染与防治》2020 年第 4 期。

祭品焚烧烟气排放特征，获得了本地主要大气污染物排放因子数据。

监测结果显示，京津冀地区殡仪馆或火葬场中未安装烟气净化系统的火化机烟尘、SO_2、NO、NO_2、CO 的平均排放浓度分别为 390.06mg/m³、28.94mg/m³、172.12mg/m³、40.77mg/m³、321.38mg/m³，其中烟尘（标准限值为 80mg/m³）超标严重，是排放标准限值的 4.9 倍。而安装有烟气净化系统的火化机烟尘、SO_2、NO、NO_2、CO 的平均排放浓度分别为 20.12mg/m³、15.48mg/m³、239.72mg/m³、21.76mg/m³、361.80mg/m³。除 CO 和 NO_x 外，烟气净化系统对其他污染物的去除效果较为显著，尤其是对烟尘的去除效率达到 94.8%，烟气净化系统对火化机烟气中污染物的削减作用明显。具体火化机烟气排放情况如表 1 所示。

表1　京津冀地区火化机烟气排放污染物

污染物种类		未安装烟气净化系统		安装烟气净化系统	
		平均浓度（mg/m³）	排放因子（kg/具）	平均浓度（mg/m³）	排放因子（kg/具）
烟尘		390.06	0.71	20.12	0.025
CO		321.38	0.68	361.80	0.38
SO₂		28.94	0.058	15.48	0.035
NO$_x$	NO	172.12	1.26	239.72	0.40
	NO₂	40.77		21.76	
二噁英		0.53 ng-TEQ/m³	—	0.03 ng-TEQ/m³	—

同时，民政部一零一研究所（民政部环境监测中心站）对 6 台祭品焚烧炉烟气排放的烟尘和气态污染物（SO_2、NO、NO_2、CO）及相关参数（含氧量、烟气温度、湿度和流速）进行了实际监测，其中 5 台设备配备有烟气净化系统，1 台设备烟气直排。由表 2 可见，安装有烟气净化系统的祭品焚烧炉烟尘排放浓度较低，其浓度均小于 20 mg/m³，反映了除尘设备的高效去除效率，削"烟"效果非常明显。但在工作状态下，遗物祭品焚烧炉通常不使用燃料，致使燃烧不充分，CO 排放浓度在 150.0～3333.3mg/m³ 区间；由于烟气净化系统不能去除 CO，因此两种类型 CO 排放浓度差别不

大；其中遗物祭品焚烧炉的焚烧量少，种类单一，所以 CO 排放浓度较低，最低仅为 150.0mg/m³。遗物祭品焚烧烟气中 SO_2 主要来自含硫分的祭品，相对来讲排放浓度较低，排放浓度范围为 4.0~72.2mg/m³，低于国家标准限值。NOx 的排放浓度范围分别为 0~299.0mg/m³。

表2 京津冀地区祭品焚烧炉烟气净化状况及污染物排放浓度（按11%含氧量折算）

单位：mg/m³

设备	烟气净化工艺	烟尘	CO	SO₂	NOx
A	急冷+喷淋+布袋除尘器	4.9	1092.0	4.0	98.1
B	急冷+喷淋+布袋除尘器	8.6	3333.3	16.7	229.9
C	水膜除尘+旋风除尘+布袋除尘器	1.2	2589.0	6.5	107.4
D	喷淋+冷却+旋风除尘+布袋除尘器	4.6	2057.3	6.4	276.4
E	急冷+旋风除尘+布袋除尘器+活性炭	15.4	150.0	72.2	0
F	直排	2020.0	2671.4	14.3	299.0

2. 其他污染物排放

遗体火化和遗物祭品焚烧过程中，也会产生其他对人体危害较大的污染物，如 PM2.5、PM10、恶臭和 VOCs 等，虽标准中均未对其浓度进行限定，民政部一零一研究所（民政部环境监测中心站）也将此类污染物作为重点对象进行了相关研究。

表3和表4分别列出了京津冀地区火化设备安装与不安装烟气净化系统而产生 PM2.5、PM10 和 VOCs 的排放情况。由数据可知，烟气净化系统能有效去除火化机和遗物祭品焚烧炉排放出的 PM2.5、PM10 和 VOCs，计算得出的 PM2.5、PM10 和 VOCs 排放因子也显著降低。

表3 京津冀地区火化机烟气排放污染物（其他类）

污染物种类	未安装烟气净化系统		安装烟气净化系统	
	平均浓度（mg/m³）	排放因子（kg/具）	平均浓度（mg/m³）	排放因子（kg/具）
PM2.5	285.78	0.51	8.68	0.014
PM10	325.08	0.56	15.21	0.019
VOCs	41.77	0.50	8.61	0.014

表4 京津冀地区祭品焚烧炉大气污染物排放浓度（按11%含氧量折算，其他类）

单位：mg/m³

设备	PM10	PM2.5	VOCs
A	3.8	3.0	63.2
B	7.2	6.2	645.0
C	1.2	1.1	445.5
D	3.7	2.8	289.5
E	1831.3	1306.9	500.0

与此同时，殡仪场所"烟"和"味"相对明显，对从业人员和周边环境造成一定影响。为了解掌握殡仪场所"烟"和"味"的浓度水平，近年来民政部一零一研究所对天津市、河北省有关殡仪场所和场所界内PM2.5、VOCs及其化学组分浓度进行了实际监测和分析，探究了殡仪场所PM2.5和VOCs排放特征。表5列出了殡仪场所PM2.5和VOCs排放特征数据，可以得出，火葬场场界PM2.5和VOCs浓度明显低于火化车间。相关性分析结果表明，火化车间和火化烟囱的PM2.5、VOCs浓度呈现不同的相互关系，二者PM2.5的相关性强度不高，而VOCs浓度的相关性较强，呈明显正相关。火化车间和场界PM2.5浓度的相关性较弱，说明火化车间对场界PM2.5浓度影响较小。

表5 殡仪场所PM2.5和VOCs排放浓度

单位：mg/m³

污染物	火化车间平均浓度	火葬场场界平均浓度
PM2.5	0.67	0.305
VOCs	1.05	0.625

二 殡葬领域大气污染防控情况

2015年前，针对火化污染情况，部分殡仪馆已采取了相应的污染物减

排控制措施，但由于区域经济发展、环境空气质量、所选用的火化污染控制技术和民众环保意识等存在一定差异，因此全国遗体火化污染控制成效进展缓慢。据统计，2013 年全国 5743 台火化设备中，仅不到一半的火化设备配置有烟气净化装置，国内火化污染物防控政策处于真空状态。

随着生态文明思想的不断深入和国民经济的不断发展，殡葬领域污染控制政策和技术标准体系建设得以加强，火化污染控制长效机制逐步完善，殡葬行业从业人员和相关部门管理人员对行业污染防治认识度显著提升，这些均推动殡葬领域大气污染防控治理取得长足发展。

（一）政策与标准建设情况

1. 政策发布

绿水青山就是金山银山，环境保护是习近平总书记关于社会主义生态文明建设的核心要义，良好生态环境就是最普惠的民生福祉。《民政事业发展第十二个五年规划》中要求，要"积极稳妥地推进殡葬改革，推行绿色殡葬，倡导移风易俗、节俭治丧、文明祭扫。实施火葬场大气污染物排放标准，加强节能减排火化技术研究开发，更新改造落后火化设施设备"；《全国民政科技中长期发展规划纲要（2009—2020 年）》中指出，"随着殡葬业可持续发展需求不断增强，迫切需要大力推进殡葬污染控制技术研究，促进节能减排和污染治理，建立适合我国实际的殡葬技术体系"，为殡葬领域降低大气污染物排放、加强减排技术研究提供了有力支持。2016 年，民政部等 9 部门联合印发《关于推行节地生态安葬的指导意见》，全面推广绿色、生态、环保的殡葬方式，为殡葬领域污染防治提供了政策保障。2018年，民政部等 16 部门联合印发了《关于进一步推动殡葬改革促进殡葬事业发展的指导意见》，对新时代推进殡葬改革发展的总体要求、重要任务和保障措施做了明确规定和深入阐述，强调把推行节地生态安葬作为深化改革着力点，加大殡葬行业污染防控的措施力度，有力支持了国家深入打好污染防治攻坚战的坚强决心。《大气污染防治法》（2018 年修订）中第八十三条明确指出，"国家鼓励和倡导文明、绿色祭祀。火葬场应当设置除尘等污染防治设施并保持正常使用,防止影响周边环境。"殡葬领域遗体火化、遗物祭品焚烧是二噁英类污染物的重点污染源。在《中华人民共和国履行〈关于持久性有机污染物的斯德哥尔摩公约〉国家实施计划》中,殡葬业(遗体火化)已被作为优先开展二噁英减排的六大重点行业之一。

2. 标准制定

2015 年,国家发布《火葬场大气污染物排放标准》(GB 13801-2015),不仅对行业环境管理起到积极促进作用,也为行之有效开展殡葬行业污染防治提供了依据。这是针对殡葬领域制定的国家强制性排放标准,标准实施后,各地各级民政部门积极响应,严格按照标准要求执行。北京市在国家标准 GB 13801 的基础上,制定出台了地方标准《火葬场大气污染物排放标准》(DB 11/1203-2015),进一步严格了北京市域内火化机烟尘、CO 和二噁英等控制项目的排放限值,其与国家标准污染物排放限值对比如表 6 所示。

表 6   国标 GB 13801-2015 与地标 DB 11/1203-2015 大气污染物排放限值对比

单位:mg/m^3(二噁英类、烟气黑度除外)

序号	控制项目	现有单位遗体火化污染物排放限值		新建单位遗体火化污染物排放限值		遗物祭品焚烧污染物排放限值	
		国家标准	北京标准	国家标准	北京标准	国家标准	北京标准
1	烟尘	80	80	30	30	80	60
2	二氧化硫	60	60	30	30	100	100
3	氮氧化物(以 NO$_2$计)	300	300	200	200	300	300
4	一氧化碳	300	150	150	100	200	200
5	氯化氢	—	50	30	30	50	50
6	汞	—	0.2	0.1	0.05	—	—
7	二噁英类(ng-TEQ/m^3)	1.0	0.5	0.5	0.1	1.0	1.0
8	烟气黑度(林格曼黑度,级)	1	<1	1	<1	1	1

由表 6 可知,北京市《火葬场大气污染物排放标准》(DB 11/1203-2015)对于现有单位遗体火化大气污染物中的氯化氢和汞均有额外限定标准,标准限值分别为 50 mg/m^3 和 0.2 mg/m^3,对于一氧化碳、二噁英类和烟

气黑度相较于国家标准（分别为 300 mg/m³、1.0 ng-TEQ/m³ 和 1 级）均有更严格的控制限值（分别为 150mg/m³、0.5 ng-TEQ/m³ 和 <1 级），限值较国家标准分别降低了 50%。对于新建单位遗体火化产生的大气污染物，北京市《火葬场大气污染物排放标准》（DB 11/1203-2015）同样在一氧化碳、汞、二噁英类上有更严格的控制限值（分别为 100 mg/m³、0.05mg/m³、0.1 ng-TEQ/m³），相较于国家标准（分别为 150 mg/m³、0.1mg/m³、0.5 ng-TEQ/m³）分别降低了 33.3%、50%、80%，对烟气黑度的控制限值由国家标准的 1 级调整为 <1 级。

与此同时，行业和地方还针对二噁英类污染物制定了《火葬场二噁英类污染物减排技术导则》（MZ/T 106-2017）、《火葬场二噁英类污染防治技术规范》（DB11/T 1403-2017）等，对火葬场二噁英类污染防治技术的工艺路线、工艺设备及控制参数、运行管理做出了明确规定，有效提高了火葬场二噁英类污染物排放的管理和控制力度。

（二）火化污染控制技术

我国火葬场大气污染物减排主要采取主动控制和末端治理的协同控制方法。

1. 主动控制技术

主动控制的核心环节在于对燃烧过程的控制，目前较为常见的主动控制理论为 "3T+E"（燃烧温度、烟气在燃烧室的滞留时间、湍流度）理论，即：（1）确保火化机炉膛温度 >850℃（最好不低于 900℃），使二噁英在高温下完全分解；（2）火化机设置二燃室，保持二燃室入口及出口温度 >850℃，保证火化烟气在二燃室中停留时间 ≥2s，使可燃物完全燃烧；（3）优化火化机二燃室设计，科学配风，提高烟气湍流度；（4）保证炉膛空气供给量充足，使排放出口烟气含氧量范围为 8%~12%。

针对遗物祭品焚烧大气污染物排放特征，开展了无污染或低污染祭品材料相关研究。通过减少遗物祭品中高污染组分、减少污染物排放总量，通过推广资源节约型殡葬用品使用、尽可能使用鲜花等替代祭品、加快环保型焚烧炉研制等措施，从源头减污降碳。

2. 末端治理技术

针对火化废气中的烟尘、NO_x、SO_2、HCl、二噁英类和重金属（汞）污染物末端减排技术，常用的烟气净化设备主要包括：急冷装置（包括风冷和水冷装置）、除尘装置（包括电除尘器和布袋除尘器）、除臭装置、脱硫脱酸装置、活性炭吸附装置、喷射装置、催化过滤装置等部分。急冷装置通常具有高效的热管换热器、列管水冷式热交换器等，分别安装在除尘器前，把烟气的温度降到除尘器所能承受的额定温度下，同时通过骤冷过程有效抑制二噁英等有害气体的再生成；脱硫脱酸装置用于对从热交换器排出的烟气迅速降温，并将烟气中的酸性气体去除；除尘装置以电除尘器和布袋除尘器为主体，除去烟气中携带的粉尘微粒及吸附在粉尘上的重金属、二噁英等有害物质；活性炭吸附装置和喷射装置可用于吸附高浓度、微量、痕量的污染物，对含氯有机物具有极强的吸附作用，对消除二噁英污染物具有显著作用；除臭装置主要用于除去烟气中的恶臭和异味；催化过滤装置能将吸附在过滤器表面的细颗粒物收集到布袋除尘器内部，同时使气态二噁英和呋喃穿过薄膜进入催化毛毡并发生化学反应，将其转化为极少量的 CO_2、H_2O 和 HCl。火化机部分污染物排放限值和减排技术如表7所示。

表7　火化机部分常规污染物排放限值及减排技术

污染物	排放限值（mg/m^3）	减排技术
烟尘	30	除尘器
SO_2	15	碱液喷淋、碱石灰喷射
NO_x	150	优化燃烧
CO	80	优化燃烧
HCl	30	碱液喷淋、碱石灰喷射

针对殡仪场所火化车间 PM2.5 浓度较高的情况，目前火葬场已通过强化火化过程控制技术、使焚烧组分中的可燃物充分燃烧、降低污染物无组织排放、规范火化操作人员操作流程、强化技能培训、保证火化机密闭、及时

升级改造老旧设备、加强维护、清洁地面以及保障火化车间通风等方式降低车间 PM2.5 排放。针对火葬场大气污染物中排放的汞，目前火葬场烟气净化设备除汞的方法包括：SCR、除尘器、脱酸装置、活性炭喷射吸附和固定床吸附等。而降低恶臭气体的排放浓度，主要通过二燃室的再次燃烧分解部分恶臭气体，并通过补充新鲜空气降低其浓度，或利用电极净化法去除恶臭气体。针对遗物祭品焚烧颗粒物排放浓度较高、异味较大的情况，在布袋除尘器前、后分别加装旋风除尘器和活性炭吸附装置，可有效提高烟气净化装置对颗粒物、VOCs 等污染物的减排效率。

三　火葬场大气污染物环境效益评估

（一）污染物排放强度情况

2015 年发布实施的国家标准《火葬场大气污染物排放标准》（GB 13801-2015）对各类火葬场大气污染物排放总量进行了严格限制，要求火化设备必须加装合适的烟气净化装置，达到排放标准。民政部一零一研究所（民政部环境监测中心站）根据实际监测得到的火化机固态污染物（烟尘、PM2.5、PM10）以及气态污染物（SO_2、CO、NOx、VOCs）无净化装置和有净化装置情况下本地化排放因子（见图 3），可用于我国火化机各类大气污染物排放量核算。安装有烟气净化系统的火化机排放因子比未安装烟气净化系统的火化机低，尤其是对颗粒物的削减效果较为显著，烟尘、PM10、PM2.5 的平均去除效率分别为 96.4%、96.6% 和 97.2%，净化后的排放因子分别为 0.021 kg/具、0.018 kg/具、0.014 kg/具。气态污染物（SO_2、CO、NOx、VOCs）的削减效果相对颗粒物较小，但也都呈现不同趋势的下降（47.1%~88.7%）。

同样，根据对遗物祭品焚烧炉大气污染物排放的实际监测，得到遗物祭品焚烧炉固态污染物（烟尘、PM2.5、PM10）以及气态污染物（SO_2、CO、NOx、VOCs）无净化装置和有净化装置情况下本地化排放因子。与火化机

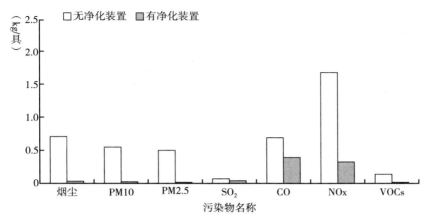

图3 火化机污染物排放因子

相同，安装有净化装置的遗物祭品焚烧炉排放因子远低于未安装净化装置的遗物祭品焚烧炉，颗粒物平均去除效率达到94.5%，净化后的固态污染物（烟尘、PM10、PM2.5）排放因子仅为3.6 kg/t、2.7 kg/t 和 2.1 kg/t。气态污染物的削减效果相对较小，净化后 SO_2、CO、NO_X、VOCs 的排放因子分别下降19%、9%、82%、42%。遗物祭品焚烧炉大气污染物初始排放浓度远高于火化机，说明安装烟气净化装置对于大气污染控制十分必要。

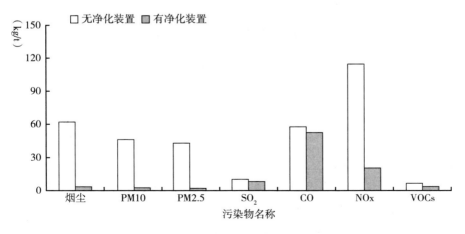

图4 遗物祭品焚烧炉污染物排放因子

（二）环境效益评估

《民政事业发展统计公报》统计了近 5 年来遗体火化量变化情况，结合测试得出的污染物排放因子，利用排放因子法计算得出 2015～2020 年中国火葬场火化机大气污染物排放量（见图 5）。GB 13801-2015 标准实施后，即使在火化量持续增加的情况下，火化机大气污染物排放量总体上也呈现下降的趋势，大气污染物排放总量从 2015 年的 10388 吨下降到 2020 年的 7653 吨，下降率为 26.3%，这主要与污染物排放控制水平的提高有关。其中固态污染物减排效果最好，烟尘、PM2.5 和 PM10 分别下降了 48.2%、48.6% 和 49.6%。此外，VOCs 也由 285 吨下降到 181 吨，减排率为 36.5%。

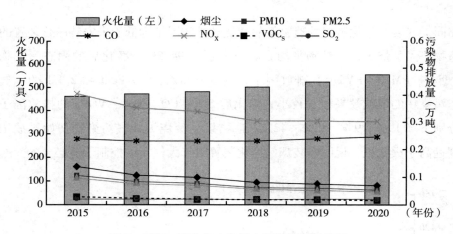

图 5　2015～2020 年火化机大气污染物排放量

由于火化量的增加，2015～2020 年中国遗物祭品焚烧量略有上升，基本稳定在 $18～22×10^4$ 吨之间。利用排放因子法，对中国 2015～2020 年遗物祭品焚烧大气污染物排放量进行核算，结果如图 6 所示。GB 13801-2015 标准实施后，中国遗物祭品焚烧产生的多数大气污染物排放总量呈下降趋势，2020 年各项大气污染物排放总量为 30106 吨，较 2015 年的 37607 吨下降了 19.9%。其中，颗粒物减排效果最好，烟尘、PM2.5 和 PM10 分别下降了 45.2%、45.1% 和 46.5%，其他大气污染物也有不同程度的减排。

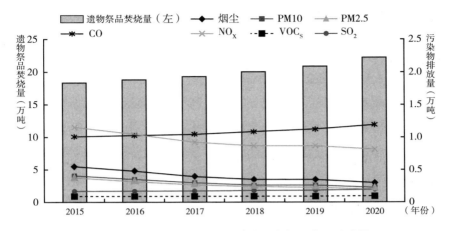

图 6　2015~2020 年遗物祭品焚烧炉大气污染物排放量

四　结论和建议

（一）结论

1. 火葬场火化机和遗物祭品焚烧炉烟气净化装置的安装比例增长较快

相关标准和政策对火葬场大气污染物排放限值做出了明确规定和要求，倒逼各殡葬服务机构逐步安装烟气净化装置，安装率大大提高，政策发布和标准实施，均对火葬场周边大气环境保护起到较为重要的作用。

2. 火葬场火化机和遗物祭品焚烧炉大气污染物排放强度下降明显

安装净化装置对颗粒物的去除效果较为明显，平均去除效率可达95%以上，对其他污染物也具有一定的去除作用。未安装烟气净化装置的遗物祭品焚烧炉大气污染物排放强度远高于安装者，主要与焚烧物质组分较为复杂有关，因此烟气净化装置的安装对降低遗物祭品焚烧炉大气污染物排放具有重要作用。

3. 火葬场大气污染物环境减排效益明显

在火化量和遗物祭品焚烧量不断增加的情况下，火化机和遗物祭品焚烧

炉大气污染物排放量整体呈下降趋势，其中火化机 2020 年大气污染物排放总量较 2015 年下降了 26.3%，遗物祭品焚烧炉下降了 19.9%。其中颗粒物减排效果最好，平均下降率在 45% 以上，其他污染物排放量也均有不同程度降幅。

（二）建议

一是建议民政主管部门加强管理和监督，督促各火葬场严格按照已有的国家和地方排放标准执行相应的控制要求，加大对火化设备的升级改造和配置烟气净化装置的投入力度，从源头控制（包括燃料清洁化、随葬品管控）、燃烧优化和末端治理等环节减少火葬场的大气污染排放。

二是建议尽快开展火化机和遗物祭品焚烧炉臭气浓度和 VOCs 排放特征监测分析，参考《恶臭污染物排放标准》（GB 14554-93）、《挥发性有机物无组织排放控制标准》（GB 37822-2019）和《大气污染物综合排放标准》（GB 16297-1996）等相关标准，可考虑将恶臭气体、VOCs 纳入管制的污染物指标中，并明确排放限值。

三是建议进一步加强针对无组织排放的监管和控制，参照《大气污染物综合排放标准》（GB 16297-1996），对无组织排放监控的监测方法、污染物排放限值、监测频次和采样方法等提出优化建议及明确要求。

四是建议对遗物祭品焚烧进行深入研究，研发无污染或低污染遗物祭品，寻找如鲜花等环保无污染祭品替代物，减少遗物祭品焚烧，加快遗物祭品焚烧设备和烟气净化技术的优化改进，从源头和末端对污染物排放进行有效控制。

参考文献

闫丽红：《山西省殡葬改革研究》，山西大学政治与公共管理学院硕士学位论文，2021。

Xue Y. F., Tian H. Z., Jing Y., et al., "Present and Future Emissions of HAPs from cremations in China", *Atmospheric Environment*, 2016, 124：28-36.

薛亦峰、闫静、田贺忠等：《北京市火葬场大气污染物排放现状及污染特征》，《环境科学》2015 年第 6 期。

尹文华、于晓巍、韩静磊等：《遗体火化二噁英类排放水平及影响因素》，《环境科学》2015 年第 10 期。

任玥、田洪海、李楠等：《燃油式火化机排放烟气中二噁英类污染水平和排放特征》，《环境科学研究》2009 年第 11 期。

Cui Y. Y., Zhang G., Wang W., et al., "Ten-year Emission Characteristics of Atmospheric Pollutants from Incineration of Sacrificial Offerings in China", *Journal of Environmental Sciences*, 2022, 114C：353-360.

G.7
人文殡葬建设与发展研究[*]

刘振杰[**]

摘　要： 生老病死乃人类永远无法摆脱的终极命运。合理的安葬服务不仅可以使亡者有尊严地得到安息，同时为生者带来精神慰藉。在城镇化和老龄化的大背景下，安葬需求已经成为"人民日益增长的美好生活需要"的一部分，越来越受到重视。人文殡葬亦被越来越多的行业从业人员及民众认可并接受，但行业形象仍有待提升。应深入践行人文殡葬理念，适当保留生命中的合理仪式，加快建立现代殡葬礼仪体系，注重对殡葬从业人员的人文关怀，增强殡葬设施人文环境的教化功能，加快完善普惠性的民生殡葬惠民措施。

关键词： 传统文化　人文殡葬　现代殡葬

　　"人文"一词流传已久，内涵丰富。《易·贲卦·象传》："刚柔交错，天文也。文明以止，人文也。观乎天文，以察时变。观乎人文，以化成天下。"《尚书·周书·泰誓上》："惟天地，万物父母，惟人，万物之灵。"《礼记·正义》（汉郑玄注，唐孔颖达疏）："圣人观察人文，则诗书礼乐之谓，当法此教而化成天下。"宋程颐《伊川易传》卷二释作："天文，天之理也；人文，人之道也。天文，谓日月星辰之错列，寒暑阴阳之代变，观其

---

　　* 本报告为民政部政策研究中心年度项目"新时代殡葬人文建设与发展研究"（项目编号：2021018）阶段性成果。

　　** 刘振杰，民政部政策研究中心研究员，主要研究方向为民政政策、社会保障制度等。

运行，以察四时之速改也。人文，人理之伦序，观人文以教化天下，天下成其礼俗，乃圣人用贲之道也。"① 这里的人文指人的各种传统属性。《中国百科大辞典》对人文的解释是，"人文：指社会制度，文化教育"。总的来讲，人文就是人类文饰、教化自己的方式，是指以人伦为核心的先进文化价值及其规范。

生老病死乃自然界循环淘汰的基本规律，也是人类社会发展自我更替的自然过程。殡葬作为人类社会中最重要的四大民俗活动（婚、丧、节、寿）之一，其所蕴藏的文化内涵最为深厚，对人的心灵震撼最为深刻，对人的影响最为深远。因此，古人很看重死。《荀子·礼论》："丧礼者，以生者饰死者也，大象其生，以送其死也。故事死如生，事亡如存，始终一也。"虽然普通百姓很难真正做到生死同事、存亡同设，但最起码都会有这种念想和诉求，一旦条件允许的情况下，则会尽力为之，比如希望死后有一块儿长眠的墓地，否则会被认为"死无葬身之地"，这向来是世上极其严厉的诅咒。

对于人类而言，生与死都应体现生命尊严。殡葬活动既是一种普遍的社会生活现象，又是一种特殊的文化现象，是人类自我意识觉醒、自我价值体现、维护个人尊严、走向集体文明的重要标志，也是历代社会传递亲情、传承文化的有益载体。当前，我国殡葬行业逐步进入转型发展阶段，"人文殡葬"作为一种新理念、新业态，体现了殡葬的基本属性和新的发展方向。

探究人文殡葬的表现形式及其实现途径，为殡葬行业注入人文要素和人文精神，实现人与人、人与社会、人与自然关系的和谐共生，有助于新时代推动殡葬改革和现代殡葬体系建设。建设人文殡葬是人类社会文明进步的必然要求，将先进的人文元素合理地嵌入整个殡葬活动过程中，满足人的生命结束后所应得的最后礼遇，充分体现逝者生命的价值和意义，对于和谐社会的建构具有重要意义。

---

① （宋）程颐：《伊川易传》，"文渊阁四库全书本"，武汉大学出版社，1997。

一 殡葬人文建设意义重大

（一）人文殡葬乃现代殡葬重要内容

丰富先进的现代殡葬文化，是人文殡葬的内涵所在和核心支撑。但是，现代殡葬未必意味着人文元素的增加，传统殡葬也未必就充满着愚昧和荒诞，因此不能单纯以传统与现代来界分人文多寡。要避免传统与现代的简单二元对立思想，在合理传承传统殡葬礼仪人文精神的基础上实现现代化转型。

人文关怀的核心在于肯定人性及人的精神存在，重视人的价值和多层次需要。良好的人文关怀、充满"人性化""人情味"的殡葬服务，可使殡葬行业拥有持久的凝聚力和发展前景。[①] 人性化的服务能够让逝者安息、生者慰藉，让两个世界的人都满意。每一个生命都是值得尊重的，无论是来到人间还是离开人间。医护人员迎接的是一个新生命，是一件令人高兴的事情；殡葬人员所做的则是为生命送行，是一件令人悲伤的事情。两者都体现了生命的价值和意义，缺一不可。

（二）合理的殡葬活动是传统孝文化的体现

中华文化博大精深，源远流长。现代殡葬文化是中华传统文化的重要组成部分，是以社会主义先进文化为导向、与时俱进、扬弃殡葬传统文化的一种重要文化形式。现代殡葬文化的倡导对于建设中华民族共有精神家园、增强民族凝聚力和向心力、弘扬社会主义道德、提高现代文明素质等方面具有重要作用。

作为传统丧葬文化的一部分，殡葬礼仪无疑也成为传承儒家教化的重要载体，"逝者为大"的传统习俗体现了对逝者的人文关怀，"慎终追远"

---

① 熊英：《人性化服务在殡葬工作中的运用》，《长沙民政职业技术学院学报》2010 年第 3 期。

的精神寄托亦折射出祭祀活动的丰富内涵。中国传统社会非常注重安葬活动及其所体现的价值意义。儒家强调孝道，对亲人遗体妥善细致地处理也是在尽孝道，而且是最后一次尽孝。殡葬礼仪作为古代"五礼"① 之一，在维护社会伦理、规范社会秩序、塑造人文道德等方面发挥了重要的历史功能。②

我国古来以孝治天下，所谓"国之大事，在祀与戎"。其中的祀就是祭祖先。凡能孝于亲者，必能忠于国，这是家国一体的真切体现。《论语·为政》中曾经记载孔子对于孝的理解，"生，事之以礼；死，葬之以礼，祭之以礼"，把安葬和祭祀作为孝的重要体现。作为人类最古老的行业之一，殡葬关乎人生的最后一站，承担着"送别逝者、慰藉生者"的神圣使命。殡葬绝不仅仅是处理逝者遗体的物理过程，人性化的安葬祭祀服务不仅使逝者有尊严地得到安息，也为生者带来精神慰藉和情感满足，这是传统文化的重要组成部分。

（三）殡葬礼仪乃宣泄表达社会情感的需要

费孝通在《乡土中国：生育制度》中指出，传统的中国社会是一个礼治社会。礼和法都是一种行为规范，礼和法不同的地方是维持规范的力量，法律靠国家的权力来推行，礼靠传统来约束。③

祭祀是跨越时空连接生者与死者精神的灵性行为，是实现与肉体诀别和与精神链接的主要方式。通过动态的仪式与静态空间之间的互动，将祭祀的精神内涵契合祭祀者的精神与思想境界。④ 当亲人去世的时候，人往往会承受巨大的无以言表的生理和精神上的痛苦。如果痛苦指数达到一定阈值而得不到及时的纾解宣泄，则会产生诸多问题，比如痉挛、晕厥、抑郁、精神恍

---

① 古代五礼是汉族礼仪总称。以祭祀之事为吉礼，丧葬之事为凶礼，军旅之事为军礼，宾客之事为宾礼，冠婚之事为嘉礼，合称五礼。即吉礼、凶礼、军礼、宾礼、嘉礼。
② 王海燕：《殡葬改革不应遗落人文关怀》，《解放日报》2019 年 3 月 24 日。
③ 费孝通：《乡土中国：生育制度》，北京大学出版社，1998，第 50 页。
④ 王琛发：《从墓园祭祀延续儒家"仁"道教化》，《民俗典籍文字研究》2017 年第 2 期。

惚、自杀乃至攻击他人等。宣泄的途径之一，便是殡、葬、祭等一系列的仪式，以使丧属主观情绪得以释放。如果在此时有专业人员介入的话，则平复的效果会更好些。孔子曾经认为，儒家的祭丧之礼就是为表达丧亲之痛而设，叫作"因人之情而为之制礼"，即"缘情而制礼"。因此，古人设计的殡葬祭等一系列仪式程序，都是依循人的生理、心理需要的。相反，如果强制取消或者过分改变这些程式，非但不能收到预期的效果，甚至会走向反面。

（四）殡葬服务具有面死向生的教育意义

德国哲学家海德格尔说，人是向死而生的，人生的意义在很大程度上是由死的意义来决定的。殡仪场馆可以彰显人同此心、心同此理之教化效果。对于生者来说，肃穆的葬礼不仅是对逝者的祈福和哀悼，而且在很大程度上让参加吊唁的生者受到一次生命本质的教育洗礼，受到一次灵魂的触动乃至震撼，能够参悟人的生命历程，深化对生命意义的体认，能够体现出鲜明的多角度、多层面的人文主义精神。

（五）具有巩固文化认同、提升文化自信的时代意义

生命文化可以提升殡葬人和殡葬事业的文化自信。生命文化告诉人们，殡葬不只是服务逝者，不是简单的遗体告别，也是在服务生者，表达逝者与生者的精神联系；作为生命文化的重要组成部分，殡葬文化具有唤醒殡葬"慎终追远，民德归厚"[①] 的社会文化功能。殡葬不只是服务生命的自然属性，更是对血缘生命、社缘生命和灵缘生命的负责，是一份具有温度、文化，技术含量很高的被人崇敬的事业。

殡葬祭祀因文化而神圣。殡葬礼仪不但使逝者精神生命永垂不朽，生者心灵有所皈依，更以此体现本民族的文化认同和对逝者的无限敬仰。每到清

---

① 所谓"慎终追远，民德归厚"，是指慎重地对待生命的终结，追念久远的祖先，民众的道德才能归于醇厚。如果人连生离死别的丧礼祭礼都不重视，也很难孝敬自己的父母。

明等重要节日，各地举办形式多样的祭拜活动，以示不忘先人，并祈求风调雨顺、五谷丰登，国泰民安、子孙兴旺。这种传统习俗，不仅丰富了民族的生活内容，更形成了国人的独有文化。如今世界各地华侨在侨居地所表现的，就是这种不可磨灭的精神力量。

在海外，祭祀之礼同样是华人、华侨借以增强民族凝聚力和历史文化认同的重要记忆载体。在世界各地，凡是有华人的地方，就会过清明节。新加坡华人成立的社团将"奉祀祖先，联络感情，促进团结，共谋福利"作为宗旨，建立先祖纪念碑，每年清明节都要举行春祭。这种崇敬祖先、同根同脉的思想，就像磐石一样，牢牢地团结中华民族的每一位成员。以清明节为代表的中华传统祭祀文化起到凝聚人心、激发民族认同感的重要作用，在促成祖国统一大业中发挥着不可估量的推动作用。① 不管是保存在内地的祖墓抑或留存当地的墓地，都理所当然地成为旅居海外的人们寻根溯源、追念先祖、教化后人的重要场所。

（六）增加干群关系、邻里关系的融洽度

多年来，由于快速城镇化，农村空心化十分严重，人口结构有很大改变。村民相互之间也很少来往，不像过去生产队时期大家一起劳动、一起分享劳动成果。只有在遇有红白喜事的日子里，尤其是办理丧事时，整个村庄才算有了话题，有了一起分工合作并一起吃喝的事由。这些年日渐疏远的邻里关系、干群关系，也只能借助这些红白喜事才有逐步黏合的机会，村干部也只能借助这些场合，其领导权威性、资源调动性才能体现出来。而且，村干部及村民们也乐于参与这些事务，只要适当引导，村民们在这方面的花销还是十分理性的。近年来，各地相继设立红白理事组织，并制定一系列的村规民约，对于推动当地殡葬改革，建设文明乡风、良好家风、淳朴民风，均具有一定积极意义。

---

① 毛德胜：《创新慎终追远的文化内涵 营造与时俱进的文明新风》，《新乡日报》2008 年 4 月 2 日，第 4 版。

二　殡葬人文建设基本现状

（一）以人为本的观念被认同

以人为本的核心是尊重人、理解人、关心人，激发人的热情，尊重人的个性，满足人的合理要求，追求人的全面发展。新时代，以人为本的管理理念逐渐被接受和推行，殡葬领域的人文关怀及人性化服务理所当然地被提上了议事日程，并达成社会共识。民政部等九部门曾联合发文，提倡把殡仪馆、公墓等殡葬服务机构建设成生命文化教育基地，打造成优秀殡葬文化传承平台。目前，已有部分殡仪馆、公墓被当地命名为生命文化教育基地。例如，北京等地在进行公益性海葬等生态安葬活动时，为逝者举办庄严隆重的礼仪仪式，传递人文关怀，彰显生命尊严价值。

（二）临终关怀服务有效拓展

临终关怀是现代殡仪服务的重要组成部分，是对生命临终病人及其家属的生活、医疗及心理等方面实施全方位的关怀照顾。其服务理念是在充分尊重临终者的尊严和隐私权力基础上，最大限度减轻临终者痛苦、消除死亡恐惧、提高生命质量，进而坦然、安详和有尊严地走完人生的最后旅程。努力给生命一种和谐的辞世环境，让生命在舒适的"社会沃母"中实现优死。当前，临终关怀服务已经拓展至对临终者家属的心理支持，服务形式包括专门机构内服务和居家上门服务等。

（三）殡葬服务的人性化日益显现

人性化服务是指服务符合人性，即在服务过程中要重视人的尊严和价值，做到适应人的生活习惯及对人的尊重、使之心情愉悦。近年来，各地殡葬服务机构从丧属情感出发，不断打出"一对一"亲情化服务、个性化告别仪式等多张"服务牌"。从排队登记到火化流程，均有专属引导员全程参与指引，以工作人员"多跑腿"的方式,实现丧属"少操心"。为了从根本上杜绝遗体被"弄错""弄混"等问题发生,逝者遗体在殡葬管理机构进行信息录入后,会在系统中建立遗体信息档案。打印专用识别扫描码,分别贴在遗体醒目处和逝者死亡证明上用于业务办理扫码,保证每一个节点、每一步操作都能做到跟踪识别。未来,随着殡葬行业的发展及其服务模式的转变,会更加注重从客户利益、思维及要求出发,强调人的价值、人的尊严和人格的完整,人性化服务将日益成为现代殡葬工作的重心。近年来,在殡仪馆、公墓等各类殡葬场所,志愿服务活动越来越常态化,无论参与人数还是服务时长都有很大增加。2016 年,全国范围内参加志愿服务活动人数为 8838 人次、服务时长32876 小时;到 2021 年,该数量分别为 26360 人次、95178 小时(见图 1)。

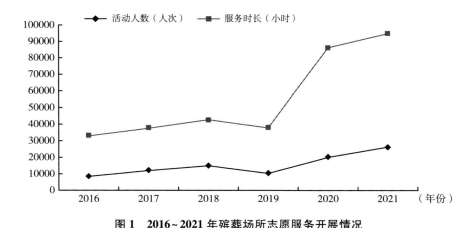

图 1 2016~2021 年殡葬场所志愿服务开展情况

资料来源:《中国民政统计年鉴》(历年),中国统计出版社。

(四)清明节的传统人文价值日益显现

清明是亲近自然的二十四节气之一,也是人们缅怀先人的祭祀之日,距今已有 2500 年的历史,在我国传统的节日文化中占有重要位置。清明节习俗体现了中国人感恩、不忘本的道德意识,其文化意义类似西方感恩节。2008 年,清明节与端午节、中秋节一起成为国家的法定节假日,这对于传

承民风民俗、强化孝道观念、敦睦亲情友情等都具有非常重要的意义。清明节期间，人们自发祭祖、扫墓，追思先人或者进行踏青活动。这一天，全国不少殡葬服务机构也会举办"开放日""体验日"等活动，引导公众体验生命文化。如北京东郊殡仪馆从 2017 年开始，每年的清明节前夕，都会邀请数量不等的群众、媒体代表及行风监督员前来参观、体验和交流。

（五）网络祭扫满足公众个性化需求

为了满足人们随时随处祭奠亲友的情感需要，解决工作繁忙、路途遥远等的诸多不便，网络祭扫应时而生。通过网上免费建立纪念馆，可书写逝者生平事迹、上传影像资料、发表纪念文章、在线祭拜留言等。馆内可以提供丰富的祭品，邀请亲友共同祭拜。通过组织开展网络祭扫、家庭追思等活动，将中华民族慎终追远的内容融入现代文明的形式之中，为群众提供多样化的追思载体，同时也减轻了公墓集中祭扫的压力。比如，作为全国设立较早、发展较为成熟的祭祀网站，天堂网进站祭奠人数已经由几年前的 100 多万人次发展到近两年的 600 多万人次（见图 2）。而且随着疫情防控常态化发展，人们出行受到限制，网络祭祀会越来越成为人们祭奠先祖或亲朋好友的主要方式。

图 2　2016~2021 年天堂网进站祭奠人次动态

（六）设施建设体现人文元素

许多地方将"骨灰堂"更名为"寄思园"等，使得名称婉约、寓意深远，更加人文化。上海公墓建设摒弃传统"排排座"模式，形成"墓即景，景即墓"的新格局，涌现一批兼具生态功能、文化功能和旅游功能的人文纪念园，成为城市生态景观的新亮点。近几年还陆续建成了上海殡葬博物馆、上海人生文化博物馆、上海海葬博物馆等一系列大型文化设施，这些特色文化设施已成为上海市大型文化设施体系中的重要组成部分，也为殡葬单位开展特色文化服务提供了良好的设施条件。

三　殡葬人文建设存在的不足

新时代，人民群众日益增长的人文关怀需求与传统殡葬方式之间的矛盾日益突出，难以满足广大人民群众不断提高的治丧服务需求。加快提升服务能级、增加人文元素，已经成为当前我国殡葬服务行业由传统向现代转型的核心目标。

（一）殡葬人性化服务水平有待提升

我们达成某种目标理想、完成某项工作时需要工具理性和价值理性。其中，工具理性是实现价值理性的途径，而价值理性则是工具理性的最终目标。通常的最佳状态是实现二者的有机协调统一，以取得最理想的效果。但是，现实生活中二者往往是偏颇的，导致工具理性的作用被扩大化，行动者纯粹从利益最大化的角度考虑，而漠视人的情感和精神价值。物质和金钱便成为人们追求的直接目的，于是工具理性走向了极端化，手段成为目的，成为套在人们身上的铁的牢笼。①

---

① 〔德〕马克斯·韦伯：《新教伦理与资本主义精神》，简惠美、康乐译，广西师范大学出版社，2010。

目前，在殡葬服务领域，最大的差距已经不是设备和技术，而是殡葬文化的建设以及与之相伴的服务理念的转变，比如对客户和他们已故亲友所提供的人性化服务水平。人性化服务的欠缺，必然影响整个行业的社会认可度、美誉度及可持续发展能力。随着其他行业服务质量的不断优化，人们对殡葬行业的主观感受及要求也就随之提升，行业自身如果继续维持现有状态不思改进，必然遭受公众非议。

（二）部分殡葬礼俗过于简化

半个世纪以来，传统文化的持续式微，使得当年中华祖先制礼作乐的人文伦理已经极少有人知道，以至于在许多人心目中自然地将传统葬礼等同于四旧乃至封建迷信而大肆破除。近年来，在政府有关部门的引导下，殡葬礼俗更加呈现简化的趋势。"一切从简"思维方式支配下出台的指令性文件，使得殡葬改革在传承人文精神、体现人本尊严方面明显不足，此前曾一度被提倡和推广的追悼会走向边缘化。随着追悼会的逐渐式微，城市中的殡葬仪式也在日益简化，呈现所谓的"三三一"模式，即默哀三分钟、三鞠躬、围绕遗体转一圈，一场仪式下来 10 分钟左右就能结束。甚至有个别殡仪馆在丧属还沉浸在悲痛之中、情绪仍在整理的情况下，工作人员就忙着撤掉挽联等设施，有一种变相驱赶的意味，让丧属深感不适。这虽然可能是由于场地有限，需要使用场馆的丧户较多，无法充分满足每个丧户的需求，但场馆自身能力建设及服务水平有待提升也是主要因素。

海外华人在保留中华传统丧礼方面做得很好，他们的丧礼既传统又充满现代性。韩国人保留的中国古代丧礼仪式也比较完整。当代的许多年轻人对传统文化没有概念，更遑论传承与弘扬，随之而来的便是孝道观念逐步丧失，整个社会将面临一定的道德信仰危机。

（三）部分地区殡葬管理方式简单粗暴

对祖先的崇拜，使中国人把祖先、祖坟看得十分重要，辱骂祖宗、挖祖坟都是大逆不道的，为此司马迁曾讲"掘冢，奸事也"。但是，近年来个别地方殡葬行政管理部门工作方法简单粗暴，动辄采取"运动式"的"扒坟掘墓""起尸火化"的做法，不仅毫无法律依据，更无人文关怀，无视逝者尊严，无视制度约束，不仅不明智，还严重损害了当地政府的公信力，伤害了生者的感情①，于情于理均不合。舆情的反弹给改革徒增阻力，甚至给当地民政部门乃至整个政府形象带来很大损失。这样做的后果之一便是，随着维系传统精神文化的纽带被强制隔断，人们的精神信仰便陷入缺少根基甚至荒芜的状态。如果再缺乏本土的宗教信仰，那么外国宗教势力甚至邪教便容易乘虚而入。这也是近年来异端邪教在农村日益盛行的原因之一。

（四）殡葬从业人员地位有待提升

从 20 世纪 60 年代开始，在各级政府的推动下，我国开始兴建殡仪馆，当时被称为"火葬场"。不过，人们往往会谈"火葬场"而色变，甚至有意避讳。直到目前，受封建的鬼神观、落后的生死观等的影响，殡葬从业人员的社会地位一直较低，人们对其往往避而远之，社会交往受到限制，甚至在婚姻家庭方面也存在诸多矛盾。殡葬行业是极为特殊的行业，殡葬从业人员作为一个特殊的群体，长期处于殡仪馆、公墓等特殊的工作环境，整天面对人间生离死别，遭遇来自逝者、丧属及社会舆论等方面的压力，产生了特殊的心理状态，给身体健康带来不良影响。不仅社会对殡葬业存在偏见，连殡葬行业人员本身对自己所从事的职业也缺乏认同感。待遇偏低，难以吸引年轻人才，职工文化素质、技能素质不高，年龄老化现象严重，经营管理的低水平与高速发展的殡葬服务需求不相适应的问题比较突出。

① 国内诸多经济欠发达地区，对棺材与殡葬方式有着较强的观念与认同感。江西的很多农村认为，棺材是家庭的重要信物，是家族联系的纽带，有很多村落现在仍保持着老人 60 多岁就将棺材做好的习惯，将棺材摆放在祠堂或者自己屋顶，以此表达对生命的敬畏。

四 国外经验及启示

一个民族对于一种民俗的选择体现出这个民族的共同理念，表达这个民族共同体的文化心声。正是这种集体习惯使得本民族的丧葬习俗像宗教信仰一样具有相对稳定性与延续性。虽然东西方文化的差异会造成社会生活各方面的不同，但国外现代殡葬发展所表现出的对殡葬文化的再造以及对优秀殡葬文化的传承，仍然可以给予我们一定的借鉴意义。

（一）传统与现代密切融合的日本殡葬文化

传统赋予人们精神寄托，创新则是这个时代的立足之本。受儒家文化与佛教文化影响，日本与我国的殡葬文化有很多共同点。而日本文化的长处在于坚持传统的同时不断将传统与时代融合。殡葬业尤其如此，比如，日本某公司推出了一款清酒味的供香，用以祭奠贪杯的逝者，让产品更加具有追念意义。中国有着悠久深厚的文化源流，期冀通过短时间内的变革就能走向所谓的现代化，既无可能也不现实。体现在殡葬领域，就是要在充分继承传统文化的基础上，开拓出更多的走在时代前端的创意产品。

（二）享受体面的殡葬服务是德国公民的基本权利

德国《勃兰登堡州殡葬法》总则第1条即明确规定："保障每位公民享受体面的殡葬服务是一项公共责任"，以法律形式将殡葬公共服务作为社会福利制度的一部分加以固化。在殡仪设施建设方面，更是充满了人文气息。比如，汉堡有名的奥斯多夫公墓，虽然这里沉睡着140多万逝者，但每天都会有很多民众前来散步。这里与其说是一个墓区，倒不如说是一座园林。园中有450多种树木，成为鸟类的天堂，还有那星星点点的湖泊、池塘、溪流……这里繁花似锦、芳草遍地、绿树参天，成为人们休闲的一方胜地。

（三）轻松自然的加拿大葬礼

加拿大的葬礼告别了单纯的泪水和悲伤，而被认为是感恩体悟生命的一种仪式。殡仪厅如同报告厅，布满鲜花、椅子，前方有讲台、幕布，PPT 上放映着逝者生前的照片和录像，各色着装的人们坐在台下交流。现场气氛轻松自如，没有黑色挽联、泪眼蒙眬、哭声哀号和叹息，整个活动如同 Party。由于信仰的巨大力量，他们不畏惧死亡，离开这个世界意味着到另一个世界——天堂，所以音乐、颜色、气氛无不体现着祝福和轻松。由此，也可以让我们以一个全新的视角重新审视生命的价值所在。

（四）希望临终者尽快升天的俄罗斯民族

俄罗斯民族临终关怀及殡仪的仪式，具有典型的东正教丧葬风俗。当地人认为，一个人死前受病痛折磨的时间越短，他的灵魂就会越快地升入天堂，反之则意味着他的罪过大，死后逃不过地狱的折磨。因此，为了使亡人的灵魂升入天堂永享快乐，亲朋好友通过祈祷及燃松香，让他的灵魂尽快与躯体分离。

五 加强殡葬人文建设的政策建议

生与死是人类永恒且无法回避的主题之一。死亡也是生命的一种永久存在形式。面对人的死亡，殡葬关怀则是对生命本质与意义的一种阐释及认可。积极倡导现代殡葬，殡仪、墓葬、祭扫等环节都要体现人文要素。在殡葬服务过程中充分发扬人道主义，体现人文情怀，既尊重逝者又安慰生者。

（一）大力弘扬人文殡葬

1.深入践行人文殡葬理念
现代殡葬制度建设需融入人文精神，提供人文支撑，营造和谐环境。突出殡仪场馆文化蕴含和文化表达，推动殡葬方式由重物质、重形式，向重精神、重内涵转变。殡葬工作的全过程需体现人文关怀的理念，使服务对象真正感受到高品质的殡葬。对所有服务对象尽可能提供其所需的一切服务，包括生理、心理、安全及精神等方面，尤其使逝者的亲友要有一种温馨感、亲情感和家庭感，减少由于丧事而造成的悲痛感和不愉快感，使他们尽快从丧事的冲击所造成的不良情绪中摆脱出来。引导人民群众逐步确立这样一种生死观：逝后让遗体更好地回归和融入自然，就是对生命的最大尊重。为了我们的生存环境，为了子孙后代的可持续发展，长远看，植树葬、花葬、草坪葬、海葬、虚拟墓地等绿色生态殡葬方式是人与自然和谐相处的理想殡葬方式。比如，既然广大农村居民有"入土为安""死要全尸"等深厚的思想观念，我们可以在尊重农民意愿的基础上，对传统殡葬方式进行适当改进。可以引导农民使用可降解的简易棺材收殓遗体，然后深埋不留坟头，地面不影响耕种或植树。这样既节能环保，又易于被农民接受，减少改革阻力。况且，人体源于自然、回归自然的本质，也要求人在去世后参与到大自然的生物循环链条之中，因为一部分生命的孕育和生长必然以另一部分生命躯体的消解转换为基础，这也叫作以死孕生。死后躯体浇灌、培育自然生物是责无旁贷的，真正在实处践行"物我同胞"之公理。①

2. 适当保留生命中的合理仪式

人类社会是充满仪式的社会，人生意义本身就蕴含在仪式之中，正如结婚是成家的仪式、国庆是建国的仪式、春节是民族的仪式一样，丧礼也是人生的一种重要仪式。当前，中国正在出现传统文化复兴的局势。作为传统文化的一项重要内容，传统的丧礼肯定也会伴随着中华传统伟大复兴而出现一定的回归。在这种背景下，政府需要做的不是简单地否定而是引导传统的丧礼，避免其不利影响，发挥其积极功能。② 我们提倡"厚养薄葬"，更提倡"厚养礼葬"，不应简单而草率地处理遗体，因为那是对生命的不尊重。

---

① 程宏燕：《农村传统殡葬文化的道德叙事与现代性嬗变》，《武汉理工大学学报》（社会科学版）2016年第6期。
② 韩恒：《农村殡葬改革的问题与对策》，未刊稿。

3.加快建立现代殡葬礼仪体系

对传统丧礼习俗进行价值评估,建立现代殡葬礼仪体系,在生命终端实践社会情感治理。厘清封建迷信与精神文明、陈规陋习与传统礼俗、文明节俭与满足情感需求之间的关系,正确诠释和传承传统礼仪文化中具有正能量的文化内核。在尊重优秀传统的基础上,探讨更富有弹性和人情味的现代殡葬改革路径,满足人们多元化、个性化需求,构建一套既尊重传统又符合时代潮流的现代殡葬礼仪体系。制定行业标准《殡葬服务礼仪》,推广具有中华文化精粹、普适性的现代文明理念,与社会情感治理相融合的公共领域礼仪标准和文明体验,逐步影响并改变传统陋习。

(二)倡导殡葬服务中的人文关怀

1.坚持亲情化服务

殡葬业既是劳动密集型行业,更是感情密集型行业。殡葬行业工作内容和性质的特殊性,决定了殡葬服务人员素质的特殊性。殡葬员工应具备较高的服务意识、服务能力、服务礼仪,通过"共情性"的陪伴和照顾,不仅使客户感受到服务环境的人性化,也使职工的价值得到升华。殡葬从业者必须有沟通意识,掌握沟通技巧,切忌漫不经心、矫揉造作甚至冷漠慢待。[①]通过亲情化的服务理念、亲情化的服务流程、亲情化的服务跟踪,满足人们殡葬消费中日益增长的人文需求。尤其在后殡葬服务过程中,对殡葬活动后的丧属进行心理抚慰,通过专门的疗伤服务,提供情感抚慰、悲伤修复服务等,防止丧属出现过度哀伤、精神空虚等不良现象,努力做到让逝者安息、生者慰藉。

2.注重个性化服务

个性化服务以尊重逝者、关怀客户为宗旨,建立一种亲切、平等、相容的关系。个性化服务要求殡仪馆或公墓提供多元化服务,而不是用一成不变的程序和设计。殡仪馆可以为不同信仰的逝者提供不同形式的治丧服务,无

---

① 熊英:《人性化服务在殡葬工作中的运用》,《长沙民政职业技术学院学报》2010 年第 3 期。

须千人一面程序化的"10分钟礼仪"。在礼厅布置上可以个性化摆放逝者生前喜爱的读物、茶、饰物等物品；还可在哀乐的选择上，根据家属要求播放逝者生前特别喜爱的乐曲，比如戏曲、古典乐曲、钢琴曲等。

3. 注重对殡葬从业人员的人文关怀

殡葬行业属于特殊的服务行业，殡葬人文关怀也要对殡葬职工"高看一眼、厚爱三分"。在对其进行心理疏导的同时，积极争取提高其特殊岗位津贴和基本工资待遇，更好地激发他们的工作热情，增强职业荣誉感，提升职业美誉度。聚焦宣传殡葬工作社会作用和行业先进典型、优秀事迹，增进社会理解、支持、尊重的共识。

（三）增强殡葬设施人文环境的教化功能

1. 环境设施体现人性化

殡仪服务机构不仅仅是一个治丧场所，更是一个心灵修复的场所。殡仪馆人性化的环境布局和服务设施，不仅可以减少客户的悲伤感和不愉快感，还能超越其物质实体继而成为精神的、人为的审美世界，成为一种可以对社会公众施以教化的审美的文化环境。宜人色调，可以给人以平和、温暖的感觉，不用黑、蓝、紫等冷色神秘调，以免给人带来恐怖、凄凉的情绪。为客户创造温馨祥和的治丧环境，做到室外园林化、室内温情化，使客户能全方位感受到环境与人的亲和力。增加人文元素设计，满足人们的视觉观感、体现人文气质，给人以视觉和心理上的舒适、满足，塑造出既舒适温暖又庄严肃穆的环境氛围，充盈着让人尊重生命、感悟生命的现代人文气息，在这里不仅让逝者安息，也让生者获得安宁。

2. 拓展殡葬设施的纪念教化功能

将"孝""礼"等优秀传统文化与社会主义核心价值观相结合，充分利用殡葬设施的空间，策划、设计、创作相应的文化作品，建造富有特色的文化设施，增进殡葬设施的灵动感，完善其在人生教育方面的功能。在殡葬场所利用讲故事、播放小电影、翻阅纪念册、开追思会等多种形式的纪念教育，深切缅怀先烈先贤先人；将逝者人生文化转化为文化教育资源，将殡葬服务机构从单纯的遗体、骨灰处理场所，转型提升为凝聚人伦亲情和社会团结的纽带、传承生命价值和人文精神的平台。针对草坪葬、骨灰格位寄存等少占土地的生态葬法，加强相应的艺术设计，提升墓体或寄存格位的美观度，并结合高科技信息技术，提升其纪念功能，提高相应的文化内涵和教育功能。对树葬、花葬、骨灰撒海、骨灰深埋等不占或少占地的生态葬法，选择适宜地点建设集中祭祀设施、逝者档案资料馆，凸显高科技条件下的新型人文关怀。

3. 发挥殡葬仪程的教化作用

探索创设庄重简约、具有教育洗礼作用的现代追悼会、追思会等殡葬程式，发挥殡葬的荣誉逝者、抚慰生者、寄托哀思、净化心灵等作用。在城市，将条件成熟的公墓建成集祭奠、游览、休闲于一体的人文纪念公园，并可设立墓园公祭日，举行个性化社区（或公园）公祭活动，发挥其教育功能。在农村可借鉴传统祠堂文化，逐渐把乡村骨灰堂建成乡村祭祀、文化教育和村民活动交流场所，发挥其社会凝聚、人心教化等独特作用，促进基层社会治理。推动生死观教育进校园、进课堂，清明节期间不但要带领青少年去瞻仰烈士陵园，还要利用"开放日"去殡仪馆接受生命教育。

（四）加快完善普惠性的民生殡葬惠民措施

我国已经加速进入老龄化社会，每年人口死亡总数都在不断增加。国家统计局统计数据显示，近几年我国大陆每年死亡人口接近1000万人，人口死亡率超过7‰，殡葬公共服务供需矛盾日益明显。新时代，殡葬事业发展的根本价值取向就是增进民生福祉，具体价值取向有三个方面：保障和改善民生、推进生态文明建设、传承发展中华优秀传统文化。[①]

殡葬的本质属性就是民生服务。作为社会保障制度的重要内容之一，民生殡葬体现了以人为本、改善民生的要求，是人文殡葬的重要表现之一。近

---

① 孙杰：《增进民生福祉是殡葬事业发展的根本价值取向》，《中国社会报》（殡葬周刊）2019年7月10日，第4版。

年来，殡葬工作推行惠民政策，既顺应了党中央提出的保障和改善民生的时代要求，也契合了殡葬工作以人为本的服务理念，即让逝者有尊严地离世，也给生者带来慰藉，这是殡葬工作的永恒主题。推动全面建立覆盖城乡居民的多层次殡葬救助保障体系，加大困难群众去世后基本殡葬服务费用减免力度，在提标扩面增项上下功夫，着力解决"死不起"的问题，切实保障人们"逝有所葬"的基本殡葬权益。加快惠民殡葬及人文殡葬建设，推动"逝有所葬、葬有所安"进入"十四五"社会民生发展规划，使城乡所有居民都能从中受益。

总结前述可以发现，现有殡葬文化的形成非一日之功，文明健康的殡葬文化的塑造不可凭短期之力。修订《殡葬管理条例》应与"以人为本"理念相契合，更多地体现人文元素和人文精神。同时，剔除那些在实践中屡遇阻力的有关条文。在当前人们的思想观念异常活跃、价值取向日趋多元的情况下，有必要培育和弘扬具有时代特征、与经济社会发展相协调、与中华民族传统美德相衔接的现代殡葬文化，并发挥先进殡葬文化推动社会进步与文明演进的巨大动力。

生命文化教育研究发展报告

孙树仁 *

摘　要： 本报告介绍了生命文化教育兴起的背景，分析了生命文化教育的出现是殡葬回归文化本质属性的需要，是高职层次殡葬教育对人才培养的需要；介绍了殡葬服务视角下的生命文化、生命文化教育以及基本生命文化的主要观点。本报告从殡葬教育培养殡葬人才的层面，介绍了殡葬教育教学过程中所进行的生命文化教育实践，以及这一教育教学的创新性成果。本报告又从殡葬业界的层面，报告了北京、上海、四川、安徽等地殡葬业界在殡葬服务实践中，积极实践生命文化教育的情况，以及在此过程中，对殡葬事业的健康发展所产生的积极影响与意义。本报告提出了通过人才培养、舆论宣传、政府政策供给和业界积极推动等方面积极倡导和实践生命文化教育的建议。

关键词： 生命文化　生命文化教育　殡葬事业

　　近年来，中国殡葬界出现了一个新的概念，即生命文化教育。这一概念频频出现在殡葬教育教学中，也频频出现在国家出台的有关殡葬改革文件中。特别是在殡葬业界以生命文化冠名的殡葬服务公司屡见不鲜，在殡葬服务机构里，一批生命文化教育基地频频建立。殡葬业界方兴未艾的生命文化教育这一文化现象，正在改变着传统殡葬业界的殡葬文化认知，在殡葬事业

---

　　* 孙树仁，教授，北京社会管理职业学院生命文化学院荣誉院长，中国殡葬协会秘书长，研究方向为殡葬社会文化。

健康发展中展现出勃勃生机。为了促进殡葬业界生命文化教育的研究及其实践，本报告从生命文化教育发生的背景、主要概念与观点、殡葬教育层面和殡葬业界层面所进行的生命文化教育实践情况，以及如何在殡葬业界实践生命文化教育的相关建议等方面展开。

一　生命文化教育兴起的背景与相关概念

（一）生命文化教育兴起的背景

1. 殡葬行业回归文化属性的需要

殡葬的本质属性是文化的属性，但殡葬业界对于如何传承优秀殡葬文化，同时又能创新性发展和创造性转型，一直没能找到有效方法与路径。进入 21 世纪以来，随着我国市场经济发展，市场经济的理念与经营形式也逐渐进入殡葬业界，经济利益最大化的市场法则，悄然改变着传统的殡葬服务经营理念。在经济利益最大化的市场法则与滞后的殡葬文化建设交互作用下，一时间服务生命死亡的殡葬事业，本来需要用文化来温暖痛苦的事业，却因市场经营的逐利与文化缺失而被社会所诟病。殡葬业界在试图改变这种文化缺失和回归殡葬文化本质属性的时候，提出了生命文化教育。

2. 殡葬教育由中职层面提升到高职层面的需要

20 世纪 90 年代，民政部所属的济南民政学校首创了我国中职层次的殡葬教育。进入 21 世纪以来，我国殡葬教育由中职教育提升到高职教育的层面。中职层次的殡葬教育只是培养具有"职业认同感的操作从业人员"，然而高职层面的殡葬教育，则要培养具有"生命文化价值理念，知行合一的从业人员"。高职层面的殡葬教育对殡葬教育教学理念以及教学内容提出了更新更高的要求。高职层面人才不再是一般的职业认同，而是具有较高的职业文化价值理念，不再是只会干事的操作人员，而是在将殡葬事业的价值理念与殡葬业务知行合一、既能从事对殡葬事业的研究又能对具体的殡葬业务创新的技术人员。正是在满足高职层次殡葬教育的需要中，殡葬教育领域率先提出了生命文化教育的理念。

3. 生命教育与生死学研究为殡葬业界的生命文化教育提供了文化背景

进入 21 世纪以来，特别是 2008 年汶川地震发生后，学术界开始了对生命教育的探索。郑晓江教授和何仁富教授分别在江西、浙江的教育界开展了对生命教育的探索。

在生命教育不断兴起的同时，"生死学"的研究也相伴而生了。2016 年11 月 12 日，由清华大学哲学系雷爱民博士和郑州大学哲学系副教授张永超博士发起①，第一届中国当代死亡问题研讨会暨华人死亡研究所筹建倡议会议，在清华大学人文学院召开。以本次研讨会为始端，开启了有组织的生死学研究。至 2021 年已经连续举办了 6 次生死学研讨会。生死学日益成为一门备受关注的显学。

2019 年 10 月在上海师范大学召开的"第四届中国当代生死学研讨会"上，生命文化教育成为生死学研究的重要议题。胡宜安教授表示："中国当代生死学的发展尚处在起步阶段，客观上都有待我们从两个路向上做进一步提升与普及。一是学科路向将生死相关议题纳入生死学学科体系研究，以建构体系化的知识框架，此为学理提升。二是文化路向将生死问题拓展到生命文化层面，以推动大众化的生命实践，此为文化涵育。"② 就这样，生死学的研究为殡葬业界生命文化研究提供了宝贵的理论支持，同时也鼓舞着殡葬业界积极践行着生命文化教育。

（二）生命文化教育的相关概念

1. 生命文化

站在服务生命死亡殡葬的视角，所谓生命文化："就是在吸收中国优秀

---

① 张永超：《"第一届中国当代死亡问题研讨会"会议综述》，载胡宜安、雷爱民、张永超主编《中国当代生死学研究》（第一辑），上海三联书店，2021，第 295 页。

② 胡宜安：《学科建构与生命文化教育：中国当代生死学发展的两个基本路向》，载胡宜安、雷爱民、张永超主编《中国当代生死学研究》（第一辑），上海三联书店，2021，第1 页。

传统文化和世界其他优秀生命理念的基础上，透过生命的死亡，研究生命存在、生命死亡与生命传承不同生命阶段，研究生命的物缘性生命、亲缘性生命、社缘性生命、灵缘性生命等四维度生命，从人性、理性与超越性上认知生命，促进服务生命死亡的殡葬事业健康发展，服务人类生命，实现生命价值和创造生活意义的学问。"①

2. 生命文化教育

殡葬视角的生命文化教育是指殡葬教育界在教学中的生命文化教育与殡葬业界在殡葬服务中的生命文化教育。殡葬教学中的生命文化教育，旨在培养具有生命文化理念殡葬专业人才。殡葬服务中的生命文化教育，旨在通过服务生命死亡的殡葬事业，为社会大众所提供的生命文化教育，主要包含天人合一敬仰自然的生命观教育、尊重生命向死而生的生活观教育、坦然通达止于至善的死亡观教育、死而不亡生生不息的殡葬观教育。

3. 生命文化教育的主要观点

生命文化的理论内涵丰富、博大精深。从殡葬的视角而言，生命文化的基本观点为殡葬教育和殡葬事业的进步与发展提供了理论基础。

一是"生命一体观"，是指人类的生命是天地人一体的生命。通过"生命一体观"，使人们理解服务生命死亡的殡葬事业，是通过服务人类生命死亡的殡葬，而创造有利于人类生命存在的天地人以及天地人之间所有生命。

二是"生命两面观"，是指人类生命具有自然属性与社会属性的两个层次，那么我们殡葬事业既要服务生命的自然属性，更要服务生命的社会属性。同时生命又具有生与死的两端和善与恶的两个方面。通过对"生命两面观"关于对生与死的理解，使生死互渗，既能向死而生，又能向阳而活，殡葬事业既是服务生命死亡，也造福生命好好生存的事业；通过对"生命两面观"关于善与恶的理解，对生命的个体而言，理解生命是一个不断修

---

① 孙树仁：《殡葬视角的生命文化》，载胡宜安、雷爱民、张永超主编《中国当代生死学研究》（第一辑），上海三联书店，2021，第141页。

行的过程。对殡葬事业而言，对生命死亡的服务既要扬生命之善，又要抑生命之恶，因此，殡葬服务机构既是生命善的集合点，又是善的生华平台，从而教化人们在生命中做好善的修行。

三是"生命三段三善观"，是指人类在生命存在阶段里生命的善生，生命死亡阶段里生命的善终，生命传承阶段里生命的善传。殡葬事业通过服务生命的善终，激励人们善生，又通过对优秀生命的善传，使得族类优秀文化品质和情操生生不息。

四是"四维度生命观"，是指生命分为物缘生命、亲缘生命、社缘生命、灵缘生命等四个维度。其中物缘生命是指人类生命的生物性生命。亲缘生命是指因为血缘（包括非血缘关系）关系，结成血缘与亲情的生命。社缘生命是指生命融入社会，在社会活动中的社会关系的生命。灵缘生命是指生命的精神性生命。殡葬事业不只是服务物缘（生物）生命，不只是对物缘生命的安顿，更重要的是服务亲缘、社缘和灵缘生命。

五是"六个服务观"，按照生命文化的理念，殡葬服务不再只是对殡与葬的服务，而应该是对生命的"生、终、殡、葬、祭、传"六个层面的服务，这也是对整个生命全周期的服务。

二　殡葬教育界在人才培养中的生命文化教育

（一）生命文化教育从殡葬教学中孕育诞生

2011年从事殡葬教育的孙树仁教授发表了《生命文化与优死》[①] 一文，这是一篇站在服务生命死亡的殡葬视角的"生命文化"的文章。同时，在教学中增设了"优死"教学内容，迈出了生命文化教育的第一步。同年孙树仁教授又发表了《哀美与殡葬哀美初探》[②] 一文，该文在前文提出了殡

---

① 孙树仁：《生命文化与优死》，载《2011年生命教育学术研讨会论文集》，台北教育大学，2011。
② 孙树仁：《哀美与殡葬哀美初探》，《前沿》2011年第24期，第178页。

葬服务生命"优死"的基础上，又提出了使生命的死亡达到止于至善的"哀美"理念。2012 年孙树仁教授发表了《论人文殡葬》① 一文，获得民政部清明论坛优秀论文二等奖，该文为生命文化教育夯实理论根基。2013 年孙树仁教授又发表了《生命哀美教育的探讨——现代殡葬生命教育的视角》② 一文，获得民政部组织的第四届清明论坛二等奖。以上生命文化教育教学的研究与实践，形成了"创立生命文化课程体系，提升殡葬专业人才培养质量"的教育教学成果。这一教学成果在 2014 年，获得了国家级教育教学成果一等奖。2015 年民政部批准北京社会管理职业学院殡仪系更名为生命文化学院。生命文化教育在殡葬教育的襁褓中得以孕育与诞生。

（二）创建生命文化教育的殡葬专业课程体系

1. 创建生命文化教育课程体系

在整合以殡葬文化为理论基础的殡葬专业课程体系的基础上，北京社会管理职业学院殡仪系教师，以生命文化、人文殡葬为基础理论，提出了"优死、哀美、人文"等生命文化殡葬专业基本教育教学理念，开设了《中华优秀文化经典精粹》《西方生命哲学经典精粹》《生死学》《生命文化概论》《生命优死》《殡葬哀美》《临终关怀》《悲伤辅导》《死亡教育》《生死契约》等课程，创建了以生命文化为理论基础的殡葬专业课程体系。

2. 生命文化教育课程的主要教学内容

十余年来，"生命文化"课程的主要教学内容，分为以下四个单元。

第一单元：生命文化基础理论部分，主要介绍和讲授中华优秀传统文化、国外优秀生命文化思想代表性人物与相关生命文化的经典论述，以及生

---

① 孙树仁：《论人文殡葬》，载俞建良主编《清明论坛优秀论文集（2012）》，中国社会出版社，2012，第 131 页。

② 孙树仁：《生命哀美教育的探讨——现代殡葬生命教育的视角》，载朱勇主编《清明论坛优秀论文集（2013）》，中国社会出版社，2013，第 137 页。

死学、殡葬学等基础理论。使学生在把握生命文化中学习对中国优秀传统文化的传承与创新，教导学生学习和研究生命文化需要向孔孟老庄等优秀传统文化汲取营养。同时，教导学生生命文化是一个开放的知识体系，学习和研究生命文化还要向西方先哲优秀文化汲取营养。

第二单元：生命文化元理论部分，主要讲授生命家园与生命属性。生命家园旨在让学生从唯物论和自然辩证法的视角，认知生命从哪里来，人类生命与天地，与其他生命结成生命共同体的关系。感悟人类生命如何能在日月星三光下与天地合为三杰。生命属性旨在让学生知道生命是什么，人类生命与其他生命相同和不同之处，人类生命与其他生命的社会属性。感悟生命可贵，人类生命更珍贵，包括生命所特有的血脉亲情的生生不息、齐家治国平天下的生命担当、精神与信仰的生命文化。

第三单元：生命文化的基本结构部分，讲述生命文化对人类生命"一体两面、三段三善、四维度生命"的认知。感悟生命如何善生，即物缘生命的健康快乐、亲缘生命的亲情齐家、社缘生命的治国平天下抱负、灵缘生命的达观通透。感悟生命如何善终，即物缘生命的无痛而终、亲缘生命相伴温情而终、社缘生命的无憾而终、灵缘生命的坦然而终。

第四单元：生命文化理念的应用部分，主要是指将生命文化理念运用到生命的"生、终、殡、葬、祭、传"全过程中，使得生命达到善生、善终、善传，优死哀美，止于至善。理解通过生命文化教育，提升殡葬事业的社会美誉度。

3. 生命文化教育课程体系获得国家级教学成果一等奖

生命文化课程体系解决了传统殡葬教育 17 年来缺失生命文化的问题；提出生命文化专业价值观，解决了殡葬专业价值观教育的问题；建构人才培养模式，解决了对传统殡葬专业的深度整合改造问题；设置生命文化课程，解决了非殡葬专业素质教育中缺失死亡教育的问题。生命文化教育课程体系教学成果，在 2014 年教育部组织的国家级教学成果奖评审中，获得国家级教学成果一等奖。

三　殡葬业界对生命文化教育的探索与实践

（一）殡葬业界积极实践生命文化教育

1. 上海殡葬业界的积极探索与实践

在践行生命文化教育的活动中，上海一马当先，积极投入生命文化研究与生命文化教育的实践中。上海殡葬将生命文化教育贯穿于殡葬服务中心的殡葬服务业务之中，贯穿于殡葬文化中心的殡葬文化研究之中，贯穿于殡葬创新中心的殡葬业务与技术的创新之中。

上海各殡葬服务单位，高度重视生命文化研究与生命文化教育的实践。在生命文化研究上，杨晓勇博士的《关于生命文化与殡葬业发展研究》[①] 一文获得第七届清明论坛优秀论文二等奖，在殡葬业界产生了积极的影响。在生命文化教育的研究与实践上，更是硕果累累。在 2019 年 10 月上海召开的第四届中国当代生死学研讨会上，余忠明发表了《开展生命文化教育的上海经验——以上海市殡葬服务中心为例》、鲁弘教授发表了《上海殡葬行业生命文化教育实践与思考》、钱天才发表了《殡葬行业开展生命文化教育的三重维度》、林凤教授发表了《殡仪馆生命文化教育基地建设进行时》、张丽芬发表了《立足行业实际，搭建殡葬业生命文化教育框架——以"爱·龙华"生命文化教育基地为例》、魏超发表了《让"逝如秋叶"成就"生如夏花"——殡仪馆生命文化教育立体化构建的实践与探索》、李军发表了《殡仪馆生命文化教育的"三个融入"新模式——上海市宝兴殡仪馆生命文化教育概述》、李忠玉发表了《墓园里的生命文化教育课——上海滨海古园开展生命文化教育工作初探》等。这些成果彰显了上海殡葬践行生命文化教育的系统性和生命文化教育覆盖面最大化。上海

[①]　杨晓勇：《关于生命文化与殡葬业发展研究》，载李建华主编《第七届清明论坛优秀论文集》，中国社会出版社，2019，第 117 页。

殡葬实现了由以传统殡葬文化为基础的殡葬事业，向以生命文化为基础的生命服务事业的质的跨越。

2. 北京、四川、安徽等地殡葬业界生命文化教育实践

2018 年以来北京八宝山殡仪馆开展了生命文化教育展示活动。2020 年四川眉山殡仪馆和 2021 年安徽宁国殡仪馆分别建成了"宁国生命文化教育馆"，人们在殡仪馆举办丧事的同时得到生命文化的教育，收到很好的效果。

随着北京、上海、四川眉山、安徽宁国等殡葬服务机构积极开展生命文化教育，生命文化教育星星之火必将燎原于整个殡葬业界。可以预期，当生命文化教育理念成为殡葬行业共识时，殡葬服务机构必将成为生命文化教育圣殿，殡葬事业将不再阴冷可怕，而是以生命文化教育的温情与智慧受到人们的敬仰。

（二）殡葬业界生命文化教育实践的意义

1. 有助于提升生命死亡的品质

医疗的科学进步显然延长了人类的生命，然而并没有给人们的死亡带来福音。现实人类的死亡寿终正寝死亡者少了，所谓与死神搏斗的抢救生命、拯救死亡，使得逝者在所谓被抢救中不得好死的死亡成为不少生命死亡模式。生命文化认为生命死亡是必然的，死亡是一个过程，有一个死亡阶段，因此我们要尊重生命的死亡，科学地帮助逝者走完生命死亡的这一段路程，使生命死亡得到善终。《生命文化与优死》一文中专门讨论过生命的优死，生命文化认为生命有四个维度，应该是四个维度都善终才是优死。

2. 有助于提升殡葬服务品质

生命文化的生死观，可以为殡葬事业大发展和进步提供和谐的社会环境。人们由于对死亡的忌讳，因此对从事殡葬事业的人们以及殡葬人也避而远之，使得殡葬事业和殡葬人被边缘化甚至被歧视。殡葬人也因为被边缘化和被歧视的现实，容易形成一种冷漠、孤僻性格，对主流社会与人群持

轻蔑心态。以服务生命"生"与"死"这一殡葬视角的生命文化,将生与死结合为一体,使人们在欣然探讨如何生活得好的时候,不知不觉地走进死亡,感悟生死,接受死亡,学会死亡,并渐渐地接受殡葬事业和殡葬人,接受这些让生命止于至善的人们,并由衷地产生崇敬感。因此,生命文化将有助于殡葬事业与殡葬人汇入主流社会,主流社会也会接受殡葬事业,创造良好的心态氛围与和谐的社会环境。殡葬事业社会地位的提高,社会环境与心态的不断健康,也都会激励殡葬人生命的激情,投入殡葬事业中来,不断创新发展,不断提升殡葬服务的品质。

3. 有助于提升殡葬人和殡葬事业的文化自信

由于人们对殡葬的忌讳,甚至殡葬人也感到殡葬就是埋死人、哭死人,天天在悲痛和人们的不解甚至是责怪中工作与生活。殡葬事业缺少文化自信久矣。生命文化告诉人们,殡葬不只是服务逝者,也是在服务生者,既是服务死亡又是服务人们更好地活着。殡葬不只是服务生命的自然属性,对物缘性生命的安顿,更是对亲缘生命、社缘生命和灵缘生命的负责。这是一份有温度、有文化、技术含量很高的被人崇敬的事业。殡葬人如同教师,教导人们感悟生死,学会生死,殡葬服务场域是生命文化教育的课堂;殡葬人又如同医生,疗愈丧亲者的悲伤,帮助他们走出悲痛的雾霾,鼓励人们向死而生、向阳而活,步入新的生活。

4. 有助于丰富殡葬服务的内涵

生命文化旨在尊重生命,止于至善。通过殡葬人的服务,使人类生命得到尊重,死亡止于至善。传统的殡葬文化是"殡葬祭"的文化,主要是开展殡葬祭的服务。生命文化则是"生终殡葬祭传"的文化,主要开展的是向死而生的生命教育、优死善终的死亡辅导、尊重生命的哀悼出殡、科学生态文明的安葬、缅怀追思的祭祀与对优秀生命品质的纪念与传承。生命文化语境下的殡葬事业,将极大地提升殡葬事业的文化内涵和服务内容,极大地提升生命死亡服务的品质,使人们更加尊重生命,更加努力使人类生命达到死亡的止于至善。

四 倡导与实践生命文化教育的建议

殡葬事业偏离文化本质久矣，旧的殡葬陋俗文化束缚着殡葬事业前进的脚步，打破这一固化的顽疾与事业发展的怪圈，就迫切需要在殡葬业界热情地宣传生命文化教育，强有力地推动生命文化教育、积极实践生命文化教育。为此提出以下建议。

（一）积极传播生命文化教育

1. 搭建平台，建立宣传生命文化教育的平台

为了宣传生命文化教育，北京社会管理职业学院每年在殡仪系成立纪念日的 12 月 3 日举办生命文化节，现已连续举办了十一届，通过生命文化节向全国殡葬业界宣传生命文化教育理念、丰富生命文化教育理论。生命文化节已成为殡葬业界研究、传播与实践生命文化教育的重要平台，实践证明这是行之有效的宣传方式。建议各地和业界殡葬服务机构结合本地本机构实际，搭建更多的宣传平台，创新出更多的形式多样的宣传生命文化教育的组织形式。

2. 新闻媒体，以独到的优势宣传生命文化教育

发挥殡葬新闻媒体能通过鲜活的人物、事件，感人的图片和文字达到特有感染人宣传效果的优势，积极宣传殡葬服务机构开展生命文化教育的各种活动与效果。如通过殡葬服务机构的生命文化教育基地建设，对人们理解生命尊严和死亡尊严产生教育意义；通过殡葬服务机构赋予殡葬服务生命文化的内涵，让人们感受到殡葬服务的文化内涵与温暖，以此提升殡葬服务的品质、提升殡葬人和殡葬事业的文化自信等。通过新闻媒体的宣传，生命文化教育理念和行动渐渐深入人心。

（二）完善实践生命文化教育的举措

1. 推进殡葬服务机构生命文化教育基地建设

国家已经出台政策倡导将殡葬服务机构建设成为生命文化教育基地。

如 2016 年 2 月 19 日，民政部、国家发展改革委等九部门联合出台的
《关于推行节地生态安葬的指导意见》中要求："充分依托现有殡葬设施
资源，建设一批生命文化教育基地，打造优秀殡葬文化传承平台。"这是
国家第一次以政策的形式，在殡葬业界倡导"生命文化教育"。2018 年
1 月 10 日，民政部、中央文明办等十六部门联合下发的《关于进一步推
动殡葬改革　促进殡葬事业发展的指导意见》中，又一次强调要"充分
依托殡葬服务纪念设施，建设生命文化教育基地"。这一文件由中央文明
办、文化部等部门印发，说明殡葬领域倡导的生命文化教育已经成为中
央认可的社会文明与进步行为，成为文化部所倡导的一种文化现象。因
此，需要殡葬业界按照国家已有政策要求，在殡葬服务机构开展生命文
化教育基地建设。

2. 建议政府作为一种公共文化服务，为全社会开展生命文化教育服务

开展殡葬服务可对人们进行潜移默化的生命观、生活观和死亡观的教
育，建设文明和谐的社会，这是政府的一种公共服务宣传品。因此建议将殡
葬服务机构所开展的生命文化教育作为政府的公共文化服务，列入各级民政
部门为民办实事的公共服务清单。按照 2022 年中央一号文件《中共中央国
务院关于做好 2022 年全面推进乡村振兴重点工作的意见》在乡村振兴中
"有效发挥村规民约、家庭家教家风作用，推进婚俗改革试点和殡葬习俗改
革"的要求，为生命文化搭建平台，推动生命文化教育实践活动的有效
开展。

3. 建议在国家层面出台有关政策性文件，推动生命文化教育的实践

在弘扬优秀文化传统、创新发展殡葬文化、推进殡葬习俗改革的相
关政策中，推动殡葬业界和社会层面在殡葬社会生活中实践生命文化教
育。目前国家出台的关于殡葬移风易俗改革的政策性文件，是 1996 年由
中共中央宣传部、民政部、公安部、工商行政管理局、土地管理局联合
下发的《关于实行移风易俗进一步改革丧葬习俗的意见》，时至 2022 年
已有 26 年，国家层面应可考虑出台有关专门进行殡葬习俗改革的政策性
文件。

4.建议制订生命文化教育基地行业标准，在殡葬服务机构开展示范性基地建设活动

殡葬服务机构生命文化教育基地建设的行业标准，给出殡葬服务机构如何实践生命文化教育的技术指引，推动殡葬服务机构实践生命文化教育。组织示范性殡葬服务机构生命文化教育基地建设活动，通过样板示范，鼓励鞭策，促进殡葬服务机构实践生命文化教育。

（三）加强生命文化教育研究和人才培养

1.热情支持和参与国内生死学研究

目前，生死学研究在国内方兴未艾，服务生命死亡的殡葬是不可或缺的内容，同时生死学的研究成果又能丰富生命文化教育理论。殡葬业界学者和从业者应该热情地支持和参与生死学研究，为生死学研究提供平台和必要的支持。

2.继续在殡葬教育界培养具有生命文化素质的殡葬专业人才

目前主要在生命文化教育的发祥地北京社会管理职业学院生命文化学院开展了生命文化教育，培养具有生命文化理念的殡葬专业人才，这一做法应该推广到全国所有培养殡葬专业人才的院校。

3.加强殡葬业界生命文化教育培训

在院校殡葬专业人才培养中开展生命文化教育的同时，还应该注重对已经在殡葬服务机构从业人员的生命文化教育培训工作，使他们获得对生命文化教育的更深层次认知，提升他们对生命文化教育是殡葬教化功能的认识，提升其实践生命文化教育的理论素养和技能技巧。

结　语

殡葬正面临由管理型向服务型转型、由事业单位运作机制向市场化服务机制转型、由丧事费用自理向政府供给基本服务转型、由丧事事务性服务向生命文化性服务转型的"四个转型"新时代，需要殡葬行业一一去面对。

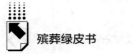

生命文化教育的出现，正是适应了新时代殡葬事业由"丧事事务性服务向文化性服务"的转型。我们坚信："世界因生命而融合，生命因殡葬而至善，殡葬因文化而神圣。"殡葬业界倡导与实践生命文化教育，必将促进殡葬事业回归文化的本质属性，促进殡葬事业文化属性的提升，从而使殡葬事业成为一种被社会美誉的"神圣"事业。

G.9
新时代殡葬行业人才队伍建设研究

—— 以全国 150 家殡葬服务机构为例 *

何振锋 **

摘　要： 本研究报告以殡葬行业一线从业人员为研究对象，采取系统抽样
与随机抽样相结合、问卷调查与个案访谈相结合的方式，对全国
15 个省份 30 个地市 150 家殡葬服务机构进行调研。研究发现，
殡葬行业人才队伍建设存在顶层制度设计严重不足、人才队伍建
设发展不平衡、人才供给侧与需求侧结构性矛盾突出、行业培训
供给不足、从业人员受教育程度及专业相关度较低、从业人员劳
动强度及工作压力较大等问题。研究认为，为加强新时代殡葬行
业人才队伍建设，应进一步加强顶层制度设计、加快殡葬事业单
位改革、加强殡葬行业技能人才队伍建设、建立技能人才薪酬分
配体系和推动殡葬教育快速发展。

关键词： 殡葬人才队伍　殡葬教育　殡葬服务　生命文化

殡葬是基本民生保障工程。做好殡葬工作是保障和改善民生的基本要
求，是传承优秀传统文化、促进社会文明进步、促进生态文明建设的重要内
容。随着经济社会的快速发展，人民对美好生活的需求日益提升，百姓对殡

---

* 课题来源：2020 年民政部部级专项课题"新时代殡葬行业人才队伍建设研究"（课题编号：
2020MZY005）。

** 何振锋，社会学博士，北京社会管理职业学院生命文化学院院长、副教授，民政部社会事务
工作专家委员会委员，研究方向为殡葬教育、社会政策。

葬服务水平和质量提出了更高的要求。目前，我国每年死亡人口上千万，根据《2020年民政事业发展统计公报》，截至2020年底，全国共有殡葬服务机构4201个，殡葬服务机构职工8.6万人。[①] 殡葬从业人员的数量和素质势必影响殡葬服务提供的水平和质量。人民群众对殡葬服务日益高质量、多样化、个性化的需求对殡葬从业人员提出了更高的要求和期待。

一　研究缘起

（一）研究背景

当前，我国社会主要矛盾已经转化为人民日益增长的美好生活需要和不平衡不充分的发展之间的矛盾。随着社会的发展，人民对美好生活的需要从"生"扩展到"死"，既要善生，也要善终。殡葬服务属于公共服务范畴，关乎民生福祉和逝者尊严，是基本民生保障工程。"逝有所安"是民生之本。让逝者安息，给生者慰藉，为服务对象提供人文化、个性化服务亟须提到议事日程。目前，我国每年死亡人口上千万，殡葬从业人员的数量和素质势必影响殡葬服务提供的水平和质量。人民群众对殡葬服务日益高质量、多样化、个性化的需求给殡葬从业人员提出了更高的要求和期待。提升殡葬服务供给能力、提供高质量的殡葬服务以满足社会多元殡葬需求，其根本和关键在于提升殡葬从业人员的综合素质和服务水平。

为了解我国殡葬行业人才队伍建设现状及存在问题，课题组于2020年7~9月对全国15个省份30个地市150家殡葬服务机构进行问卷调查、个案访谈，并对调研数据、访谈资料进行梳理、总结、分析，提出了完善殡葬行业人才队伍建设的对策建议，为殡葬事业发展和政策制定提供重要决策参考。

（二）研究目的

殡葬行业的发展离不开一大批掌握专业知识和技术、适应殡葬行业发展

---

① 《2020年民政事业发展统计公报》，民政部官网，http://www.mca.gov.cn/article/sj/tjgb/。

需求的高素质技术技能人才。在中国特色社会主义新时代，加强殡葬人才队伍建设对于进一步推进殡葬改革及实现殡葬事业可持续发展具有重要的意义。

第一，构建针对我国殡葬人才队伍建设现状的更加全景、更加系统、更加深入的认识。文章以全国150家殡葬服务机构为例，通过实地调研和网络调研，采用问卷法、访谈法等研究方法，对当前殡葬人才队伍的年龄结构、学历层次、专业背景、专业技术水平、劳动强度、工资收入、工作压力等情况，进行全面系统地调查分析，深入把握新时代殡葬人才队伍建设的基本情况。

第二，查找分析新时代殡葬人才队伍建设存在的问题。通过调研，对我国殡葬人才队伍建设存在的问题、面临的瓶颈和挑战进行系统梳理。

第三，为新时代殡葬人才队伍建设提出对策建议。在殡葬人才队伍建设总体规划制定、体制改革、贯通高技能人才与专业技术人才职业发展、薪酬分配体系、人才培养等方面探索有效途径，为促进殡葬人才队伍建设和行业的可持续发展提供数据支撑和政策建议。

（三）研究方法

1. 文献分析法

文章对我国人才队伍建设尤其是殡葬行业人才队伍建设的有关制度与政策、人才队伍建设研究现状进行文献梳理和研究。通过文献分析，掌握当下殡葬行业人才队伍建设过程中存在的问题，借鉴已有的研究经验和研究成果，确定本文的基本研究脉络和研究框架。

2. 调查研究法

定量研究是社会科学领域的一种基本研究范式，侧重于对社会事物的精确测量和计算，用统计数据来分析变量间的因果关联。文章采取随机抽样的方法展开调查，即对全国15个省份150家殡葬服务机构1500余名殡葬行业一线从业人员进行系统抽样问卷调查，涵盖殡仪馆、墓园、殡仪服务公司。通过问卷调查数据分析新时代背景下我国殡葬行业服务人才队伍现状，全面分析存在的主要问题，科学提出切实可行的对策建议，以推动殡葬事业健康

有序发展。

3.个案访谈法

课题组对东、中、西、东北部殡仪馆馆长、墓园总经理、殡仪服务公司总经理以及一线从业人员进行个案访谈。通过对殡葬服务机构负责人访谈，了解单位人才队伍建设的基本现状、存在问题和典型做法；通过对殡葬服务机构一线人员个案访谈，了解一线从业人员工作中存在的问题。调查结束后，对调研数据、访谈资料进行梳理、总结、分析。

二 殡葬行业人才队伍建设的现状

（一）被访者基本情况

本次调查共有1524位殡葬服务机构工作人员参与，就机构性质来分，63.52%的殡葬服务工作人员来自殡仪馆，20.34%来自墓园/陵园，14.63%来自殡仪服务公司，1.51%来自其他服务机构或单位。详见图1。

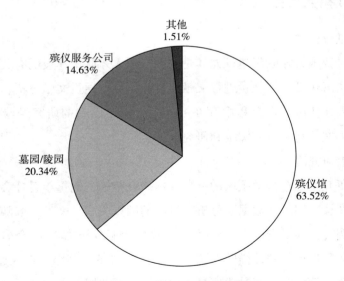

图1 殡葬服务人员机构性质分布

1. 性别情况

根据统计，接受访问的殡葬服务人员中男性为 943 人，占 61.88%；女性为 581 人，占 38.12%；从事殡葬服务的男性工作人员明显多于女性。殡葬服务人员男女比例问题在个案访谈中亦有体现。例如：

> 我单位员工年龄及男女比例：35 岁及以下 19 人，其中女性 7 人；36~45 岁 27 人，其中女性 10 人；46~54 岁 19 人，其中女性 5 人；55 岁及以上 19 人。

——TJA02

> 我单位目前有男职工 41 人，女职工 12 人。

——SHA04

2. 年龄结构情况

统计表明，殡葬服务人员平均年龄为 37.49 岁，中位年龄为 36 岁，最大年龄为 66 岁，年龄最小者为 18 岁。

按年龄分组来看，30~34 岁年龄组服务人员频数最大（334 人），占所有受访者的 21.92%，比重最大，其中单岁组以 33 岁单岁年龄组比重最大，占所有受访者的 5.38%。其次是 35~39 岁年龄组服务人员为 314 人，比重占 20.60%。40~44 岁和 25~29 岁年龄组的服务人员比重也较大，分别占 15.68% 和 12.93%。根据受访者年龄统计和计算，殡葬服务人员年龄在 25~44 岁的比重占到 71.13%。具体年龄分组及各年龄殡葬服务人员比重分布详见表 1、图 2。

表 1　殡葬服务人员年龄分组分布情况

单位：人，%

年龄	频数	百分比
20 岁以下	4	0.26
20~24 岁	91	5.97
25~29 岁	197	12.93

续表

年龄	频数	百分比
30～34 岁	334	21. 92
35～39 岁	314	20. 60
40～44 岁	239	15. 68
45～49 岁	161	10. 56
50～54 岁	107	7. 02
55～59 岁	72	4. 72
60 岁及以上	5	0. 33
合计	1524	100. 0

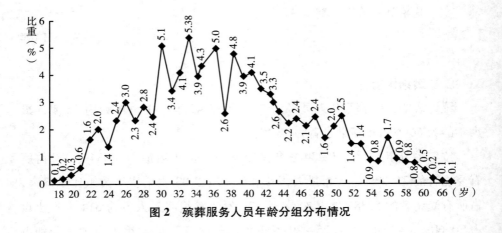

图 2　殡葬服务人员年龄分组分布情况

3. 婚姻状况

接受访问的殡葬服务工作人员的婚姻状况以已婚为主，共计 1187 人，占所有受访者的 77.89%；未婚者为 263 人，占受访者的 17.26%；4.40% 的受访者为离异，有 0.46% 的受访者婚姻状况为丧偶，比重较小。对于已婚者进一步追问"您的配偶与您的工作是否相同或相近职业"时，18.62% 的已婚者表示配偶从事相同或相似职业，详见图 3。

4. 受教育程度及专业相关度

殡葬服务人员受教育程度以专科学历为主，拥有专科学历的受访者为 619 人，占所有受访者的 40.62%；其次是拥有本科学历的受访者为 422 人，

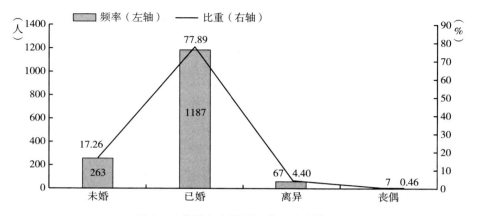

图3 殡葬服务人员婚姻状况分布情况

比重占 27.69%；高中（中专）和初中教育程度受访者分别占 21.72% 和 8.46%；小学及以下和研究生（硕士和博士）教育程度的受访者比重相对较少。具体情况见图 4。

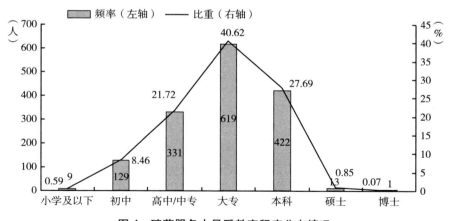

图4 殡葬服务人员受教育程度分布情况

被访殡葬服务人员近七成为专科及以上学历，但所接受的专业教育与殡葬相关性不大，所学专业为殡葬的比重为 21.52%，非殡葬专业的其他民政类专业的被访者占 7.68%，而其他非相关专业的比重占 70.80%。有殡葬专业及学习背景的殡葬服务人员比重相对较低。详见表 2。

表 2　殡葬服务人员所学专业情况

单位：人，%

项目	频率	比重
殡葬专业	328	21.52
非殡葬专业的其他民政类专业	117	7.68
其他专业	1079	70.80
总计	1524	100.00

个案访谈的结果也有力地印证了这一情况，例如：

从业人员所学专业关联度极低，只有 2015 年招聘 1 个殡葬专业人才、2016 年招聘 5 个殡葬专业人才。原因多是家里介绍，子一代父一代，多数是劳务派遣形式。

——TJB01

具备殡葬专业背景的人员有 3 人，占比 1.7%。

——BJA03

馆内工作人员专业相关度较低，基本不相关。

——JSB01

5. 专业技术水平情况

当问及从事殡葬服务行业工作是否有职业资格证书时，53.74% 的受访者表示没有获得职业资格证书，有职业资格证书的受访者比重为 46.26%。在所有获得职业资格证书的被访者中，以取得四级（中级）资格的比重最大，占所有被访者的 17.19%，占所有取得职业资格证书被访者的比重为 37.16%；其次是取得五级（初级）资格，在所有被访者中的比重为 11.29%，在获得职业资格证书被访者中的比重为 24.40%。而获得三级及以上（高级及以上，含高级、技师和高级技师）的殡葬服务人员比重相对较低，占所有被访者的 13.39%，其中取得一级（高级技师）资格的服务人员比重仅为 1.31%，即每百位殡葬服务工作人员中，拥有高级技师资格的不足两人。职业等级资格分布详见表 3。

表3 殡葬服务人员职业资格获得情况

单位：人，%

是否获得职业资格证书		频率	百分比	在获得职业资格中的比重
否		819	53.74	
是	五级/初级	172	11.29	24.40
	四级/中级	262	17.19	37.16
	三级/高级	124	8.14	17.59
	二级/技师	60	3.94	8.51
	一级/高级技师	20	1.31	2.84
	其他	67	4.40	9.50
总计		1524	100.00	100.00

专业技术职称代表了从事殡葬服务人员的专业技术水平，殡葬服务人员拥有专业技术职称的比重不足四成，其中，拥有高级（含副高和正高）专业技术职称的比重仅为3.28%。60.24%的受访者未获得专业技术职称，拥有专业技术职称的比重为39.76%。在所有拥有专业技术职称的被访者中，以取得中级职称的比重最大，占所有被访者的16.01%；其次是获得初级职称，在所有被访者中的比重为12.27%。而获得副高及以上职称含副高和正高的殡葬服务人员比重相对较低，占所有被访者的比重分别为1.31%和1.97%，详见表4。

表4 殡葬服务人员专业技术职称情况

单位：人，%

拥有专业技术职称情况		频率	百分比	在拥有专业技术职称中的比重
无职称		918	60.24	
有职称	初级	187	12.27	30.86
	中级	244	16.01	40.26
	副高	20	1.31	3.30
	正高	30	1.97	4.95
	其他	125	8.20	20.63
总计		1524	100.00	100.00

殡葬服务人员获得专业技术职称占从业人员比例较低的情况在个案访谈中也得以印证。访谈过程中了解到，许多殡葬服务机构具备职业资格证书或

专业技术职称的人员比例很低，有的单位甚至没有具备职业资格证书或专业技术职称的工作人员。

（二）被访者工作状况

在调查时间之前的一个月内，殡葬服务人员平均每周工作 5.66 天。其中以每周五天工作时长为主，占被访者的比重为 37.60%；每周平均工作六天的占 37.14%；每周全天无休的被访者也占有一定的比重（19.09%）。相对而言，殡葬服务人员劳动强度较大，详见表 5。

表 5　殡葬服务人员平均每周工作天数

单位：人，%

每周工作天数	频率	比重
少于 5 天	94	6.17
5 天	573	37.60
6 天	566	37.14
7 天	291	19.09
总计	1524	100.00
平均工作天数	5.66 天	

当进一步被问及每天的工作时长，62.73% 的被访者表示平均每天工作时间为 8 小时；工作多于 8 小时的被访者比重占 21.46%；也有 15.81% 的被访者每天工作时长不足 8 小时，所有被访者平均每天工作时长为 8.89 小时，详见表 6。

表 6　殡葬服务人员平均每天工作时长

单位：人，%

每天工作时长	频率	比重
少于 8 小时	241	15.81
8 小时	956	62.73
多于 8 小时	327	21.46
合计	1524	100.00
平均工作时长	8.89 小时	

殡葬服务人员劳动强度较大，这在个案访谈中也有所体现，一线工作人员表示工作强度偏大，例如：

工作有压力，工作量大，个人也有一部分欠缺，去年开始比较忙。对其他岗位来说，工作忙是有时间段的，但殡仪服务不间断。工作时间长，长期处于负能量的环境，有一些负面的影响。

——BJB05

有压力，业务量多，值夜班没有休息，岗位人员少，一线上几乎都是劳务派遣，有些老职工是空岗状态。无倒休，处于紧张状态。

——BJB02

（三）被访者收入情况

1. 工资收入情况

根据对殡葬服务工作人员薪酬待遇（扣除社会保险等后的总收入）的统计，超过六成的殡葬服务人员工资收入在 5000 元以下，即收入在 5000 元及以下的殡葬服务人员的比重占 61.55%；其中，收入在 3001~4000 元的服务人员比重最大，占所有被访者的 22.44%；其次是收入在 4001~5000 元的服务人员，比重为 21.59%。收入在 2001~3000 元和 5001~6000 元的服务人员比重也较大，分别占 15.95% 和 13.72%；收入在 6001~7000 元和 7001~8000 元的比重分别为 7.87% 和 5.77%；8000 元以上的被访者比重为 11.09%。详见表 7。

表 7　殡葬服务人员工资收入情况

单位：人，%

收入情况	频率	比重	累积比重
2000 元以下	24	1.57	1.57
2001~3000 元	243	15.95	17.52

收入情况	频率	比重	累积比重
3001~4000 元	342	22.44	39.96
4001~5000 元	329	21.59	61.55
5001~6000 元	209	13.72	75.26
6001~7000 元	120	7.87	83.14
7001~8000 元	88	5.77	88.91
8001~9000 元	75	4.92	93.83
9000 元以上	94	6.17	100.00
总计	1524	100.00	

2. 收入地区差异情况

根据对 15 个省份殡葬服务人员工资收入水平的统计，殡葬服务人员收入存在显著地区差异。整体来看，上海市、浙江省、北京市的殡葬服务人员工资收入相对较高，收入在 5000 元以上的被访者比重均超过 60%。其中，上海市殡葬服务人员工资收入超过 5000 元的比重为 74.00%，浙江省这一比重为 64.89%，北京市为 64.29%。

相对而言，河南省、安徽省、河北省、陕西省、吉林省等地区殡葬服务工作人员收入水平相对较低，工资收入超过 5000 元的工作人员比重均不足 20%，分别为河南省 9.68%、安徽省 14.02%、河北省 16.44%、陕西省 18.84% 和吉林省 19.39%；黑龙江省这一比重虽然为 23.53%（超过 20%），但服务人员整体收入水平也较低；这些省份殡葬服务人员收入水平大多分布在 2001~3000 元。

在所有调查省市中，江苏省、四川省、天津市、福建省、辽宁省和湖北省等省市殡葬服务工作人员收入处于中等水平。其中，江苏省、湖北省殡葬服务人员收入集中在 4001~5000 元，四川省、天津市、福建省的殡葬服务人员收入集中在 3001~4000 元。辽宁省殡葬服务人员收入集中在 5001~6000 元，但其更高收入人员比重低，这受调查样本规模的影响。详见表 8。

表8 殡葬服务人员工资收入各省份分布情况

单位：%

收入	调查省份：															合计
	北京市	河北省	天津市	江苏省	上海市	福建省	浙江省	湖北省	安徽省	河南省	四川省	陕西省	黑龙江省	吉林省	辽宁省	
2000元及以下	—	5.48	—	—	—	0.97	0.44	2.38	—	2.15	3.43	—	4.90	3.06	—	1.57
2001~3000元	—	34.25	8.77	3.57	1.00	14.56	5.33	7.14	33.64	35.48	11.43	17.39	37.25	25.51	25.93	15.94
3001~4000元	10.00	21.92	37.72	20.24	5.00	26.21	11.11	21.43	28.04	34.41	22.29	26.09	27.45	32.65	18.52	22.44
4001~5000元	25.71	21.92	14.04	30.95	20.00	22.33	18.22	40.48	24.30	18.28	19.43	37.68	6.86	19.39	22.22	21.59
5001~6000元	15.71	6.85	11.40	22.62	13.00	21.36	19.56	10.71	8.41	3.23	15.43	8.70	2.94	16.33	33.33	13.71
6001~7000元	7.14	4.11	9.65	11.90	25.00	8.74	13.78	5.95	2.80	4.30	6.29	1.45		2.04		7.87
7001~8000元	8.57	2.74	4.39	3.57	15.00	0.97	16.89	2.38		1.08	4.00		7.84			5.77
8001~9000元	14.29	2.74	4.39	2.38	15.00	2.91	5.33	9.52		1.08	6.29	1.45	4.90			4.92
9000元以上	18.57		9.65	4.76	6.00	1.94	9.33		2.80		11.43	7.25	7.84	1.02		6.17
合计	100.00	100.00	100.00	100.00	100.00	100.00	100.00	100.00	100.00	100.00	100.00	100.00	100.00	100.00	100.00	100.00

155

3. 影响工作积极性的主要因素

从被访者对于影响工作积极性主要因素的选择来看，一半以上的被访者（比重为50.92%）表示工资报酬低严重影响自己的工作积极性；其次是回答工作压力大，占所有被访者的比重为42.45%；认为因为工作得不到肯定而影响积极性的被访者比重也较大，占23.36%；认为干好干坏一个样和人际关系紧张的被访者分别占18.11%和17.59%；还有12.14%的被访者表示"其他原因影响工作积极性"，详见表9。

表9 影响工作积极性的主要因素

单位：人，%

主要因素	频率	占比
工作压力大	647	42.45
人际关系紧张	268	17.59
工作得不到肯定	356	23.36
干好干坏一个样	276	18.11
工资报酬低	776	50.92
其他	185	12.14

（四）工作压力与职业认同

1. 工作压力情况

根据对所有被访者实际工作中面临的压力测定，殡葬服务人员工作压力程度为53.66分。其中，在实际工作中感到压力"一般"的被访者比重最大，占所有被访者的47.97%；其次是感受到"较大"压力的被访者，比重为26.44%；10.04%的被访者感觉"没有压力"；感觉工作压力"很大"和"不太大"的被访者也占有一定的比重，分别为7.94%和7.61%，详见表10。此外，男性殡葬服务工作者在实际工作中感受到的压力较女性要略强，但差异不大。

表 10　殡葬服务人员面临的工作压力

单位：人，%

工作压力	频率	比重
很大	121	7.94
较大	403	26.44
一般	731	47.97
不太大	116	7.61
没有压力	153	10.04
总计	1524	100.00

对殡葬服务人员的工作压力来源进行排序。因行业特殊性带来的精神压力是其工作压力主要来源，平均综合得分为 2.34 分，其次是来自领导的压力，领导要求高的平均综合得分为 2.05 分，在工作中需要经常面对丧亲者的极端情绪和人际关系复杂的平均综合得分分别为 2.02 分和 2.01 分，同事之间的竞争和由于技术更新带来的学习方面的压力，其平均综合得分相同，均为 1.80 分，而每天面临死亡的平均综合得分最低，仅为 1.56 分，这与殡葬服务人员面对逝者遗体时的心理状况是一致的。具体情况见图 5。

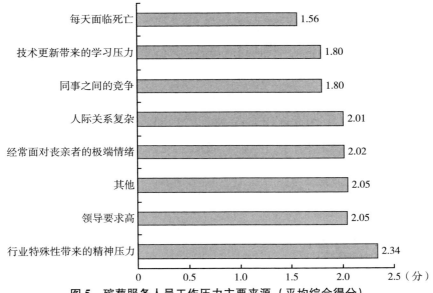

图 5　殡葬服务人员工作压力主要来源（平均综合得分）

问卷调查中发现的殡葬服务人员的工作压力问题与个案访谈了解的情况是一致的，例如：

工作中感到的压力主要来源是外界不理解不认同和异样的眼光。

——TJB02

如何说到压力，主要还是来自社会的认可度，多多少少还是存在一些偏见的。比如说，春节串门、参加别人的各类喜事、陌生人在第一次接触时突然知道我的工作内容时都会有一些排斥和惊愕的。

——SHB04

仅有17.65%的被访者表示所在单位有减压工作室、心理咨询室或相关减压措施，82.35%的被访者表示单位没有员工相关减压措施。对于工作中的压力和紧张心理，78.87%的被访者表示主要是自我化解；找同事交流和与家人或朋友诉说的比重分别为35.10%和32.35%，10.04%的被访者会向领导诉说，2.36%的被访者会以其他方式缓解工作和心理的压力。

2. 职业认同情况

殡葬服务人员的职业认同感综合评价得分为75.43分，职业认同感相对较高。其中，认为从事的工作比较有意义，比较认同所从事职业的被访者比重最大，占所有被访者的47.90%；其次是认为所从事的工作有意义，高度认同的被访者比重占30.97%，二者合计78.87%；而对于从事职业不太认同和完全不认同的被访者比重均较小，分别占2.10%和3.02%；也有16.01%的被访者表示说不清楚。具体情况见表11。

表 11　殡葬服务人员职业认同情况

单位：人，%

认同情况	频率	比重	累积比重
从事的工作有意义,高度认同	472	30.97	30.97
从事的工作比较有意义,比较认同	730	47.90	78.87

认同情况	频率	比重	累积比重
说不清楚	244	16.01	94.88
缺乏技能,只能做这行,不太认同	32	2.10	96.98
靠工资养家糊口,完全不认同	46	3.02	100.00
总计	1524	100.00	—

个案访谈中也发现殡葬服务人员对职业认同感较高,例如:

随着社会的进步,虽然忌讳的人少了,但还是有相当多的人对殡葬从业人员带有有色的眼光。我本人从来不避讳,我认为我的职业是崇高的,是应该得到尊敬的,所以只要别人问及,我都会告知人家我是一名殡葬遗体防腐整容化妆工。

——SHB03

感觉殡葬行业比较稳定,且有特殊社会意义。

——SHB08

3. 面临的其他问题或影响

殡葬服务人员受尊重程度综合评价得分为64.01分,49.15%的被访者表示在工作中比较受尊重;48.49%的被访者感觉受到的尊重程度一般,也有2.36%的被访者表示工作中没有受到足够的尊重。

殡葬服务人员在实际工作中除了面对死亡、工作压力大等问题的同时,也会遭遇到来自丧亲者的不理解和非难,这一比重达80.91%;经常遇到丧亲者的不理解和非难的被访者占所有被访者的24.87%,偶尔遇到不理解和非难的比重最大,占56.04%;16.73%的被访者表示很少遇到,也有2.36%的被访者表示自己从未遇到过。对于殡葬服务人员来说,来自亲属或朋友的支持和认可固然重要,但是来自丧亲者对于自己工作的理解和认同也十分重要,详见表12。

表 12 殡葬服务人员工作中遭受非难或不理解情况

单位：人，%

	频率	百分比	累积百分比
经常遇到	379	24.87	24.87
偶尔遇到	854	56.04	80.91
很少遇到	255	16.73	97.64
从未遇到	36	2.36	100.00
总计	1524	100.00	

这个问题在定性研究过程中也得到印证。例如：

殡葬从业人员面对的更多压力是客户的反面情绪可能较多。

——TJB06

工作中的压力主要来自行业特殊性造成的精神压力、丧属的极端情绪。

——AHB02

逝者家属对殡葬相关知识了解太少，某些情况下不能理性地去理解，在工作中遇到遗体有些许变化或变质的，家属的反应就会特别大，听不进或不理解我们的解释，给我们的工作带来不便和压力。

——SHB04

由于职业或工作性质的特殊性，23.56%的被访者表示日常社会交往会受到工作性质的影响，36.15%的被访者表示工作性质对于社会交往的影响较小，40.29%的被访者表示影响一般。此外，30.25%的被访者表示家人或亲属由于自己的工作而受到过来自社会的排斥或压力。在婚恋方面，34.19%的被访者表示工作性质对自己的婚恋有一定程度的影响；但超过一半的被访者（55.38%）表示没有什么影响，也有10.43%的被访者表示说不清楚。

（五）岗位服务能力与人才培养

1. 殡葬服务机构对专业技能的要求

殡葬服务人员表示所在岗位对于专业技能的要求相对较高，比重为70.01%（见表13），被访者对于岗位专业技能要求强度的综合评价为75.15分；在不同殡葬服务机构中，殡仪服务公司被访工作人员表示其所在岗位专业技能要求相对更高，得分为78.36分，殡仪馆次之，为75.28分；而在墓园/陵园服务的被访者表示专业技能要求相对较低，为72.50分。

表13　不同殡葬服务机构对于专业技能要求

单位：%

专业技能要求情况	殡仪馆	墓园/陵园	殡仪服务公司	总计
强	32.54	30.00	35.87	32.35
较强	38.12	31.94	42.15	37.66
一般	27.58	36.13	21.52	28.41
较弱	1.45	1.94	0.45	1.38
弱	0.31			0.20
总计	100.00	100.00	100.00	100.00

2. 殡葬服务机构人才培养机制

不同类别的殡葬服务机构对于专业技术人才培养机制的评价不同。整体而言，殡仪服务公司的人才培养机制评价相对较好，墓园/陵园次之，殡仪馆的人才培养机制评价相对较低。具体情况见表14。

表14　不同殡葬服务机构类别人才培养机制

单位：%

类别	殡仪馆	墓园/陵园	殡仪服务公司	总计
良好	33.06	35.81	41.26	34.51
较好	27.58	33.55	32.74	29.53

续表

类别	殡仪馆	墓园/陵园	殡仪服务公司	总计
一般	32.64	28.39	20.63	30.18
较差	3.93	1.94	1.79	3.28
不够	2.79	0.32	3.59	2.49
总计	100.00	100.00	100.00	100.00

对于服务技能培训，78.08%的被访者表示领导支持参与。54.53%的被访者表示单位有进修培训制度，28.35%的被访者表示所在单位没有进修培训制度，也有17.13%的被访者是自己利用业余时间参加社会上的培训。

岗位培训频次多为一年一次（36.02%）和一年多次（33.21%），同样表现为殡仪服务公司的岗位培训频次较多，一年多次岗位培训的比重占44.21%，殡仪馆服务人员多一年接受一次岗位培训。详见表15。

表15　不同殡葬服务机构岗位培训频次

单位：%

频次	殡仪馆	墓园/陵园	殡仪服务公司	总计
半年一次	20.51	28.75	28.42	23.64
一年一次	43.75	26.25	22.63	36.02
一年多次	28.37	37.92	44.21	33.21
其他,请注明	7.37	7.08	4.74	7.13
总计	100.00	100.00	100.00	100.00

三　殡葬行业人才队伍建设存在的主要问题

（一）顶层制度设计严重不足，对殡葬行业人才队伍建设重视不够

通过对现有法规、规章、政策进行梳理发现，当前对殡葬行业人才队伍建设缺乏顶层制度设计。《殡葬管理条例》《关于推行节地生态安葬的指导

意见》《关于进一步推动殡葬改革促进殡葬事业发展的指导意见》《民政事业发展第十三个五年规划》等文件缺乏对殡葬行业人才队伍建设的相关规定。其中，殡葬领域法律体系中位阶最高的行政法规《殡葬管理条例》以及民政部等 16 部门联合印发的《关于进一步推动殡葬改革促进殡葬事业发展的指导意见》均未涉及人才队伍建设内容；民政部等 9 部门《关于推行节地生态安葬的指导意见》提出"加强专业服务人才培养"，《民政事业发展第十三个五年规划》共计 7 章 39 节，涉及殡葬只有 1 页，涉及殡葬行业人才队伍建设只有"加强殡葬从业人员队伍建设"一句话。此外，各省殡葬相关地方法规与规章很少关注到殡葬行业人才队伍建设问题。从中可以看出，当前对殡葬行业人才队伍建设的重视程度远远不足，缺乏必要的顶层制度设计。

（二）殡葬行业人才队伍建设发展不平衡

1. 殡葬行业人才队伍建设区域发展不平衡

研究发现，殡葬行业人才队伍建设存在区域发展不平衡问题，东西部、南北方差异明显：一线城市、其他城市、县级殡葬服务机构发展状况差距较大，甚至各省份发展亦不均衡，主要体现在殡葬服务机构人才数量、收入水平等方面。如在上海，多数殡葬服务机构都有国家级、省部级或地市级技术能手，而调研的其他省份 20 余个县区级殡葬服务机构几乎没有各级别技术能手。此外，殡葬服务人员收入存在显著地区性差异。整体来看，上海市、浙江省、北京市的殡葬服务人员工资收入相对较高，60% 以上的被访者月收入超过 5000 元。相比较而言，河南省、安徽省、河北省、陕西省、吉林省等地区殡葬服务人员收入水平相对较低，月工资收入超过 5000 元的工作人员比重均不足 20%。

2. 殡葬服务机构之间人才队伍建设程度不平衡

截至 2020 年底，全国共有殡葬服务机构 4201 个，殡葬服务机构职工 8.6 万人。目前，我国殡葬服务仍以墓地服务为主，占比达 58.7%，殡仪服务占比 14.9%，遗体处理占比 4.8%，其他产品销售及服务占比

21.6%。[①] 殡仪馆、墓园、火葬场、骨灰堂、殡仪服务公司等各单位在人才队伍建设中举措和成效差异较大。例如，访谈发现，北京市某殡仪服务公司每年用于员工培训的经费高达 70 余万元，培训内容分为管理、心理抚慰和技术三个方面，具体开设摄像、视频剪辑与制作、访谈、策划等培训班。而且培训结业合格者可以领取每月 1000~1500 元的津贴，以鼓励员工参加培训，提升职业技能和综合素质。而调研中也发现有的殡葬服务机构根本没有相关人才培养的举措。

（三）殡葬行业人才供给侧与需求侧结构性矛盾突出

1. 殡葬专业人才供给乏力

殡葬专业作为冷门的小众专业，专业人才培养能力有限，无论在数量还是质量方面均不能满足行业需求。数量方面，全国现有的 8 所开办殡葬类专业的中、高职院校殡葬专业毕业生每年总计不足千人，毕业生少、学历层次低。全国每年不足千人的培养规模远不能满足千万逝者的殡葬需求。社会偏见导致生源缺乏，学校与殡葬服务机构及其主管部门的招生宣传联动机制缺乏，使得学校在生源与社会需求上存在"入不敷出"的现象，无法满足现代殡葬事业发展对专业人才的要求。质量方面，殡葬行业对殡葬专业毕业生综合素养认同度不高。调研中殡葬服务机构反馈：院校培养的殡葬专业学生虽然知识比较系统，学生素质比较高，能够掌握殡葬的实质和内涵，能够很快地进入工作状态，但是，也存在不务实、浮躁、好高骛远、不稳定等问题。有些毕业生的未来学习能力与竞争力不足，对自己的职业生涯没有系统化的规划，对自身发展定位不明确。

2. 殡葬专业人才需求强烈

定性研究表明，所有殡葬服务机构均有专业人才需求，涉及综合管理、

---

① 《2019 年中国殡葬服务机构数量 4060 个，火化率不断提升》，搜狐新闻，2020 年 11 月 9 日，https://www.sohu.com/a/430554452_120799105。

专业技能等各方面，如殡葬习俗、仪式策划、礼仪规范、接待洽谈、用品销售、花艺制作、遗体养护、设施管理、设备操作和维护、生命文化理念传播等岗位。专业人才在提升殡葬服务和殡葬管理规范化水平方面起着至关重要的作用。然而，通过网上招聘、校园招聘及劳务派遣等招聘的形式，有时也通过馆内同事介绍，效果仍不佳，很难招聘到既有职业情怀又有专业技能的殡葬专业人才。

（四）殡葬行业培训供给不足，殡葬服务机构内部培训不够

1. 殡葬行业培训供给不足

调研中受访的殡葬服务机构负责人和一线从业人员均希望有更多的培训机会，可见殡葬从业人员的培训需求比较旺盛。然而，目前，殡葬行业培训主要是由中国殡葬协会、民政部培训中心或者由各省民政部门组织开展。中国殡葬协会主要开办现代殡葬改革与服务培训班、殡仪礼仪与会场布置实操培训班、全国殡葬鲜花花艺（实操）培训班、全国现代公墓培训班、全国遗体整形修复培训班，年培训规模约3000人次；民政部培训中心作为民政系统继续教育单位，为各地殡葬管理与殡葬改革提供培训支持，如2019年为蚌埠、徐州等殡葬管理人员和服务人员提供专项培训，每期培训班40人，年培训规模不足500人次。殡葬行业提供的培训供给严重不足，制约了殡葬行业的健康有序发展。

2. 殡葬服务机构组织的员工培训不够

随着殡葬行业的日益发展和行业竞争加剧，殡葬服务机构越来越重视员工培训，不断提升殡葬服务人员的技能水平和综合素质。然而，殡葬服务机构之间由于单位性质、领导重视程度、人力资源管理效能等差异，开展员工培训的状况各有不同。整体而言，殡仪馆、殡仪服务公司较为重视员工培训，但是开展员工培训的情况不平衡且总体上不充足、不系统，多以短期培训为主。半数以上受访的殡葬服务机构一线从业人员表示培训较少或根本没有。

（五）殡葬从业人员受教育程度与专业相关度较低、专业技能较低、收入水平偏低、社会地位偏低

1. 受教育程度与专业相关度较低

调查显示，殡葬服务工作人员受教育程度以专科学历为主，大专及以下学历层次人员占比71.39%。调研的150家殡葬服务机构虽兼顾城乡，但鉴于新冠肺炎疫情影响，实际调研的殡葬服务机构以城市为主。而现实中，基层的殡葬服务人员的学历层次远未达到上述比例。如江苏省某县殡仪馆，职工共计50人，其中本科学历6人，大专8人，高中及中专29人，初中及以下学历7人。该单位大专及以上占比只有28%。当前，我国殡葬从业人员的受教育水平整体上比其他行业偏低，与"优逝善终"的现实需求还存在一定差距。被访殡葬服务人员所接受的专业教育相关性不大。其中，所学专业为殡葬专业的比重仅为21.52%，其他民政类专业的被访者占7.68%，其他非相关专业的占比高达70.80%。具有殡葬专业及学习背景的殡葬服务人员比重相对较低。

2. 专业技能水平较低

殡葬服务人员专业技术水平有待提升。受访者有职业资格证书或专业技术职称的比重均不足五成。在所有获得职业资格证书的被访者中，以取得四级（中级）职业资格证书的比重最大，占所有取得职业资格证书被访者的37.16%；其次是取得五级（初级）职业资格证书的，在获得职业资格的被访者中比重为24.40%；获得三级及以上（高级、技师和高级技师）职业资格证书的殡葬服务人员比重相对较低，占所有被访者的比重仅为13.39%，其中，取得一级（高级技师）资格的服务人员比重仅为1.31%，即每百位殡葬服务工作人员中，拥有高级技师资格的不足2人。

3. 收入水平偏低

根据对殡葬服务人员薪酬待遇（扣除社会保险等后的总收入）的统计，超六成的殡葬服务人员月工资收入在5000元以下，殡葬服务人员收入满意度相对不高。工资收入低成为影响从业者工作积极性的主要因素。同时，收入存在显著地区差异，上海市、浙江省、北京市的殡葬服务人员工资收入相对较高，河南省、安徽省、河北省、陕西省、吉林省等地区殡葬服务人员收入水平相对较低，其他省份收入居中。调研表明，殡葬服务人员对工资收入的满意度整体一般（满意度得分为55.99分）。其中，对收入水平满意程度表示"一般"的比重最大，占所有被访者的41.01%。对于收入表示"不太满意"和"不满意"的被访者分别为14.63%和5.31%。工资收入低成为影响工作积极性的主要因素。从被访者对于影响工作积极性主要因素的作答来看，一半以上（50.92%）的被访者表示工资报酬低严重影响自己的工作积极性。

4. 社会地位偏低

一是殡葬行业社会认知度低，存在歧视和偏见。通过定量和定性研究发现，殡葬服务人员普遍心理压力较大。从问卷调查情况来看，有一半的被调查对象不考虑自己的子女从事殡葬相关行业。殡葬服务人员社会交往受到较大影响。同时，在工作中的压力大部分都是自我化解，亟须疏导。从事殡葬专业的人才少、行业整体人员素质不高、职业没有得到社会的认可和重视，专业外很多人无法接受这个专业。

二是殡葬服务的社会包容度低，殡葬服务人员受尊重程度不够。48.49%的被访者感觉受尊重程度一般，也有2.36%的被访者表示工作中没有受到足够的尊重。殡葬服务人员在实际工作中除了面对死亡、工作压力大等问题，也会遭遇到来自丧亲者的不理解和非难，这一比重达80.91%；经常遇到丧亲者的不理解和非难的被访者占24.87%，偶尔遇到不理解和非难的比重较大，占56.04%。

（六）殡葬服务人员平均年龄偏大，劳动强度略大，工作压力较大

1. 总体年龄偏大

调研数据表明，殡葬行业人才队伍结构单一且明显年龄偏大。一线员工年龄层次偏大，根据对受访者年龄的统计，殡葬服务人员35岁以上占

比 58.92%，40 岁以上比例为 38.31%，40~50 岁左右比例大，未来几年退休员工大量增加，专业人才出现断层现象。人才队伍年龄偏大，缺乏活力，导致创新意识和学习能力弱，无法应对目前的信息化、智能化的发展需求。

2. 劳动强度略大

调研显示，殡葬服务人员的劳动强度相对较大。大多数职工每天正常工作时间并不算长，但是由于经常值班、每月休息时间过短，法定假日、清明期间无休息等情况，一年下来工作时间要比别的行业长很多。课题组曾对受访者过去一个月内的工作量进行统计，发现殡葬服务人员平均每周工作时间为 5.66 天。调研中，被访者以每周五天工作时长为主，占被访者的37.60%，每周平均工作六天的占 37.14%，每周无休的被访者也占有一定的比重（19.09%）。由此可见，殡葬服务人员每周劳动强度较大。遇到突发公共卫生事件，殡葬服务职工会 24 小时无休。如在新冠肺炎疫情最为严重的时期，武汉各殡仪馆的殡葬服务人员全天候无休。相对而言，殡葬服务人员每周劳动强度较大。

当进一步问及每天的工作时间，62.73%的被访者表示平均每天工作时间为 8 小时，工作多于 8 小时的被访者比重占 21.46%，所有被访者的平均日工作时长为 8.89 小时。总之，收入待遇偏低、劳动强度又相对较大，工作上总是感到劳累，且被社会歧视，很容易使殡葬服务人员认为收入和从事的工作不符，影响员工对殡葬行业的认同度。同时，也难以吸引高水平专业人才进入殡葬服务领域。

3. 工作压力较大

殡葬服务人员工作压力程度为 53.66 分，其中在实际工作中感到压力"一般"的被访者比重最大，占所有被访者的 47.97%；殡葬服务人员在实际工作中除了面对死亡、工作压力大等问题，也会遭遇到来自丧亲者的不理解和非难，这一比重达 80.91%；因行业特殊性带来的精神压力是其工作压力主要来源。对殡葬服务人员的工作压力来源进行排序，因行业特殊性带来的精神压力是其工作压力主要来源，平均综合得分为 2.34 分，其次是来自领导的压力，领导要求高的平均综合得分为 2.05 分，在工作中需要经常面对丧亲者的极端情绪和人际关系复杂的平均综合得分分别为 2.02 分和 2.01 分，同事之间的竞争和由于技术更新带来的学习方面的压力的平均综合得分相同，均为 1.80 分，每天面临死亡而带来的压力平均综合得分最低，仅为 1.56 分。

四 完善殡葬行业人才队伍建设的政策建议

殡葬行业人才是我国人才队伍的重要组成部分，亟须得到高度重视，列入重要议事日程。结合问卷调查和个案访谈发现的问题，本文从以下方面提出完善殡葬行业人才队伍建设的政策建议。

（一）加强顶层制度设计，高度重视殡葬行业人才队伍建设工作

首先，针对殡葬领域制度设计供给严重不足的情况，加快推进《殡葬法》的制定与出台，为殡葬事业健康发展、殡葬行业人才队伍建设提供法律依据。

其次，在修订《殡葬管理条例》时，将殡葬行业人才队伍建设纳入整体制度设计之中。建议在殡葬相关法规、规章、政策中明确提出建设一支具有生命文化理念的高素质、专业化、创新型殡葬行业人才队伍，并明确具体目标、方式与路径、组织保障等措施。

最后，建议制定《殡葬行业人才队伍建设十四五专项规划》。针对殡葬行业缺少全国性人才队伍建设规划和计划的实际情况，根据总书记对殡葬事业发展的批示和党的十九届五中全会精神，按照国家和民政行业人才队伍建设的政策和规定，在殡葬行业人才队伍现状调研的基础上，结合新时代行业发展对专业人才的实际需求，制定《殡葬行业人才队伍建设十四五专项规划》，明确新时代殡葬行业人才队伍建设的基本思路、指导原则，确定阶段目标、主要任务、重点工程和保障措施，指导并引领殡葬行业人才队伍建设工作全面、深入和可持续发展。

（二）加快殡葬事业单位改革，为殡葬行业人才队伍建设提供保障

1. 制定用人标准，推进劳动人事制度改革

建立现代企业人力资源管理制度，在岗位设计、人员聘用、绩效考核等方面探索殡葬服务机构的实践模式。制定殡葬专业用人标准，建立准入制度，新入职员工应为殡葬专业毕业生或者持有殡葬职业技能等级证书；在职在编员工，按照年龄结构，制定培训制度，50岁以下员工受教育程度较低、技能水平较差的应分批、分期对其进行殡葬专业理论知识和技能培训，获得职业技能等级证书以后持证上岗。对50岁以上殡葬服务技能人员，可视具体情况将其合理分流至工勤岗位。

2. 按劳分配，积极推进分配制度改革

基于特殊工种、不同岗位、劳动成果和贡献，采取不同的工资分配方式，充分调动员工的主观能动性，包括分配机制、奖惩机制和劳动保障机制等。推行殡葬特殊岗位津贴制度，给予殡葬服务人员职业认可和支持。殡葬服务事业单位改革后，员工的养老问题要切实解决，保障殡葬员工的切身利益。

3. 建立激励机制，激发工作积极性和创造性

探索建立殡葬服务机构人员激励机制。改善工作环境，物质激励和精神激励相结合，丰富精神激励内容和形式，打通晋升空间，提供继续教育机会，激发员工职业潜力和职业竞争力。通过开展全国"最美善终天使"评选等活动，树立殡葬职业形象，提升殡葬服务人员的社会认同感。

（三）大力加强殡葬行业技能人才队伍建设，实现高技能人才与专业技术人才的贯通发展

1. 完善殡葬技能人才培养体系，健全殡葬技能人才培养机制

殡葬技能人才是指在殡葬行业生产或服务一线从事技能操作的人员。培养造就一大批具有高超技艺和精湛技能的殡葬技能人才，是落实人才强国战略的重要举措，是建设殡葬社会服务体系、提升殡葬服务水平、推动殡葬事业持续发展的必然要求。根据《关于进一步加强民政技能人才工作的意

见》，在殡葬行业加快培养造就一批数量充足、门类齐全、结构合理、技能合格的技能人才，逐步形成与民政事业发展相适应的高、中、初级技能劳动者比例结构基本合理的格局。

要通过深化殡葬事业单位人事制度改革，引导用人单位以职业技能水平和工作业绩表现为依据，实行"使用与培训考核相结合，待遇与业绩贡献相联系"的用人机制。对有突出贡献的殡葬行业高技能人才，在聘任、工资、培训、带薪休假、出国进修等方面实施奖励政策。

建立起以殡葬服务机构为主体、职业院校为基础、学校教育与用人单位培养紧密联系、政府推动与社会支持互相结合的殡葬技能人才培养体系。殡葬服务机构应建立职工培训制度，加强上岗培训和岗位技能培训，可采取自办培训学校和机构，与职业院校和培训机构联合办学、委托培养等方式，加快培养技能人才。

要加大资金投入，各级政府要根据殡葬高技能人才工作需要，对高技能人才的评选、表彰、师资培训、教材开发等工作经费给予支持。要从国家安排的职业教育基础设施建设专项经费中，择优支持殡葬高技能人才培养成效显著的职业院校。将殡葬高技能人才实训基地建设纳入国家支持职业教育发展的规划。殡葬服务机构应按规定提取职工教育经费（职工工资总额的1.5%~2.5%），加大高技能人才培养投入。

此外，要大力推动殡葬领域社会工作专业人才队伍建设，为临终者提供安宁疗护服务、为丧亲者提供悲伤抚慰服务、为一线从业人员提供心理疏导服务、为公众开展心理咨询和生命教育服务。

2. 实现高技能人才与专业技术人才的贯通发展

2020年10月，中共中央、国务院印发了《深化新时代教育评价改革总体方案》，指出："党政机关、事业单位、国有企业要带头扭转'唯名校''唯学历'的用人导向，建立以品德和能力为导向、以岗位需求为目标的人才使用机制，改变人才'高消费'状况，形成不拘一格降人才的良好局面。"

要打通殡葬高技能人才与专业技术人才职业发展通道，加强创新型、应用型、技能型人才培养。打破殡葬行业专业技术职称评审与职业技能评价界

限，创新技术技能导向的评价机制，拓宽技术技能人才发展通道，促进两类人才融合发展。推进职称制度与职业资格、职业技能等级制度有效衔接，支持殡葬行业高技能人才参加职称评审和职业资格考试，鼓励殡葬行业专业技术人才参加职业技能评价，搭建两类人才成长立交桥。充分发挥殡葬服务机构主体作用，促进人才评价与培养使用激励等措施相互衔接，着力提高技能人才待遇水平，营造有利于人才成长和发挥作用的制度环境。具体来讲，要做到以下几个方面。

首先，完善高技能人才职称评价标准。一是淡化学历要求。具备高级工及以上职业资格或职业技能等级的技能人才，均可参加职称评审，不将学历、论文、外语、计算机等作为高技能人才参加职称评审的限制性条件。取得高级工职业资格或职业技能等级后从事技术技能工作满2年，可申报评审相应专业助理级职称；取得技师职业资格或职业技能等级后从事技术技能工作满3年，可申报评审相应专业中级职称；取得高级技师职业资格或职业技能等级后从事技术技能工作满4年，可申报评审相应专业副高级职称。二是强化技能贡献。殡葬行业高技能人才参加职称评审要突出职业能力和工作业绩，注重评价科技成果转化应用、执行操作规程、解决生产难题、参与技术改造革新、工艺改进、传技带徒等方面的能力和贡献。三是建立绿色通道。对为殡葬行业做出突出贡献，具有绝招、绝技、绝活，并长期坚守在殡葬服务一线岗位工作的高技能领军人才，建立职称评审绿色通道。获得全国技术能手、民政部技能大师，担任国家级技能大师工作室带头人，享受省级以上政府特殊津贴的高技能人才，或各省（区、市）人民政府认定的"高精尖缺"高技能人才，可直接申报评审正高级或副高级职称。

其次，创新高技能人才职称评价机制。综合采用理论知识考试、技能操作考核、业绩评审、面试答辩、竞赛选拔等多种方式评价高技能人才。支持殡葬行业高技能人才密集、技术实力较强、内部管理规范的规模以上殡葬服务机构自主开展高技能人才职称评审。

最后，加强评价制度与用人制度衔接。探索建立殡葬服务机构内部技能岗位等级与管理、技术岗位序列相互比照，专业技术岗位、经营管理岗位、技能岗位互相衔接机制。各殡葬服务机构对在聘的国家技术能手、民政部技能大师、教育部技术技能大师、省级技术能手、技师、高级技师等在学习进修、岗位聘任、职务职级晋升、评优评奖、科研项目申报等方面，比照相应层级专业技术人员享受同等待遇。鼓励殡葬服务机构研究制定高技能领军人才职业发展规划，实行高技能领军人才年薪制、特聘岗位津贴、带徒津贴等，切实提高高技能领军人才待遇水平。

（四）建立技能人才薪酬分配体系，提高殡葬技能人才工资待遇

殡葬技能人才薪酬分配应遵循按劳分配和按要素贡献参与分配的原则、职业发展设计与薪酬分配相配套的原则以及统筹处理好工资分配关系的原则。建立殡葬技能人才薪酬分配体系具体要做到以下几个方面。

1. 畅通殡葬技能人才职业发展通道

在殡葬服务机构岗位体系的基础上，形成横向按工作性质、内容等划分不同技能序列，纵向按技能人才专业知识、技术技能、资历经验、工作业绩等因素划分层级的有机系统，既体现技能人才个人能力，又反映岗位差别。

在殡葬服务机构，技能操作类的正常成长通道最高可与部门正职等中层正职相当（如殡仪馆各科室主任），高技能领军人才（如民政部认定的技能大师和教育部认定的技术技能大师）可与机构高层管理岗相当（如殡仪馆领导）。对技能操作中的基本生产技能操作工种、辅助生产技能操作工种和熟练服务工种等，应设置差别化成长通道。

实现职业发展通道有效运转，需定责权，以解决职业发展通道和机构内部管理岗位之间的关系问题，以事定责、按责配权，实现权责利的统一。殡葬服务机构中，处于高职级的技能人才对本领域业务工作负有组织制订（修订）标准、指导落实、监控、审查、结果判定等职责和权限；同时，需承担本业务领域难度较大、创新性的工作任务，并负有编制培训教材、培训授课等培训指导职责。

2. 合理设计殡葬技能人才薪酬分配制度

在殡葬服务机构，技能人才工资结构可由体现岗位价值的岗位工资单

元、体现能力差别的能力工资单元和体现绩效贡献的绩效工资单元等组成。机构可设置基础工资单元和体现员工历史贡献积累的年功工资单元。

鉴于殡葬行业的特殊性以及技能人才实际承担任务的差别性，可设置相应的津贴单元，包括夜班津贴、作业环境津贴、技能津贴、班组长津贴、带徒津贴等。还可设置鼓励多学技能、向复合型人才发展的多能津贴或通岗津贴等。技能人才工资结构安排示例见表16。

表16 技能人才工资结构安排示例

工资单元示例					技能人才针对性津贴示例				
岗位工资单元	能力工资单元	绩效工资单元	基础工资单元	年功工资单元	夜班津贴	作业环境津贴	技能津贴	班组长津贴	师带徒津贴

为体现同岗不同能力、资历及不同业绩，可以考虑采取一岗多薪、宽带薪酬，即在每个岗位等级内设多个工资档次，既能体现殡葬技术人员的岗位价值，又能体现能力素质，还可以兼顾到薪资的正常晋升。

3.落实殡葬行业高技能领军人才薪酬待遇

高技能领军人才主要包括获得全国劳动模范、全国五一劳动奖章、中华技能大奖、全国技术能手、民政部孺子牛奖、民政部技能大师、教育部技术技能大师等荣誉以及享受省级及以上政府特殊津贴的人员，或各省（自治区、直辖市）政府认定的"高精尖缺"高技能人才。对高技能领军人才关键少数，应提高其薪酬待遇，鼓励参照高级管理人才标准落实经济待遇。条件具备的，可以采取年薪制。

（五）推动殡葬教育快速发展，为行业培养具有生命文化理念的高素质技术技能人才

1.提升殡葬教育办学层次

坚持殡葬教育高层次技术技能人才培养定位，促进中等职业教育、专科层次职业教育、本科层次职业教育纵向贯通、有机衔接，促进普职融通。

教育部等九部门关于印发《职业教育提质培优行动计划（2020—2023年）》的通知提出：加快构建纵向贯通、横向融通的中国特色现代职业教育体系，大幅提升新时代职业教育现代化水平和服务能力，为促进经济社会持续发展和提高国家竞争力提供多层次高质量的技术技能人才支撑。2021年1月，教育部办公厅发布《本科层次职业教育专业设置管理办法（试行）》通知，明确提出："本科层次职业教育专业设置应牢固树立新发展理念，坚持需求导向、服务发展，顺应新一轮科技革命和产业变革，主动服务产业基础高级化、产业链现代化，服务建设现代化经济体系和实现更高质量更充分就业需要。"这些重要文件的出台为殡葬专业升本提供了政策依据和根本遵循，也必将为殡葬专业快速发展提供制度支持和保障。

建议在殡葬相关法规、规章、政策中明确提出在高校增设殡葬服务管理相关本科及以上专业教育，提升专业人才培养层次。开设生命文化教育等课程，将生死观、殡葬观教育纳入国民教育体系。

2. 促进殡葬教育高质量发展

殡葬教育承担着培养殡葬领域具有生命文化理念的高素质技术技能人才的重任，在人才培养、技术创新、就业创业、社会服务、文化传承方面起着重要的作用，事关百姓"生死大事"，要通过殡葬专业人才培养，传导善生善终理念、增强保障民生力量、传播生态文明观念、实现移风易俗改革、弘扬传统文化，要努力实现殡葬教育的"提质培优、增值赋能"，为中国特色职业教育体系的构建贡献殡葬职业教育模式。

一是要加强校企合作、产教融合，实现殡葬教育与行业企业的"双循环"。职业教育是国民教育体系的重要组成部分，是一种面向人人的终身教育、面向市场的就业教育、面向能力的实践教育、面向社会的跨界教育，是教育、是经济，更是民生。殡葬教育要加强体系建设，为高质量教育体系构建提供类型支撑；落实评价体系改革，提高教育适配新发展格局能力；提高培养质量，为经济高质量发展提供人才支撑；深化产教科融合，为科技强国建设提供人才支撑。

《国务院办公厅关于深化产教融合的若干意见》（国办发〔2017〕95

号）指出，深化产教融合，促进教育链、人才链与产业链、创新链有机衔接，是当前推进人力资源供给侧结构性改革的迫切要求，对新形势下全面提高教育质量、扩大就业创业、推进经济转型升级、培育经济发展新动能具有重要意义。因此，要充分发挥殡葬服务机构重要主体作用，促进人才培养供给侧和产业需求侧结构要素全方位融合，为殡葬行业培养大批高素质创新人才和技术技能人才。在人才培养过程中，实现"双主体、双身份、双场地、工学交替、交互训教、岗位成才"的现代学徒制人才培养模式。

二是强化部门协同，为殡葬教育健康发展提供良好的外部环境。教育部门要支持殡葬本科以上专业教育发展，鼓励和支持高校开设殡葬专业。要开设生命文化教育等课程，将生死学、死亡教育纳入国民教育体系。提升国人死亡质量，在做到善生的同时，实现善终。

人社部门、民政部门要明确规定"各地殡葬服务机构在招聘人员时将殡葬相关专业毕业生作为优先录取条件"。中共中央、国务院印发的《深化新时代教育评价改革总体方案》提出要破除"五唯"倾向，建立以品德和能力为导向、以岗位需求为目标的人才使用机制。当前，各殡葬服务机构尤其是殡仪馆在选人用人方面受到现有体制机制的限制，凡进必考，报考需要本科学历，而殡葬专业院校最高学历是大专，很难招到合适的人才。建议各地在选人用人过程中，降低学历要求，将凡进必考中最低学历本科标准调整为专科，增加专业要求，将"殡葬专业"作为首要和必要条件，克服"任人唯亲"，把殡葬专业"科班出身"的学生招聘到殡仪馆、墓园、殡仪服务中心，提升服务品质，为服务对象提供专业化的服务。

参考文献

詹成付：《总结试点经验深化改革创新推进新时代殡葬改革和殡葬事业健康发展》，《中国民政》2019 年第 23 期。

王金华：《把"逝有所安"摆在更加突出的位置》，《中国民政》2019 年第 8 期。

范瑜：《在高质量发展与治理中保障逝有所安》，《中国社会报》2020 年 12 月 8 日。

范瑜：《殡葬教育应成为健全"逝有所安"制度重要力量》，《中国社会报》2019年12月17日。

田新朝：《基于胜任特征的殡葬技能人才研究》，《长沙民政职业技术学院学报》2010年第4期。

朱婕妤：《殡葬专业人才：期待好收入更在意事业情怀》，《中国社会报》2019年11月12日。

张绍春：《近代中国主流社会殡葬观念的演进》，《湖南社会科学》2020年第2期。

G.10
全国殡葬标准化体系建设
与应用研究报告

王志强*

摘　要： 殡葬标准化工作与我国基本公共服务标准体系建设需求之间还有不少差距。本文通过介绍殡葬标准化工作和标准体系构建，分析了标准体系构建与应用的现状、强调了殡葬标准化体系建设的重要意义，并对增强标准质量、增加标准化经费投入、强化标准化意识、加强专业队伍建设和殡葬标准宣贯提出了建议。

关键词： 殡葬标准化　标准体系　公共服务

一　殡葬标准化工作的发展现状

（一）我国殡葬标准化建设的现状

我国殡葬标准化工作始于 20 世纪 90 年代，在殡葬管理、殡葬服务、节地生态、设备用品、环境保护等领域开展了大量标准化工作。

1. 殡葬标准化工作组织

目前，我国已经建立的殡葬标准化技术委员会（以下简称 TC）为全国

---

* 王志强，全国殡葬标准技术委员会委员兼副秘书长、高工，中国殡葬协会标准化工作部主任，主要研究方向为殡葬标准、殡葬服务。

殡葬标准化技术委员会（SAC/TC 354），秘书处单位为中国殡葬协会，成立于 2008 年 4 月 9 日。SAC/TC 354 主要负责全国殡葬管理、服务、设备、用品等专业领域标准化工作。第一届 TC 354 的委员人数为 37 人，第二届 TC 354 的委员人数为 29 人，第三届 TC 354 的委员人数为 41 人。这些委员的构成，为推动殡葬标准化建设起到关键的作用，为推动殡葬行业的发展起到不可估量的作用。

2. 已发布相关殡葬领域的标准

殡葬标准化是民政标准化的重要组成部分，是新形势下促进殡葬事业科学发展的重要保障和技术支撑。自 20 世纪 90 年代初，随着殡葬事业加快向现代殡葬的转型，殡葬标准化也迈出了可喜的步伐，尤其是 2008 年首届 TC 成立以来，先后在民政部人事司、政策法规司和社会事务司的直接领导下，TC 筚路蓝缕，积极工作，研制出了一大批殡葬标准。截至 2021 年底，殡葬领域现行有效 76 个殡葬标准。其中：国家标准 12 个（强制标准 2 个，推荐性标准 10 个）；建设标准 2 个；国家职业标准 6 个；行业标准 42 个（含 2 个政策性标准文件）；相关标准 14 个（见附录）。

3.《殡葬标准汇编》编制完成

为全面推进殡葬标准化建设，促进殡葬事业科学发展，满足一线殡葬工作对殡葬标准的需求，中国殡葬协会出资 10 余万元，编印完成了《殡葬标准汇编》，供民政部门和殡葬行业单位相关人员学习和使用。截至 2021 年 12 月，免费向全国民政部门和殡葬行业相关单位赠送 1100 多套。

4. 标准发布情况（2017~2021）

2017 年，民政部公告第 426 号，发布了 10 项殡葬行业标准。2019 年，民政部公告第 467 号，发布了 14 项殡葬行业标准。2021 年，民政部公告第 518 号，发布了 1 项殡葬行业标准。

（二）深化殡葬标准与实践相结合

1. 坚持标准为我国殡葬事业发展服务

殡葬事业的发展从原先的"三五牌""三八牌"殡仪馆，到《殡仪馆建筑设计规范》等行业标准的实施；从"仿捷式炉"和第一台国产火化机，到我国殡葬行业的第一个标准，也是我们民政部的一号标准《燃油式火化机通用技术条件》的颁布；从殡仪职工的子承父业，到"遗体火化工"等5个行业特有工种制度的建立，殡葬事业前进的每一步都离不开标准化工作的引领和促进。今后，标准化工作不仅要进一步提高殡葬行业的规范化、正规化、职业化和现代化水平，而且要为殡葬事业又好又快发展提供技术保证。

当前，全国正在深入贯彻党的十九届六中全会精神，这就要求标准化工作认真查找认识上和工作中存在的与十九届六中全会精神不相适应的问题，从大力加强社会建设和生态文明建设的高度来审视殡葬标准化工作。中共中央、国务院发布的《国家标准发展纲要》第二十条推进基本公共服务标准化建设、实施基本公共服务标准体系建设工程中，专门提到"殡葬公共服务领域技术标准，使发展成果更多更公平惠及全体人民"。这就要求我们在殡葬标准化服务工作中提高 TC 提供基本殡葬公共服务的能力，逐步实现殡葬公共服务均等化、标准化。而殡葬标准化工作正是完成这些任务的助推器和加速剂，是实现这些工作目标的关键之一。因此，要进一步加强殡葬标准化工作，以适应殡葬事业发展和人民群众的要求，从而推动社会建设和生态文明建设。

殡葬事业关系千家万户，直接涉及群众的切身利益。随着经济和社会的发展，人民群众在殡葬服务中出现了多样化、人性化、功能化的需求，这给标准化工作的服务提出了新的、更高的要求。加强殡葬标准化工作，可以让标准渗透在管理和服务的每一个领域和环节，体现在殡仪服务人员的一言一行中，使每位丧属都能够了解殡葬服务的标准。对标评价服务的质量，殡葬行业才能不断提高服务质量，才能为群众提供满意的殡仪服务，真正实践好标准化工作必须遵循"以民为本、为民解困、为民服务"的民政宗旨。

长期以来，受传统观念影响，殡葬行业一直处于社会的边缘。近年来，通过加强自身建设，行业整体形象有了很大提升。各地通过在殡葬设施建设、殡葬设备研制、殡仪服务和殡葬从业人员资格条件等方面积极推进标准化工作，制定和推广了一批适应我国国情、符合行业需要的国家和行业标准。这些标准体现在设施建设现代化、设备科技化、服务规范化、人员专业化等各个方面。实践证明，做好标准化工作，可以提升殡葬行业的社会声望，树立政府在推进殡葬改革工作中的良好形象。

2. 积极开展急需标准的制定

TC 成立后，依据当前殡葬工作的实际需要和人民群众的迫切要求，制订了切实可行的工作计划，提出了工作思路和具体措施，积极组织制修订国家和行业标准。重视服务标准规范的制定工作，按照以民为本的要求，完成了《接运遗体服务》《骨灰处理服务》《网络祭祀服务规范》等40多项标准的制修订工作，提高了可操作性、适当前瞻性。加强了殡葬标准化基础研究，建立起了重点突出、科学合理、强制性标准与推荐性标准定位准确，国家标准与行业标准相协调，基础标准、方法标准、设施标准、产品标准、服务标准、管理标准、工作标准等相配套，支撑殡葬事业发展的标准体系。

3. 注重标准的推广应用

制定或修订标准的目的在于指导实际工作。已经实施的《燃油式火化机通用技术条件》《殡仪馆建筑设计规范》《殡葬术语》《殡葬服务从业人员资质条件》《火化棺通用技术条件》《国际运尸木质棺柩》《殡葬服务满意度评价》《殡葬代理机构服务规范》《突发事件遇难人员遗体处置技术规范》《燃气式火化机通用技术条件》《殡葬服务机构业务档案管理规范》《殡仪场所致病菌检测技术规范》《火化机生产制造基本规范》《节地生态安葬基本评价规范》《网络祭祀服务规范》《殡葬服务公共平台基本要求》等一批标准都对殡葬事业发展产生了积极的推动作用。

强制性殡葬标准是国家或行业"数字化的殡葬法规"，推荐性殡葬标准也是国家科技发展和标准化水平在殡葬领域的量化和体现形式，大力宣贯殡葬标准就是执法，就是推进技术进步。

多年来，殡葬标准在国家等级殡仪馆评定、火化机等殡葬产品质量检验、国际运尸、殡葬环境的监测评价与治理、殡仪馆职工安全防护、殡仪场所致病菌安全、殡葬服务从业人员资质条件、火化残余物处理、火化随葬品使用、网络祭祀服务、突发事件遇难人员遗体处置、殡葬服务机构业务档案管理、殡仪场所致病菌检测、殡葬服务等工作中，都得到广泛的应用。

通过标准的宣贯，殡葬领域标准化应用成果获得了两项省部级科技进步奖：《燃油式火化机污染物排放限值及监测方法》国家标准获得了民政部科技进步奖；同时，该国标还被原国家技术监督局列为国际交流项目，全文译成英文后出版发行，在国际上进行了技术交流。《殡仪馆建筑设计规范》行业标准获得了北京市科技进步奖。

在制订标准过程中注重现实需要，既要高标准又要便于推广应用的原则。同时，配合各级民政部门和有关部门进行了标准宣传贯彻工作，切实维护广大人民群众的合法权益。

（三）加快体系建设步伐和鼓励社会广泛参与

1. 加快了标准体系建设的步伐

根据民政部政策法规司的要求，在民政部社会事务司指导下，TC 结合我国国情实际，紧密跟踪工作发展需要，坚持立足当前、着眼未来，立足国内、放眼世界，科学规划、合理配置，近远结合、分步实施，强调基础、突出重点，采取制修订与实施并举的工作方针，通过卓有成效的工作，提升我国殡葬标准化工作水平，建立了一套与我国殡葬领域发展相适应的科学完整、层次分明、具有前瞻性和开放性的标准体系。同时，在标准体系建设过程中，严格按照"统一计划、统一审查、统一编号和统一批准发布"的原则，做好国家标准、行业标准的技术归口管理工作，避免标出多门、标出多号、重复交叉的问题。

2. 企业广泛参与

企业参与标准化活动的热情高涨，一些企业积极承担国家标准和行业标准制修订项目，从技术、人才、经费等各方面为标准制修订提供支撑；一些具有国际竞争力的企业则积极参与国际标准化活动，提高了我国殡葬行业在国际标准化工作中的话语权。以企业为主体、产学研相结合的标准化工作格局正在形成。

社会各界对标准化工作的关注、重视和支持，使我国殡葬标准化工作迎来了难得的发展机遇，实现殡葬标准化的跨越式发展成为现阶段标准化工作的首要任务。为此，TC 在充分论证并征求有关部门意见的基础上，制定出了《全国殡葬标准化技术委员会"十四五"规划》，确定了殡葬实施标准战略，实现我国殡葬标准总体水平跨越式提升的阶段目标。这些，也为我国殡葬标准化工作今后一个时期的开展打下了坚实基础。

殡葬标准化作为我国标准化工作的一个重要组织部分，既关系政府为社会提供公共服务的形象，也涉及人民群众的切身利益。可以说，在企业广泛参与下，做好殡葬标准化工作意义深远，责任重大。

二　殡葬标准化工作的基本原则

——依据体系，有序推进。遵循 2020 年 TC 新修订的殡葬标准体系，构建起较为完整的全国殡葬标准体系。按轻重缓急，有序推进殡葬标准的预研、立项、研制、技术审查和发布实施等工作。

——标准引领，科技创新。通过殡葬标准，引领殡葬行业的科技创新，推进殡葬科技研发、标准研制和殡葬行业发展一体化，提升殡葬标准的科学技术水平。

——服务管理，助力改革。通过殡葬管理标准的制定，加大对殡葬标准实施、监督和服务力度，促进殡葬管理创新，助力殡葬改革。

——多元参与，开放合作。依靠各级民政机构的坚强领导，发挥协会联系行业的桥梁作用，引导殡葬企事业单位主动作为和社会广泛参与，形成导向明确、架构科学、运转高效的殡葬标准化工作新格局。积极开展国际殡葬

标准化领域的交流与合作，提升我国殡葬标准实质性参与国际标准化活动的能力。

三 殡葬标准化体系建设

结合未来的发展，我们提出了殡葬标准化体系建设的指导思想：建立一个适应殡葬行业发展需要、符合行业规则、促进行业发展和技术进步并与国际接轨的殡葬标准体系。确立了发展目标：建立一个以自愿性标准为核心，与技术法规相配套，以实施监督为保障，政府授权、TC 具体组织、社会广泛参与的新型殡葬标准体系。

（一）体系制修订情况

殡葬标准体系的机构和管理运行模式与我国的管理体制和经济体制相适应，以下从我国的殡葬改革和殡葬发展这一视角来对我国殡葬标准体系的发展历程进行分段研究。

1996 年，进行了体系表编制。殡葬标准体系表制定于 1996 年，当年民政部社会事务司委托民政部一零一研究所筹建"TC"，在原国家技术监督局标准化司农轻处的指导下，依据 GB/T 13016-1991《标准体系表编制原则和要求》制定了"殡葬标准体系表"，经民政部社会事务司和民政部科技办公室审定，作为申报技术文件上报了国家技术监督局。

2002 年，进行了体系表第一次修订。2002 年，民政部一零一研究所承担了财政部"殡葬技术标准体系研究"项目，对"殡葬标准体系表"进行了首次修订，形成了 2002 年版标准体系表，作为项目主要产出通过了专家技术鉴定。

2006 年，进行了体系表第二次修订。2006 年，在民政部开展"民政标准体系研究"过程中，民政部人事教育司、社会福利和社会事务司共同委托民政部一零一研究所承担了"殡葬行业标准体系研究项目"，按照《民政领域标准体系建设研究项目编制指南》要求对"殡葬标准体系表"进行了第二次修订，形成了 2006 年版标准体系表，作为民政标准体系研究项目的系列成果之一通过了技术验收。

2008 年，进行了体系表第三次修订。2008 年，中国殡葬协会组织再次申报"TC"，对 2006 年版标准体系表进行了第三次修订，形成 2008 年版标准体系表。第三次修订的"殡葬标准体系表"得到国标委的认可，并在 TC 成立大会上获得通过。同时，中国国家标准化管理委员会正式批准了《关于成立全国殡葬标准化技术委员会（SAC/TC354）的复函》，秘书处承担单位为中国殡葬协会。

2020 年，进行了体系表第四次修订。2020 年，中国殡葬协会对"殡葬标准体系表"进行第四次修订，修订后的体系表包括殡葬领域标准体系框架（体系平面结构图）、标准明细表、标准统计表和体系修订说明四部分。第四次修订是按照民政部政策法规司的统一部署，在民政部社会事务司的指导下，根据我国殡葬标准化发展现状和实际需求，中国殡葬协会列专项经费 18 万元，在民政部一零一研究所、北京管理社会职业学院协同创新中心和北京市八宝山殡仪馆、北京市长青生命纪念园等单位的参与支持下，在全国民政部门和殡葬行业调研的基础上完成。

（二）修订目的

修订殡葬标准体系表的目的是要统揽殡葬标准化工作全局，描绘出新时期殡葬标准发展蓝图，为殡葬标准制修订提供基本依据，使殡葬标准的组成更加科学、全面、协调、合理。

（三）修订依据

1. 民政部政策法规司《关于开展民政领域标准清理和完善标准体系框架有关工作的通知》；

2. GB/T 13016-2018《标准体系构建原则和要求》；

3. GB/T 4754-2017《国民经济行业分类》；

4. GB/T 24421.2-2009《服务业组织标准化工作指南 第 2 部分：标准体系》；

5.《殡葬标准体系表（2008 年版）》；

6.《民政部标准化工作管理暂行办法》及国家有关法规；

7.《民政部殡葬标准制修订计划项目汇总表（1999—2019 年）》；

8.《殡葬标准体系修订上海组调研报告》；

9.《殡葬标准体系修订浙江组调研报告》。

（四）修订原则

1. 先进性

新构筑的标准体系应在 3~5 年内保持理念先进和技术先进。

在理念先进方面，应将党和政府新时期"推行节地生态安葬""构建社会主义和谐社会""构建人类命运共同体"的先进理念融入体系，指导新体系的修订。

在技术先进方面，将先进的社会工作方法融入体系，拓展社会工作新领域，开发新项目，规范新内容，促进三化深度融合。

2. 完整性

保持体系的相对完整是构筑和实施标准体系的基本要求。在现阶段无法构筑"大社工"的现实情况下，力争使几个子体系保持完整，以保障"统一规划、分步实施"。

3. 科学性

标准体系本身就是一定范围内的标准按其内在联系形成的科学有机整体。"科学有机"要求体系的结构合理、层次分明、简明实用。

4. 协调性

体系的协调性应首先综合考虑其内外部联系。体系的外部协调包括：体系与现行法规和国家强制性标准的协调、本体系与同级相关体系的协调、体系内主要标准与体系外相关标准的协调。对于体系内，应保持各个子体系及其子子体系的协调、体系内国家标准和行业标准间的协调，使"内在联系"更加紧密合理。

（五）第四次标准体系修订的主要内容

本次修订的殡葬标准体系表（2020 年版）与 2008 年版相比，主要变化在以下几个方面。

1. 依据标准进行了调整

2008 年版的技术依据为 GB/T 13016-1991《标准体系表编制原则和要求》，2020 年版的主要技术依据为 GB/T 24421.2-2009《服务业组织标准化工作指南 第 2 部分：标准体系》。之所以选择后者为主要技术依据，是因为民政部政策法规司在《关于开展民政领域标准清理和完善标准体系框架有关工作的通知》中提出了统一的要求。

2. 体系表的结构进行了调整

2020 年版在体系表的组成上删除了"体系立体结构图"，只保留"一图两表一说明"。

（1）体系外增加了"标准化法律、法规、部门规章、强制性国家标准等指导性工作文件"指导方框，对全体系具有指导作用。

（2）体系内减少了子体系数量，将原 8 个子体系（基础、方法、设施、产品、服务、管理、安卫环、其他）缩减为 3 个子体系（通用基础、业务专用、技术支撑）。

（3）增加了 14 个子子体系并修改了 10 个子子体系，"通用基础"子体系划分为 4 个子子体系；"业务专用"子体系下暂布设"殡仪服务""安葬服务""祭奠服务""传承服务""殡葬管理""其他服务"等 6 个子子体系；"技术支撑"子体系下暂布设"殡葬设施""殡葬设备""殡葬用品""人员资质""信息保障""安全应急""卫生防疫""环境保护""其他保障"等 9 个子子体系。

在政策法规司《关于开展民政领域标准清理和完善标准体系框架有关工作的通知》中，建议将"管理"纳入"技术支撑"，经分析将"管理"纳入"业务专用"更合理，因为管理也是服务，属于政府提供的专项服务。

（4）体系、子体系、子子体系编号增加了体系代号，体系编号采取两段式，由代号和序号组成，体系代号为两位字母，序号为三位阿拉伯数字，序号的首位数字代表层级序号，后两位数字为同层级的顺序号。

（5）减少了标准层级，将原体系的4个层级减少为3个层级。形成了"体系—子体系—子子体系"的格局，平面图更加简明。删除了第四层级的"遗体冷藏箱""遗体冷冻柜""遗体存放装置""殡仪车""遗体消毒装置""遗体防腐装置""遗体整容装置""遗体整形装置""瞻仰台类装置""挽联机""刻碑机""殡仪专用电子设备""殡仪礼炮""火化机""火化除尘器""火化烟气净化器""送尸装置""火化机辅机""火化节能器""火化污染检测器""火化自动控制器""骨灰处理机""遗物焚烧炉""祭品焚化装置""其他殡葬设备""骨灰盒""骨灰盒保护罩""骨灰寄存架""火化棺""土葬棺""火化遗体包装物""土葬遗体包装物""特葬遗体包装物""寿服""随葬品""其他殡葬用品"等36个设备和用品小框图（见图1~图4）。

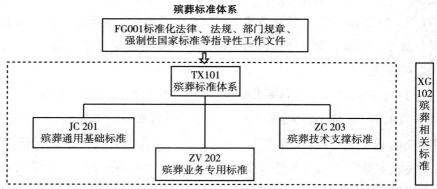

注：1.根据民政部政策法规司《关于开展民政领域标准清理和完善标准体系框架有关工作的通知》要求，民政业务领域标准体系框架由通用基础、业务专用、技术支撑三个子体系构成；采用大虚线框，表示"FG001"对整个体系具有指导性，"XG 102"也与整个体系相关联，并非仅与第一层级 的标准相关。

2.图中方框"口"表示体系、子体系；实线箭头"⇩"表示指导关系；实线"—"表示直接作用或从属关系。

3.体系、子体系、子子体系编号由体系代号和序号组成，体系代号为两位字母，序号为三位阿拉伯数字，首位代表层级序号，后两位为同层级顺序号。

图1　殡葬标准体系

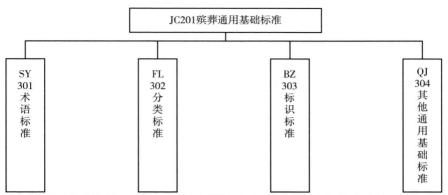

注：1. 按民政部政策法规司《关于开展民政领域标准清理和完善标准体系框架有关工作的通知》要求，应依据GB/T 24421.2–2009《服务业组织标准化工作指南–第2部分：标准体系》构筑各领域标准体系框架。本子体系应包括：标准化工作导则、术语与缩略语标准、符号与标识、数值与数据标准、量和单位标准、测量标准6个子子体系。

2. 设置"QJ304"子子体系收容项可拓展通用基础标准的空间。

图2　JC201殡葬通用基础标准子体系

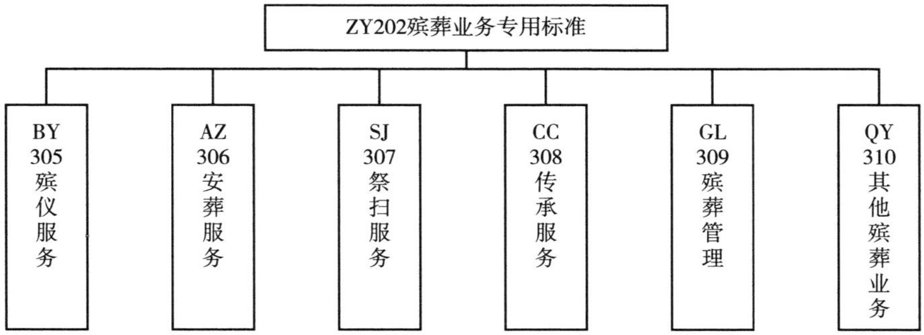

注：1. 在GB/T4754–2017《国民经济行业分类》国家标准中，"殡葬服务"属于"居民服务、修理和其他服务业"门类下"居民服务业"大类的第8中类，其行业代码为"08080"，本标准采用经济活动的同质性原则划分行业。即每一个行业类别按照同一种经济活动的性质划分，而不是依据部门管理等划分。所以殡葬行业国家标准应覆盖跨部门和地域的所有殡葬经济活动，而殡葬行业标准涵盖面较窄。本子体系基于"殡葬服务和管理提供类型"划分"BY305~QY310"子子体系。

2. 设置"QY 310"子子体系收容项主要考虑的是服务无止境，为拓展服务留有空间。

图3　ZY202殡葬业务专用标准子体系

3. 标准明细表修订

（1）单个标准明细表的标题增加了表的编号和体系代号，在表的名称后又添加了圆括号，括号内注明表内标准的数量，给出了更多的参考信息。

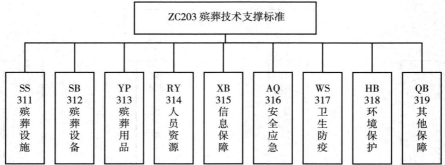

注：1. 本子体系可以在子子体系下设置第4个层级，根据GB/T 13016-2018《标准体系构建原则和要求》中3.3规定的原则，减少了一个层级，按类别划分子子体系，故包含了多达9个相对独立的子子体系，每个子子体系的边界比较清晰，可避免体系内标准的交叉现象。

2. "ZC203"设置了"QB 319"子子体系收容项以收容其他保障支撑类标准，保持体系的开发性，不限制体系的拓展。

图 4　ZC203 殡葬技术支撑标准子体系

（2）标准明细表的表头采用 GB/T 13016-2018《标准体系构建原则和要求》中"表 1"给出的样式，稍加改造。

（3）将"10 列表头"精简为"7 列表头"，删除了"采用国际、国外标准程度""采用国际、国外标准号""标准主要内容"3 列；将"标准级别"和"标准性质"合并为"宜定级别"，此列改文字表述为字母符号表述后同样可表示标准的级别和性质；将首列"序号"改为"体系编号"，使所有单项标准（包括已发布的现行有效标准、立项在编标准、近期待制定标准）在体系表内均有唯一的体系编号；"标准号"改为"标准编号（立项编/文号）"，对于已发布的现行有效标准为"标准编号"，对于立项在编的现行有效标准为"（立项编/文号）"，对于近期待制定的现行有效标准则为空白；增加了"归口部门"，对于国家标准归口部门为国标委，对于行业标准归口部门为民政部。

（4）控制标准数量，将原明细表中的 247 项标准削减到 182 项，削减率为 26.32%。

（5）"殡葬相关标准"因不属于本体系标准，故不再列入"殡葬标准明细表"内，在"一图两表一说明"外另列。

4. 标准统计表修订

2008 年版标准统计表仅按"标准类别"进行统计，本版标准统计表不仅按"标准类别"统计其"应有数"和"现有数"，还按照"标准层级"进行了统计，以便于掌握国家标准和行业标准的比例。

四 殡葬标准化工作存在的问题及改进方法

目前，我国殡葬标准化工作的问题逐步显现，整个殡葬领域普遍存在标准意识淡薄、标准水平偏低、标准实施不力、专业人才短缺和经费不足等问题，主要表现在以下几个方面。

（一）本领域国外标准化发展趋势

目前在 ISO 等国际标准化组织中还没有与殡葬对口的 TC、SC 或 WG，故本领域采用国际标准很少。

通过国际交往和民政部出版的《国外殡葬法规汇编》（上下册）书籍，掌握了德、法、美、日等发达国家的部分殡葬设施、产品及服务方面的标准，可供参考。

目前，借鉴国外先进标准的原则，修改采用欧洲的《殡葬服务要求》标准 EN 15017：2005，这是一项在欧洲及国际殡葬行业影响较大的标准，它对殡葬服务做了全面规定，对保障殡葬服务质量基本原则、框架设定的适时考量以及殡葬服务人的职业资质要求等做出了规定。而我国目前在殡葬行业的国家和行业标准中尚没有这种全面规范殡葬服务的标准，为此，经全面调研后，标准起草组决定按照我国国家采标政策修改采用这项标准。

采用国际标准和国外先进标准（简称"采标"）是我国长期以来一直推行的一项政策，旨在推进我国技术进步，提高我国标准水平，从而有利于增强与世界各国的交流与合作。为规范采用国际和国外先进标准，我国发布了采标的管理办法并制定了 GB/T 20000.2 和 20000.9 等标准，为采用国际

标准和采用其他国际标准化文件做出规定。采标规定，"采用国际标准，应当符合我国有关法律、法规，遵循国际惯例，做到技术先进、经济合理、安全可靠""制定我国标准应当以相应国际标准为基础"。20000.2 和 20000.9 对采用国际标准的一致性程度做出规定，包括等同采用、修改采用等。《殡葬服务要求》不符合等同采用的条件，但符合修改采用的规定。《殡葬服务要求》与 EN15017 有技术性差异，但可以清楚地说明这些差异及其产生原因。这些差异也按照 GB/20000.2 的规定进行了表述。为此，我们在制定本标准中根据我国的国情采用了"修改采用" EN 15017 这项标准。

立足我国国情的原则。尽管 EN 15017：2005 这项标准先进，但由于人文、习俗与我国国情还存在一些差异，如删除了"关于送葬队伍""掘墓人""抬棺人""最后结算"等，因此在起草过程中，编写组对中国厦门、眉山、郑州、汉口等单位进行了实地调研，找出中外差异，决定在保持原有内容不变的情况下，对标准进行修改，结合实际、充分吸纳地方优秀实践。制定本标准时，编写组通过材料收集、座谈、研讨等多种形式广泛获取相关资料，并吸纳了国内殡葬服务的成熟经验，以及厦门、眉山、郑州、汉口等单位的优秀做法，进行整理、提炼，确保标准的针对性和有效性。在"修改采用"时，起草组坚持严格按照 GB/T20000.2 和 GB/T 20000.9 的要求编写，确保标准的规范性，坚持与现行我国相关标准保持一致性的原则。选择标准"修改采用"时，编写组注重与现行殡葬相关标准的衔接与协调。标准中的相关术语，严格按照《殡葬术语》《殡葬服务、设施、用品分类与代码》等已发布的国家标准进行表述，确保表述和用语的严谨与一致。

目前，发达国家的殡葬标准主要侧重于殡葬环境条件的改善、服务质量的提高和规范多样化服务，虽然殡葬标准一般以技术法规的形式颁布执行，但是覆盖面越来越大，规范的内容越来越具体。如，德国"殡葬服务标准"中不仅规范了火葬服务，也规范了海葬服务。

（二）标准化工作存在的问题

1. 标准化工作基础薄弱，标准质量不高

殡葬标准化工作领域繁杂、业务类型众多、专业性强。现有的殡葬标准专业队伍不足、研究水平不高，难以满足殡葬标准化工作的需求。表现在立项标准针对性不强，批准立项的标准研制进展缓慢，部分标准文本质量不高，操作不强，一些已公布实施的标准标龄较长，得不到及时复审修订。

2. 殡葬标准内容还有待完善、超期服役现象突出

目前，殡葬标准修订缓慢，国家标准和行业标准"超期服役"的现象比较严重。按照要求，国家标准每 3~5 年应复审或修订，有些领域技术标准空缺，尤其在高新技术领域。

现有殡葬标准中通用基础标准只有 4 项，仅占 5.3%；殡仪服务、安葬服务、祭祀服务、传承服务、殡葬管理等业务专用标准也只有 28 项，占 36.8%。我们现有的 76 项殡葬标准中，5 年以前研制从未修订的多达 40 项，占到 52.6%，殡葬标准结构还有待完善。

3. 缺乏经费投入保障机制

从经费投入机制来看，美国、日本和欧盟等发达国家都有固定的模式。政府投入、会员会费、资助费和标准发行及服务收入等，每年都有经费的预算和决算。我国政府投入的较少，目前，TC 会费免收，资助费很少，而标准发行费用也基本上没有用于标准的再生产。因此，与发达国家相比，我殡葬行业基本上还没有形成稳定的经费投入机制和预决算制度，主要靠微薄的标准补助费支撑。

4. 殡葬行业标准化意识不强，专业队伍建设滞后

在殡葬领域，总体上表现出标准化意识淡薄。标准化意识，特别是殡葬标准在社会管理和公共服务领域的标准化意识淡薄，甚至不少殡葬从业人员，仍然认为标准化只适用于环保、工程、生产和产品方面，至于服务、管理领域，只要有相关法律法规就足够。在调研中，我们看到诸多行政机关和殡葬服务机构，把殡葬标准化工作视作可有可无，甚至其主要负责同志都不

了解殡葬标准化工作的作用，更谈不出对殡葬标准化工作的需求。

目前，标准化专业人才队伍，无论是数量还是专业化程度都尚不足以满足殡葬标准化工作的需求。目前，殡葬标准化在基础理论和工作方法、重要领域、国际标准跟踪、标准实施推广机制等方面都缺乏系统深入地研究。由于殡葬标准专业技术性领域广，技术要求复杂，因此亟须建设一支专业殡葬标准化工作队伍，培养一大批既熟悉重要领域专业知识，又精通标准化原理的复合型专业人才。

5. 殡葬标准宣传贯彻与实施力度不够

重研制，轻实施，可以说是我国标准化建设的最普遍问题，也是最重要的问题。殡葬标准同样也存在这一问题。许多标准制定出来就被束之高阁，殡葬服务机构也没有通畅的查询与获得标准的途径。为了解决这个问题，2020 年年底 TC 秘书处才将殡葬标准编辑成册，免费发给殡葬行政和服务机构，推动殡葬标准化工作，但依然难以将殡葬标准的贯彻实施落到实处。

殡葬标准的贯彻实施是殡葬标准化的"最后一公里"，标准的特性就是"共同使用"和"重复使用"，这就需要运用行业准入条件、生产许可、合格评定、行政执法和监督抽查等措施，确保标准真正成为技术法规和底线红线，使得殡葬标准在最大范围内得到贯彻落实。

（三）重点改进的问题及对策建议

1. 处理体系交叉

殡葬标准体系与卫生、商检、环保等行业的标准体系有部分交叉现象，经国家标准委组织协调，形成下列处理意见。

（1）《火葬场卫生防护距离标准》（GB/T 18081-2000）国家标准的技术归口部门为国家卫健委，列为相关标准；

（2）《火葬场大气污染物排放标准》（GB 13801-2015）国家标准的技术归口部门为生态环境部，列为相关标准；

（3）《殡仪服务员国家职业标准（4-07-14-01）》《遗体接运工国家职业标准（4-07-14-02）》《遗体防腐师国家职业标准（4-07-14-03）》

《遗体整容师国家职业标准（4-07-14-04）》《遗体火化师国家职业标准（4-07-14-05）》《墓地管理员国家职业标准（4-07-14-06）》等6项标准的技术归口部门为人社部，列为相关标准；

（4）《殡仪馆建设标准》（建标 181-2017）《城市公益性公墓建设标准》（建标 182-2017）《殡仪馆建筑设计规范》（JGJ 124-1999）《公墓和骨灰寄存建筑设计规范》（JGJ/T 397-2016）等4项标准的技术归口部门为住建部，列为相关标准；

（5）《入出境棺柩消毒处理规程》（SN/T 1212-2003）《入出境尸体、棺柩、骸骨卫生检疫查验规程》（SN/T 1320-2010）《入出境尸体和骸骨卫生处理规程》（SN/T 1334-2003）3项商检行业标准的技术归口部门为国家卫健委，列入相关标准；

（6）《天然花岗石墓碑石》（JC/T 972-2005）行业标准的技术归口部门为国家建材局，列入相关标准。

其他交叉标准将根据制定和实施情况与相关行业协商后酌情处理。

2. 标准制修订建议

通过标准统计和综合分析，殡葬标准的现有数、应有数比值较低，不同类别标准的比例失调，建议采取下列几项措施。

（1）加大标准的制修订力度。对于立项在编的国家标准和行业标准，集中力量，加快制标速度。对于标龄超过5年的国家标准和行业标准，统一复审，该修订的及时立项予以修订。

（2）开展殡葬标准化示范活动。以 TC 名义，大力支持各类殡葬服务机构参加有关国家级、省部级标准化示范活动，并及时总结推广试点示范工作经验。

（3）支持地方标准的制修订和转化。继续支持扶植地方殡葬标准的制修订工作，对于实施效果好且具有普适性的地方标准进行孵化，优先推荐为国家标准和行业标准的制定项目，及时转化为适用范围更广的标准，促进地方标准化成果的共享。

（4）支持地方团体标准的制修订和转化。继续支持扶植地方团体殡葬

标准的制修订工作，对于实施效果好且具有普适性的地方性团体标准，促进其升级，并促进团标向地标、行标和国标的转化。

（5）积极参加国际殡葬标准化交流。组织人员积极参加国际殡葬标准化交流，加强国际和国外先进殡葬标准的采标工作，同时对外分享"中国经验"并增强相关国际话语权。

附　录

已发布殡葬领域相关标准目录

表 1　国家标准

序号	发布号	标准名称
1	GB 13801—2015	火葬场大气污染物排放标准
2	GB 18081—2000	火葬场卫生防护距离标准
3	GB 19053—2003	殡仪场所致病菌安全限值
4	GB 19054—2003	燃油式火化机通用技术条件
5	GB/T 19632—2005	殡葬服务、设施、用品分类与代码
6	GB/T 23287—2009	殡葬术语
7	GB/T 23288—2009	木质骨灰盒通用技术条件
8	GB/T 24441—2009	殡葬服务从业人员资质条件
9	GB/T 26342—2010	国际运尸　木质棺椁
10	GB/T 26374—2010	接运遗体服务
11	GB/T 29356—2012	烈士纪念设施保护单位服务规范
12	GB/T 31182—2014	火化棺通用技术条件

表 2　建设标准

序号	发布号	标准名称
1	建标 181—2017	殡仪馆建设标准
2	建标 182—2017	城市公益性公墓建设标准

表3　国家职业标准

序号	发布号	标准名称
1	4-10-06-01	殡仪服务员
2	4-10-06-02	遗体接运工
3	4-10-06-03	遗体防腐师
4	4-10-06-04	遗体整容师
5	4-10-06-05	遗体火化师
6	4-10-06-06	墓地管理员

表4　民政行业标准

序号	发布号	标准名称
1	MZ/T 017-2011	殡葬服务术语
2	MZ/T 018-2011	殡仪接待服务
3	MZ/T 019-2011	遗体保存服务
4	MZ/T 020-2011	遗体告别服务
5	MZ/T 021-2011	遗体火化服务
6	MZ/T 022-2011	骨灰寄存服务
7	MZ/T 023-2011	骨灰撒海服务
8	MZ/T 034-2012	公墓业务接待
9	MZ/T 035-2012	墓体制作服务
10	MZ/T 036-2012	公墓安葬服务
11	MZ/T 037-2012	公墓维护服务
12	MZ/T 038-2012	公墓祭扫服务
13	MZ/T 046-2013	殡葬服务项目分类
14	MZ/T 047-2013	殡葬代理机构服务规范
15	MZ/T 048-2013	殡葬服务满意度评价
16	MZ/T 098-2017	殡葬管理服务信息系统基本数据规范
17	MZ/T 099-2017	平板火化机捡灰服务
18	MZ/T 100-2017	燃油式平板火化机及辅机运行规程
19	MZ/T 101-2017	火化机烟气净化设备通用技术条件
20	MZ/T 102-2017	安葬随葬品使用要求
21	MZ/T 103-2017	殡仪场所消毒技术规范
22	MZ/T 104-2017	火化残余物处理处置要求
23	MZ/T 105-2017	火化随葬品使用要求
24	MZ/T 106-2017	火葬场二噁英类污染物减排技术导则
25	MZ/T 107-2017	遗体火化大气污染物监测技术规范
26	MZ/T 134-2019	节地生态安葬基本评价规范

续表

序号	发布号	标准名称
27	MZ/T 135-2019	遗体收殓运输消毒卫生技术规范
28	MZ/T 136-2019	遗体整容操作技术规范
29	MZ/T 137-2019	遗体冷冻柜通用技术条件
30	MZ/T 138-2019	突发事件遇难人员遗体处置技术规范
31	MZ/T 139-2019	遗体防腐操作规程
32	MZ/T 140-2019	殡仪场所致病菌检测技术规范
33	MZ/T 141-2019	殡葬管理服务信息系统数据共享和交换规范
34	MZ/T 142-2019	燃气式火化机通用技术条件
35	MZ/T 143-2019	殡葬公共平台服务规范
36	MZ/T 144-2019	殡葬服务机构安全工作指南
37	MZ/T 145-2019	殡葬服务单位业务档案管理规范
38	MZ/T 146-2019	殡葬场所烟气排放连续监测技术规范
39	MZ/T 147-2019	火化机生产制造基本规范
40	民民函〔1987〕第 87 号	民政部中小型殡仪车通用技术条件
41	民办发〔2020〕2 号	殡葬服务机构新型冠状病毒感染肺炎患者遗体处置及疫情防控工作指引(试行)
42	MZ/T 173-2021	网络祭祀服务规范

表5　相关领域涉殡葬标准

序号	发布号	标准名称
1	GA/T 147-2019	法医学尸体检验技术总则
2	GA/T 149-1996	法医学尸表检验
3	GA/T 150-2019	法医学机械性窒息尸体检验规范
4	GA/T 151-2019	法医学新生儿尸体检验规范
5	GA/T 167-1997	法医学中毒尸体检验规范
6	GA/T 170-2019	法医学猝死尸体检验规范
7	GA/T 223-1999	尸体辨认照相、录像方法规则
8	GA/T 268-2019	道路交通事故尸体检验
9	JC/T 972-2005	天然花岗石墓碑石
10	JGJ 124-1999	殡仪馆建筑设计规范
11	JGJ/T 397-2016	公墓和骨灰寄存建筑设计规范
12	SN/T 1212-2003	入出境棺柩消毒处理规程
13	SN/T 1320-2010	入出境尸体、棺柩、骸骨卫生检疫查验规程
14	SN/T 1334-2003	入出境尸体和骸骨卫生处理规程

表6　殡葬标准统计

统计项	应有数(个)	现有数(个)	现有数/应有数(%)
国家标准	25	9	36.00
行业标准	84	38	45.24
共计	109	47	43.12
统计项	应有数(个)	现有数(个)	现有数/应有数(%)
标准体系框架	1	0	0
通用基础标准	10	4	40.00
业务专用标准	42	20	47.62
技术支撑标准	56	23	41.07
共计	109	47	43.12

专 题 篇

Special Subjects

G.11
殡葬领域应急管理能力建设研究报告

王 琦*

摘　要： 基于殡葬领域迫切需要提高应急管理能力，本文从关注突发事件生命周期和应急管理过程，梳理出殡葬领域八项核心的应急管理能力，包括学习能力、研判能力、决策能力、掌控能力、协调能力、执行能力、引导能力和恢复能力。以此有针对性地提出了提高思想认识、完善应急体系建设、推动科研教育发展、形成制度标准体系以及体现社会组织力量等五项意见建议。

关键词： 殡葬　应急管理　能力建设

　　由于殡葬活动所承担的特殊职能，处理突发事件、提高应急能力建设成为殡葬领域的重要课题。殡葬领域应急能力建设事关人民群众切身利益，事

---

* 王琦，北京市民政局原副巡视员，高级政工师，中国殡葬协会副会长，主要研究方向为民政行政管理。

关经济社会发展大局，是国家治理体系和治理能力的重要组成部分，需要全面系统加以研究。

一　殡葬领域突发事件的类型与特点

应急管理是应对突发事件的全过程活动。研究殡葬领域应急管理能力首先要清楚殡葬领域突发事件的类型与特点。

殡葬领域突发事件与所有的突发事件一样，普遍经历一个从孕育潜伏（事前阶段）、爆发持续（事中阶段）到衰减平息（事后阶段）的过程，具有突发性、危害性、紧急性、公共性等特点。突发性，主要表现在人们对何时、何地、因何原因、发生何事、造成哪些危害等，事先缺乏科学全面的认知，因而很难在事前进行准确规划或做充分准备。危害性，主要指突发事件发生后，会对生命财产、社会秩序、公共安全或国家安全造成危害。紧急性，也就是危在旦夕，必须火速行动，防止事态进一步失控。公共性，即危及公共安全。

殡葬领域突发事件按照不同的分类标准可以分成很多种类，本文根据殡葬领域突发事件的成因将殡葬领域突发事件分为三种类型，分别是因对殡葬改革和殡葬管理政策不满而导致的政策性殡葬突发事件、因外部突发事件导致的外联性殡葬突发事件，以及因殡葬服务机构内部原因导致的内生性殡葬突发事件。

（一）政策性殡葬突发事件

殡葬改革是破千年旧俗、树一代新风的重大社会习俗改革。中华民族几千年来早就接受了"身体发肤受之父母""入土为安"等传统习俗，殡葬改革推行的遗体火化政策、节地生态安葬等政策，有相当一部分群众口头上表示支持拥护，而实际内心不接受，于是便把矛盾对准了殡葬服务机构和殡葬工作人员，千方百计找茬挑事，制造各种纠纷和事端，一旦处理不当便容易演变成政策性殡葬突发事件。

（二）外联性殡葬突发事件

自然灾害、事故灾难、公共卫生事件和社会安全事件等突发事件，往往会伴随难以确定的人员死亡，殡葬服务机构必然会成为进行遇难人员遗体处置和参与善后的工作主体。当这种处置与参与超出殡葬服务机构正常能力，或尽管没有超出殡葬服务机构正常能力，但其社会影响力超出了一般死亡事件，必须启动应急预案进行应急管理时，便产生了外联性殡葬突发事件。外联性殡葬突发事件可划分为四种类型：一是自然灾害型殡葬突发事件。比如，2008 年汶川大地震造成的遇难者遗体处置、青海玉树地震遇难者遗体处置等。二是事故灾难型殡葬突发事件。比如，2015 年东方之星游轮翻船事故、天津港 "8·12" 特大火灾爆炸事件、上海外滩陈毅广场拥挤踩踏事件等。三是公共卫生型殡葬突发事件。比如，"非典" 疫情、新冠肺炎疫情给殡仪馆带来处置传染病患者遗体的压力。四是社会安全型殡葬突发事件。比如，2013 年 "10·28" 北京天安门车撞行人暴力恐怖袭击案等。

（三）内生性殡葬突发事件

主要是指在殡葬服务机构内部因殡葬服务引起的突发事件。比如遗体火化差错、骨灰丢失、墓碑损坏以及其他因丧属对殡葬服务不满意导致的突发事件。集中祭扫期是内生性殡葬突发事件的高发期。由于传统祭祀方式过于集中，主要集中于清明节、中元节、寒衣节、春节期间，特别是清明节期间，大量人员、车辆高度集中，可能出现火灾、踩踏、拥挤堵塞等安全隐患的系数加大，并且出现了小空间、高密度、难疏散、区域性、周期性特点，大家祭祖扫墓时的心情本来就是悲伤沉重的，再遇上交通拥堵、人员拥挤等不顺心的情况，达到极限的不满情绪需要找到出口发泄，首当其冲的自然是殡葬服务机构提供的祭扫服务。

二 客观认识殡葬领域应急管理体系现状

应急管理能力的发挥需要依赖应急管理体系，研究殡葬领域应急管理能力需要客观认识殡葬领域应急管理体系现状。

（一）殡葬领域应急组织体系现状

组建高效、顺畅、有力的组织体系是成功处置事件的核心和关键。应急组织体系的主要任务是根据事件的性质、规模、危害程度和涉及范围等情况，分别启动相应工作预案，迅速构建指挥系统，有效掌握、统一研判各类情报信息，集中调配各部门力量，归口下达指令，统一部署处置工作。目前，承担殡葬管理改革职能的政府部门大部分都建立了应急组织体系，但是应急组织大部分时间处于"休眠"状态，定期研究应急管理工作少，有的应急组织成员都不知道自己的身份和职责。而且大部分单位的应急组织体系没有根据单位领导变化和部门调整及时进行更新，没有实现应急组织工作的全覆盖、无死角，应急处置能力不强。

（二）殡葬领域应急预案体系现状

衡量应急预案体系建设水平的标准有四个，即全（覆盖全面）、细（可操作性）、练（经过演练）、改（经常更新）。一个应急预案体系涵盖了这四个方面，才能切实发挥在应对重大突发事件中的指南作用。分析我国目前殡葬领域现有的应急预案体系不难发现，存在以下几个方面的问题：一是应急预案编制不是建立在结合实际的风险评估基础之上，针对性差；二是应急预案的内容规定比较粗略，不够细化具体，可操作性差；三是应急预案更新缓慢，跟不上形势发展变化，指导性差；四是应急预案"束之高阁"，缺乏演练，实用性差，体系建设能力不强。

（三）殡葬领域应急力量现状

应急力量是处置突发事件的基本条件。应急力量由应急人员、应急器

材、应急资金等多方面组成。目前，殡葬管理部门和殡葬服务机构因为人员编制不足，应急人员都是兼职的，而且大部分人员没有专门的应急管理处置知识，缺乏相应的应急知识培训和应急处置演练。应急装备器材保障状况也令人担忧，有的单位根本没有应急装备器材储备；有的单位有应急装备器材储备，但是数量不足或质量不过关；有的单位没有专项的应急保障资金，一旦出现突发事件，应急保障资金筹措保障都是问题，资金保障能力不强。

三 殡葬领域应急管理能力建设需要的核心能力

2019 年 11 月，习近平总书记在中央政治局集体学习时强调："应急管理是国家治理体系和治理能力的重要组成部分，要发挥我国应急管理体系的特色和优势，借鉴国外应急管理有益做法，推进我国应急管理体系和能力现代化。"应急管理能力的现代化贯穿突发事件的全周期、全过程管理，重点应放在领导干部身上。《党政领导干部考核工作条例》明确提出，"全面考核领导干部履职尽责特别是应对突发事件、群体性事件过程中的政治能力、专业素养和组织能力等情况"。因此本研究报告更关注殡葬领域领导干部的应急能力现代化的构成及提升途径，基于突发事件生命周期和应急管理链条式闭环过程，梳理出殡葬领域应急管理能力建设需要的八项核心能力。

（一）学习能力

习近平总书记指出："要提高工作本领。这次疫情防控工作中，一些领导干部的治理能力和专业能力明显跟不上，必须引起高度重视。我们要增强综合能力和驾驭能力，学习掌握自己分管领域的专业知识，使自己成为内行领导。"学习能力既包括事前学习能力，又包括事后学习能力。事前学习主要是学习应急管理体制机制，学习应急管理法律法规规章及政策规定，学习源头防范、风险管控、监测预警、应急处置等方面的科学知识。事后学习主要是在危机应对中学习。危机是危险也是机遇，是全民尤其是应急管理人员学习的最好机会。突发事件发生后进行应对的过程，也是暴露问题、发现问题、解决问题的持续改进过程，"吃一堑长一智"，真正在历史的灾难中实现历史的进步。民政部正是在总结多个殡葬应急事件及国外有关案例基础上，2017年联合公安部、交通运输部、卫计委印发了《重大突发事件遇难人员遗体处置工作规程》，2019年发布了《突发事件遇难人员遗体处置技术规范》（MZ/T 138-2019），2020年民政部出台了《殡葬服务机构新型冠状病毒感染肺炎患者遗体处置及疫情防控工作指引（试行）》，为殡葬领域应对突发事件提供了政策依据和技术支持。但应该看到，与其他行业相比，殡葬行业从业人员普遍学历层次不高，应急知识储备与应急管理能力水平有限，而且大部分领导干部学习动力不足，习惯于"吃老本"、按经验办事。因此，殡葬行业各级领导干部更加需要增强学习能力、增加应急管理知识储备、提升应急管理能力水平。

（二）研判能力

没有调查就没有发言权和决策权，不做正确的调查同样没有发言权和决策权。研判能力是领导干部必须具备的基本能力。研判即通过深入调查研究，及时发现问题、准确界定问题。界定问题是做决策的第一步，只有问题界定准确了，才能研究制定可行的方案，最后把决策转化为有效的行动。研判是整个应急处置与救援工作的起点，研判正确，则措施对路，解决问题；研判失误，则南辕北辙，事与愿违，甚至是抱薪救火、火上浇油。殡葬突发事件快速反应、决策部署的基础是预测和研判，只有准确地研判才能科学处置。在公共事件中，殡葬行业对自然灾害、事故灾难、社会安全事件比较敏感，容易做出研判和反应，如四川汶川地震、青海玉树地震，"东方之星"、天津港"8·12"火灾以及上海外滩"12·13"拥挤踩踏事件等。而对于公共卫生事件研判常显不足，如"非典"、新冠肺炎疫情等，民政部门特别是殡葬单位初期处置比较被动，实际反映出的是研判不足。

（三）决策能力

常言道"谋定而后动""三思而后行"，"谋"和"思"的过程就是决

策的过程。管理是由一系列决策组成的，管理就是决策。决策是领导最重要的工作，决策能力是领导能力的核心。突发事件应对的本质是紧急决策部署，要求决策者在情况不明、时间紧迫、资源有限的条件下迅速研究制定方案。与常规决策相比，应急决策是对领导干部更大的考验，是领导干部必须掌握的基本功。任何突发事件的应急管理都需要强有力的决策能力，殡葬领域应急管理概莫能外。如上海"11·15"重大火灾事故处置，市民政局和龙华殡仪馆的领导快速反应、靠前指挥、准确谋断，在馆内形成了应急闭环管理，在善后处理中经受住了考验。

（四）掌控能力

组织掌控能力就是组建强有力的组织指挥架构，整合相关力量和资源，牢牢控制突发事件发展蔓延的能力。越是兵临城下，指挥越不能乱，调度越要统一。在应急组织指挥中，必须坚持集中统一领导，不能多头重复指挥，最基本的方法是组建强有力的应急指挥部，对应急处置与救援工作进行统一领导、统一指挥、统一行动，协调好各方面的关系，齐心协力化解突发事件，把突发事件所造成的损失降到最低。在实践中，一些领导干部在应急事件处置当中存在反应迟钝、到场失时、判断失误、处置失当、决策迟疑等问题，使小危机演变为大危机，局部问题演变为全局问题，单一事件演变为综合事件，教训深刻。殡葬领域突发事件社会关注度高、容忍度低，更加需要领导者的组织掌控能力，有效控制现场秩序和事态发展，降低社会影响。如北京市密云彩虹桥事件发生后，北京市民政局主动把殡葬应急体系纳入市领导小组办公室，第一时间把市民政局指挥部设立在区殡仪馆内，从而掌控得力、化险为夷。

（五）协调能力

协调是工作的手段，协调出积极性，协调出战斗力。应急管理工作人员要确保突发事件信息渠道的畅通，确保各项工作的顺利进行，必须具有较强的协调能力，加强与各级各有关部门、应急管理工作人员之间的工作沟通、信息交流，协助领导有效组织、快速反应、高效运转、临事不乱，共同应对和处置突发事件。领导干部要与上级部门及时沟通，杜绝不报、瞒报、漏报现象；要保证部门之间的沟通顺畅，完善部门协作；要加强与媒体的沟通，发挥媒体正确引导社会大众的舆论功能；要加强与民众的沟通，发挥民众在危机化解中的积极作用；还要与社会应急救援力量建立良好的合作机制及沟通渠道，以满足突发事件应急救援需要。以武汉新冠肺炎患者遗体处置为例，需要内外上下多方协调，既需要协调争取政策支持，又需要协调人员、车辆增援，既有市内省内的协调，也有省部和部际协调，协调时间紧、难度大，没有超强的沟通协调能力是无法完成的。再如 2015 年"东方之星"号客轮翻沉事件发生后，民政部积极协调省内及外地的殡葬资源，全力支援遇难者遗体善后处置工作，得到国务院的表扬。

（六）执行能力

一分部署，九分落实。再完美的计划，如果不执行，就会形同虚设；再完善的制度，如果执行不力，也会流于形式。抓贯彻执行是各级领导干部的基本功、必修课。在殡葬突发事件应急管理过程中，执行能力体现在方方面面，但最终体现为一点，即能否不折不扣地贯彻执行应急指挥部的各项决策部署。加强殡葬应急管理执行能力建设，分工明确是前提，每个部门每个人的职责都要清晰明确，人人有事干，事事有人管，不能互相扯皮；指令清晰是关键，干什么、谁来干、何时干、怎么干等都要非常明确具体，不能含糊不清；严肃奖惩是手段，从平时工作中就要严肃组织工作纪律，奖优罚劣，严肃追责，形成常态。

（七）引导能力

突发事件舆论引导关系社会稳定和人心安定，关系党和政府在人民群众中的威信，关系国家形象。舆论引导能力是处置殡葬领域突发事件的一项极端重要的能力。要注重从时度效着力、体现时度效要求。一是把握住"时"。第一时间发声，争夺首发权，占据制高点，抢占主阵地。事件发生

的第一时间要向社会发布简要信息，随后发布初步核实情况、政府应对措施和公众防控措施等，并根据事件处置情况做好后续发布工作。二是要拿捏好"度"。以处置工作为核心，坚持好报道基调，"早讲事实、重讲态度、慎讲原因"，把群众关注点合理引导集中在突发事件处置和救援上。掌握火候和分寸，防止简单化、一刀切、走极端，避免因把握失当适得其反、弄巧成拙。三是要求最大"效"。要准确认知突发事件伴生舆论的生成、兴起、发酵等规律，因势而谋、顺势而为、应势而动。一些地方殡葬领域舆论风波的发生，一个重要原因就是舆论引导不力，没有抢占好宣传主阵地，导致殡葬改革主旋律被杂音噪音所干扰。

（八）恢复能力

恢复能力是应急处置与救援结束后，管理主体迅速恢复正常的社会秩序和运行状态的能力。殡葬服务是基本公共服务，一天也不能停歇，因此殡葬突发事件发生后的恢复能力至关重要，要在最短的时间内恢复到能够提供殡葬服务的水平。殡葬应急管理中的恢复能力主要由两方面组成，一方面是争取支援的能力，恢复的过程不是事发单位唱独角戏的过程，而是争取上级党委政策资金支持的过程，是争取兄弟单位人力物力支援的过程；另一方面是改进提升的能力，在全面开展恢复的同时，一定要总结经验、吸取教训，透过事件辨析与现有应急管理体系和应急能力建设不相适应的因素，总结整改和调整原有的不合理、不完善的体制、机构设置以及人员安排。

四　加强殡葬领域应急能力建设的建议

当今世界正经历百年未有之大变局，面对波谲云诡的国际形势、复杂敏感的周边环境、艰巨繁重的改革发展任务，我们必须始终保持高度警惕，既要有防范风险的先手，也要有应对和化解风险挑战的高招，既要打好防范和抵御风险的有准备之战，也要打好化险为夷、转危为机的战略主动战。殡葬领域突发事件的发生原因复杂，往往诸多社会矛盾、风险和挑战相互交织、相互作用，如果防范不及时、应对不力、善后不当，矛盾风险可能传导、叠加、演变、升级，甚至酿成大的危机。结合殡葬领域突发事件特点和殡葬领域应急能力建设现状，就进一步加强殡葬领域应急能力建设提出如下意见建议。

（一）提高思想认识，提升应急能力水平

在新旧矛盾交织、风险挑战威胁加剧的今天，殡葬行业的应急管理发展得到充分体现，有成绩也有教训，毁誉不一，由此可以看出整个行业的应急能力建设水平有待提高。能力建设是推进新时代应急管理工作的重要抓手，也是党的执政能力的组成部分，是领导干部的基本功。提高领导干部的应急管理能力体现的是民政为民的本质，体现的是鲜明的政治站位和政治导向。

首先要牢固树立安全发展理念。安全是发展的前提，发展是安全的保障。2013 年，习近平总书记提出了安全发展的红线意识，"发展决不能以牺牲安全为代价"写入了中央文件，成为社会共识。发展是第一要务，安全是第一责任；抓发展是政绩，抓安全也是政绩。担负起"促一方发展，保一方平安"已经成为各级党委和政府的政治意识和政治责任。

其次是牢固树立底线思维理念。殡葬各级领导干部要善于面对各种各样的复杂情况，提早准备，科学决策。要善于运用底线思维的方法，凡事从坏处准备，努力争取最好的结果，做到有备无患、遇事不慌，牢牢把握主动权。

最后是牢固树立危机意识理念。有效应对突发事件就必须有安全意识、危机意识，没有危机意识是重大的危机，没有安全意识是重大的隐患。危机意识的建立有赖于安全文化的培养，通过日积月累、潜移默化地教育，形成在危机中求安全的环境，夯实应急管理的群众基础。2008 年汶川特大地震，四川绵阳市安县桑枣中学由于叶志平校长平时危中求机，持续不断地组织全校紧急疏散的演练，地震中师生们有序疏散，创造了无一伤亡的奇迹。

（二）加强组织领导，完善应急体系建设

应急体系与应急能力建设是应急管理的两个基本要素。两者相辅相成，只有健全了应急管理体系才能提高应急能力，有了较高的应急能力才能充分发挥应急体系的效能。

一是进一步完善应急组织体系建设。应急组织体系包括为应对突发事件建立起来的具有确定功能的组织机构以及组织中制度化、流程化的措施和方法。殡葬管理部门和殡葬服务机构要在党委领导下，建立和完善突发公共事件应急处置工作责任制，并将落实情况纳入干部政绩考核的内容。

二是准确识别突发事件风险。引发突发事件的不稳定因素在事件发生之前是以各类安全风险的形式存在的，如果能够及时识别这些风险并加以防控，就可以将事件消除在萌芽状态，做到防患于未然，实现应急管理由被动处理向主动预防转变。

三是准确把握突发事件风险发展趋势。殡葬改革日益深入，改革、管理和服务的各种矛盾风险，现实与历史、利益与公益交织在一起，构成"叠加效应"。提高应急能力就是要深入研判风险演化趋势，深刻洞察风险背后的较量，防止社会领域风险演变为政治风险，全力避免"联动效应"。

四是推动源头预防。源头预防是基础，是带有根本作用的法则，也是应急管理的最高境界。为此要完善科学决策机制。推动完善决策机制和程序，要完善排查化解机制，加大源头治理力度，打造源头防控、排查梳理、纠纷化解、应急处置的综合治理机制，努力把问题解决在早在小；要完善信访积案清零机制，从信访积案分办入手，压缩信访积案办理各个环节时间，切实提高信访积案办理效率和质量，防止小问题托大、大问题拖炸。

五是科学编制应急预案。"一案三制"是应急管理的精髓，编制应急预案又是重中之重，殡葬领域应急预案的编制体现领导干部的能力水平。在预案编制中应当遵循以人为本、依法依规、符合实际、注重实效的原则，以应急处置为核心，明确应急职责、规范应急程序、细化保障措施。

（三）发挥科技优势，推动科研教育发展

提高殡葬领域的应急管理能力，一个十分重要的方面是以科研为基础，以教育为先导，以能力培养为目的，增强各级的综合能力和驾驭能力。

应急管理是非常态管理，贯穿突发事件全生命周期。由于科学进步、社会发展、风险挑战相互作用，突发事件越来越呈现伤亡大、影响大，日趋复杂、防控难度加大的特点，"黑天鹅"与"灰犀牛"叠加。面对新情况新问题新挑战，防范殡葬领域的重大风险，提高防控能力，是殡葬领域从业者的新课题。但从目前状况看，全行业对此尚未引起高度重视。我们的科研机构更重视技术课题的研究与转化，而殡葬应急体系和应急能力的研究尚未展开；七大殡葬院校没有系统化的应急教学体系，殡葬应急教育刚刚起步，科技教育优势远未体现，这种状况亟待改变。

一是科研先行。殡葬应急管理是一门科学，跨学科、理论性与实践性强，是新兴的研究领域。这就要求民政研究机构要根据殡葬行业特点，按照突发事件发生发展的生命周期，设立殡葬应急实验室，深入研究殡葬应急事件的规律，梳理出殡葬应急管理能力的组成、任务，根据职责分工及责任，寻求能力提升的途径，解决"是什么""为什么""怎么办"的问题，为殡葬行业应急管理能力的提升提供理论框架。

二是教育提升。目前民政院校系统完整，殡葬门类齐全，是殡葬教育发展的最好时期。但在殡葬应急管理方面还没有体现出高校的优势，把应急管理教育和应急能力提升抓起来、抓系统，不得不说是殡葬教育领域的缺项。因此建议各院校殡葬专业应开设应急管理学科，使之成为殡葬管理一级学科下的二级学科。当前最为紧迫的：第一，根据殡葬行业特点，加强调查研究，应用科技成果，以学术支撑和学理逻辑为依据，编写出一套适合殡葬行业的应急管理教材；第二，设立殡葬应急管理实训教室，建立情景教学体系，理论与实践相结合；第三，培养或引进师资，尽快开展相关学科建设和人才培养工作。

三是培训辅助。人才是第一资源，是殡葬应急管理中最活跃、最积极的

因素，是殡葬应急能力提升的载体。殡葬的应急人才资源包括应急管理人员、应急救援队伍、应急管理专家组等。要建立规模适度、结构合理、管理科学、运作高效的殡葬应急人才，仅仅依靠科研、教学院所的力量远远不够，还要有日常的培训工作加以辅助。首先是民政部组织的各类政府培训，在行政管理层面形成体系；其次是殡葬协会各个委员会的专业培训，培训对象重点是殡葬事业单位和企业的领导层、中层干部；最后是各地专业机构的专业培训，完善殡葬应急救援队伍的学习、培训、演练，以确保"拉得出、上得去、打得赢"。

（四）应用法制成果，形成制度标准体系

近年来，自然灾害、事故灾难等原因引发的重大突发事件多发，人员多有死亡，妥善处置遇难人员遗体成为殡葬行业的重要内容。同时，在殡葬服务中，群众对服务差错、工作失误、设备故障等问题敏感、容忍度低，易引发殡葬纠纷，甚至酿成社会事件。长期以来，国家没有专门针对重大突发事件遇难人员遗体处置的制度规范，实践中，常常出现部门职责不衔接、操作程序不统一、资源整合难统筹等问题，影响到遇难者及家属权益，影响到政府的形象。

为此，民政部会同公安部、交通运输部、卫计委印发了《重大突发事件遇难人员遗体处置工作规程》，民政部印发了《殡葬服务机构新型冠状病毒感染肺炎患者遗体处置及疫情防控工作指引（试行）》等规范性文件。同时全国殡葬标准化技术委员会先后制定了涵盖建设、技术、设备、服务、国家职业等方面的 76 项殡葬标准。这些法制建设成果也是提升应急管理能力的重要组成部分。今后一段时间，要注重发挥全国殡葬标准化技术委员会的作用，在"一案三制"的框架下，加大研制突发事件应对标准的力度，使行业有法可依。

（五）引导社会参与，体现社会组织力量

殡葬突发事件具有特殊性、紧急性和不规则性，因此殡葬机构处置突发

事件是一个系统性工作。近年来，社会组织在能力建设方面的作用开始显现。一方面，诸如各级殡葬协会可以积极配合政府整合资源，协调矛盾冲突；另一方面，社会工作者发挥专业能力作用，开展心理抚慰、悲伤辅导，疏导逝者家属情绪。另外对殡葬从业人员做好心理调适工作，如在对新冠患者遗体处置中，不少社会工作者、心理辅导师进入殡仪馆，开展心理辅导，收效显著。

一是发挥社会组织在出谋划策中的作用。根据民政部的要求，中国殡葬协会每年要组织调研工作，由于各地殡葬协会直接面对会员单位，了解基层应急管理的能力水平和需求，可以把工作情况反映上来。协会对殡葬机构的能力建设情况加以梳理总结，提出相应建议，可起到参谋助手作用。

二是发挥社会组织在能力教育中的作用。中国殡葬协会有近700个会员单位，10个专业委员会。从应急管理的角度，协会高度重视会员能力建设。中殡协与北京社会职业管理学院（民政部培训中心）、长沙民政学院签订了战略协议，充分利用高等院校的教学优势为会员单位培养中高层人才，其中涉及应急管理的课程。专业委员会常年设立公墓、殡仪培训班，把应急能力建设作为一项重要内容，用情景教学的方式常抓不懈。

三是发挥社会组织在产品技术中的作用。目前，中国殡葬协会每两年组织一届国际殡葬设备用品博览会，展示国内先进的殡葬设备和技术，包括一些殡葬应急设备，并通过论坛传递殡葬应急信息，提供给民政部门、殡葬机构及殡葬从业人员学习借鉴，受到广泛好评。

四是发挥社会组织在沟通协调中的作用。以社会参与方式，引进相应的社会组织进入殡仪馆、公墓，救援机构、公共卫生机构提供相应的专业技能讲座，授业解惑。心理咨询机构提供心理健康保障，使殡葬应急管理和能力建设体系更加完善。

G.12
防疫视域下殡葬领域卫生安全治理研究报告

蒋庆祥*

摘　要： 本文通过对我国殡葬领域卫生安全现状和这场战"疫"中殡葬领域在卫生安全方面存在问题的客观分析，结合改革创新实践，重点从领导方向、主要领域、目标归旨、实践路径等视角提出现代殡葬领域开展卫生安全治理的工作思路：在政治引领中解放思想、稳中求进中立体筹谋、多向政策中落实保障、社区自治中强化基础，为加强我国社会公共卫生安全治理献上殡葬领域务实之策。

关键词： 殡葬　公共卫生安全　治理

人类虽然不断加速对疾病的防范研究，但对自然界毒疫的防控还远远没有达到足智的程度。继 2003 年的 SARS 之后，2020 年初，新冠肺炎疫情突袭而至、来势凶猛，再次证明了我们的公共安全意识、防控治理能力有待提升。为全面战胜疫情，习近平总书记亲自部署、战略运筹。举国上下医护英雄慷慨逆行、人民军队雷霆出击、志愿大军无私奉献，创造出一个个中国速度、中国规模、中国效率、中国担当，世所罕见。

疫情是一种灾害，也是一种新型社会风险，它影响人们生活秩序及社会

---

* 蒋庆祥，江苏省殡葬协会副会长、江苏省无锡市殡葬管理处原处长，主要研究方向为殡仪服务制度化、标准化建设，殡葬人文理论，殡葬文创产品研究。

稳定发展。殡葬作为传统意义上保障民生的特殊领域，面对疫情，在构建卫生安全屏障方面还客观存在不少"风洞"，既有卫生意识弱、基础设施差的历史"欠条"，也有安全保障模式、治理体系建设方面的时代"赊单"。这方面，如果认为是庸人自扰而任之随之，那将给高质量建设和谐社会、安全社会带来负荷，影响国家社会治理整体效能。因此，我们要用正确的导向、可及的政策、合理的思路、受用的实践积极为现代殡葬领域卫生安全治理呈"计"献"策"。

一 殡葬领域卫生安全主要问题

殡葬卫生安全是社会公共安全的有机组成部分。由于殡葬活动主要是治丧亲属处置逝者遗体的过程，是活着的人对逝去的人的一种敬思礼仪，因而，在活动形式、处置方式上具有行业的特殊性。但殡葬领域的一些活动或方式与现代公共卫生安全建设要求相对照仍存在一定问题，主要表现在以下两个方面。

一是在处理遗体方面，存在处置不够清洁环保问题。目前，我国对遗体的处置主要有两种形式。一种是把遗体掩埋在泥土中的土葬。土葬遗体受微生物作用，原遗体内的有毒有害物质逐步降解，造成生物和地下水污染，导致环境受害。据有关数据统计分析，2018 年，我国死亡人数为 993 万人，火化遗体 501.7 万具，火化率 50.5%。① 说明尚有 400 余万具遗体没有采取火化方式处置，其对环境生态的影响及破坏令人担忧。另一种是通过火化技术焚化遗体的火葬。火化遗体，不仅遗体包装物、随葬品等燃烧后会产生大量烟尘，而且会生成硫化氢、氮氧化物、二氧化硫等污染气体及苯芘等致畸、致突变、强致癌物。② 尤其该正视的是，我国现行的火化后烟气处理达

---

① 《2019 年中国殡葬服务行业现状与发展趋势，行业市场规模逐年增长》，华经情报网，https：//baijiahao. baidu. com/s？ id = 1652698814768326344&wfr = spider&for = pc，2019 年 12 月 12 日。

② 何兆珉、陈瑞芳编《殡葬伦理学》，中国社会出版社，2004，第 127 页。

标率不够理想,如遗体火化后产生的二噁英等对人体有直接致癌致病风险,目前尚不能进行技术手段的有效管控。2015 年 7 月 1 日,环境保护部、国家质量监督检验检疫总局虽然颁布实施了新的《火葬场大气污染物排放标准》(GB13801-2015),但在污染排放达标工作上尚未建立监管机制、奖惩机制,火化设备不同程度存在产品同质化、科技含量低、执行标准不严等问题,以致殡葬工作在措施、方法、设施、效能等卫生安全治理方面都与当代环境生态文明要求存在差距。

二是在社区治丧服务方面,存在功能不够健全问题。研究数据表明,人的遗体原本就存有 17 种病菌,遗体在 30 小时内每克组织的细菌会大量繁殖,总数可高达 350 万个,约 1.5 千克重。尤其是遗体表面口、鼻部位携带的污染致病菌(包括条件致病菌)最为集聚和严重。其中,遗体口部分离出的鲍氏不动杆菌、表皮葡萄球菌、克氏库克菌等 21 种致病菌(包括条件致病菌)达到 650 株,占遗体致病菌(包括条件致病菌)的 33.96%。遗体鼻部分离出的金黄色葡萄球菌、施氏不动杆菌、泛菌属等 25 种致病菌(包括条件致病菌)达 3350 株,占遗体致病菌(包括条件致病菌)30.78%。遗体口部、鼻部检出的主要致病菌(包括条件致病菌)情况详见表 1。

表 1 遗体口部、鼻部主要致病菌检出情况

部位	序号	菌株名称	数量(cfu)	部位	序号	菌株名称	数量(cfu)
口部	1	鲍氏不动杆菌	65	鼻部	1	金黄色葡萄球菌	165
	2	施氏假单胞菌	65		2	鲍氏不动杆菌	160
	3	表皮葡萄球菌	62		3	表皮葡萄球菌	118
	4	金黄色葡萄球菌	58		4	施氏不动杆菌	100
	5	克氏库克菌	50		5	泛菌属	55
	6	科氏葡萄球菌解脲亚种	45		6	卡它莫拉菌群	41
	7	大肠杆埃希菌	38		7	克氏库克菌	40
	8	泛菌属	35		8	梭形芽孢杆菌	35
	9	屎肠球菌	30		9	大肠埃希菌	32
	10	卡它莫拉菌群	25		10	科氏葡萄球菌解脲亚种	29

资料来源:《中国殡葬事业发展报告(2016~2017)》,社会科学文献出版社,2018,第 155~156 页。

"稳中求进工作总基调是治国理政的重要原则，也是做好工作的方法论。"[1] 问题是，我国治丧活动中"殡"部分的习俗，主要表现是面对遗体开展的所谓"守灵"仪式，治丧亲属直接面对的往往是没有落实消毒措施或没有进行冷藏隔离的带病菌的遗体，而遗体的口、鼻、耳、脸部很容易直接向外释放传播病毒。同时，守灵仪式一般都安排在丧户家中、屋外庭院以及沿街沿路旁侧，哭丧唱祭，守灵尽孝。如此这般 3~7 天，无论对丧属健康、区域卫生、社会秩序都造成影响或危害。形成这种不良现象的主要原因是，居民所在社区缺乏治丧活动的场所，即社区集中守灵殡仪服务中心（殡仪服务站）。以江苏省无锡市为例，至 2021 年，无锡市区辖 6 个区（江阴市、宜兴市除外）38 个街道尚未建有一所规范的集中守灵殡仪服务中心，客观上造成市区 80% 以上的治丧活动，因无专门场所而只能在丧属家中开展。殡葬中的防病防疫，社区在一定程度上成了"真空地带"，卫生安全治理存在死角。

二 发扬改革创新精神，提升殡葬领域卫生安全治理综合效能

我国国家治理体系的建设发展，具有显著的政治效能、组织效能和制度效能，看似一件件"技术性""专业性""领域性"工作，整体却都蕴含着政治体制架构下的坚强领导、有序组织和协调推动。殡葬领域卫生安全治理也应如此。

（一）坚持主导型治理

稳中求进工作总基调是治国理政的重要原则，也是做好工作的方法论。稳是主基调，是大局，在稳的前提下，要注重加强普惠性、基础性、兜底性

---

[1] 《习近平总书记关于坚持稳中求进工作总基调重要论述摘录》，《中国纪检监察》2018 年第 12 期，第 4~5 页。

民生建设，在把握好度的前提下，奋发有为。中国共产党是国家治理体系和治理能力现代化的顶层设计者、统筹推进者、法治引领者，政府是社会治理体系建设和运行的主体，党和政府要全面正确履行使命职责。坚持党政主导型治理，加强党对民生工作的政治领导，把殡葬事业发展作为社会全面发展、高质量发展、安全发展的重要内容。加强殡葬文化建设，纯正传统人文意识，正守核心价值观，坚定文化自信；加强对殡葬发展规划的统筹、主导，科学评估和化解发展困难及矛盾；加强政府与市场关系协调，深化殡葬领域供给侧结构改革，做到放得准、管得住、活得适；加强对殡葬管理服务业态的科学把控，满足社会开放发展和服务多元化需求等，使党和政府成为殡葬事业发展的主导者、实践者。

（二）坚持规划型治理

1956 年，毛主席亲自倡导我国殡葬改革。然而，由遗体火化变成保留骨灰，虽节约资源、文明环保，在殡葬基础设施建设规划上却普遍出现了"短视"现象。殡仪馆（火葬场）不是择地偏僻，就是设施简陋；墓葬用地不是手续失范，就是设施超标，造成我国殡葬基础设施建设在 20 世纪 80 年代初，在中国经济开始从计划经济向市场经济过渡的时期，其面貌和前景就与时代文明发展要求、环境生态保护、节约土地资源、倡导人文殡葬形成反差，成为殡葬事业长足发展的"短板"。因此，立足当前，对殡葬基础设施建设规划要有前瞻性、导向性、战略性思考。在当地政府的主导下，殡葬基础设施建设规划总体应做到：布局合理、节约资源、保护生态、防控灾疫、体现文化、关怀民生。殡仪馆设施建设规划中要有防灾疫功能布局，应注重突出规划的系统性、应急性。以"平战结合""刚弹相济"为逻辑起点，对新建（改扩建）殡仪馆进行谋划，也就是根据殡仪馆服务功能的特殊性，殡仪馆的整体布局要考虑备有特定的定位空间。当灾疫突然来临的时候，殡仪馆能迅速构筑起"服务大纵深"。平时，殡仪馆要按冷启动状态要求，对预置应急的设施设备以及服务空间保持危机管理，让防灾疫的适应力、保障力、组织力等始终处于应"战"状态，备预不虞。这样，一旦有"战"，殡仪馆也能做到"战"而有备、"战"而有序、"战"而能胜，做到宁可备而无用，不可用时无备。同时，殡仪馆要加大对大气污染物排放管控、消声消防设施配备、有毒有害废弃物回收等基础设施设备的建设投入，从而，在整体上提升殡仪馆安全治理能级。

（三）坚持制度型治理

殡葬领域事务面广量大、需求多元、利益叠加，与民生的关联度高，敏感性强，且具有较强的市场属性。目前，在民政部门对殡葬管理没有形成较多比较优势情况下，政府相关部门对殡葬活动中的卫生安全问题应采取"顶置"治理措施，建立卫生安全治理主动干预型制度。宣传、卫生、公安等政府职能部门应各自结合对公共卫生安全的职能要求进行内容、形式、职权的跨界整合，并采取扁平化管理方式，一个阵营起底、吹哨。这样，一方面有利于各部门执行标准、履职要素、职责赋权的贯彻落实，汇集广泛的资源力量、部门智慧形成全链条的防控体系，使制度在合力情况下高效能发挥作用；另一方面，殡葬领域卫生安全治理还可在相对集中统一运行秩序的基础上，再根据不同区域经济样貌、资源禀赋、人文传统差异，以问题、目标、结果为导向，主动对原有制度不断进行修正、补充、干预和完善。在流程管理、责任管理、精准监督、公开督促等方面加重卫生安全治理砝码，优化创新治理模式，从而更好地建立起管用、实用、常用的制度机制，确保安全治理水平整体提升。

（四）坚持考评型治理

对制度贯彻落实执行情况进行必要的检查考核，是进一步保证制度刚性、保持制度韧性的有效措施。相比之下，殡葬领域卫生安全考核问题事实上或多或少被边缘化、淡化了，没有引起应有的重视。2010 年公布的《国家卫生乡镇（县城）标准》共 9 项内容中涉及 52 个具体考评指标，没有 1 项与殡葬卫生安全有关。2018 年，"全国健康城市建设示范市"评比中 37 项参评指标，也未涉及殡葬卫生安全治理要求。显而易见，卫生乡镇、健康

城市从建设到管理都应以人的健康、环境安全为中心，必须整体协调发展，而殡葬卫生安全涉及千家万户，事关民生保障，关乎群众切身利益，理应参与全民"健康跑"。殡葬领域卫生安全，首先要运用"法治思维"来规范社会行为，不仅使卫生安全的各个治理主体有其职能边界范围的权力度，而且能协调好各自的利益格局，增强殡葬领域卫生安全治理的瞄准度。其次，还需从政策规定、组织实施、管理流程、卫生要求、安全标准等方面有机有序地把殡葬领域的卫生安全与公共社会治理同计划部署，共评比考核，把殡葬领域卫生安全绩效纳入整体考核机制，并把单项的绩效考评和部门的政绩考核相结合、相挂钩，从而，使量化的部门目标转化为整体的评绩效能。这样，逐步增强各相关部门动力转换，更好地促进部门共同参与殡葬领域卫生安全治理的干预性、主动性、积极性。

三　建立完善多向度政策，夯实殡葬领域卫生安全治理保障基础

2016 年，美国微软公司创始人比尔·盖茨在一场演讲中提出：未来杀死全人类的不是战争或者导弹核武器，而可能是高度传染性的病毒。这无色无声的微生病毒，其根源固然是自然生态失衡，但也不免有人类不知敬畏所致，人们在灾疫的"防"与"治"上，惯性是重"治"轻"防"，往往对病毒之惑，不痛定思解，对疾控之殇，不病后思量，出现"黑天鹅"走后又来"黑犀牛"。这次新冠肺炎疫情在全世界的传播扩散所带来的惨重损失和深刻反思，在卫生观念、安全防控上相信一定会引起人类社会的守正重视。

结合殡葬领域卫生安全特性，应建立和完善多向度政策，进一步支撑和夯实治理基础。

（一）注重突出民政部门导向政策

1997 年，国务院颁布了《殡葬管理条例》（以下简称《条例》），《条例》虽从殡葬管理的法律依据、管理内容、管理构架、管理职权等方面进

行了明确，但面对殡葬领域业态、模式、需求的新变化，政府相关部门对殡葬管理的科学把控、解决好传统产业与人民群众以及市场多元需求之间矛盾等方面还是出现了问题，其中，民政部门屡受其"痛"。传统上，殡葬行业一直由各地的民政部门负责管理，但民政部门却成不了行业执法主体，以致在责任担当、执法渠道、机制落实、联动协作、管理效能等方面很容易出现"破窗效应"，影响殡葬领域规范治理质量。因此，从长期的殡葬管理实践出发，在政府的统一领导下，应更加注重突出民政部门在殡葬行业管理、科学治理方面的政策导向作用。

2021 年 3 月 31 日，江苏省第十三届人民代表大会常务委员会第二十二次会议通过了《江苏省殡葬管理条例》。其中"总则"第五条就明确了"县级以上地方人民政府民政部门负责本行政区域内殡葬管理工作。县级以上地方人民政府其他有关部门按照各自职责共同做好殡葬管理相关工作"。第六章"督促检查"第四十一条明确"民政、自然资源、市场监督管理、城市管理、林业和公安等部门应当加强配合，建立联合执法机制，共同做好殡葬管理监督检查工作"；第四十三条明确"民政部门应当建立殡葬公共服务信息平台，与殡葬服务单位实现信息、数据共享，加强对殡葬服务单位的非现场监管"；第四十五条明确"民政部门以及其他负有监督管理职责的部门，对殡葬服务单位进行监督检查时可以依法采取下列检查措施"（五种情形）。同时，《江苏省殡葬管理条例》在第七章"法律责任"上也分别明确了民政部对公墓以外的区域建造坟墓以及扩建、硬化处理，未经死亡地民政部门批准将遗体外运往非死亡地，对殡葬服务单位违法所得处罚以及其他有关殡葬管理治理等共 7 个方面，注重突出了民政部门的政策主导和执行措施的定位落地。江苏省在殡葬管理领域让民政部门"管"字当头，并且已经走在路上，这必将对殡葬行业制度化、法制化、规范化建设起到积极的引领推动作用。

（二）积极完善"三共"融合政策

目前，殡葬治理的重点或者说殡葬领域"乱象"的易发处，主要还是

集中在守灵扰民、遗物焚烧、非法运尸、私埋乱葬、装棺再葬、废气排放等方面，这也正是容易产生殡葬安全隐患的重点和敏感区。近几年来，针对这些问题各地开展了专项整治，取得了一定成效。但共建共管共融的"三共"融合政策尚未在殡葬领域形成气候、格局。2012 年 5 月，河南省周口市的"平坟运动"至今还让人记忆犹新，警示或提醒我们：殡葬改革治理在"移"和"易"上要有正确的政策导向。政府改革意志和民间传统意愿必须相容平衡，殡葬整治和殡葬习俗必须和谐共融共生。殡葬治理方式不能简单粗放，而应努力实现共建共治。因而，殡葬卫生安全治理应注重在立好靶向、工作赋能、常态依法，以及提高治理适应度，推动群众心态、社会秩序、文明风气稳步持续向善向好上多作努力，多下功夫。

2005 年 8 月，江苏省无锡市在市区青龙山惠山区域 45 平方公里范围内进行了以私埋乱葬为重点的殡葬治理工作。3 年多时间，无锡市政府通过推行"三共"政策，殡葬治理取得了明显成效：制止私埋乱葬坟墓 93661 个，整体封闭或平毁非法公墓 9 个，节约公墓用地近 300 亩，花坛葬、草坪葬、海葬等生态葬法被市民逐步接受。无锡市开展的殡葬整治，既保护了城市"绿肺"，又留下了精神财富，更为殡葬改革拓展了新视野、提供了新借鉴。主要有：一是推进殡葬改革，政府对客观现实认知要清醒。从 1956 年起，无锡青龙山惠山区域史居居民就逐步建造了 10 万余个私墓、寿墓、豪华墓。20 世纪末 21 世纪初，无锡市区的滨湖、惠山、北塘 3 个区先后投入近亿元资金进行了 6 次集中整治，但坟墓"回潮"现象依然严重。因此，无锡市政府一方面加深对殡葬治理复杂性、艰巨性、长期性的客观认识，始终把殡葬工作作为民生实事工程来抓，建立组织，纳入考核，推行"属地管理，以块为主，谁主管谁负责"治理方式，有序推进。另一方面，围绕巩固成果，增强部门之间、区块之间共融共管合作。并通过对倡导性政策、典型性人事的持久与有效宣传，逐步深化群众移风易俗思想认同，为殡葬治理奠定思想基础、组织基础。二是推进殡葬改革，政策措施保障要科学。习俗上有动祖坟就是动"血脉"之说。无锡青龙山惠山殡葬治理一次性动迁近 10 万个祖坟，必须建有一系列科学的政策规定作保障。无锡市政府在实事求是、依法依规制定的 4 条政策原则中，坚持"群众认同原则""尊重民间习俗原则"，广泛赢得了群众的理解、支持和行动配合。如对自觉迁移的进行鼓励，给予迁葬补贴；对采取深埋的，有关部门为其建立纪念标志供后人追思；对原集葬的，建好集中深埋区，统一管理；对骨灰海葬的，统一免费，建造纪念园祭扫；对信教群众亡古的墓葬，建公共追思台；对传教士坟墓，设立传教士纪念牌；对华侨祖墓、知名人士墓等特殊坟墓则按规定做出认定，并根据权限实施政策保护。无锡市区的殡葬治理未发生一起因政策纠纷而上访的事件。三是推进殡葬治理，行政执行推力要到位。殡葬治理是难题，但不是死题。集中开展殡葬治理过程中注重打造了强有力的行政执行推力。首先是按刚性要求建立问责制度。如规划部门要有治理规划；国土部门要有审批规划；公安部门要有处置方案；等等。对部门履职不力的，由组织、纪检实行履职监督，增强工作推进刚性，提升执行推力。其次是组建执法队伍。由民政牵头，从公安、国土、环保、规划等系统抽调人员，经过培训，联合执法，形成执法强势。最后是加大查处力度。对存在问题的区、镇巡查督办，全程监控，并设立举报电话，向社会公开，接受群众监督。同时，有关部门按各自职责做好举报巡查处理，切实增强殡葬治理的行政执行能力。

（三）优化人才队伍政策指向

新冠肺炎疫情像面镜子，既照出我们人类面对肆虐的病毒，还远未掌握治本之策；同时也照出了我们的国士无双、沛然勇义、临灾不惧、众志成城。殡葬领域广大干部职工虽没有肩鸿任钜，但为尽"大我"之责，勇毅逆行，出己力，不缺席，感人至深。同时，我们也永远忘记不了置身一线的殡仪馆干部职工那背后曾经的恐慌和不安：防疫方案在战"疫"中乏力；自身防护缺乏应有保障；应急机制应不了"急"；一线人员长时间超负荷"硬扛"等，防疫管理在一定程度上处于"亚秩序"状态。分析其原因，殡葬领域除资源配置、应急设施设备平战结合不够充分外，还有重要一条就是专业技能、专业力量上的短缺。因此，推进殡葬领域卫生安全治理，一方面必须加强设施体系建设，另一方面还应打牢专业人才基础，固好队伍建设这

个本。

用制度保障赢得人才预期。殡葬行业在人才建设方面常遇有这样的闭环怪象：殡仪院校招生，始于生源不足，而殡仪馆招聘，终于专业生难入门槛，这腹背"两难"景况，一方面造成了殡仪专业人才的短缺，另一方面往往是殡仪院校生一毕业就无奈改行，人才流失严重，供需错位。当地人事劳动、民政部门要用制度来真正保障殡仪专业人才队伍建设，用发展的眼光，协调配合、科学预期，制定当地殡仪服务单位人才培养计划，梯队规划。重点持续加强殡殓服务、火化技术操作等一线人才队伍建设。在政策制度层面上，对公办、民办教育，社会组织办学，民营机构兴学多开绿灯。注重开展岗位培训、在职续教、名师带徒、技能竞赛等传统技能活动。建立单位培训师和名师示范制度。创建各类技术能手群体，以少育多、以点带面。逐步建立一支结构合理、素质优良、规模适宜、勇于担当、甘于奉献的殡仪专业人才队伍，为殡葬领域卫生安全治理积蓄人才优势。

用特事特办优化就业指向。目前，全国殡仪馆大多属于事业性质，具有公益属性，体制是"国"字号，政府兜底，保障是"公"字号，财政保底。这支"国家队"在殡仪服务中渐行渐进，发挥着主力军作用。这支原本"小众"的队伍，在地方毕业生就业、单位用人招聘中却往往"命运"不济，屡屡输在学历这条"基础线"上（全国殡葬专业院校为大中专院校，地方招聘一般学历设限为本科）。因此，地方相关职能部门在殡仪馆招聘人员指向上要结合当地殡仪服务需要，积极优化就业政策。在编制配备、招聘条件、人才录用、就业优惠、工资待遇等方面特事特办，厚爱一分，高看一眼，尽量使原本就稀缺的殡葬人才不流失，队伍建设逐步趋稳渐强。

用财力政策营造留人环境。2019 年 12 月 12 日"华经情报网"报道，全国 1730 个殡仪馆，有近半数殡仪馆收支不平衡，有的甚至经营亏损。这虽然反映的是殡葬领域的一个侧面，但显然是个方向性、基础性问题，与民心政治、殡葬卫生安全治理密切关联。若殡仪馆干部职工得不到应有的基本利益保障，就难留住人才，没人愿干或好好干。因此，地方财政在对殡葬公益服务做好兜底保障方面，既应突出政府主导，节用裕民，还需根据殡葬营收特点，确保财政对基础设施建设投入，完善财政"有保有压，能增能减"保障机制，优化收支格局，保障殡仪单位收支平衡。同时，还可协同民政、审计等部门对殡仪馆建立财政预算绩效联合管理体系，通过推行政府主导投放、财政绩效管控、单位责任落实等立体监管共促模式，使殡葬领域的财政保障资金在公益事业发展中发挥最大公共财力效能，在推动殡葬领域服务提质增效的同时，共同促进卫生安全治理的良性循环。

四　完善自治功能，提升社区殡葬卫生安全治理水平

在社会治理体系中，社区既是现代城镇的基本单元，又是众多事务的耦合点，因而，社区的安全与健康，历来是城市建设的核心关注点，也是"健康中国"战略的根本落脚点。应该说，社区是城市治理过程中的"最后一公里"，也是保障社会安全和谐的"最先一公里"。但当社会发展硬环境与现行体系软环境风险交织叠加，且与人的行为、物的环境处于不安全状态时，社区管理就极容易诱发和产生蝴蝶效应，导致安全问题发生。2020 年12 月 18 日"全国党媒信息公共平台"显示，我国共有 16.44 万个社区，近8 亿城镇人口。面对如此庞大的社会管理基础、群体，政府必须重视开拓社区空间建设投入，落实社区安全共同责任，做好社区安全大文章。显然，社区殡葬卫生安全问题理应成为社区治理中的应有之义，并应着力在三个方面见真章、有实效。

（一）解决好社区殡葬卫生安全治理"抓手"问题

社区是社会基本细胞。现代社区在不断变革、多元复杂、异常精细的社会背景下如何有效开展工作？针对这个问题，一方面，有学者用"三个是否适应"进行了解答，即社区是否有包容力以适应复杂社会、是否有创新力以适应变革社会、是否有执行力以适应精细社会。① 另一方面，实践用鲜

---

① 方江山：《发挥制度优势　推进国家治理现代化》，《学习时报》2020 年 2 月 19 日。

活的事实证明，社区建设首先必须以政治为统领，以党的建设和文化建设来引领社区高质量发展。社区殡葬卫生安全治理也不例外。我们不会忘记，无论是战"疫"的险恶阶段，还是严峻的管控时刻，以习近平同志为核心的党中央始终带领全国人民，以中国精神、中国力量进行着世人瞩目的非凡治理。每一片土地上都有党组织的坚强指挥，每一处危险场所都少不了党员冲锋在前的身影。基层党组织、广大党员用坚定的政治信仰和实际行动保护了无数民众的健康和生命安全。那"坚定信心，同舟共济，科学防治，精准施策"的总要求，无不释放出社会主义制度的无比优越、党的强大感召力和超凡的治理能力。毫无疑问，社区殡葬卫生安全治理工作同样必须坚持把党的政治领导贯穿全过程，发挥社区党组织政治核心作用。通过带领社区群众建立健全殡葬治理自治组织、制度，提高群众自我完善、自我管理、自我监督的自觉性和积极性。同时，要注重引导社区群众意识到殡葬活动的核心是文化活动，殡葬的主题是生命文化。要把精神文明培育作为重要抓手，开展好以生命意义、生命价值、优良文化传承等为内容的生死观、殡葬观、价值观、文化观教育，丰富社区殡葬治理文化内涵，逐步加深群众对绿色殡葬的认同，增强群众对社区殡葬卫生安全治理的理念自觉、文化自觉和行动自觉。

（二）解决好社区殡葬卫生安全治理"赋能"问题

现代社区殡葬服务起步较晚，人、财、物在一定程度上十分有限，社区殡葬服务存在供需矛盾。在这种情况下，明确由谁来为社区殡葬卫生安全尽早把好脉、系好扣，进行具体帮助指导显得十分必要。显然，殡仪馆是当地殡葬服务的"国家队"，在帮助社区开展殡葬卫生安全服务上要解放思想，突破利益藩篱，甘于释放职业软硬实力，多为政府分担殡葬治理的必需成本，发挥好行业的主导作用。殡仪馆要着重从三个方面参与和示范。一是要借助政府重视，民政部门参与把关这个节点，主动参与和配合社区搞好殡葬服务设施规划。通过服务环境，服务功能，服务条件的优质化、规范化，扎实帮助社区建好殡葬服务主平台，先手打好设施基础。二是积极发挥自身职业优势，主动介入和帮助社区建立健全服务体系。通过制定规则标准、规范服务流程、落实便民举措等一系列工作，先期为社区开展殡葬优质服务赋能。三是殡仪馆在更好发挥公益为民主导作用的基础上，要全方位帮助社区在殡仪服务项目、价格、内容、收费等方面精细研究惠民实招，努力在服务项目上提高免费、低价、平价比重，让社区治丧群众得到更多实惠，赢得群众口碑。这样，殡仪馆发挥职业优势，义务对社区殡葬工作进行具体的赋能带动，必将为社区殡葬卫生安全减少治理的初始成本，尽快赢得成效空间。

（三）解决好社区殡葬卫生安全治理基础问题

恩格斯说过，"没有哪一次巨大的历史灾难不是以历史的进步为补偿的"[①]，"一个聪明的民族，从灾难和错误中学到的东西会比平时多得多"[②]。这场席卷全球的疫灾，给人类生命安全带来了巨大冲击。但无疑，这场灾难也给人类防控灾疫提供了足够的教训和反思，同时为社会营造生命安全共同体创造了良好契机。比如，这场大疫使生与死的烙印在民众的心中定格。大疫是大考，大考之后，我们必须痛定思痛、付计于行、靶向治伤、未雨绸缪。用经验、智慧振臂唤起人们对社区公共卫生安全的意识觉醒，把社区防灾减灾基础性工作搞扎实，为全民小康生活增添更多的安全感，幸福感。

社区殡葬卫生安全基础性工作主要包括：社区集中守灵殡仪服务中心（殡仪服务站）的建设、运作和社区殡葬自治组织的建立完善、作用发挥。

社区集中守灵殡仪服务中心（以下简称"中心"）总体要按照政府规划、政策支持、统筹协调、居民参与的思路来建设。具体要从实际出发，做到规划科学、政策可及，设施实用、环境优良，居民愿意、风险可控。中心要突出效果导向，以设施建设的"小善"、服务领域的"小处方"来促进居民群众文明意识的自觉和卫生安全的"大成"。正如江苏省在《江苏省殡葬

---

① 吕明洋、陆杰荣：《伟大抗疫精神的哲学价值意蕴探赜》，《党政干部学刊》2022年第3期，第17~23页。

② 郭庆松：《年轻干部要敢于在风险中担当》，《中国党政干部论坛》2021年第11期，第38~42页。

事业发展规划（2016—2020 年）》（苏民发（〔2016〕11 号）中指出的那样，"30%的全国重点镇建有集中守灵殡仪服务中心"，"有条件的乡镇选择在群众办事方便、交通便利、对居民生活影响较小的地方建设集治丧、守灵等服务于一体的集中守灵殡仪服务中心"。这样，合理科学规划治丧、守灵专门区域，将更好地引导群众规范治丧行为，提高卫生安全指数。中心平台的运作，主要应突出规范、公平、便民。在规范操作上，做到"流程清晰，服务标准"；在公平消费上，做到"普惠在先，清单公开"；在便民措施上，做到"换位思考，一站服务"。这样，用规范化、合理化、人性化的运作来提高社区群众对治丧活动的更多满意。

社区殡葬自治组织的建立和完善。我国城镇建设进入社区化，社区成为居民群众的生活家园和精神家园，也是进行社会治理的微观基础。就社区殡葬而言，能不能建立自治组织来更好地开展卫生安全治理？客观分析和诸多实践证明是可行的。殡葬在历史长河中已演绎了 8000 多年，人对死已有了较为科学的认知，并形成了一定的伦理观，在社区建立殡葬自治组织，由传统殡葬文化承续支撑，便于建立基础群。另外，随着政府积极倡导殡葬改革，社会越来越重视殡葬文化的宣传引导，群众普遍增强了对殡葬的文化认同、价值认同、社会认同，便于社区殡葬自治组织形成向心力。[1] 同时，随着全国各地社会殡葬服务机构的多元发展，各种服务样式的实践探索，其取得的成功经验，为社区殡葬自治组织的建立、完善、发展增添了内生动力。社区殡葬自治组织一般宜以红白理事会为主载体，通过社规民约、民间俗成来商议内容、形式，并组织开展活动。但这种相对松散、原始的民间组织，普遍存在政策性不强、规范制约度不高、卫生安全标准低等现象。因此，社区殡葬自治组织在作用发挥上要作进一步完善。一是在社区党组织领导下，积极稳妥地组建好殡葬自治组织，建立社区殡葬义务服务队，使社区殡葬卫生安全工作有组织抓、有队伍干。二是采取多种形式，有效开展殡葬政策宣传。逐步提高社区居民对殡葬政策的知晓度、认同感、配合度。三是对社区

---

① 蒋庆祥编著《为了彼岸世界——殡葬职场 ABC》，中国社会出版社，2019，第 131~132 页。

有服务需求者及时开展好前置服务（临终关怀），办理好告知书，预约好服务内容，为治丧群众守灵、告别等提供"一站式"人性化服务，使治丧群众在社区殡葬自治组织服务的良性体验中，逐步认识、理解、支持社区殡葬工作，并逐步形成"阵地效应"，进一步为社区殡葬卫生安全长期有序治理积蓄基础优势，最终实现社区殡葬卫生安全的良性互动发展。

"万物得其本者生，万事得其道者成。"建设一个成熟完善的国家治理体系不会一蹴而就，但只要我们沿着国家治理体系现代化的根本演进方向，从根本保障与制度基础要求着眼，从重大任务与宏观目标要求着眼，从深化改革和行稳致远要求着眼，从应对挑战和防范风险要求着眼，进一步强化政府之责、提升体系之效、构建共治之善、筑牢专业之基、实施务实之策，相信殡葬领域卫生安全治理的美好前景一定能绘就。

G.13

新冠肺炎全球大流行下有关国家
在殡葬领域的应急处置研究报告[*]

马金生　李 宁^{**}

摘　要： 新冠肺炎疫情的全球大流行，给世界各国的经济和人民的生命
财产带来了重大损失。特别是新冠肺炎疫情初起时的肆虐，使
得一些国家对突如其来的疫情应对失措。不仅医疗系统出现严
重挤兑，在殡葬领域也面临着殡葬服务资源短缺等方面的问
题。不过，不少国家在尊重传统丧葬习俗的基础上积极应对，
处置举措多有创新。加强殡葬领域的应急保障能力建设，研究
并制定适应新形势下的大规模死亡人员遗体处置预案，进一步
完善突发公共卫生事件应对机制，是有关国家在殡葬领域应急
处置上给我国带来的经验启示。

关键词： 新冠肺炎疫情　殡葬领域　应急处置　卫生防疫

　　2020 年初，一场重大疫情突如其来。新型冠状病毒以其潜伏期长、传
播力强、致死率高的传染病特征，给世界各国的经济和人民的生命财产带来
了重大损失。新冠肺炎疫情的大流行，属于全球重大的突发公共卫生事件。

---

　　* 本文为国家社会科学基金一般项目"当代中国殡葬改革的路径创新研究"（项目编号：
　　17BSH103）的阶段性成果。
　** 马金生，历史学博士，教育部人文社会科学重点研究基地中央民族大学中国少数民族研究中
　　心副教授，主要研究方向为当代中国的殡葬政策与理论研究、中国近现代医疗社会文化史；
　　李宁，北京市第九十六中学教师，主要研究方向为中国近现代公共卫生史。

尽管人类历史已然进入 21 世纪，多数国家的卫生防疫体系已相对成熟，但是疫情事起突然，特别是缺乏相关的防疫经验，导致一些国家的染疫患者呈迅猛增加的态势，从而直接导致医疗系统出现"挤兑"，最终因医疗资源不足而导致大量人员死亡。一些国家因人口大量死亡出现遗体处置"失能""失序"的乱象。

目前，新冠肺炎疫情依然在全球持续。学界对这场疫情引发的各种思考也在持续和深入，同时也有越来越多的学者在对世界上主要国家的防疫进行研究和总结。相对来看，对于国际上因感染新型冠状病毒死亡者的遗体处置方式却少有人关注。其实，疫情期间的遗体处置，也是疫情防治中不可或缺的一环；同时因宗教信仰等因素的影响，相关处置方式是否得体也会在社会或国际上产生不一样的认知和评价。有鉴于此，本文拟对世界上部分疫情严重的国家在新冠肺炎疫情防治过程中的遗体处置进行系统梳理，对殡葬领域面对的难题及其应急处置方式进行总结，希望能够为完善我国的卫生防疫体系提供一定的经验和借鉴。

一　新型冠状病毒的全球传播及人员死亡概况

从新型冠状病毒的国际传播轨迹来看，起初疫情仅在亚洲范围内蔓延，随后迅速波及了各大洲。鉴于新型冠状病毒的传播速度如此之快，世界卫生组织迅速制定出防疫战略目标，试图通过快速识别病例、跟进接触者、控制医疗环境的感染以及呼吁人群提高防疫意识等公共卫生措施，来切断病毒的传播路径。2020 年 2 月 11 日，世界卫生组织宣布将新型冠状病毒感染的肺炎命名为"COVID-19"。同时指出，新冠肺炎疫情的暴发是一次罕见的全球性危机，同时也是全人类面临的共同挑战。作为一种自限性疾病，新冠肺炎的绝大部分患者（包括重症及危重症患者），经过各种氧疗、对症治疗和免疫调节治疗后，均可顺利出院。少数患者病情危重，将导致死亡。[①] 世界

---

① 中共中央党校（国家行政学院）中共党史教研部编《中国共产党防治重大疫病的历史与经验》，人民出版社，2020，第 209 页。

卫生组织证实，新型冠状病毒在无防护下可通过飞沫和密切接触在感染者和被感染者之间传播，同时在医疗机构中或可存在因医疗操作产生气溶胶而发生空气传播的可能①。

2020 年底，世界卫生组织报告全球感染新冠肺炎病例超过 7920 万，死亡人数超过 170 万。其中，美国、意大利、巴西、英国等欧美国家最为严重②。由于中国在疫情突发之初就积极采取了全方位的防控措施，感染及死亡人数得到有效的控制。疫情的中心已由亚洲转移至欧美地区，死亡人数亦是居高不下。

2021 年 4 月，新冠肺炎疫情在印度大规模暴发。世界卫生组织统计数据显示，印度在数周内感染及死亡病例持续升高，占全球病例的 38%。不过，总体来看，随着 2021 年部分国家疫苗的投入使用，同时各地区和国家对于新型冠状病毒已经积累了一定的防治经验，全球死亡病例逐渐出现下降的趋势。截至 2021 年 12 月 7 日，全球累计确诊病例数已超过 2.6 亿，累计死亡人数已超过 524 万③。在全球范围内，除美洲和欧洲地区每周死亡人数并无明显改变外，所有地区的每周新冠病例和死亡人数都大幅下降。

据世界卫生组织统计，截至 2021 年 12 月 7 日，累计发病率最高的区域是美洲和欧洲区域（见图 1），两个区域报告的每周死亡率均居高不下。从死亡人数来看，美洲累积死亡 2360315 人，占各区域死亡总数的 45%；欧洲累积死亡人数为 1569599 人，占各区域死亡总数的 30%。紧随其后的是东南亚及地中海东部地区，死亡人数分别为 711660 人和 310727 人，分别占比

---

① 沈晋明、刘燕敏：《探讨新冠病毒传播方式及防控对策》，《暖通空调》2021 年第 10 期。

② World Health Organization ，*COVID-19 Weekly Epidemiological Update* ，2020.12.29，https：//www. who. int/publications/m/item/weekly-epidemiological-update---29-december-2020，最后检索时间：2021 年 10 月 16 日。

③ World Health Organization ，*COVID-19 Weekly Epidemiological Update* ，2021.12.07，https：//apps. who. int/iris/bitstream/handle/10665/350244/CoV - weekly - sitrep7Dec21 - eng. pdf? sequence=1&isAllowed=y，最后检索时间：2022 年 12 月 26 日。

14%和6%；随后为非洲地区，死亡人数为153275人，占各区域死亡总数的
3%。最后为西太平洋地区，死亡人数为144204人，占比2%[①]。

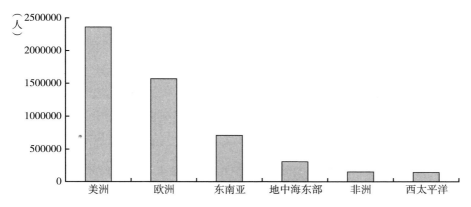

图1　世界各区域感染新型冠状病毒死亡人数（截至2021年12月7日）

就疫情严重的国家而言，根据测算，截至2021年12月7日，美国新冠
肺炎死亡人数为783521人，为世界各国死亡人数之最；随后是巴西、印度，
分别为620950人和475291人（见图2）；在欧洲地区，继2021年3~6月死
亡率急剧下降后，该地区死亡人数在7月再次飙升，此后一直保持在较高水
平。该地区报告死亡病例最多的为俄罗斯，累积死亡人数达到288732人，
其次为英国，死亡人数达到170914人。[②]

总体来看，2021年底，世界上多数国家的死亡人数呈现较大下降趋
势，但新增死亡案例的出现仍触目惊心。面对这一威胁全人类的突发公共
卫生事件，没有哪个国家能够置身事外。由于新型冠状病毒具有极强的存
活能力，患者在死亡后身体仍携带着感染性病毒。因此，除加紧研制新型

---

①　World Health Organization，*COVID-19 Weekly Epidemiological Update*，2021. 12. 07，https：//
apps. who. int/iris/bitstream/handle/10665/350244/CoV－weekly－sitrep7Dec21－eng. pdf?
sequence＝1&isAllowed＝y，最后检索时间：2022年12月26日。

②　World Health Organization，*COVID-19 Weekly Epidemiological Update*，2021. 12. 07，https：//
www. who. int/publications/m/item/weekly－epidemiological－update－on－covid－19－－－7－
december-2021，最后检索时间：2021年12月16日。

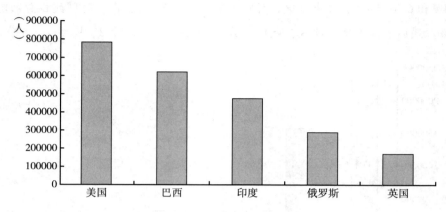

图 2　部分国家感染新型冠状病毒死亡人数（截至 2021 年 12 月 7 日）

疫苗、加强防护以防止新冠病毒的继续传播外，如何科学有效地处理感染新型冠状病毒死亡的遗体以避免继发感染，也成为一项重要的现实防疫问题。

二　部分国家在防疫期间对感染病毒死亡者遗体的处置对策

新冠肺炎疫情暴发以来，世界卫生组织及红十字国际委员会等国际组织的专家先后给出了一系列的防疫建议。2020 年 3 月 24 日，世界卫生组织公布了《COVID-19 背景下尸体安全管理的感染预防与控制临时指南》①，该指南对感染新冠病毒死亡的遗体的包裹、搬运、尸检以及埋葬方式的选择都有着明确的规定。同时，考虑到死者的尊严及其宗教文化传统，红十字与红新月会国际联合会、红十字国际委员会、世卫组织共同发布《COVID-19 背

---

① WHO. *Infection Prevention and Control for the Safe Management of A Dead Body in the Context of COVID - 19: Interim Guidance.* 2020. 3. 24. https://www. who. int/publications/i/item/infection-prevention-and-control-for-the-safe-management-of-a-dead-body-in-the-context-of-covid-19-interim-guidance，最后检索时间：2021 年 10 月 16 日。

景下在人道主义环境中管理死者临时指南》①，该指南旨在补充关于死者管理的其他指导，更加注重在人道主义环境中处理死者遗体，并为管理感染新冠病毒死亡的遗体提出切实可行的建议。上述指南中关于遗体处置方面的内容，可主要归纳为以下两点。

一是最优先保证参与处理新冠死亡病例的工作人员的安全。感染新型冠状病毒死亡的遗体一般不具备传染性，但在逝者的肺部和其他器官组织中可能会有新型冠状病毒存活，因此接触及处理遗体的人员必须严格遵照防疫要求。实际处理遗体的人员包括但不限于医疗从业者和医疗助理人员、死亡护理人员（包括法医、病理学家和其他法医专家）、尸检技术人员、负责遗体回收和运输的非法医人员、参与尸体处理准备的个人以及参与葬礼或其他纪念活动的个人。世界卫生组织专家建议，处置遗体的人员必须穿戴全套医用防护服，保护皮肤和衣物免受感染。防护用品一经使用，最好进行焚烧。工作人员在处理遗体后，应当严格用肥皂水洗手 20 秒，并对可能接触到感染身体的部分进行消毒。此外，死者的个人物品也可能继续造成交叉感染。将物品归还给亲属时，必须佩戴医用手套用 75% 的酒精仔细消毒，死者的衣服也必须用高温（60℃~90℃）的水加洗衣剂洗涤。

二是应当始终维护逝者的尊严，尊重逝者的文化和宗教信仰。根据当地文化和宗教背景，各国对感染新型冠状病毒逝者遗体的最终处置方式有所不同。世界卫生组织主张，对死于新冠肺炎的人进行土葬或火葬。在预计死亡率很高的地区，地方当局和受影响社区可以指定具体的地区埋葬死者。出于对逝者的尊重以及便于日后的纪念，逝者须葬于单独的坟墓中。对于有宗教信仰的逝者，必须按照其所属宗教的仪式安排葬礼。对于身份不明的遗体，不应将其随意火葬，应当做好标记后进行埋葬。在对逝者进行土葬或火葬时，必须穿戴医用防护设备，做好卫生防疫准备。

---

① WHO. *COVID-19 Interim Guidance for the Management of the Dead in Humanitarian Settings.* 2020 July. https：//interagencystandingcommittee. org/system/files/2020-07/Interagency%20COVID-19%20Guidance%20for%20the%20Management%20of%20the%20Dead%20in%20Humanitarian%20Settings%20%28July%202020%29. pdf，最后检索时间：2021 年 10 月 16 日。

在世界卫生组织等机构的指导建议下（见表1），各国纷纷就本国疫情发展状况，制定了死于新冠肺炎患者的遗体处置方案。下面仅就我们搜集到的部分国家的有关资料，介绍其相关措施如下。

表1 世卫组织关于在COVID-19传播期间的遗体处理中使用个人防护设备的指导

程序	手部卫生	一次性手套	医用口罩	呼吸器（N-95或类似）	长袖防护服	面罩（首选）或护目镜	橡胶手套	围裙
包装和运输尸体	是	是	当有溅起风险	–	是	当有溅起风险	–	–
太平间	是	是	是	仅有气溶胶时	是	是	–	–
尸检	是	是	–	是	是	是	是	是
宗教关怀及家属对遗体的接触	是	是	–	–	是	–	–	是

（一）美国

新冠肺炎在美国强势传播，使得其人口死亡率不断攀升。为妥善处置新冠肺炎死者的遗体，防止病毒通过尸体传播，美国疾病控制和预防中心（CDC）发布了关于COVID-19死者验尸和搬运指南，该指南对于验尸过程、遗体的运输以及验尸产生的医疗废物的处理都有着详细的建议。文件中指出，接触过新冠肺炎遗体的人员，包括进行尸检和收集或处理标本的人员，都有感染新型冠状病毒的风险。因此，所有参与人员都需接受政策和程序的事先培训，明确遗体处理的流程和注意事项。在验尸过程中，工作人员应当严格遵守个人防护建议，穿上长袖防护服以保护皮肤和衣服，佩带护目镜或面罩以保护眼睛，使用配备N-95或高效过滤器（HEPA）的电动空气净化呼吸器（PAPRS）等。结束验尸后，工作人员应当将一次性医疗废物丢弃在指定位置，可重复使用的防护工具（例如护目镜、面罩等）必须在重复使用前进行清洁和消毒。同时，工作人员必须立即用肥皂水或用含有 60%~95%酒精的洗手液洗手 20 秒。在任何时候，工作人员都应当避免用戴手套或未洗过的手触摸眼部。虽然新冠遗体携带的病毒在非解剖环境下传播的风险很低，但是，在运输尸体时，可能会溅出液体。为避免感染，除上述防护措施外，工作人员在搬运尸体时还应当佩戴非无菌亚硝酸盐手套，避免直接接触尸袋。在搬运过程中，应遵循标准的尸体装袋程序，谨慎判断是否可能发生身体包穿刺、撕裂或故障的风险，并对袋子外面进行消毒①。

关于新冠病毒感染死者的葬礼，美国疾病控制和预防中心指出，死于 COVID-19 的人可以被埋葬或火化，但是应检查部落、州、地方或地区是否对处置某些传染病感染死亡患者的遗体有其他要求。在葬礼上，聚会人数应当限制在 10 人或更少，同时每人都应佩戴口罩并保持 6 英尺以上的距离。除对葬礼的方式及规模做出规定外，美国疾病控制和预防中心还考虑到部分群体的丧葬福利。例如美国印第安人和阿拉斯加原住民退伍军人的配偶和家庭可以获得安葬津贴和援助，以减轻丧葬负担②。

（二）加拿大

2020 年 3 月 29 日，加拿大安大略省政府就新冠肺炎疫情期间的新冠感染遗体处置出台了指导文件。在文件中，安大略省公共卫生局指出，在处理程序开始前，应确保所有仪器和用品都是一次性的，或在处理程序完成后立即进行清洁和消毒。在处理遗体时，工作人员应始终遵守职业健康安全指南，与遗体密切接触的个人必须佩戴手套、口罩、防护服以及鞋套等防护设

---

① Centers for Disease Control and Prevention. *Collection and Submission of Postmortem Specimens from Deceased Persons with Confirmed or Suspected COVID* - 19. 2020 December 2. https://www.cdc.gov/coronavirus/2019 - ncov/hcp/guidance - postmortem - specimens. html # human - remains. ，最后检索时间：2021 年 12 月 19 日。

② Centers for Disease Control and Prevention. *Recommendations for Tribal Ceremonies & Gatherings.* 2121 september 30. https://www.cdc.gov/coronavirus/2019 - ncov/community/tribal/ceremonies - gatherings. html? CDC_ AA_ refVal = https%3A%2F%2Fwww. cdc. gov%2Fcoronavirus%2F2019 - ncov%2Fcommunity%2Ftribal%2Ffaq - burial - practice. html. ，最后检索时间：2021 年 12 月 19 日。

备，以防止病毒传播。由于遗体肺部可能有新型冠状病毒存活，因此在处理过程中，要避免不必要的身体操作，以免从肺部排出空气。在与遗体接触之后，须认真清洗双手。由于宗教或文化习俗，家属与遗体的接触不可避免，家属在查看遗体时应尽可能减少接触或佩戴好防护手套等①。

为进一步指导加拿大国内遗体处置方式，2020 年 9 月 23 日，加拿大公共卫生局与加拿大公共卫生、感染预防和控制专家以及加拿大殡葬服务协会合作编写了《临时指南：COVID-19 大流行期间的死亡护理服务和尸体处理》，该指南对于感染新冠肺炎死亡遗体的处理及遣返、葬礼仪式以及社会心理的考虑都有具体的规定。该文件指出，虽尚不清楚尸体传播病毒的风险与否，但确定新型冠状病毒可在实验环境中存活数小时乃至数天。因此，环境和设备清洁以及个人卫生是遗体处理过程中应当考虑的关键因素，为保证工作人员的安全，应使用医用级消毒剂对处理遗体的设备和设施进行彻底的消毒。在处理尸体时，工作人员应保持手部清洁、使用 PPE 及确保环境清洁。运送尸体时，应将医疗面罩或棉布放置在遗体的鼻腔及口腔上，同时要注意对腹部和胸部施加最小的压力，以防止病毒从肺部溢出。②

（三）欧盟

由于疫情的迅速扩散，欧洲逐渐成为新冠肺炎感染及死亡的重灾区。有鉴于此，欧洲疾病预防与控制中心发布文件，旨在指导欧盟成员国及英国公共卫生部，以安全的方式处理确诊新冠肺炎死者的遗体。文件对于处理遗体时的注意事项有明确的规定，首先应当明确参与遗体处理的专业群体，除医疗人员外，还包括初级护理人员、太平间工作人员、殡仪机构人员、交通服

---

① Ontario Ministry of Health. *COVID-19 Guidance：Funeral and Bereavement Services*. 2020 March 29. http：//www. health. gov. on. ca/en/pro/programs/publichealth/coronavirus/docs/funeral _ bereavement_ guidance. pdf. ，最后检索时间：2021 年 10 月 16 日。

② Public Health Agency of Canada. *Interim Guidance：Death Care Services and Handling of Dead Bodies during the Coronavirus Disease（COVID-19）Pandemic*. 2020 September 23. https：// www. canada. ca/en/public-health/services/diseases/2019-novel-coronavirus-infection/guidance-documents/death-care-services-handling-dead-bodies. html. ，最后检索时间：2021 年 10 月 16 日。

务人员、宗教代表等，提供足够使用的个人防护用品（PPE）。同时，遗体
应由经过充分培训的工作人员来负责处理，工作人员在处理过程中应穿戴适
当的 PPE，尽量减少与尸体或体液的直接接触。同时，遗体的处理方式因
当地的文化及宗教背景而异，应当确保处理方式可以被接受①。

　　作为欧洲主要国家之一，英国在疫情传播初期就开始商讨对于死于新冠
肺炎病例的处置。2020 年 3 月 19 日，英国公共卫生部与英国皇家病理学院
和解剖病理学技术协会共同编制了《COVID-19 流行期间死者处置指南》
（见表 2）。与加拿大相比，英国关于新冠肺炎死者的处置要求则简单许多，
仅涉及必要的预防措施汇总。同时，该指南指出，原则上新冠肺炎死亡人员
不需要使用尸袋，但在维护死者尊严以及防止停尸房环境感染的情况下，才
可能需要使用尸袋②。从这点规定来看，相较于加拿大，英国对新冠感染遗
体的处理稍显宽松，这也从侧面反映出英国防疫的力度仍须加强。

表 2　英国新冠感染遗体处置过程中防护措施使用指南

防护设备	非尸检程序 ·接受死者 ·死者登记 ·家属探视 ·运送死者	尸检及其他侵入性手术
一次性手套	是	是
一次性塑料围裙	是	是
一次性长袍	否	是
外科口罩（FRSM）	是	否
过滤面罩（3 级）	否	是
一次性护目镜	是	是

① European Centre for Disease Prevention and Control, *Considerations Related to the Safe Handling of Bodies of Deceased Persons with Suspected or Confirmed COVID-19.* https://www.ecdc.europa.eu/sites/default/files/documents/COVID-19-safe-handling-of-bodies-or-persons-dying-from-COVID19.pdf., 最后检索时间：2021 年 10 月 16 日。

② Public Health England, *COVID-19: Guidance for Care of the Deceased*, 2020 March 31. https://www.gov.uk/government/publications/covid-19-guidance-for-care-of-the-deceased, 最后检索时间：2021 年 10 月 16 日。

针对新冠肺炎疫情期间的葬礼或纪念性活动的安全问题，英国政府呼吁参加葬礼的人员须与他人保持距离，务必采取措施保护自己和他人免受新型冠状病毒感染。如果可能的话，尽量选择远程参与。然而，该指南中提到，对于正处在隔离期间的获得法律豁免权的人，仍可以离开自我隔离区去参加葬礼，这无疑加大了英国疫情防控工作的难度①。

从以上几个国家来看，国际上主要国家对新冠感染遗体的处置方式虽在细节上有所不同，但总体上仍是遵循了世界卫生组织指定的标准，并都考虑到地域文化及宗教信仰的差异。

三　有关国家在应对新冠感染遗体中遭遇的主要问题

自疫情暴发以来，我们便一直密切关注国际上部分国家处置因感染新型冠状病毒死亡者的遗体的方式。通过广泛浏览中文和部分英文网站，并咨询所在国的相关人员，我们重点收集了美国、英国、意大利和印度等国家的相关资料。现将有关国家在应对新冠肺炎疫情期间在殡葬领域遭遇的主要问题和相关措施，总结如下。

（一）殡葬服务资源难以为继，是新冠肺炎疫情严重国家面临的共同问题

同医疗资源领域出现挤兑现象一样，由于感染新型冠状病毒的患者死亡量的剧增，殡葬服务领域同样会面临巨大的压力。在新冠肺炎疫情严重国家的一些城市，殡葬服务资源便面临着严峻挑战。

美国是新冠肺炎死亡患者最多的国家。就在新冠肺炎疫情在美国肆虐之

---

① Public Health England，*Coronavirus（COVID-19）：Guidance for Funerals and Commemorative Events During the Coronavirus Pandemic*. 2020 April 19. https：//www. gov. uk/government/publications/covid-19-guidance-for-managing-a-funeral-during-the-coronavirus-pandemic/covid-19-guidance-for-managing-a-funeral-during-the-coronavirus-pandemic. 最后检索时间：2021 年 10 月 14 日。

际，不断累积的死者使美国的殡葬业遭受了巨大压力。加利福尼亚州，是美国新冠肺炎疫情较为严重的州之一。截至 2021 年 3 月 6 日，加利福尼亚州累计有 348.8 万人感染新冠肺炎，累计死亡超过 5.3 万例。日益累加的死亡人口，使加利福尼亚州的殡葬服务机构和服务人员压力倍增。① 作为美国的第一大城市，纽约是美国疫情最为严重的地区。在 2021 年纽约疫情最为严重的几个月内，全市每天死于新冠的人员一度达到数百人。由于殡葬服务资源有限，纽约的殡仪馆和墓地不堪重负。于是，纽约市的医院和殡葬服务机构不得不订购了能够容纳多人甚至数十人不等的冰柜或冷藏拖车，用于存放和运输不能及时下葬的遗体。与此同时，由于公墓空间即将告罄，纽约市政府还在人口稀少的史丹顿岛（Staten Island）开辟了专门的埋葬区，在挖掘出的长条形墓沟中集中深葬没有亲属认领的遗体。此外，政府部门甚至考虑将有关公园开辟成为临时墓园。② 除了加利福尼亚和纽约外，美国其他的州如得克萨斯州等也面临着同样问题。

在欧洲，英国、意大利、法国、德国等国家同样面临过疫情肆虐的时期。不断增加的死亡人口，同样使这些国家的城市殡葬服务机构压力巨大。2020 年 4 月，英国每天死于新冠肺炎的人数达到上百人。伦敦的殡仪馆和附近公墓的人员，处于"超负荷"状态。特别是随着伦敦附近公墓的迅速供不应求，英国政府不得不在位于伦敦东南方向的奇斯赫斯特（Chislehurst）地区的肯纳尔公园（Kemnal Park）开辟新墓地，并决定集中安葬逝者。由于空间有限，为了节约土地，每个墓穴中容纳 10 具遗体。除此之外，英国政府还拟再新建 6 处穆斯林公墓，主要用于安葬伊斯兰聚居区

---

① 《美国新冠肺炎疫情 美国：工作量激增 加州殡葬业工作者压力大》，中央电视台节目官网，http：//tv.cctv.com/2021/03/06/VIDEygiWpQ09dW7JHNu9M3NM210306.shtml，最后检索时间：2021 年 10 月 12 日。
② 《纽约人口最稀疏小岛，埋葬新冠肺炎逝者墓地超负荷》，百家号百度：https：//baijiahao.baidu.com/s？id=1664575950245595656&wfr=spider&for=pc，最后检索时间：2021 年 10 月 12 日。

大量去世的病人遗体。[①]

意大利在新冠肺炎疫情的防控上，亦面临"至暗时刻"。2020年3月，意大利的死亡人数陡然上升，这让部分地区的殡葬服务机构不堪重负。米兰附近的贝加莫是当时疫情比较严重的城市之一。为了应对迅速增加的死亡人口，当地政府不得不将当地墓地的教堂改为太平间。即便当地的火葬场24小时运转，都无法应对不断攀高的死亡率。[②] 为了加快处置感染新型冠状病毒死亡者的遗体，不得不出动军车将棺木拉到附近城市的火葬场进行火化。除了贝加莫，意大利北部的皮亚琴察等省份均遭遇了类似的问题。[③]

印度也同样遭遇到这一问题。在疫情最为严重的时期，印度的殡葬服务机构陷入瘫痪。在2021年3月以后，印度的疫情日渐严重。特别是进入4月中下旬以后，印度的疫情逐渐失控。进入6月后，最严重时日增感染者超过30万人。印度的医疗系统不仅早已不堪重荷，在大量的人口死亡下，火化能力也消耗殆尽，公共卫生防疫体系几尽崩溃，死亡与恐惧在印度弥漫并流行。由于殡葬服务机构已没有能力再处理遗体，民众只得砍伐树木，采用自行焚烧的传统方式。相关事例被国际媒体纷纷报道，用"人间炼狱"形容并不为过。[④]

（二）妥善处理防疫与宗教信仰和习俗间的关系是多数国家需要面对的另一重要问题

随着新冠肺炎疫情在全球的肆虐并呈现常态化特征，对于生活在这个

---

① 《英国确诊新冠的穆斯林人数太多无法下葬，墓地抓紧赶工挖掘万人坑》，搜狐网，https：//www.sohu.com/a/387954599_120123485，最后检索时间：2021年10月12日。

② 《意大利：墓地小教堂被迫改为停尸房，火葬场24小时工作》，新浪网，http://k.sina.com.cn/article_2381596945_8df4491100100n6mz.html，最后检索时间：2021年12月26日。

③ 《意大利新冠肺炎死亡人数超过4000，有火葬场停尸空间不够》，澎湃新闻，https：//baijiahao.baidu.com/s？id=1661770859261782561&wfr=spider&for=pc，最后检索时间：2021年12月26日。

④ 《印度火葬场崩溃，大批遗体露天架火焚烧》，百家号网，https：//baijiahao.baidu.com/s？id=1697817514243125141&wfr=spider&for=pc，最后检索时间：2021年12月19日。

时代的人们来说，无异于一场"梦魇"。特别是一些国家在疫情的突然袭击下全面失控，国家卫生防疫体系几近崩溃，更是使得人们生产生活雪上加霜。迅速而有效地控制住疫情，自然是每个国家政府部门的重要责任。遗体火化，是一种迅速消灭病毒、切断传染链条的有效途径。在新冠肺炎疫情的严重时期，多数国家都采取了火化遗体的方式，对于防控疫情起到重要作用。不过，由于国情的不同，在一些宗教信仰多元的国家，在政府部门的防疫举措和宗教信仰之间，也出现了一定的紧张。

上文所提到的印度，也是一个宗教信仰多元的国家。据最近的人口统计，印度近80%的人口信仰印度教，大约14%的人口信奉伊斯兰教，略高于2%的人口信仰基督教，另有约4%的人口信奉锡克教、佛教等。印度教徒通常火化，而穆斯林和基督徒传统上选择土葬。在印度新冠肺炎疫情尚可控时，死于新冠肺炎的穆斯林被埋葬于穆斯林公墓。但是，在疫情失控的情形下，最后不得不采取了火化的形式。

除了上述两点之外，综合有关资料来看，部分新冠肺炎疫情严重的国家在殡葬领域也面临着殡葬服务人员数量短缺、殡葬设备用品（如尸袋）不敷使用、殡葬服务场所空间狭小等问题。特别是在面对新型冠状病毒的强传染性下，不少国家的殡葬服务场所的信息化、自动化水平有限，很多服务项目必须人工动手、采用"人海战术"，增加了服务人员感染病毒并再传播的可能性。如此等等，都值得高度重视和总结。

四 值得总结的经验与启示

通过对世界上部分疫情严重的国家在新冠肺炎疫情期间遗体处置方式的梳理，可以发现，有关国家的做法，对于进一步完善我国突发公共卫生事件的防疫机制，具有一定的参考价值和启示意义。

（一）加大社交距离、进行专业化卫生防护是殡葬领域疫情防控的重要举措

红白喜事的举办，都是集体性行为。而疫情期间的人员聚集，显然是病

毒传播的重要途径。从世界范围来看，在疫情严重的时期，基本上每个国家都提倡丧事简办。多数国家都暂时关闭了宗教场所，以减少规模性聚集。如在土耳其，只有家属才被允许参加葬礼前的清洗仪式，只有近亲才能参加葬礼，并且禁止哀悼者接近棺材做最后的告别。当然，也有个别国家在殡葬领域"大意失荆州"，导致疫情反弹。如当世界卫生组织专家称一般遗体不具有传染的危险后，伊拉克政府竟允许逝者家属自行将集体埋葬的逝者从墓地中挖出清洗再葬，结果引起了多名民众感染新型冠状病毒，为世界各国疫情防控提供了反面教材。

（二）切实加强殡葬服务资源应急保障能力建设

国际上疫情严重的部分国家，在应对突发疫情下的相关经验和教训，体现着加强殡葬服务资源应急保障建设的必要性。换句话说，有必要考虑将殡葬服务单位纳入国家应急管理体系，将突发疫情期间的处置遗体费用纳入公共财政体系。在我国自然灾害和突发公共事件逐年增多，特别是在疫情防控常态化的背景下，建立殡葬物资的储备制度以备不时之需已非常必要。此外，须加强殡葬服务场所的智能化、信息化建设。科技力量在社会治理中具有极其重要的作用，但是从一些国家在这次疫情防控中的表现来看，并没有很好地发挥这一作用。不断提高殡葬服务设施、设备以及处理手段的智能化、信息化水平，有利于殡葬管理部门对本地区殡葬人员技术、设备设施等方面信息的全面了解，进而合理调配和充分保障殡葬服务资源的科学合理使用，以备突发事件发生后的应急管理和有效应对。

（三）对"一刀切"的遗体防疫措施可能带来的负面影响应有充分预估

重大突发公共卫生事件下的国家卫生防疫举措与民族宗教习俗禁忌间的张力和矛盾，在人口死亡日趋累积的条件下会不断凸显，这是一个非常值得探索的重要前沿课题。换句话说，如果在防疫过程中忽视了宗教的生活习俗禁忌影响，可能会带来群体性事件。在疫情严峻时期，印度尼西亚对死于新冠肺炎的穆斯林采取了未进行大洗便予以埋葬的处置方式。此项措施与伊斯兰传统丧葬习俗产生冲突，一些地区发生民众为给死者"体面的葬礼"而不顾感染病毒的风险强行从医院盗走遗体的事件。这不仅给防疫带来了障碍，同时也增大了疫情传播的概率。

（四）研究并制定突发事件下大规模死亡人员的遗体处置预案已非常必要

此次新冠肺炎疫情来势迅猛，在人口众多、疫情严重的国家，迅速增加的死亡人员对当地墓葬资源形成了巨大的压力。由于新型冠状病毒死亡病例"井喷式"增长，很多国家的墓地不敷使用。相关事例表明，探索突发事件下大规模死亡人员的遗体处置预案研究非常必要。由于应对疫情不力，包括美国在内的一些国家在新冠肺炎患者死亡人员的遗体处置上非常被动，暴露出不少问题，不仅遭到国内的批评，同时也引发国际社会的关注甚至指责。对于政府部门而言，在重大突发公共卫生事件下，能否及时提供墓葬资源并在尊重有关宗教生活习俗的基础上创新葬式、葬法，也将是考验政府部门应变处突能力和综合社会治理能力的一个重要方面。

（五）加强对国外典型国家突发公共卫生事件应对机制研究

此次新冠病毒的全球大流行，给世界各个国家都带来了程度不同的影响，每个国家也都采取了防控疫情的应对措施。在殡葬服务和管理上，不少国家也都在探索适合本国国情的应对模式。在殡葬服务资源的储备与紧急调配、殡葬方式的临时变通、殡葬用车的防护设置、特殊殡葬服务设置的研发以及社会力量的介入等方面，都有值得重视和研究的做法。与此同时，也有一些国家在殡葬管理和服务上应对不力，相关教训值得认真总结。建议有关政府部门、殡葬行业协会以及科研院所、高校系统加强对国外典型国家突发公共卫生事件应对机制的研究，为我国突发公共卫生事件下殡葬服务体系和综合服务能力的提升提供借鉴。

G.14
北京市"生态+人文"相结合的
殡葬事业发展方向研究
——以市属殡葬事业单位深化改革转为企业为例

靳铁丽*

摘　要： 近年来，北京市深化殡葬改革走出了一条转企改制的新路。本研究报告主要以北京市属殡葬事业单位深化改革转为企业为例，介绍了北京市殡葬的背景情况、新面貌、新变化，确定了生态与人文相结合是殡葬事业发展的方向，分析了这个正确的发展方向要以制度保障为前提，从四个方面探讨了生态殡葬与人文殡葬相结合的理念方式，分别是：以生态设计为环境+以人文赋能为支撑的结合方式、以生态物质为载体+以人文传承为表达的结合方式、以生态举措为基础+以生态纪念为平台的结合方式、以生态理念为导引+以人文传承为对话的结合方式。本文通过介绍这些改革实践和具体思考将对我国各地区殡葬事业的健康和有序发展具有借鉴和参考的意义。

关键词： 生态殡葬　人文殡葬　殡葬事业

殡葬活动具有天然的生态和人文属性，死亡本身是一个从有到无的过程，这个过程必然是回归自然，而其中带有强烈的精神追求。北京市的殡葬

---

* 靳铁丽，北京市八宝山礼仪公司工会副主席，北京市联营公墓管理所业务科原科长，国家墓地管理员考评员。

事业一直备受关注和重视，经过多年的长足发展，在"公益普惠、民生保障"方面一直走在全国的前列，在全国具有引领示范意义。然而20世纪90年代后随着其他省份殡葬事业改革的持续推进和制度创新力度的不断加大，北京市属殡葬事业的生态面貌和人文面貌虽然也日新月异，但是横向对比其他省份的进步，优势地位则日渐滑落。2018年民政部等16个部门联合下发的《关于进一步推动殡葬改革促进殡葬事业发展的指导意见》为北京市殡葬事业在生态和人文的发展道路上进一步指明了方向。为了推动首都殡葬改革和殡葬事业健康发展，走出一条国家政策指向、人民群众期盼的发展道路，北京市属殡葬事业主要在丰富殡葬文化内涵、深化绿色生态模式两个方面进行了持续的融合和探索。本文从北京市属殡葬事业单位转企改革为视角，探讨"生态+人文"相结合的殡葬事业发展方向。

一 背景情况

2021年之前北京市有经过正规审批的公墓单位33家，其中14家为市属事业单位，这些单位对于生态与人文相结合的发展方向尽管非常认同，现实中大部分单位却要面对很多难题，包括公墓陵园的整体发展规划不完善；设施没有体现生态和人文元素；土地资源紧张、利用方式过于粗放；生态安葬还停留在价格低简单化的状态；对于有文化内涵的"精神体验式"殡葬服务需求无法满足；环境的价值被忽略、葬后服务欠缺；建设资金投入的需求无法实现；对于人文精神和历史积淀的弘扬力度不够等。长期事业单位体制和人员队伍思想意识的惯性形成了守成有余、创新不足的状态，因此单位出现了发展后劲不足等问题。

为了解决好上述问题，2017年以来北京市积极推进事业单位转企改革，以此作为推动殡葬事业科学发展的重要抓手；截至2021年底，北京市有10家墓园事业单位已经完成了转企改革，为生态与人文相结合的发展道路做好了体制机制方面的保障，逐步建立产权清晰、权责明确、政企分开、管理科学的现代企业制度，走出了创新发展的新模式。

（一）建立企业化运作模式

让企业具有了自主决策权、自主经营权，可以自由灵活地参与竞争。企业运用现代化企业的资产管理、成本核算、成本控制、风险管理、财务制度、人才引进、绩效评价等模式，建立了专家评审委员会，注重资金投放的效率和效益，有效地保障生态殡葬理念和人文殡葬理念落到实处。

（二）优化企业机构设置

企业内部机构一方面根据市场发展和客户需求设置，减少了行政色彩，建立项目管理部门，研究殡葬文化理念、深化服务品牌。聘请既有专业的墓碑、园林景观等高水平设计能力，又熟悉殡葬文化、懂得消费者的心理从而能将"生态+人文"内涵融入构想中的团队，从全局高度合作，全方位开展整体深化设计。另一方面设置了直接面对客户的服务项目部，在部门设置上有创新、针对性地对客户的生态化需求和人文化需求做好服务和理念传播。

（三）发挥激励机制和人才引进机制

建立了按岗定薪的新模式。既打破了薪酬大锅饭，风险、责任、贡献和收益挂钩，又有效地激发了职工的能动性和干事创业的强动力。

二 "生态+人文"相结合发展方式的实践和思考

深化改革后企业化运营是更高效地发挥各种资源利用的作用，将目标和方式有效地结合成为有机整体。北京八宝山礼仪有限公司作为总公司以"解读生命意义，崇尚生命尊严，记录生命过程，传承生命文化"为己任，旗下的市属墓园，深挖生态化发展潜力，确保人文化发展活力，发挥了国资企业的表率作用，持续探索着"生态+人文"相结合的发展方向。

（一）以生态设计为环境+以人文赋能为支撑的结合方式

生态化的环境和人文化的内涵互为表里。一个殡葬单位的整体规划尤为重要。由于北京市属公墓都已建园多年，只能结合现有条件开展。按照"尊重、抢救、修饰、平衡"的原则，对每个墓园历史、现状、特点进行科学定位再规划；分片、分点开发建设，截至 2022 年 2 月已完成 12 家墓园"一园一品"规划方案设计工作。对比进行"生态+人文"设计之前，预计新增墓穴约 15 万个，有效地提升了土地的附加值。

1. 注重环境的表现力

利用地形、地貌、自然山水、植物和历史文化遗址等自然、人文条件，寻找特色，科学合理布局，营造公墓与环境、人与自然共存和谐的良性循环空间，达到公墓土地利用与文化氛围相融合的境界。树立公墓园林化的意识，通过优美的生态环境和现代设施，给人以悦目的风貌、治愈的感受。通过三维空间和植物四维时空的综合设计，采用有障有蔽、有透有漏、有疏有密、有张有弛等手法造景，寄托感情，启迪智慧，提升人文精神。储备用地较少的墓园，要一手抓老墓改造，一手抓微环境建设，通过二次规划进一步改善墓区环境。具备条件的墓园结合本单位情况，合理设计公墓的景观大道、公共纪念场所、陈列馆等，使之更加科学且兼顾特点，通过对墓园合理划分和科学布局以及对山形地貌和水的顺势利用，墓园建筑、人文设施与自然逐渐协调，成为一个整体。

2. 做好节约用地的循环利用

根据土地可以循环再生利用的属性，土地资源紧张的单位要积极探索建立永久性深葬形式，实现公墓土地的循环再生、永续利用。要遵循达到对环境破坏的最小影响，科学的、人文的、可持续性发展的原则，遵守就地取材的原理，提高使用效率，尽可能减少能源、土地、水等资源的浪费。在准备开发使用墓区时，充分考虑每一层的位置、形状、护坡的高度等地理因素，确定墓区的服务定位，设计最适合放置的墓型，配置最合理的景观及绿化物。

3. 营造人性化的纪念氛围

从方便和体贴客户的角度出发，设计并创造出体现情感、便于祭祀活动的空间。提高短、中、长期规划的协调性，正确处理落实规划设计和现实问

题的关系。首先要做好人文纪念区和一般墓区的区分。人文纪念区细分不同有内涵的主题区，例如爱国英雄园、劳模园、刑警墙、儿童区、教师区、军人区等，所有规划好的区域都要有自己的定位和特色，让归属感更加浓厚，让逝者生前的精神文化得到展示和传承，逐渐深入人心。观赏区的设计要体现艺术性和精神传承性等价值观，一般墓区的单墓占地越做越小，通过时间的积累，墓园的整体观赏性和文化积淀不断提升。

4. 墓园环境的艺术化效果

通过对三维空间和植物时序的综合设计，可达到对环境破坏的影响最小，遵循人与自然环境和谐的原则，不断满足"墓区墓穴容积率的最大化""绿化美化的最大化""文明传承和人文纪念氛围的最大化"三者之间相互融入的均衡要求，创造良性循环的生态空间。首先，对于老墓区排排坐的低档墓要用高于墓碑的立方形松树进行全面遮挡，增加绿化率的同时更能提高好的视觉效果；在墓区环境改造工程中，对老墓区基础设施如护坡、甬道进行维修装饰，在确保长期安全使用的前提下兼顾美化效果。采取增加绿化等办法对老墓区低档墓区进行遮挡，并加大老墓改造的宣传及实施力度，通过各种方式改善老墓区的视觉效果，提升陵园整体形象。其次，注重美学原理的应用，运用节奏与韵律、统一与微差、对比与协调等美学原则，注重环境的改造、意境的营造，强调意与形的统一、情与景的交融。以多姿多彩的动态和静态的形式提供美感，提升人文精神。创造出自然美、生活美、绘画美、书法美、建筑美、园林美的综合艺术表现力，使墓园获得良好的视觉效果。最后，在规划具体实施过程中要充分体现殡葬文化的发光点。在新墓区、老墓区增加历史、人文、典故方面的雕塑景观，增加文化氛围，创造出有实用价值、生态价值和文化价值的公墓陵园景观。

（二）以生态物质为载体+以人文传承为表达的结合方式

物质载体是缅怀逝者的精神寄托目标，生态化的形式和人文化的内涵可以让其形神兼备。北京市属事业单位转企改革让企业可以更加专注于让相关物质载体更加精品化、多样化，让客户可以体验到更多具有精神内涵的人文服务。

1. 注重墓碑本身的艺术性和社会价值

墓碑本身作为人生最后的一个标记物应予以充分重视。殡葬园区的园林绿化除了美化环境、改善生态外，更应体现出殡葬特点。墓碑设计以殡葬文化为基础，结合美学文化、园林文化、雕塑文化等元素，构建出墓碑的不同个性，不但满足了客户祭奠缅怀先人的需求，而且通过形神兼备的墓碑设计让客户得到精神启迪、人生感悟以及对历史的了解。每一个人的人生都是一部历史，是家庭乃至社会的一笔重要精神财富，对其后人来说都需要保存、记录和传承。殡葬单位可以作为精神财富的收集整理人、传播发扬人。充分了解逝者的人生经历、兴趣爱好、对社会的贡献，结合家属的意愿，逐步形成墓志铭、电子墓志铭、生平档案及物品展示等，让每一个逝者可以用文字和物品与人交流，让安葬形式成为人文纪念的载体。

2. 创新具有生态化人文化双重属性的安葬形式

在墓碑小型化、微型化、环保化的基础上进一步深化安葬形式：地下不建硬质墓穴、地面不建墓基，最大限度降低地上硬化面积，并鼓励家属采用合葬方式提高单个墓位使用率。通过生态葬式安葬，使用可降解容器或直接将骨灰藏纳土中，隐藏硬质墓穴和墓碑，通过小区域非常优美的生态环境引导家属不再把关注力仅仅局限在个体墓穴的大小上，而是把整体区域的自然环境所在的"空间"作为精神寄托的载体；客观地看待生命物质形态的消逝，看轻、看淡遗体和骨灰的安置，转而把关注力侧重在逝者精神和思想的传播和发扬上。具体做法有以下几种葬式。一是地下宫殿地上美化做法。在地下建设骨灰格位，地上青山绿水与人文纪念并举。二是主题人文景观和标记物相结合做法。结合逝者的生平和对社会的贡献，设计区域主题生态庭院或生态景观，突出精神传承结合一些微型可遮掩的小墓碑或标志物，突出重精神轻物质的人文内涵；可以选择在树木旁散撒，并在树上挂纪念性标志牌，或在树下设立一块小巧的标志物，刻上已故人的生平或是趣事以示纪念，或在草坪、疏林草地中散撒，可以依托绿地中散置的山石、小品等园林物质作殡葬标志物等。三是纪念庭院和生平事迹相结合做法。利用堂室和现代科技的声效、灯光以及模拟现实技术营造纪念馆的体验感，让步入的人可以体验到逝者群体的精神洗礼，骨灰撒散到一个特定区域不留任何标记物。堂室结合各单位不同情况有回廊式、四合院式、多层复合式等。让安葬载体越来越小，追思空间越来越大，不断引导"除非有人文价值否则不需占用任何土地资源"的殡葬发展新方向。

（三）以生态举措为基础+以生态纪念为平台的结合方式

为了贯彻落实好生态安葬理念的引导和深化，北京市在海葬和生态葬两方面都制定了重要举措。有代表意义的是骨灰海撒活动和长青生命纪念园生态安葬活动的落实。这两项重要举措特别强调了人文文化殡葬服务，让逝者家属在整个过程中感受到文化的熏陶，体会到殡葬文化的核心：缅怀、感恩、陶冶心灵、向生命致敬。

1. 北京市骨灰海葬活动

自1994年开始到2022年已28年，北京市一共组织海葬613批次，安葬骨灰25629份，随行家属81042人。在疫情出现之前，海葬业务逐年快速增长（见图1），年均增幅约20%。2015年北京市骨灰海葬活动顺利通过了国家标准化管理委员会专家组验收，办理单位成为全国殡葬领域首家国家级骨灰海葬服务标准化试点单位。截至2021年底，建立了47项标准，全面覆盖骨灰海葬服务，形成了1042模式，即十免费、四便利和两公祭紧密结合的模式，充分体现了生态理念和人文内涵的有机结合。"十免费"是指乘车、乘船、鲜花、出行保险、公证、全程医疗救护、自助用餐、纪念视频、环保骨灰盒等10大类30余个项目家属可以享受免费服务；"四便利"是指在办手续以及日后的长期服务中享受提前预约、快递上门、电话提醒等多种便利服务；"两公祭"只指在清明节期间，分别在天津、北京举行海上、陆上公祭活动，为家属提供祭奠追思服务。

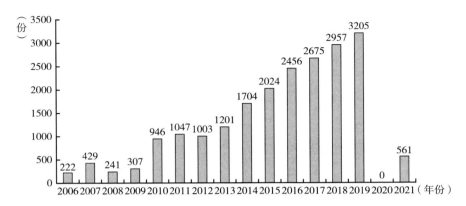

图 1 2006~2021 年度北京市骨灰海葬数据

2. 北京市骨灰自然葬活动

2017 年,北京市长青生命纪念园被确定为全国殡葬综合改革试点单位,2019 年 11 月被列入全国 36 个殡葬综合改革试点优秀案例名单,2020 年北京市长青生命纪念园在中国殡葬协会举办的"创新生态安葬、引领绿色发展"活动中,荣获生态墓园实例"创新案例奖",在全国行业内起到示范引领作用。在疫情的影响下,2021 年度自然葬数量依然创造了历史新高(见图 2)。

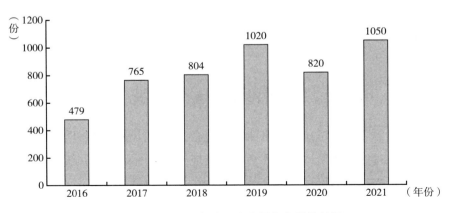

图 2 2016~2021 年度北京市骨灰自然葬数据

3. 北京市殡葬转企改革单位开展了"一墓一码"工作

针对墓园安葬人数多、维护客户群体大的现状，将"一墓一码"项目合理引入信息技术，将墓位管理、客户管理、服务管理纳入信息化管理系统中，做到墓位精细管理，建立客户管理平台，实时对接家属，提供线上线下并行的精准人性化服务。建立客户档案，丰富生平内容，发掘逝者人生闪光点和值得传承的精神价值。在以北京市福田公墓为试点单位总结成功经验后，对其他 12 家墓园也进行了推广，前后历时四个月，共完成 13 家公墓墓位盘点工作，累计盘点墓位 27.1 万个，梳理具有人文价值的业务信息 40 余万条。加大力度引导客户从注重实地实物祭扫转移到以精神传承为主，使纪念活动人文气息越来越浓厚、情感越来越充实，对于生命的尊重与殡葬行业的文明进步充分反映出社会的进步和发展。

4. 提高服务内涵是生态+人文殡葬理念有效的实施方式

北京市每年清明节举办生态葬公祭活动，共同纪念追思海葬和自然葬逝者，建立了骨灰告别厅、祭奠追思厅、礼仪服务厅，自 2016 年以来累计提供服务 2 万余人次。"一墓一码"工作深入落实后开启了线上线下多种渠道的纪念形式。近年来的北京市殡葬改革进一步深化了"由资源型向服务型"逐渐转型，让客户的关注点从有形的物质逐渐转移到体验和感受上。转企改革的各单位从服务理念、服务内容、服务方式等多方面进行了丰富和升级，让殡葬设施、业务、行为围绕文化展开，安抚可能出现的孤独、抑郁、失落、急躁和烦闷情绪，升华生命与感恩、生活与价值、热爱与珍惜、见证与纪念等积极的情感。

（四）以生态理念为导引+以人文传承为对话的结合方式

北京市深化改革市属殡葬事业单位转企，充分注重了生态理念和人文理念，意图通过持续的发展动力和活力，展现出行业的新面貌、新跨越，体现出国企的担当与典范引领作用。

1. 宣传引导生态人文理念

强化宣传引导用群众喜闻乐见的方式，宣传生态人文相结合的殡葬理念,在清明节等重要节点集中宣传与日常引导相结合,积极组织开放日、生态人文纪念园理念宣讲日,集中进行人文追思,引导媒体有深度的、以专题为形式的报道,向大众阐述生态与人文相结合的未来殡葬事业发展趋势,引导群众客观地看待生命物质形态的消逝,看轻看淡遗体和骨灰的安置,充分挖掘和传承具有悠久历史和深厚底蕴的文化,倡导人文纪念内容具有积极影响力、充满人文情感,体现对生命的尊重和启迪,加强正向激励引导,重视逝者精神思想的传播和发扬,关注逝者精神的传承和影响。强化殡葬工作心理疏导、传递亲情、传承文化、沉淀历史、延续精神等积极干预的功能,推动逝者的精神资源对社会的持续贡献。

2. 用活动搭建生态文化对话

殡葬活动最重要的不是讲述"离去"而是感受什么是"留下"。着力打造多种平台和载体,努力使文化建设更加有力、有效。第一,开展系列活动营造文化氛围。加强多领域合作,宽纬度推动殡葬文化发展,聘请艺术表演者、绘画爱好者、书法爱好者等参加文化祭祀典礼、艺术表演等活动,增强社会影响力。第二,加强文化品牌建设,推出品牌杂志、画册等宣传品,营造良好的人文氛围,有的单位设计制作了系列文化纪念产品。第三,与安葬逝者的家属深入沟通,开展对社会有影响力人物精神传承的活动,以及生前成就卓越领域的交流会、畅谈会、追忆聚会。

3. 以做好精神体验式产品的理念做好纪念式公园

将人文理念、现代美学与时代文化相结合,把安葬场所建设成为一个具有赏心悦目的自然环境、拥有浓厚文化氛围的地方,让置身其中的人从优美的音乐、温馨的服务、人性化的设施、人文的展现中,感受到心理的慰藉、心灵的抚慰。通过开展纪念日文化活动,让每一位逝者在忌日得到缅怀,让逝者家属在园区内感受到宁静、豁达的生命文化;让墓园具有观赏性、游览性、纪念性,在绿色环境中提高艺术水平,美观与实用相结合,成为具有人文气息的心灵圣地、城市宝贵的精神财富和人文地标,担当起"历史价值传承"的平台,逐渐实现由"资源消耗型"到"知识服务型"的转变。让

每一座墓园都给这个城市的居民一种强烈的归宿感。过去我们一般认为，城市公墓就是生命终点的归属地，是逝者安息的场所，是亲人寄托哀思的地方。但是一座墓园的价值远非如此，应当说一座优秀的城市公墓不仅仅是逝者生命的终点站，还应当是一座城市悠久的编年史。每一座公墓都有它独有的墓园文化，这种文化是与这个城市的历史密切相连的。民谚中"月是故乡圆、人是故乡亲"等，表现的就是中国人特有的故土归宿意识。墓园应当是每个逝者的最终归宿。在西方发达国家，优质的公墓不仅是人们旅游观光的景观，也是他们文化交流的重要组成部分，更是他们进行文化艺术传承教育的重要阵地。我们应当充分借鉴他们的经验，让我们的人文纪念公园成为现代城市的一道亮丽风景线。①

4. 用包容开放的方式架起墓园与社会的桥梁

拆掉思维中的墙，将生态与人文殡葬密切结合。一是将殡葬文化与以爱国主义为核心的民族精神相结合，创建好爱国主义教育基地，发挥其宣传、教育、引领的作用。二是不再自我限制，通过逝者的生前成就，尊重家属的意愿，精心组织多种形式的主题音乐会、读书交流会、艺术大师现场教授陶艺会、诗歌朗诵会等，给社会以新颖而有内涵的形式，共同追忆生命的灿烂与辉煌，发扬尊严、自由等生命闪光点。三是利用传统节日，开展传统文化主体活动、祈福会、生态人文安葬理念交流推广活动等，用心将先进的理念传达到社会群众的心里。

北京市在深化殡葬改革的道路上持续探索，畅想和践行着一个美好蓝图：大气磅礴的现代都市中，融合生态和人文理念于一体的生命安息地，青山绿水景色宜人，让人心灵静谧、思想深刻，如一颗颗明珠镶嵌在繁华都市的血脉之中，让人可以在这里慢下来，反观内心，整理历史与未来更有力量、更有底气，再出发。

---

① 王国华：《殡葬文化创意研究》，载李伯森主编《中国殡葬事业发展报告（2014~2015）》，社会科学文献出版社，2015。

参考文献

左永仁：《殡葬系统论》，中国社会出版社，2004。

朱金龙、吴满琳：《殡葬经济学》，中国社会出版社，2004。

蒋洪涛、冉明：《对城市生态公墓建设的思考》，载张明亮主编《清明论坛优秀论文集》（下），中国社会出版社，2011。

吕春玲：《上海市骨灰撒海服务的现状与思考》，载朱勇主编《中国殡葬事业发展报告（2011）》，社会科学文献出版社，2011。

陶映荃：《殡葬改革：从"厚葬入土"到绿荫后人》，《工人日报》2011年4月6日，第7版。

郑晓江、徐春林、陈士良主编《中国殡葬文化》，上海文化出版社，2012。

郭林：《从"死无所葬"到"葬有所安"：四维特性视域下中国殡葬服务制度的改革路径研究》，《浙江大学学报》（人文社会科学版）2013年第3期。

G.15
从安葬设施到生态设施和生命公园[*]

——以民政部生态安葬重点实验室（上海）基地 推行绿色殡葬实践为例

王艳华 高苑敏^{**}

摘　要： 民政部生态安葬重点实验室（上海）基地自 2017 年 8 月 26 日在
上海福寿园揭牌以来，就建立资源可持续、物质可减量、精神可
增量的自觉，将绿色发展、循环发展、低碳发展融入自身前进之
路，通过多年探索，逐步形成以绿色文化为方向指引，以生态设
施、集约机制为中观依托，以节地生态安葬、节能产品与服务、
智慧云上生命公园为具体面向的"1+2+3"绿色生命服务链模
式。基地将继续以绿色发展为思想引擎，建设生态设施、完善集
约机制、倡导绿色理念，不断进行服务模式创新、理论范式夯
实、管理机制转型，将个体生命精神凝固，将逝者优良家风传
续，将故人良好品德发扬，成为"激励后代努力奋斗、贡献社
会的文明载体"，向美丽的生命公园不断奋斗。

关键词： 生态安葬　生命公园　生态设施　绿色殡葬　上海基地

　　保护环境、节约资源、文明节俭等绿色生态理念，从改革开放和经济社
会进入快速发展期以来，已经成为殡葬改革的重要目标之一，是建设资源节

---

* 本文系 2017 年民政部生态安葬重点实验室（上海）基地课题研究项目阶段性成果。
** 王艳华，中国殡葬协会副秘书长、福寿园国际集团行政品宣中心总经理，主要研究方向为殡葬
　服务事业、殡葬社会工作；高苑敏，福寿园国际集团行业研究员，主要研究方向为殡葬文化。

约型、环境友好型社会的必要组成环节。促进殡葬事业科学发展、推行节地生态安葬、推动殡葬改革促进殡葬事业发展等国家层面的政策相继出台，为绿色殡葬指出了越来越明确的发展方向和实施路径。民政部生态安葬重点实验室（上海）基地（以下简称"基地"）自 2017 年 8 月 26 日在上海福寿园揭牌以来（见图 1），就建立资源可持续、物质可减量、精神可增量的自觉，将绿色发展、循环发展、低碳发展融入自身前进之路，通过多年探索，逐步形成以绿色文化为方向指引，以生态设施、集约机制为中观依托，以节地生态安葬、节能产品与服务、智慧云上生命公园为具体面向的"1+2+3"绿色生命服务链模式。

图 1　民政部生态安葬重点实验室（上海）于 2017 年 8 月 26 日挂牌成立

一　一个方向指引：绿色文化

（一）打造"绿色地平线"

近年来，上海将城市天际线作为整体风貌的重要组成部分。[①] 一个文明

---

① 《上海市人民政府印发〈关于本市"十四五"加快推进新城规划建设工作的实施意见〉的通知》（沪府规〔2021〕2 号）。

殡葬绿皮书

高度集中的城市既需要刻画经典建筑轮廓、向上生长、勾勒未来的天际线，也离不开涵养一方水土、扎根城市史、守护情感记忆的"地平线"，生命服务生态设施就天然地具有这道"绿色地平线"的物质与精神双重属性。基地把生态可持续行动贯穿殡葬服务全过程，以小型美观葬式、高度绿化覆盖率园区、寄托怀想的追思仪式、收藏展陈珍贵遗物的人文纪念博物馆等现代创新实践，营造人的生命与自然相拥的环境、与厚重历史相融的氛围。在夯实殡葬服务功能的基础上，科学增绿、建绿、复绿、养绿，打造体现生命回归自然的生态微观系统，成为具有正外部性的生态环境公共产品。

（二）绘制"绿色标准线"

我国的殡葬标准化建设逐步形成了"政府主导、社会参与、专业支撑"的格局。基地2018年起正式启动业务服务体系的SOP（标准作业流程）建设，通过梳理所建立的生命服务设施内部规范，建立"前台服务—中台支持—后台管理"体系，其中逾20条涉及绿色殡葬服务，指导内部落实节地生态安葬、殡仪服务流程节能环保、循环可持续机制运转。

在2019年，基地参与起草的《节地生态安葬基本评价规范（MZ/T 134-2019）》印发，共同对绿色安葬术语做出明确、细致、具体定义，设置了节地生态安葬评价系统，根据骨灰格位和节地墓安葬率、园区绿化覆盖率等基本项目，骨灰撒散葬、其他形式生态葬等激励项目，分火葬区和土葬改革区分别做出评分规则，对安葬设施生态评级直接给予直观可比较的量化参数。这份《规范》的亮点还在于提出不仅要从资源消耗型向生态可持续型转变，也要引导公众认知从大墓大碑等物质载体转移到精神传承纪念。这也引导了基地的绿色殡葬工作从环境生态的刚性指标扩展到精神生态文明的软实力打造上。

为更好地推动火化全过程的环境友好目标，基地在安徽广德经济开发区投入建立"中外技术合作节能环保火化机生产工业园"，持续迭代的绿色设备通过了上海市益善殡仪馆火化炉技术试验项目质量评审。

（三）守护"绿色温度线"

2016 年印发的《关于推行节地生态安葬的指导意见》明确将"绿色"与"惠民"紧密结合。基地在两处园区内建有面向困难群体、特殊重疾患者、遗体及器官捐献者、普通群众等不同群体的生态安葬区、集体纪念点，定期举办集体追思仪式，发起上海福寿园公益发展基金会推进绿色公益合作机制。

对于特殊困难家庭和人员，基地先后建设"暖冬园"生态安葬主题区、"希爱林"生命花园，为已故孤寡老人和特困群众提供生态与公益相结合的安葬服务。园区专建上海市红十字遗体捐献者纪念碑，十数平方米绿地的十余块碑石上已镌刻了上万奉献者之名。对于自愿选择生态葬的群众百姓，基地建有海港陵园百姓纪念广场，每年初春时节举办上海市百姓公祭仪式。为使节地生态获得持续性公益支撑，基地以公益基金会机制，支持绿色公益服务的探索与实践。

（四）编织"绿色网络线"

互联网与殡葬服务融合发展是提高节地生态安葬服务水平的新型方式。基地借鉴 2001 年起就试行的开辟网上祭扫服务、2014 年的墓碑二维码技术等经验储备，在 2020 年新冠肺炎疫情突发时期，正式推出了"福寿云"服务，2022 年又升级成为"数智陵园"，打通虚拟与现实的场景隔阂，为全力抗疫中的群众提供在线告别、在线追思、在线预约等多种远程服务，并迭代更新实体互联网化。专设的"殡葬互联网+"业务板块推行"云纪念"集成平台，便于使用者在同一界面上选择所需，有效减少了往返实体园区所产生的"碳足迹"。

（五）丰富"绿色生命线"

殡葬行业的绿色生态、可持续概念不仅体现在环境指数上，也应彰显在文化价值层面。国际殡葬协会于 2014 年成为联合国教科文组织缔约性 NGO

机构，也佐证了殡葬行业文化属性的回归。基地努力引导群众对纪念先人的关注点从墓碑、墓位等纯功能性的物质载体，逐步转移到精神象征上。基地建成的人文纪念馆以群体先人珍贵遗物收藏展示与研究的形式，传扬遗世精神。此后，以人文纪念馆为轴心，先后联合成立人文纪念研究所、连年举办"先贤与城市记忆"系列论坛、策划出版"替亲人出书 为百姓立传"系列书系等，以高密度的文化行动与学术活动，凝聚后人向逝去生命的致敬，标志着个体生命思想进入社会公共领域的精神循环。

二 两类中观依托：生态设施、集约机制

打造生命服务生态设施的直接产物是充满绿意的现实载体，需要符合各项自然科学标准、注入人文服务价值。而在直观可见的载体背后，为使设施保持生态活力，基地还建立了一整套与实物载体相适应的纵向管控集约机制，采取制度化管理模式，进行全面内部治理。

（一）集中生态理念的设施载体

殡葬服务生态设施是展现绿色殡葬建设成果的直观载体，是集中体现遗体安顿、告别追思、纪念缅怀等全过程节能减排、环境友好、自然和谐的现代文明窗口，也是物质功能主义提升到精神价值主义的转型驱动平台。

1. 攻克生态设施的硬指标

基地自规划建设初始就高度注重原生态、生物多样性保护，不断优化设施内水土保持比例，将园区作为生态园林加以维护，增加土壤底肥、科学浇灌有机肥。此外，基地以生物代谢产物、微生物活体等抑制有害生物破坏动态平衡，将自然凋落、定期修剪养护的枯叶、枝杈等利用苗圃进行沤肥，作为部分土地区域的冬季覆盖材料，加以循环利用。基地职工在 2019 年自主研发了"河面杂质收集器"，通过结合其他水体措施如增氧泵、水生植物，改善园区河道水质，获上海市第 31 届优秀发明选拔赛铜奖。

在基地的青浦园区内，植物群落分布合理，人工种植与模拟自然相结

合。据统计，2020 年底前植物品种超过 220 种，乔木数量逾 1.3 万株，草坪面积达 9 万平方米，平均绿化覆盖率超过 52.5%。在《上海市生态空间建设和市容环境优化"十四五"规划》中，全市"十三五"期间建成区绿化覆盖率是预期达到 40%，基地园区的绿化率已超过市同期平均目标。

借鉴专业造园手法，基地根据季节变化、植物形状、植物色彩、植物芳香等客观要素，在不同主题的纪念广场、纪念点、安葬墓区等分类配置草地、花卉、灌木、乔木及藤蔓植物等，既实现了常年有绿、四季见花，又展现与主体纪念点两相宜的立体绿化景观艺术，形成了独特的绿色陵园文化特色。基地所在地先后获得上海市花园单位、全国绿化模范单位、上海市文明单位、全国文明单位等称号。

2. 赋予生命服务的软实力

生命服务生态设施的重中之重仍是为群众服务，一切生态营造的目标是做好服务工作。作为半开放式的公共场所，良好环境的维护需要多方共建。由此，基地倡导低碳纪念"三位一体"模式，即共识观念启发、监督体系建立、文明实践引导等三个维度共同推动。共识观念启发是指促进入园入馆群众以实际行动响应文明纪念倡议，主动介绍绿色殡葬新理念、绿色设施新风貌，鼓励群众自愿签署文明治丧、文明祭扫承诺书。监督体系建立是指以园区消防安全、公共卫生为核心，每日例行巡查，在祭扫高峰时期配合政府管理部门开展专项巡查工作。文明实践引导是指疏堵结合，提供象征新生的新鲜繁花、承载心声的心愿卡、代表思念的黄丝带和千纸鹤等"小而美"的物品换取群众带来的锡箔香烛等，还生命公园以宁静与清朗。

"无烟园区"建设是基地近年来推进生态服务的重要抓手之一。园区在过渡期间提供集中焚烧处理遗物、祭祀品的设备，加装废气处理装置，净化内部空气质量。其中，文星园节地生态葬区是上海首个"无烟墓区"，用户都需要事先签署"绿色承诺书"，用鲜花致意、专场祈福等环保方式缅怀故人。

（二）纵向管控的集约机制

基地通过健全阶梯式治理机制，以刚性制度约束能耗和排污指标，并驱

动设施生态文明建设朝向预期目标，积极自愿响应国家"双碳"目标。

1. 建立全面管理机制

基地设立三级管理机制，在第一级的基地可持续发展委员会统筹下，由第二级的执行委员会负责环境风险管理和内部监控，指导第三级的环境、社会及治理工作小组落实环保督察工作。

第一级委员会依据《环境、社会及管治报告指引》要求，针对废气、温室气体排放、污水排放、土地排污、有毒废弃物无害化处理，以及有效使用能源、原材料等重大影响指标做出管理规定。第二级委员会根据环境治理关键绩效指标，推动各部门执行各项环境整治政策，评估环境等风险，审批相关内部管理规定和报告，核验确认数据准确性，推动执行落地。第三级工作小组则将环境议题拆分为能源、用水、物料使用、土地使用、废弃物管理、污水处理及减排、废气处理及减排、温室气体排放、与供应商协力提升环境的表现、墓园绿化等子议题，进行常态化监控记录并以报告方式回应。

2. 采取制度化管理模式

以制度为纲，基地对运营过程中的能源、资源、排放采取统一精细化管理模式，制定能源资源管理体系和排放物管控机制，推动基地实体单位连年通过 ISO 9001 质量管理体系、ISO 14001 环境管理体系审核。基地全面管理机制要求将环境相关指标评估纳入各部门季度运行数据提报和考核范围，在实体园区建立能耗管理制度，运用馆园管理可视化平台对耗电情况进行跟踪。由分管干部担任组长、物管部负责人等为成员的节能降耗小组，全面负责园区节能减排工作。实体部门注重提高绿化用水的精准灌溉和循环使用，清洁能源与温控技术降低综合能耗，经无害化处理后严控排污。

3. 自觉响应国家"双碳"战略

实现碳达峰、碳中和目标，是我国构建人类命运共同体的庄严承诺。中共中央、国务院明确了政府和市场两手发力的"双轮驱动"原则。[①] 主动适

---

① 中共中央、国务院印发《关于完整准确全面贯彻新发展理念做好碳达峰碳中和工作的意见》（2021 年 9 月 22 日）。

应绿色低碳发展要求、提升绿色创新水平，是社会各界应当履行的生态文明建设责任。基地青浦园区通过购买减排量核销登记的温室气体单位量，抵消2020年度排放二氧化碳，实现名义"碳中和"，成为我国殡葬行业内第一个倡导、践行碳中和事业的民政部殡葬重点实验基地。此次碳中和项目依据《中国自愿碳减排标准》实施，由第三方认证机构深圳华测国际认证有限公司核查主要耗能情况、节能减排措施、车队用油量等共计30项内容，统计确认2020年度共排放1093吨二氧化碳，基地购买北京太铭基业投资咨询有限公司在《中国自愿碳减排标准》登记注册核销中心登记的"四川省大渡河泸定水电站项目"产生的"温室气体减排量"（CCER）进行减排量核销登记，并获得上海环境能源交易所颁发的"碳中和"证书。

三 三重具体面向：节地生态安葬、节能产品与服务、智慧云上生命公园

在"绿色文化"方向引领下，基地建设运行了直观可见的生态设施载体，以无形的治理机制贯穿其中，在迈向生态文明硬指标和软实力的双重目标进程中，力争为群众提供全生命周期终极的生态化生命服务。

（一）节地生态安葬

具体墓位、葬式是安葬设施的核心具象，也是绿色指数中的"分子"，只有传统"墓"的物理形制越小，才能把绿色安葬的精神概念逐渐放大。基地将实务和理论两手抓，对节地生态安葬提出了狭义和广义二重定义，狭义解释集中于"节地"层面，以缩小占地空间为目标，广义解释则扩展到"生态"层面，以立体集约化、提高利用率、资源可循环、遵自然法则等为整体目标。二重理论的实现难度逐步递进，基地按先节地、后生态的步骤，循序渐进普及逝者骨灰进入大自然和谐循环的绿色安葬。

1. 坚持理论探索

基地建立后，开展了"生态安葬基础理论研究""生态安葬技术研究"

"节地生态葬式葬法研究"等八个领域课题科研，形成了"我国节地生态安葬的葬式葬法调研报告"成果。在广泛调研、收集大量科学样本的基础上，报告针对骨灰节地生态安葬，归类了立体安葬、植物安葬、节地型墓位安葬、不保留骨灰安葬、深埋不设墓碑安葬、其他形式创新安葬等多种葬式葬法。报告构建了墓穴率、非硬化率、墓碑小微率、家庭合葬率、骨灰绿植率、绿化覆盖率、不保留骨灰率、节地生态安葬综合评价、环境优化综合性指标等节地生态安葬的整体评估体系。报告突破性地提出节地生态是文化范畴观念，从试行到完全接受需要几代人的长期过渡，这需要从文化层面破题化解。

2. 各类葬式实践

基地所在实体单位在创建初期树立了"墓碑瘦身、纪念扩容"理念，以此为绿色方向，不断研发创新生态葬式葬法。基地所在地一期项目推出当时全市首批亭葬、室内葬等节地产品，随后建成全国首座室内葬形式的"劳模丰碑园"，成为行业群体节地安葬的首个案例。基地联合上海市癌症康复俱乐部发出环保节地倡议，并配套提供"希爱林"花坛葬区，采用骨灰深埋、花瓣覆盖、填土再植的方式，每具骨灰葬位占地仅 0.05 平方米。针对孤寡老人和特困家庭，基地开辟的"暖冬园"为这两类人群免费提供节地树葬，均采用骨灰罐深埋方式，每具骨灰占地 0.47 平方米，共可安葬480 位逝者，比传统葬式节约土地 255 平方米。在基地浦东园区，为积极配合上海临港新城建设，对散落在临港四镇乡间逾 10 万穴骨灰进行集体迁移，开建了当时全市首个为逝世群众设立的大型节地生态墓区，特辟 50 亩土地作为先人纪念广场，建成全国首座规模最大的节地生态树葬区及 11 栋壁葬，可谓开启了"惠民安葬、骨灰深埋、集体刻名、百姓公祭"全新公益节地模式。

经过多年绿色实践、潜移默化改变用户观念，基地所在地从创办时节地生态葬式不足两成，提高到占比近八成，平均单位墓穴仅 0.45 平方米。方圆数百亩的有限设施内，集中了树葬、草坪葬、花坛葬、亭台葬、长廊葬、室内葬、水景葬、晶石葬等多种节地生态葬式。同时，广泛应用新型墓葬材料，以琉璃、不锈钢、人造复合材、铜艺等新材料逐步代替传统石材，年均可减少石材资源用量超过 130 立方米，降低了对于自然资源的依赖。

3. 创新生态举措

以基地内的文星园节地生态葬区为例，占地面积仅 83 平方米，可安葬 264 位先人，单个墓穴面积均不超过 0.2 平方米，节地率为 37%。该小型主题墓园在硬体景观配置、绿化设计上均按照国际流行标准，启用新型材料，观景与墓葬相结合，既有新型壁葬，也有简约美丽的花坛葬，各种节地产品相互融合，小区化的概念完整。这一主题生态葬式申报了"边界——殡葬空间的再设计"项目，荣获了第六届艾景奖，评委组认为该项目以现代简洁的设计语言重塑墓区与城区的边界，受到行业与社会的高度认可。

2020 年，由中国殡葬协会牵头，所属公墓工作委员会主任单位协同基地具体落实推进了"创新生态安葬·引领绿色发展"生态安葬系列征集活动，共收到征集作品 211 份，分别从生态葬的设计、生态葬的实例、建墓环保材料、生态墓园实践 4 个维度聚焦更广泛意义上的生态安葬方式。实践基地申报的"TREE·PARK 节地生态葬小公园"等入选"生态葬创新设计十佳案例"，选送的"格林印象主题园区设计"获"人气案例奖"。

经过专注研发，基地在 2021 年正式推出超微占地园区"藏晶苑"，在 42 平方米的地下室内葬空间内，将可安放 8400 位逝者的生命晶石，每颗晶石格位仅 0.005 平方米。在内部装潢材料上，"藏晶苑"使用了最新的环保岩板（烧结密质石材）和 24k 金复合涂层，并在地下归葬室和上方广场都建有记载生命影像资料的互动电子屏，形成生者与逝者共享的景观空间和纪念场所。

（二）节能产品与服务

殡仪环节是遗体实现生态骨灰化的枢纽步骤，包含了遗体保存与告别、环保火化、礼仪服务等方面，其中以环保火化设备为生态化核心技术，以遗体沐浴、修复、告别等为减排关键。

1. 绿色殡仪服务

以为群众提供全生命周期终极服务为要旨的实践基地提出"告别变美丽"现代礼仪服务理念，以"白事天使"为服务品牌，为市民提供安宁疗护、环保用品、礼仪告别等全生命周期终末端服务。基地将试验有效的有关标准要求复制到在外多地涉遗服务单位，其中首要环保环节是涉遗用水无害化处理，基地通过废水管网将其收集到生化调节池，经好氧处理、生物膜法、药洗等步骤，使用紫外线消毒后，可使菌群数量满足《医疗机构水污染物排放标准》预处理标准，再经污水处理站处理达《污水综合排放标准》一级标准后排出。殡仪涉遗排水实行全过程控制要求，将污水源头预防、过程管控和末端治理融入殡仪服务全过程。服务的殡仪馆引入消毒系统，通过AO-MBR 膜（厌氧、好氧环境下膜生物反应器）一体化污水处理设备技术，确保排水符合并优于国家和行业及地方标准。其次是礼仪服务过程中，尽可能减少对环境的影响，运用无烟香、电子烛、环保敬香坛、电子礼炮等用具，代替传统焚烧香火、花圈、鞭炮，杜绝了烟气污染与火灾事故。

2. 环保减排设备

遗体火化中的"三废"处理与排放是整个殡仪环节的重点，为此，实践基地在安徽广德投建的"中外技术合作节能环保火化机生产基地"研发制造了具有改进二次燃烧、实现快速冷却、实用低氮烧嘴、改造鼓风机、数据控氧、全程智能化、远程监控系统等技术亮点的"洁昇牌"设备。2020年，基地投资生产的第三代新型环保火化机（JS-3）因采用对称炉膛结构、尾部烟道、高压供氧、热风供氧、保温加厚等技术，在使用过程中可使燃气消耗量节省 20%，平均火化时间缩短 20%，火化炉尾气排放达到国家标准。

（三）智慧云上生命公园

网络纪念是绿色殡葬未来发展方向中的重要组成部分。基地在疫情防控特殊时期，及时推出了云祭扫服务，随后又迭代为云上纪念平台，将实体服务设施搬到线上空间。仅 2020 年清明节期间，平台在上线不足半月内总访问量就达11.6 万次，代客祭扫 2000 多户。截至 2021 年，平台共计建立了逾 20 万个在线纪念馆，活跃用户超过 100 万人次，月均登录平台进行怀念用户数达 5 万人次。

1. 形成"现实—虚拟"复合式生态设施

云上纪念平台扩展了生命服务生态设施的概念，打开了群众对传统殡葬服务的观念边界，引入了"互联网+"新科技，重塑了绿色殡葬生态含义。"云上纪念"为用户提供了突破时空的纪念服务，让逝者亲友能够在数字世界中随时随地看到故人文字、影像记录，倾听声音，表达对先人的思念之情。2020 年清明时节，新冠肺炎疫情仍在肆虐，多地公墓闭园管理，基地借助平台推出"云共祭"，联动了 19 个地区 30 多处生命服务设施，首次以线下无群众聚集、线上同时追思的方式，表达了共战抗疫的决心、共缅先人的情怀。

2. 链通线上"最后一键"距离

社会公共服务圈理论与应用中有"最后一公里"实践，基地在搭建云上纪念平台时，就注入便民为先的思想，用户通过移动端设备既可使用便捷的预约、咨询、代客礼祭等线下服务线上化操作，又可使用在线祈福、远程追思、虚拟纪念、人生故事等云端服务。

3. 留存个体精神与社会文化记忆

打破了地域与时间的限制之后，集中于清明、寒衣、中元、冬至、春节等各地或统一或相异的固定祭扫高峰，可由平台分布到平日，触屏即见故人影。从现实生态设施到数智生命生态圈，平台将以线上纪念为基础、以智慧技术为核心，陆续引入人工智能、增强虚拟现实、人脸识别、物联网等技术，创新拟人语音、AI 客服、VR 祭扫等延展物理世界的服务，将数字科技和实体陵园相融合，打造数智化一体式生命纪念设施，向理想中的智慧陵园、生命公园不断趋近（见图 2）。

基地一直以绿色发展为思想引擎，建设生态设施、完善集约机制、倡导绿色理念，为民生的逝有所安、故有所尊、生有所慰需求而努力。未来，基地仍将继续紧跟绿色新发展理念步伐，不断进行服务模式创新、理论范式夯实、管理机制转型。基地将在实体园区中，将个体生命精神凝固，将逝者优良家风传续，将故人良好品德发扬，成为"激励后代努力奋斗、贡献社会的文明载体"，向营造美丽的生命公园方向不断奋斗。

图 2　基地在 2022 年推出全新的"数智陵园·慧心谷"项目及云纪念升级服务

参考文献

时任民政部党组书记、部长李纪恒在国新办举行扎实做好民政在全面小康中的兜底夯基工作发布会上的答记者问（2021 年 9 月 17 日）。

刘严宁：《殡葬服务：公共卫生体系建设的"最后一公里"》，《殡葬文化研究》2020 年第 2 期。

G.16
"林葬"的可行性与发展对策研究[*]

张　赫　王颖超[**]

摘　要： "林葬"是在不改变林地性质和不毁坏林地资源的前提下，将骨灰装在可降解容器埋于林地中的一种复合用地葬法，对于构建人与自然和谐共生、推动生态环境保护和节约土地等将起到更加积极的作用。通过搜集国内外"林葬"的有关资料，特别是实地走访我国目前尝试推行"林葬"的一些地区，发现我国在"林葬"推广上已取得一定的成绩，但依然存在政策层面依据不足、缺乏相应的体制机制和配套的管理体系以及群众认知程度依然不高等问题，需要在政策支撑、体制机制配套和加强宣传等层面予以着力。

关键词： 林葬　树葬　生态葬

国家统计局发布的《2021年国民经济和社会发展统计公报》显示，2021年，我国死亡人口数量为1014万，死亡率7.18‰，人口死亡率近六年首次超过7.10‰。随着我国年死亡人口数量持续增多，骨灰安置占用土地资源等一系列问题，不断引起社会各界和政府的关注和重视。我国土地资源有限，墓葬用地供应紧张，进一步创新生态绿色葬法成为重要的时代命题。近年来，在各级民政部门的引导和推动下，"林葬"这一既节约土地资源，

---

[*] 本研究为财政部"中国殡葬文化建设专项"子课题"'林葬'可行性研究"的阶段性成果。

[**] 张赫，民政部一零一研究所助理研究员，研究方向为生态殡葬文化；王颖超，民政部一零一研究所助理研究员，研究方向为生态殡葬文化。

又体现新时代移风易俗的绿色殡葬方式逐渐进入人们的视野。"林葬",是在不改变林地性质和不毁坏林地资源的前提下,将骨灰装在可降解容器埋于林地中的一种复合用地葬法,旨在使逝者的骨灰能够重回自然,让逝者的生命价值实现延续。

鉴于我国殡葬用地将逐步遏制增量的发展趋势,研究如何解决逝者与土地使用之间的关系,如何合理利用"林葬"满足人民"逝有所安"或"逝有所葬"需求,对于探索创新我国绿色殡葬深化改革发展路径,完整、准确、全面贯彻新发展理念,融入新发展格局,实现高质量发展,将起到积极的推动作用。"林葬"实施,需要国家从立法或政策层面给予指导和大力支持,需要有关部门建立一定的机制,统筹协调解决针对"林葬"可能涉及的具体情况和问题。

一 "林葬"的推广意义

"林葬"和"树葬"有一定区别。"树葬"在中国有着悠久的历史传统。我国彝族的殡葬习俗,最早就是通过悬尸于树来安葬逝者。"树葬"用地不具有林地属性,是以树木为标识物进行安葬的形式,允许建造符合标准要求的硬质墓穴与墓碑;而"林葬"是在具有林地属性的范围内,将逝者骨灰放入可降解容器后,再将骨灰容器安置于林地土壤中,不改变林地性质,不毁坏林地资源,不建造硬质墓穴与墓碑。"林葬"主要是结合林地资源,进行复合利用。

(一)践行生态文明理念

根据党中央和国家的总体部署,我国将在 2030 年实现碳达峰,2060 年实现碳中和,在"双碳"目标下,殡葬行业应当积极构建绿色低碳循环发展体系,降低碳排放水平,提升生态系统碳汇能力。"林葬"的基础用地是林地,是在不改变林地原有属性和用途的前提下,让林地和墓地之间实现复合运用,以提高林地资源复合利用率,有效减少殡葬方式对环境的破坏和土地资源的占用,为践行生态文明思想、构建人与自然和谐共生提供了新思路和新选择。开发林地面积,有助于实现生态环境的保护与改善。林业面积的不断增加,对于环境问题解决也有着积极作用。总之,从短期来看,我国推行"林葬",不仅可以为老百姓节省成本,同时也能满足群众"入土为安"的心理。从长远来看,这一殡葬方式,可以增加林业面积,实现双赢。也就是说,在改善环境的同时,也推动了林业经济的发展。

(二)落实国家生态殡葬方针政策

目前,传统公墓中墓地石材化现象不仅严重浪费资源,也不利于重复利用,相关问题亟待解决。在国家生态殡葬政策的推动下,越来越多的公墓采取卧碑的形式,但这一形式依然浪费石材,同时也浪费土地。2016年民政部等九部门发布的《关于推行节地生态安葬的指导意见》,指出我国殡葬改革的发展趋势是推广节地生态安葬,包括树葬、草坪葬、花葬等。在允许的林地内进行"林葬",或是在造林的同时规划"林葬"用地,从而形成森林公墓的模式,将有助于贯彻落实节地生态葬的国家方针。"林葬"这一殡葬方式,符合国家目前所提倡的政策要求,理应积极推广。其实我国部分地区多年前就进行过类似的尝试,发现"林葬"的育林效果以及防火、安全等效果远比普通森林要好,并创造了依靠多元投资建设森林、解决墓地的经验。比如,依照这一理念建设的贵阳凤凰山公墓,不仅为当地顺利迁建老坟及百姓公益入葬提供了墓地设施,同时也为当地提供了一块绿地①。

(三)满足美好生活需要

随着我国进入老龄化社会,年死亡人口数逐年递增,安葬用地呈现供需日益紧张的局面,这将促使殡葬改革加速进入节地生态安葬模式。近年来,墓地价格居高不下,"殡葬暴利"舆论甚嚣尘上。"林葬",具有价格相对低

---

① 顾秋根、乔宽元、周少云:《公墓管理研究新论》,上海大学出版社,2003。

廉的典型特征，在一定程度上对于破解公墓价格虚高难题具有重要意义。同时，也能够满足人们的多元化消费需求。可以说，基于未来发展趋势，有效利用复合林地，"林葬"既可以实现逝者"入土为安"的生前遗愿，又契合我国国土资源的实际情况，满足人民群众对回归自然的殡葬方式的心理需求①。

总之，"林葬"应当成为绿色殡葬中一种新的殡葬模式，其意义一方面有利于节约土地、改善生态、节省开支，另一方面则为现代都市人开辟了追思逝者并重新理解自然与生命关系的空间。

二　"林葬"的发展现状

（一）"林葬"的历史由来

首先，我国传统殡葬和林地之间的融合由来已久。比如，孔林对我国的殡葬习俗有着相当深远的影响。据《礼记》记载，孔子曾以种植松柏为标志，以此来辨别父母的坟墓，这一行为在之后数千年得到保留和传承，也为我国留存下来了珍稀的古树。

孔林是孔子与其家族的墓地，占地面积 200 万平方米，林墙用灰砖砌成，从内部种植了大量的树木，林深幽静，碑碣林立，属于国内最大规模、年代最久远、保护最好的墓葬群。在孔子逝世之后，他的弟子将其安葬在曲阜的泗水之上，当时的坟墓还没有高土隆起。直至秦汉时期，才开始将坟高筑，但依然规模很小，此后随着孔子的地位逐渐提升，孔林规模不断扩大。自汉代开始，每个朝代都对孔林实施了修筑，先后 3 次扩大林地范围，5 次增加其内部的树株，13 次重修，最终扩增至 200 万平方米。周边的林墙总长度达到 5.6 千米，墙高超过 3 米，厚度为 1 米，孔林可谓我国殡葬和林地

---

① 山西省城乡规划设计研究院：《结合太原东山龙凤园谈现代陵园公墓规划设计》，《山西建筑》2014 年第 21 期。

融合的一种尝试。

其次，国外有关"林葬"的发展，不得不提到德国被称之为"树葬"之父的瑞士人 Ueli Sauter。1995 年，Ueli Sauter 在自己的林地内，建立了首片"树葬"墓地，将首位逝者的骨灰掩埋于树根之下[①]。日本和英国出现"林葬"的形式要晚一些，日本首个"林葬"墓地建于东京，但是这个"林葬"墓地是非公益性的，价格不低。为使个人权利和要求墓地安全整洁之间达到一种平衡，英国伦敦出台了墓地与火葬场方面的法规。他们考虑到一些人希望被埋葬在美丽的大自然里，因此提出了"树林坟墓"的概念。"树林坟墓"建于茂盛的森林地带，为了保护自然景观，不能在树林里的坟墓上修建任何纪念物和标志物，坟墓周围的草地必须是平整的，不能有任何土堆，并尽量避免修剪这里的草地。"树林坟墓"有两种：包括购买的坟墓和非购买的坟墓。两种坟墓形式相同，但非购买的坟墓所有权仍然保留在殡葬公司手中，家属无权保留这种坟墓再用来埋葬别人，且将来会在这里举行其他与家属无关的葬礼，坟墓是循环使用的。而购买的坟墓，在一定期限内（不超过 100 年）是属于私人的[②]。

（二）我国"林葬"的推广现状

近年来，我国一些地区对"林葬"进行了尝试。例如，怀着对逝者的尊重和对未来的美好向往，浙江省安吉县政府巧妙运用安吉竹乡的自然特色，遵奉文化艺术、风俗意境、生态节地和循环再生的理念，建设竹林生态葬法园区。安吉县政府倡导推动节地生态葬和实施惠民激励政策，在每个村建设 3 种以上生态葬区，政府补助 50 万元；针对逝者也出台了相应政策，对"竹林葬"补助 1 万元，"树葬"补助 0.5 万元，入骨灰堂补助 0.2 万元，入普通公墓补助 800 元，火化费和告别仪式免费（见图 1）。2021 年，安吉县政府计划实现乡镇节地生态葬全覆盖，年火化 3200 具左右遗体，火

---

① 钱玲燕、杨永康、陈炼：《生命尽头的可持续：德国树葬新风俗》，微信公众号"绿色之都德国弗莱堡"，2021。

② 靳尔刚主编《国外殡葬法规汇编》，中国社会出版社，2003。

化率100%。目前，安吉县的殡葬改革已排在全省县级第一名，取得了优异的成效。

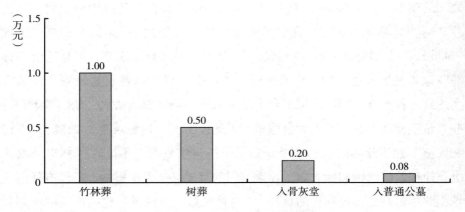

图1 安吉县生态葬补助金额

资料来源：《安吉县惠民殡葬政策实施办法》，安吉县人民政府门户网站，2018。

　　2015年，北京顺义区进行了"林葬"的尝试。顺义区的"林葬"主要是利用林地树木间的空地安放逝者骨灰。顺义区的"林葬"为公益性墓地，村镇居民可免费安葬其中，解决了当地农民迁坟的难题，现已在全区进行推广。目前，顺义区已建"林葬"公墓不少于24个，安葬量在1万以上，一定程度满足了本区群众的殡葬需求。

　　海南省海口市、儋州市、万宁市等多个墓地均存在"在林地中建墓地"的情况。例如临高县的某村、万宁市的东山岭和八一长安陵园，都在积极探索"林葬"。海南省"林葬"的推广，得益于同当地少数民族的传统葬法相契合。如当地的黎族一直保留着传统的殡葬习俗——在林中建墓，用布包裹遗体埋入林中，不立碑、不留坟头，相关做法可供参考。

　　再如，江苏省句容市利用当地林地资源丰富的特点，制定了《句容市林地生态葬实施方案（试行）》，在当地白兔镇古隍村的省级公益林里进行试点。句容市的公益林原是一处老坟山，经过民政、林业和规划等多个部门的通力合作，在不改变用地性质和林地性质的基础上，科学规划布局，充分提高了低效林的利用率，满足了群众日益增加的殡葬需求，有效推动了绿色殡葬改革工作[①]。句容市的林地生态葬探索也得到江苏省的认可和推广，荣获 2021 年度江苏省高质量民政事业发展优秀成果[②]。

三 "林葬"推广过程中面临的问题

尽管林葬在我国部分地区的推广已取得一定成绩，但仍面临着不小的问题。

（一）政策依据不足

"林葬"需要国家层面政策支持，需要新时代节地生态殡葬政策引导。我国现有的殡葬法规政策中，并没有关于"林葬"的概念，"林葬"缺乏与之配套的政策法规支撑。从目前来看，"林葬"推广比较好的地区，多有着一定的历史文化成因。如在我国少数地方实施"林葬"，通常是因为当地殡葬用地无法满足"逝有所安"这一现实民生问题。政府为了解决此类问题，会协调有关部门给予一些地方性支持。但没有系统性的政策，将在很大程度上限制这一葬法的推广。

（二）部门权责不明

"林葬"的推广，需要处理和协调好部门之间的关系。具体而言，在推广"林葬"的过程中，协调好民政和林业、规划、国土等部门的权责关系，是一个非常重要的现实问题。但是，现有的《殡葬管理条例》属于部门法，难以解决这一问题。由此以来，如何管理与运营也将是一大难题，是由政府部门管理还是殡仪馆或代理机构协同管理，是民政部主导还是林业部门主导；土地规划问题，在林中建墓的规划由谁制定，目前民政部门主导殡葬设

---

① 《江苏省句容市试点探索林地和公益性生态安葬地复合利用》，民政部门户网站，2021。
② 《关于发布 2021 年度全省高质量民政事业发展创新成果和优秀成果的通报》，江苏省民政厅，2022。

施规划建设，加上历史、观念、心理等方面原因，规划部门在规划工作中，鲜见有殡葬用地被列入总体用地规划中，造成很多林地空置，无法得到充分利用①；公墓的价格制定和管理，民政部门是殡葬管理的主导部门，但是拥有执法权的工商等部门又缺乏统一的标准和依据，公墓收费标准由谁制定，出现违规收费行为由谁进行监管和处罚；祭扫怎么处理，是集中祭扫，还是允许逝者家属根据当地的风俗习惯自行祭扫，若祭扫时发生火灾是由民政部门负责还是林业部门负责，都是在普及推广之前需要解决的问题。涉及相关部门的管理体制、协调机制和执行方面，如果部门间没有明确的、具体到各部门的管理标准、执行依据和制度法规，则后期"林葬"的相关推广难度较大②。

（三）群众认知不高

我国殡葬文化历史悠久，群众"入土为安"的观念根深蒂固，对"林葬""树葬"等新式葬法了解不多，个别地区群众还处在早期的思想观念里。对 2017～2021 年《中国民政统计年鉴》里殡葬相关数据进行归纳整理（见图 2），便会发现虽然节地生态葬式较之前有所增长，但相对墓穴安葬和其他安葬方式还存在很大差距，由此可见，传统思想在一定程度上影响着群众对新葬法新观念的接受与认可。总之，"林葬"这一葬式还处于萌芽阶段，尚需进一步加强宣传和推广，让群众更全面地了解和接纳这一葬式，才能有效推动后续步骤的实施。

四 "林葬"发展对策及建议

（一）总结既有经验，在适当地区积极推动试点

目前，我国"林葬"推广相对较好的地区是浙江安吉、北京顺义、广

① 吕佳、张聪达、林静：《关于殡葬设施规划与建设的几点思考》，《城市规划》2014 年第 5 期。
② 李海源：《朝阳市殡葬改革多头管理案例研究》，大连理工大学学士学位论文，2015。

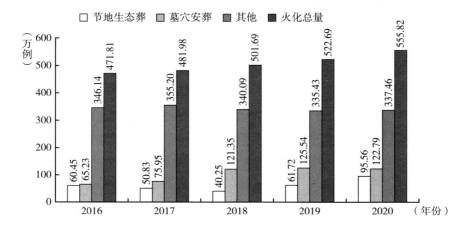

图2　2016~2020年全国主要安葬方式数量

东广州和江苏句容，这些地方累积了一些实践经验，但是，由于各地情况不同，所采用的管理模式并不一样。殡葬主管部门可以将各地区好的尝试和管理经验进行总结分析，建立适合城镇和农村的具有代表性的"林葬"示范点，在有条件的地方进行复制推广，比如"林葬"可以采取政企合作的管理方式，由政府规定墓区面积的规划和原则方面的制度框架。其中，较为重要的是政府要对墓地使用收费标准进行规定，可以是完全公益形式的墓地，也可以依照实际情况少量收取费用，参照墓地使用的收费情况，政府给予企业一定的补助。

（二）加强顶层制度设计，解决部门分割问题

"林葬"的推广，关涉民政、林业、国土、规划和消防等多个部门。协调好相关部门之间的权责关系，对于"林葬"的推广意义重大。对于林地的具体管理规划，政府部门可结合现实地理环境情况，制定具体的林地改造计划，让林地经过改造之后不但适合复合运用，同时还使林地原本的功能得以保留。后续的管理中，政府部门可以每年固定扩大林地面积的数量，也可以等林地可用面积降低到警戒线以下再统一对林地进行扩张。此外，政府部

门还需加强自身管理，明确部门职责，保证协同推进，制定明确要求，确保不同业务环节均完全依据有关政策规定执行。

（三）提升"林葬"服务质量，禁止豪华墓等违规安葬行为

在"林葬"的推广过程中，政府部门可建立殡葬服务保障体系，体现"林葬"公益性的同时，更好地惠及于民。在日常工作中对林地进行维护，并做好相关的安全措施，保证林地不会出现大规模树木死亡，或者大规模的自然灾害，尤其是在防火方面做好与当地消防局的联合管理。政府可以允许逝者亲属随时对逝者安葬情况进行调查，做好日常的林地巡查工作，防止悼念过程中悼念人员受伤，或者破坏林地亵渎逝者的情况发生。此外，在推广"林葬"的同时，政府部门还应着力限制豪华砖砌墓、石头墓及花岗岩、大理石碑刻等浪费资源多、文化底蕴少的行为，抵制不法行为垄断区域殡葬市场，管控部分殡葬机构漫天要价，严加管制"豪华墓""活人墓"的修建，加大执法力度，提倡厚养薄葬，如此既可以提升人民群众对绿色殡葬的接受度，同时又能尊重我国祭奠祖先的传统，"林葬"还能在一定程度上成为政府维护林地的经济来源，减轻地方的财政负担。

（四）积极向群众宣传推广"林葬"，推动个性化的安葬仪式

殡葬本身是一件严肃的事情，在各个信息平台上很少出现与葬礼相关的信息。所以首先，要想让"林葬"概念普及度提升，需要国家通过一些制度性安排进行文化传播。比如"林葬"作为一种具有地标性、特色性的安葬方式，可以被纳入我国中小学课程，通过基础教育的形式，让"林葬"概念得到一定程度的普及。再比如，可以建立起"林葬"陵园，引导党员、干部和社会知名人士逝世以后安葬其中，以起到表率作用，为社会普及生态殡葬的"林葬"概念。

当然，"林葬"在文化推广方面还应该满足个性化发展趋势，越来越多的年轻人希望自己未来的葬礼富有个性，能够体现出其独有的生命历程和特征。虽然传统公墓也为满足人们的这种需求开辟了空间，但与之相比，"林

葬"提供的可能性更加丰富。传统公墓中的约束在森林中并不存在,整个仪式过程可按照个人意愿自主设计。无论是无声的葬礼,还是举办相关追思仪式,均反映出对逝者的思念。此外,亦可加入诗歌或音乐,甚至邀请歌手或乐队,"林葬"墓地对于音乐伴奏的风格没有限制,与所爱之人的告别可以十分个性化。在全球化时代,随着家庭结构的不断变迁、年轻人向大城市的集中,国内年青一代的流动性显著增强。由于通常居住在较远的地方,因此年轻人往往主观上不愿意或者客观上无法定期前往墓地进行维护,同时又不想支付额外的费用雇用专人维护墓地。而"林葬"墓地完全位于自然环境中,可免除维护墓地所需的时间和费用,减少亲属的负担。不同于传统公墓需要以插花等装饰,在"林葬"森林中,参天的古树、蓬勃的灌木、初春的新芽、缤纷的落叶、冬日的白雪随四季更换交替出现,是墓地天然的装饰物。

参考文献

周礼:《德国树葬》,《华人时刊》2014 年第 4 期。

何秀琴:《在农村地区推行生态葬的思考》,《济源职业技术学院学报》2012 年第 2 期。

实践探索篇
Practice and Exploration

G.17
山东省沂水"惠民礼葬"发展研究报告

薛 峰*

摘 要: 近年来,山东省沂水县积极落实乡村振兴战略,把殡葬改革作为县委、县政府的重要民生工程,坚持"三为主""三不准""三严禁"基本原则,算清算透"六笔账",实施了以"惠民礼葬"为核心的系列改革。经过近 5 年的改革实践,沂水县已有 4 万多户逝者家庭享受到"殡葬全免费"政策,累计节约社会殡葬支出 10 亿多元、土地 1200 多亩、木材 4 万多立方米,"惠民礼葬"成为全县人民实实在在的民生工程、民心工程。国家、省、市领导多次批示肯定;中央电视台、《人民日报》等 100 多家舆论媒体先后报道;全国 23 个省(区、市) 390 多个地区先后到沂水县考察学习,为全国殡葬事业发展提供了引领和示范。

---

* 薛峰,中共临沂市委常委、市委秘书长,2016 年 12 月担任中共沂水县委书记,是沂水殡葬改革的主要倡导者、策划者和组织实施者。

关键词: "惠民礼葬"改革 全民惠葬 厚养礼葬 逝有所安 山东沂水

一 "惠民礼葬"改革的背景

(一)沂水县基本情况

沂水县地处鲁中南地区,沂蒙山腹地,总面积 2434.8 平方公里,辖 18 个乡镇(街道),人口 120 万,是一个地域人口大县。沂水秦代置县,隋初定名,是千年文化古县。近年来,沂水县大力发展全域旅游,"山东好客·沂水情长"是独具特色的形象品牌,建成开放 2A 级以上景区 43 处,数量居山东省县域之首。其中,4A 级景区 4 处、5A 级景区 1 处。沂水县也是革命历史红县,是沂蒙精神主要发祥地之一、中共中央山东分局诞生地、《大众日报》创刊地、"沂蒙红嫂"的故乡。2021 年,沂水县实现地区生产总值 503.7 亿元、一般公共预算收入 24.4 亿元。

(二)殡葬领域存在的问题

沂水县民风质朴,丧事办理相对简单,基本实现了当天死亡、当天火化、当天安葬,从 20 世纪 80 年代后期就实现了火化率 100%,但也存在一些不良殡葬现象。①骨灰装棺再葬。遗体火化后,继续沿用大棺材下葬、起大坟头的安葬模式,并有修建"活人墓"的习俗。在沂水农村,老人子女成家之后就开始为自己制棺修坟。城区居民及城乡接合部失地农民没有土地修坟,就到城市郊区私自从村集体或个人手中违法购买土地用作墓地。②散埋乱葬严重。农村早年划定的集中安葬点或老墓地用完之后,就在自留地或承包地里修坟建墓,影响了农业耕种,造成公路铁路沿线两侧、景区、山林之内坟头林立,影响了沂水整体形象,还为山林防火带来严重隐患。③丧葬陋习盛行。随着社会的发展,丧事大操大办愈演愈烈,带有迷信色彩的丧葬礼俗项目越来越多。主要表现在,修坟由砖砌发展到砖砌后再镶嵌画龙雕凤的大理石；制作棺材的木材越来越名贵，尺寸越来越大；不仅新安葬的要立大碑，还要为早已去世的补立大碑；三拜九叩等复古礼俗盛行，各种纸扎名目越来越多，大到楼房、汽车，小到手机，甚至充电宝一应俱全。丧葬项目的不断翻新，加剧了封建迷信思想的传播。④丧葬费用趋高。粗略算起来，一个普通丧礼需要各类丧葬费用2.5万元左右（见表1），如果再买地修坟则费用更高。很多家庭因为给逝者生前治病，已经花光了积蓄，甚至债台高筑，再加上办理丧事的费用，无疑雪上加霜，给群众造成了沉重的经济压力和思想负担。殡葬问题严重影响了全县的民生建设和脱贫攻坚，影响了农村生态环境、乡村文明程度和群众获得感满意度，成为沂水县迫切需要解决的社会问题，实施殡葬改革已成为民意所向、现实所需，势在必行。

表1　沂水县普通居民丧葬费用一览

单位：元

丧葬项目	修坟	制棺	立碑	白布	纸扎	招待	抬棺	火化	其他	合计
所需费用	5000	5000	3000	2000	2000	5000	1000	1500	1000	25500

（三）殡葬改革面临的形势

新中国成立后，中央高度重视殡葬改革工作，在全国推行火葬政策。党的十八大以来，习近平总书记多次对殡葬工作做出重要指示批示，党中央、国务院持续倡导推进，民政部等国家部委连续出台多项文件，鼓励引导各地开展殡葬改革。全国多个地方也陆续开展了一系列殡葬改革探索，取得了一些经验，但随着经济社会发展，也产生了一些问题和困难。殡葬服务市场化经营和资本的逐利性，导致墓地、殡葬用品、殡仪服务产品供给不足，价格畸高，群众负担沉重。特别是墓地建设严重滞后，造成了城市"一墓难求"、农村"散埋乱葬"，各地丧事大操大办、盲目攀比、薄养厚葬等现象比较普遍，不良殡葬习俗极大增加了群众负担、影响了乡村文明、阻碍了乡村振兴，成为民生的痛点、社会的焦点，成为深度困扰基层群众的烦心事，很多群众对此强烈期待改变，却又因社会大环境影响而无力改变，如何保障逝者安葬成为一个严重的社会问题。总体来看，并没有十分成熟的路子，有的地方甚至因操作不当引发了与群众的矛盾，社会口诛笔伐，也证明了殡葬改革的"难"与"险"。

（四）实施殡葬改革的动因

习近平总书记指出，"改革再难也要向前推进，要敢于担当，敢于啃硬骨头，敢于涉险滩"。人民立场是中国共产党的根本立场，以人民为中心，是党委政府必须始终坚持、积极践行的执政理念。县级党委政府是党治国理政的基础单元，贯彻以人民为中心的发展思想，就要发挥最贴近基层群众、最了解基层群众期盼的优势，顺应民意、统筹资源，着力解决群众的操心事、烦心事、揪心事，把执政为民落实为一件件实实在在的行动，持续提升群众的现实获得感、真实幸福感。面对殡葬改革这一难题，沂水县把"让逝者安息、让生者慰藉"作为深入实施殡葬改革的动力，树立"闯"的劲头、"改"的魄力，于2017年5月10日启动实施了以"惠民礼葬"为核心的殡葬改革，经过5年的深入实践和不断完善，逐步形成了"全民惠葬、厚养礼葬、逝有所安"的沂水殡葬改革模式。

二 "惠民礼葬"改革的发展路径

沂水县实施的"惠民礼葬"改革，貌似"老生常谈"，实际上是打破了人们对殡葬改革的惯性思维认识，是对从传统的"厚养薄葬"到"厚养俭葬"再到"惠民礼葬"理念的升华，保证了人人"逝有所安"，补齐了国家在保障和改善民生方面提出的"幼有所育、学有所教、劳有所得、病有所医、老有所养、住有所居、弱有所扶"上的短板，形成了"生老病死"在保障机制上的完整闭环。这项改革的核心是免除所有基本殡葬服务项目的费

用，把殡葬服务纳入政府公共服务范畴，让群众直接感受到殡葬改革带来的实惠，主动配合支持殡葬改革，确保殡葬改革顺利启动；改革的关键是党委政府作为重要推手，积极发挥引导作用，全链条进行改革，保证了改革的成功率，办成了群众一家一户想办而办不了的事；目的是抓住人民最关心最直接最现实的社会焦点难点问题，切实完善社会保障体系，助力脱贫攻坚，促进实施乡村振兴战略，扎实推进美丽乡村建设。

（一）谋定后动，充分做足前期筹备工作

殡葬改革事关国计民生，事关社会稳定大局，不改不行，改不好不行，出了问题更不行。因此，沂水县顶住压力，对准群众所期所盼、所急所难，找准症结所在、总览全局、统筹谋划，做到有的放矢，扎扎实实纾民忧、解民困，真正把好事办好，确保稳妥推进。

1.深入调研论证，理清思路求突破

往什么方向走，是实施一项改革的首要问题。2017年2~4月，沂水县委县政府组织民政、财政、宣传、国土、住建、农业等部门有关人员，组成专门调研班子，到殡葬行业单位、部分村居，深入基层、深入群众，进行了为期3个多月的调研，了解到群众对实施殡葬改革的强烈期盼。在此基础上，结合群众反映的诉求和对外地改革的总结反思，县委主要领导提议，沂水殡葬改革要从根子入手，打破惯性思维，出台"殡葬全免费"政策，实行普惠性、彻底性改革，从根源上破除殡葬行业市场化经营带来的逐利化倾向，彻底斩断"发死人财"的利益链，让殡葬服务回归到为群众服务的公益性轨道上来。这是前无古人的开创性殡葬改革方向，需要政府财政的全额投入。县委县政府安排联合调研组，对此进行了深入细致的测算和风险评估。测算结果表明，需要由县财政承担的费用主要有殡仪馆运行费和公益性公墓建设管理费两项，沂水县每年去世8400~9000人（见表2），按照死亡人口数量计算，保障殡仪馆运行每年需要1000万元左右（见表3），公益性公墓建设及管理维护每年需要1000万元左右，两项共需投入2000万元，相对于全县每年50亿元的财政支出来说并不是很大，县级财力完全可以承受。

随后，召开县委常委会议、县四大班子领导联席会议，确定了实施全免费殡葬改革的方向，统一了思想、下定了决心。

表2　2017~2021年沂水县死亡人数明细

单位：人

年份	2017	2018	2019	2020	2021
死亡人数	8448	8752	8505	8622	8665

表3　沂水县殡仪馆运行费用明细

单位：万元/年

项目	人员工资	办公经费	专用燃料费	通体运输费	丧葬用品购置	电费	其他	合计
金额	355.85	16.78	185	246	160	16	10	989.63

2. 平衡疏堵关系，把握原则定基调

保证改革平稳，确保不出问题是大前提。为此，沂水县吸取外地一些地方粗暴式、运动式、行政命令式改革的教训，确定了"三为主""三不准""三严禁"的工作原则。"三为主"就是以正面工作为主、宣传引导为主、优质服务为主；"三不准"就是不准一刀切、不准强制、不准搞平坟运动；"三严禁"就是在不再审批经营性公墓的基础上，严禁乡镇和村向外租售土地用作墓地，严禁在耕地修建坟墓，严禁制售使用大棺材，开正门、堵偏门，疏堵结合、正反双向，真正把好事办好。①向党员干部、企业家和广大群众印发了倡议书和公开信，积极倡导党员干部和企业家带头文明殡葬，做给群众看、带着群众改。②多措并举做细群众工作，对新去世人员，由镇村干部和村红白理事会做逝者亲属的工作，引导进公墓安葬逝者，采用文明殡葬方式。③组织县直有关部门严肃查纠违规建墓、骨灰装棺再葬、制售大棺材等行为，规范殡葬市场秩序。改革至今，全县没有发生一起群众上访或群体性事件，没有发生一起恶意炒作等舆情。"三为主""三不准""三严禁"成为这次改革的总遵循和指导原则，是改革成功的关键。

3. 算透"六笔账",广泛宣传达共识

这是让群众自觉接受改革、主动参与改革的关键。再好的改革也会触及部分人的利益,如已经修坟制棺的不能再用了,制作销售丧葬用品的没有市场了;再多的人支持也会有部分群众因思想观念陈旧有抵触情绪,如夫妻一方早已去世,另一方去世后需到新公墓合葬,有的群众一时难以接受等。沂水县针对这些问题,通过媒体宣传、干部入户、村里宣传、巡回宣讲等方式,引导广大群众算透经济账、土地账、资源账、安全账、环境账、祭祀账等"六笔账"。一是经济账,实行全免费的殡葬改革政策后,县财政每年只投入 2000 万元可为群众节省 2 亿元(见图 1);二是土地账,采用集约型的公益性公墓安葬模式,安葬用地从原来的每年不足 300 亩,减少到每年不足 30 亩,节地率 90% 以上(见图 2);三是资源账,统一使用骨灰盒安葬骨灰,不再使用大棺材,按照每个棺材 1~1.5 立方米木材计算,全县每年可节约木材 1 万立方米左右;四是安全账,每处公益性公墓都设置了公共祭祀区,做到祭品集中焚烧,有效消除了焚烧祭品引发的山林火灾;五是环境账,通过引导文明祭祀、减少焚烧纸扎行为,有效防止了大气污染;六是祭祀账,与散葬墓地相比,公益性公墓配套设施完善、管理规范,群众祭祀更方便。通过积极宣传引导,全县群众迅速达成了自觉接受和支持殡葬改革的共识。

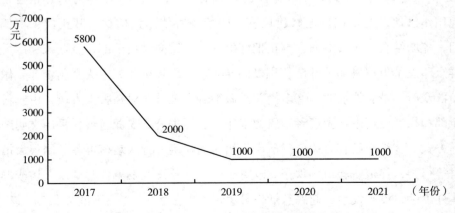

图 1 2017~2021 年沂水县公益性公墓建设资金投入统计

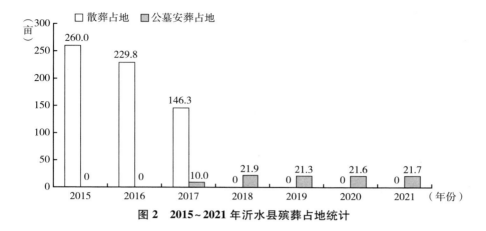

图2 2015~2021年沂水县殡葬占地统计

（二）多措并举，落细落实各项保障机制

殡葬改革的复杂性决定了工作头绪多、"牵一发而动全身"，要保证改革的成功，不仅需要正确的工作思路，还要有配套完善的工作措施。为保证殡葬改革工作的顺利实施，沂水县于2017年5月9日召开全县殡葬改革工作动员大会，拉开了实施殡葬改革的大幕。

1. 建立普惠制度，实行殡葬全免费

"殡葬难""殡葬贵"问题是殡葬改革的主要矛盾。问题的产生，在很大程度上源于这些年殡葬行业的市场化经营和逐利化倾向。沂水县从根子入手，将殡葬服务纳入政府公共服务范畴，回归殡葬服务的公益属性，让群众感受到殡葬改革带来的实惠。从2017年5月10日开始，把"殡葬全免费"作为启动殡葬改革的切入点，免除遗体运输费、火化费、骨灰盒费、公益性公墓墓穴和墓碑使用费、碑文刻制费等项目的所有费用，群众不花一分钱就能办好身后事，奠定了殡葬改革顺利实施的基础，彻底解决了"死不起""葬不起"、因丧致贫返贫和散葬乱埋问题，彻底斩断"发死人财"的利益链，根治了殡葬乱象。

2. 弥补设施不足，加快公益性公墓建设

沂水县针对公益性公墓供给不足、经营性墓地价格昂贵、农村散葬乱埋

现象严重等情况，把公益性公墓建设作为殡葬改革的基础性工作。确定以乡镇（街道）为建设主体，本着"就近就便、相对集中"和"小墓型、高密度、园林化"原则，按照每乡镇（街道）建设 3~5 处的数量要求，对全县公益性公墓进行科学规划布局。民政、财政、自然资源和规划等相关部门全力配合，保证各选址的公益性公墓符合国土空间规划。为确保公益性公墓建设进度，把公墓建设资金纳入县乡财政全额保障，集中优势资源，打了一场为期 50 天的攻坚战。建设期间，县委、县政府强力推动，县委主要负责同志亲自召集相关部门主要负责人和各乡镇党委书记连续召开了 5 次现场推进会议，保证了建设速度和质量，共建成公益性公墓 110 处，一次性建设墓穴 10 万个，实现了公益性公墓全覆盖，满足了全县群众 10 年的安葬需求。

3. 服务殡改大局，实施殡仪馆改制

随着殡葬全免费政策的实行，为更好地适应新形势，沂水县将县殡仪馆由自收自支改制为全额拨款事业单位，守灵室、悼念厅、花圈使用和遗体消毒、整容、短期遗体寄存等殡仪服务项目不再收取任何费用。运行费用由县财政兜底保障，职工工资、服务设施购置、管理运行费用被统一纳入县财政预算。火化炉全部更新为符合环保要求的高标准火化炉。骨灰盒由县政府确定统一标准，实行招标采购，殡仪馆负责管理，免费使用。同时，健全完善殡仪馆管理制度，优化工作流程，对殡仪馆职工实行绩效管理，促进了殡葬服务水平的提升。殡仪馆的改制，解除了殡葬职工的后顾之忧，杜绝了吃拿卡要以及乱收费等现象的发生。由此，殡葬服务在沂水县成为真正的政府公共服务产品，实现了全环节免费、全过程免费、殡葬服务标准全统一，沂水居民不论生前是机关干部、企业家，还是普通百姓，去世后"不花一分钱就能办好身后事"，而且殡葬服务待遇是一样的，"既不输在起跑线上，也不输在终点线上"，体现了生命最后的平等和尊严。

4. 加强村民自治，发挥红白理事会作用

红白理事会在移风易俗中发挥着不可估量的作用，用好了是移风易俗的主力军，用不好就成了丧葬陋俗的传播者，有的甚至形成了制售丧葬用品的利益链。改革期间，沂水县规范完善了县乡村三级红白理事会组织，县级成立红白理事会联合会，乡镇（街道）成立镇级红白理事会，社区（村）成立村级红白理事会。县红白理事会联合会指导镇、村两级红白理事会开展移风易俗、文明殡葬工作，定期对红白理事会成员开展业务培训。乡镇（街道）红白理事会指导、监督辖区内村级红白理事会开展移风易俗工作，落实文明殡葬相关政策。村级红白理事会由威望高、组织能力强的"两委"成员、老党员、老干部、乡贤等担任，负责向群众宣传文明殡葬政策，及时上门做好逝者丧葬期间的各项服务工作。并严格要求村级红白理事会及成员不得从事带有迷信性质的丧葬行为，不得向逝者亲属索要或收受财物，不得向逝者亲属兜售丧葬用品。红白理事会在殡葬改革中成为不可或缺的重要力量，发挥了极大的正能量。

图3　沂水县四十里堡镇林家官庄村红白理事会

（三）摒弃陋习，持续促进移风易俗深入开展

受传统殡葬观念影响，丧事和祭祀程序烦琐、盲目攀比、大操大办，成为农村移风易俗的重点和难点，也给逝者家庭造成了沉重负担。对此，大多数群众不认同，但受困于传统观念和碍于情面，不得不"随大流"。沂水县

随着殡葬改革的不断深化，丧葬礼仪制度也被纳入改革范围，探索实行了"追思会"这一文明节俭丧礼新模式，文明殡葬新风尚逐步形成。

1. 倡导文明殡葬新风，实现"追思会"丧礼服务全覆盖

毛泽东同志在《为人民服务》中说，今后我们的队伍里，不管死了谁，只要是他做过一些有益的工作的，我们都要给他送葬，开追悼会，这要成为一个制度，这个方法也要介绍到老百姓那里去。按照毛泽东同志的倡导，沂水县边实施殡葬改革，边深化移风易俗，从2018年7月起，进一步简化丧事程序，全县创新普及推广"播放哀乐、宣读逝者生平、鞠躬告别"这种程序简单又充满仪式感的"追思会"丧礼新模式（见图4）。对"追思会"举办程序进行统一规范，要求群众丧礼必须由乡镇工作人员主持，村"两委"干部宣读逝者生平，村红白理事会成员全程为逝者家庭搞好服务，用"追思会"完全取代了旧丧礼仪（见图5）。群众丧礼政府办是为民重民的具体体现，不仅是对逝者的尊重，也是对逝者亲属的安慰，还进一步密切了党群干群关系，有效遏制了丧葬陋俗。截至2022年1月18日，全县已为28156名逝者举办"追思会"，举办率90%以上，举办"追思会"已经形成了良性循环，基本取代了披麻戴孝、焚烧纸扎的老旧丧礼模式。

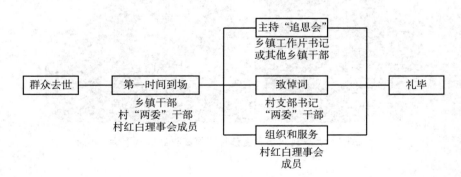

图4 "追思会"举办流程

2. 献花代替烧纸，实施绿色文明祭祀

移风易俗不能只管安葬环节，应落实到所有殡葬活动中。为此，沂水县把倡导绿色文明祭祀纳入村规民约，并加强了"元宵节""清明节""中元

图 5　村干部在"追思会"上宣读逝者生平

节"等祭祀节日绿色文明祭祀的宣传引导和监督，引导群众遵守公墓管理规定，控制纸钱等焚烧类祭品数量。每年清明节，积极倡导无烟火祭祀，由政府购置鲜花免费向祭祀群众提供，既保护环境，又体现文明。

（四）健全机制，保证殡葬改革长效深入开展

沂水县在改革过程中，始终坚持规范化操作、制度化执行，确保改革稳妥有序推进、长期长效坚持，逐步形成了一套成熟的殡葬改革工作管理体制机制。

1. 健全组织保障机制

殡葬改革是一项深层次的社会变革、系统性的社会工程，单靠哪一个部门是无法完成的。沂水县把殡葬改革列为"一把手"工程，2017 年 5 月成立了以县委书记和县长为双组长、有关县级班子领导为副组长、25 个县直部门为成员单位的殡葬改革领导小组，加强对殡葬改革工作的统筹指挥和协调推进。发改部门将文明殡葬工作纳入经济社会发展年度计划和中长期规划；民政部门做好文明殡葬政策的研究制定和组织实施，加强工作调度与考核；财政部门将文明殡葬工作所需资金纳入年度财政预算，保障资金需求；自然资源和规划部门将公益性公墓等殡葬设施建设用地纳入国土空间总体规

划；宣传文化部门加强文明殡葬政策宣传，挖掘整理、塑造弘扬文明殡葬文化，开展移风易俗教育，曝光不文明殡葬行为，提高群众文明殡葬意识，营造良好的社会氛围；工会、团委、妇联等组织动员广大职工、青年、学生、妇女参与支持文明殡葬工作；市场监管部门加强丧葬用品市场管理，清理整顿迷信性质丧葬用品制作销售；行政执法部门及时查处在公共场所违章搭设灵棚、抛撒冥纸、焚烧纸钱等不良丧葬行为；公安部门依法惩处丧事活动中扰乱社会秩序、危害公共安全、侵害他人合法权益等行为；纪检、组织、人社部门加强监督检查，对文明殡葬工作推进不力的单位强化责任追究；对党员、干部、各类公职人员尤其是领导干部在丧事活动中的违纪违法行为，依纪依法严肃查处。从而形成了县乡村三级书记一起抓、部门协调配合和全民总动员的良好工作格局。

2. 强化督导考核机制

乡镇（街道）在殡葬改革工作中担负着重要任务，他们既要作为工作主体实施公益性公墓的规划选址和建设维护，又要组织动员和宣传引导群众到公益性公墓安葬逝者，还要为群众举办"追思会"丧礼仪式。哪项工作不到位，都会影响全县殡葬改革政策的落实，只有真正发挥乡镇工作的积极能动性，才能保证殡葬改革的持续深入开展。为此，沂水县将殡葬改革列入对各乡镇（街道）、县直有关部门的综合考核体系，健全完善追责问责机制，形成了促进工作的硬抓手。殡葬工作领导小组办公室每年都要结合当年度重点工作任务和工作导向，制定切实可行的《沂水县殡葬改革工作考核方案》，对公益性公墓巩固提升、日常管理，以及公墓安葬、移风易俗等方面进行全面考核，对工作创新、舆论宣传等方面表现好的乡镇予以表扬鼓励，对因工作不力造成工作被动、对全县殡葬改革工作造成重大影响或损害沂水形象的，严肃追究相关责任人的责任，保证了殡葬改革工作的持续推进。

3. 完善工作管理机制

殡葬改革工作是一个长期坚持和不断深化的过程，必须有完善的工作机制支撑。为此，沂水县专门设立了公墓管理中心，为民政局下属副科级事业单位，具体负责全县殡葬改革工作推进和公益性公墓监管。特别是在公益性公墓监管上,实行日常抽查暗访,每季度拉网式普查,年底对乡镇进行全面考核,经常性、持续性加强对乡镇、村和殡葬服务机构的督导检查,发现问题及时纠偏;各乡镇也都设立专门的工作机构,至少配备 2 名专职工作人员,负责对本辖区殡葬政策的落实和公墓的建设管理;每处公墓按照规模大小至少配备 1 名公墓管理员,并全部安装监控设备,纳入全县综治监控平台,形成了完整的工作管理体制机制;开发了一套适合沂水殡葬改革特点的公墓信息管理系统(见图 6),逝者安葬信息及其亲属的基本信息全部录入系统,实现了殡葬改革常态化、信息化、规范化管理,确保各公益性公墓管理维护有序。

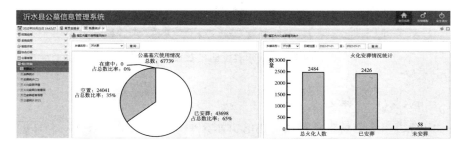

图 6 沂水县公墓信息管理系统截图

4. 形成制度保障体系

改革期间,沂水县陆续出台了《关于进一步加快公墓建设推进殡葬改革的实施意见》《关于进一步深化殡葬改革工作的意见》《关于规范农村公益性公墓建设标准的通知》《沂水县公益性公墓管理办法》《关于加强对殡仪服务专用车辆及驾驶人员管理的规定》《关于在全县推广厚养礼葬模式的通知》《关于进一步规范"追思会"工作的通知》等一系列制度性文件,科学指导殡葬改革各环节工作。鉴于沂水殡葬改革机制基本成型、措施相对成熟,2020 年初,县委县政府组织有关部门对改革实践经验进行总结提炼,于 4 月 4 日正式发布了《沂水县文明殡葬规程》(见图 7),为全县规范化长效化推进殡葬改革提供了政策遵循。2020 年 11 月 26 日,山东省民政厅借鉴沂水经验出台了省级标准《文明殡葬工作指南》,沂水县委县政府作为主

要起草单位参与《文明殡葬工作指南》的编纂。2021年3月12日，沂水殡葬改革被国家标准化管理委员会确定为国家级标准化试点项目。

图7　《沂水县文明殡葬规程》

5. 构建文明殡葬文化

为构建和塑造具有新时代特色的沂水文明殡葬文化，2019年11月沂水县建设完成了全国首家"移风易俗教育基地"（见图8），"移风易俗教育基地"全面展现了中国殡葬历史文化，集中展示了沂水县实施殡葬改革的全过程，成为宣扬沂水殡葬改革工作成果、统一全县人民思想认识的重要阵地。积极挖掘沂水县殡葬改革期间的典型故事，2020年6月根据真人真事创作编排了反映沂水殡葬改革历程的方言话剧《樱桃崮下》（见图9），已巡演63场，其间还晋京汇报演出2场，得到民政部及相关部门领导的充分肯定，成为宣传殡葬改革的重要载体；2021年又将话剧改编为同名电影搬上荧屏，2021年12月18日举行了试映会，随后在全国公映。礼葬文化、生命文化，在沂水县深入人心，形成了新风尚。

三　"惠民礼葬"改革的成效

沂水县通过全链条、彻底性、变革性的措施，实现了殡葬体制的重构、

图8 沂水县移风易俗教育基地外景

图9 方言话剧《樱桃崮下》晋京汇报演出场景

殡葬观念的重树、殡葬文化的重塑,高效解决了殡葬领域长期存在的突出问题,让殡葬难、殡葬贵、死不起、葬不起在沂水县彻底成为历史,达成了"逝有所安"的目标,织就了"生老病死"民生保障的完整闭环,形成了具有时代先进性、普适性、可复制性的民生殡葬模式。这一模式,体现了五个效应。

(一)经济效应

通过殡葬服务、殡葬设施、殡葬用品全免费,每例逝者丧事办理可节省

2.5 万元,截至 2022 年 1 月 18 日,全县已享受"殡葬全免费"政策的共有 41045 户逝者家庭,累计节约各项殡葬费用支出 10 亿多元。

(二)生态效应

全县新去世人员 100% 进公墓安葬,"追思会"模式采用率 90% 以上,节约了资源、保护了生态,杜绝了散埋乱葬对环境的破坏,累计节约殡葬用地 1200 多亩、木材 4 万多立方米。

(三)社会效应

殡葬改革带来了民风社风的显著变化,社会和谐程度不断提升,群众对党委政府的信任度认可度不断提高。2017~2020 年,沂水县实现平安建设、信访工作考核、群众安全感满意度全市"四连冠",2021 年被评为平安中国建设示范县、全国信访"三无"县。同时,殡葬改革也带动了其他民生工作的开展,全县贫困群众受益于"殡葬全免费"政策,避免了因丧致贫返贫问题,沂水县连续四年获得全市脱贫攻坚考核第一名,被评为全国脱贫攻坚典型县。2020 年 6 月,沂水县在殡葬改革基础上,又实施了以"喜事新办"为核心的婚俗改革,形成了与殡葬改革的良好互动,全面深化了移风易俗。2021 年 9 月被民政部列为第二批"全国婚俗改革实验区"。

(四)政治效应

通过殡葬改革,凝聚了民心、锻炼了干部,在全县形成了"敢为人先、攻坚克难、改革创新、众志成城"的殡改精神,引领带动了各项工作的高效开展。2017 年以来,在临沂市历次综合考核中,沂水县均位居前列,被省里授予 2019 年度、2020 年度、2021 年度全省县域经济高质量发展先进县,为连续三年入围的全省 6 个县市区之一。

(五)示范效应

沂水殡葬改革得到各级各界充分肯定,国务院分管领导多次批示肯定并亲临沂水调研视察，中央深改办《改革情况交流》专题刊发，2019 年 6 月被农业农村部评为"全国首批 20 个乡村治理典型案例"之一，同年 11 月被民政部评为"全国殡葬综合改革试点优秀案例"，全国殡葬综合改革工作座谈会、山东沂水"惠民礼葬"改革专家研讨会先后在沂水召开，民政部、山东省民政厅专门发文推广，新华社、《人民日报》、中央电视台等 100 多家权威媒体宣传报道，全国已有 23 个省份 390 多个地区前来考察学习，充分体现出沂水殡葬改革实践的理论价值、实践价值、推广价值。

四 "惠民礼葬"改革的经验启示

（一）殡葬改革是党委政府不可推卸的责任，不能有畏难发愁思想，必须主动改

在很多地方，殡葬领域乱象丛生，已经严重影响了社会文明，群众不堪重负、苦不堪言，仅仅依靠社会自我调节，只能愈演愈烈，只有各级党委政府主动作为才能扭转现状。沂水县有很多根深蒂固的丧葬陋习，也有非常大的改革阻力和风险，而且县乡财政并不宽裕。在这种情况下，沂水县不畏险、不畏难，算大账、算民生账、算长远账，坚持政府主导、财政投入，深入险滩、发起改革，毅然担起全国殡葬改革"先头兵"的责任，体现了为民改革的担当、"敢为天下先"的精神。

（二）殡葬问题具有地域化和差异性，不能一把尺子量到底，必须创新改

"十里不同风，百里不同俗"。我国是一个幅员辽阔、民族众多的国家，各地区、各民族的风俗习惯不尽相同，即使在同一个地区，也有不同的丧葬习俗。在改革中，应对准殡葬领域的难题症结，既要顺势而为，又要因势利导。沂水县结合当地实际，顺大势、接地气、贴民心，设计科学、措施精准、体系完备、易于操作，具有鲜明的创新特点和标本意义，凝结着沂水县委、县政府的改革智慧。

（三）殡葬改革是全链条的改革，不能顾头不顾尾，必须全面改

殡葬改革环节多，各环节之间是一个相互作用、相互影响的链条，哪个环节不畅通都不能保证改革的成功，因此不能顾此失彼。沂水县在实施改革前，认真分析各个环节存在的问题，通盘考虑、对症下药、充分筹备；改革过程中，做到环环相扣，既瞻前，又顾后，所有环节一起改，边改边调整，随时纠偏堵漏洞，保证了殡葬改革的成功。

（四）殡葬改革是一个涉及面广的系统工程，必须合力改

殡葬改革需要转变群众观念，需要资金投入，需要土地供应，需要丧葬用品市场整顿，需要乡镇配合等，涉及面广、工作量大。工作中，必须发挥党委政府主导作用、部门协调作用、群众主体作用，必须全民动员、全社会参与。沂水县把殡葬改革作为"一把手"工程，加大协调力度，明确职责分工，各司其职、相互配合，迅速打开了殡葬改革工作局面。

（五）殡葬改革头绪多情况复杂，不能急功近利急于求成，必须稳妥改

改革中遇到的阻力和问题有的不是一天形成的，有它的历史性、长期性和顽固性，要想改变绝非一日之功。如果不能立竿见影，就要在潜移默化中去改变，以时间换空间，急功近利的思想行不通。沂水县放眼长远，稳妥推进，用宽容的胸怀耐心细致做群众的思想工作，以情感人、以理服人，不以恶化党群干群关系、牺牲党和国家的形象为代价，在改革过程中未发生一起负面舆情。

G.18
浙江殡葬数字化改革实践与探索

丁小策　赵　辉*

摘　要：　本文以浙江省数字化改革为背景，梳理浙江省殡葬数字化改革的发展历程，结合浙江省殡葬数字化改革工作实践，着重介绍台州、建德、海宁三地群众"身后事"数字化联办工作成效，以科学化、规范化的视角阐述了殡葬数字化改革的发展趋势，指出存在的问题，对殡葬领域数字化改革进行展望，并提出殡葬数字化改革对策建议。当前，浙江省以殡葬数字化改革为引擎，贯通于殡葬祭全过程，做到群众办理"身后事"最多跑一次，实现逝有所安、群众满意。

关键词：　殡葬数字化　殡葬改革　浙江省

　　浙江省数字化改革，就是运用数字化技术、数字化思维、数字化认知，对省域治理的体制机制、组织架构、方式流程、手段工具进行全方位、系统性重塑的过程，是高效构建治理新平台、新机制、新模式的过程；数字化认知，把数字化、一体化、现代化贯穿到党的领导和经济、政治、文化、社会、生态文明建设全过程，推进各地各部门形成体系化规范化的良好态势，从整体上推动省域经济社会发展和治理能力的质量变革、效率变革、动力变革，从根本上实现全省域整体智治、高效协同，努力成为"重要窗口"的重大标志性成果。

---

* 丁小策，浙江省民政厅社会事务处处长、一级调研员；赵辉，浙江省民政厅社会事务处副处长。

就浙江殡葬数字化改革来说，则是通过数字赋能、流程再造，对群众殡葬服务需求进行全周期梳理，提供遗体接运、火化、寄存、守灵悼念、收费减免、骨灰安葬等应用场景管理服务，实现殡仪服务供给、殡葬服务资源数据掌控、线上线下等多渠道预约，实现殡葬事项全省通办。着力推进群众"身后事"联办，提升服务便捷化、专业化水平，解决殡葬管理工作中的难点堵点，打造全覆盖、全流程的殡葬数字化集成应用智慧系统，为群众提供方便、快捷的殡葬服务，切实让老百姓有更多的幸福感获得感。

一　浙江省数字化改革的背景

早在 2003 年 1 月 16 日，时任浙江省委书记习近平同志在浙江省第十届人民代表大会第一次会议上讲到：数字浙江是全面推进浙江国民经济和社会信息化、以信息化带动工业化的基础性工程。以"数字浙江"重大决策部署为起点和指向，浙江经过"四张清单一张网""最多跑一次"改革和政府数字化转型的实践积累，数字化改革一经推出，便势如破竹、进展迅速。

（一）数字化改革由来

2017 年以来，浙江省委省政府在深化"最多跑一次"改革、推动政府数字化转型的基础上，立足新发展阶段、贯彻新发展理念、构建新发展格局，提出了数字化改革的重大战略举措。数字化改革是"最多跑一次"改革和政府数字化转型基础上的迭代深化，是内容、领域、价值层面的拓展和升级，是全方位、制度重塑、数字赋能的现代化改革，其意义不仅仅在具体的场景应用上，更在于推动生产方式、生活方式、治理方式发生基础性、全局性、根本性的改革。

2021 年是"十四五"时期各项改革的开局之年，也是浙江数字化改革元年。2021 年 2 月 18 日，春节后上班第一天，浙江省委召开了全省数字化改革大会，吹响了新时期数字浙江建设的号角，对数字化改革定义、重点和推进机制等方面作了全面阐述，提出加快构建"1+5+2"工作体系，搭建了数字化改革的"四梁八柱",① 向全省发出了全面推进数字化改革的动员令，正式拉开了浙江省数字化改革的帷幕。2021 年 3 月 1 日中共浙江省委全面深化改革委员会印发了《浙江省数字化改革总体方案》，164 页的指导性文件全面落地。

（二）全力构建"152"工作体系，迭代升级"1612"体系架构

2021 年，浙江数字化改革规范化体系化推进，省市县三级构建了"152"工作体系："1"即一体化智能化公共数据平台；"5"即党政机关整体智治、数字政府、数字经济、数字社会和数字法治等五大系统；"2"即数字化改革的理论体系和制度规范体系。2022 年，在"152"工作体系的基础上迭代升级数字化改革体系架构，整合形成"1612"体系构架——第一个"1"即一体化智能化公共数据平台（平台+大脑），"6"即党建统领整体智治、数字政府、数字经济、数字社会、数字文化、数字法治六大系统，第二个"1"即基层治理系统，"2"即理论体系和制度规范体系——形成一体融合的改革工作大格局。

（三）系统化规范化推进数字化改革

浙江省聚焦"数字浙江"建设一张蓝图绘到底，大力实施数字化改革。一是应用平台全面建成。建设全省统一的公共数据平台，一体化数字资源系统（Integrated digital Resource System，IRS）支撑有力。数字孪生底座加快贯通，首批 10 个领域、22 个试点应用全部上线。"两端"建设迭代深化，"浙里办"集成汇聚全省各地便民惠企 1450 个应用，"浙政钉"日活跃用户数达到 130 余万。安全管控体系更加健全，形成省市县全贯通、云网端数据应用全覆盖的网络安全监测体系。二是系统架构基本定型。聚焦核心业务数字化全覆盖，迭代升级系统构架，持续优化内部跑道。数字政府系统围绕浙

---

① 刘乐平、余勤：《袁家军在全省数字化改革大会上强调　全面推进数字化改革　努力打造"重要窗口"重大标志性成果》，《浙江日报》2021 年 2 月 19 日。

政惠民、浙政助企、浙政安全、浙政智治四大领域，设置"浙里"系列跑道，系统重塑政府运行的组织架构、管理架构、服务架构。数字社会系统构建"城市大脑+未来社区+活力城镇+未来乡村"核心场景，打造"浙系列、邻系列、享系列"三大服务品牌。浙江省数字化改革既前景广阔，也需要攻坚克难，通过"多跨协同"，让各地各部门加大改革力度，汇聚成一江春水。三是协同高效打造更多重大应用。通过一年多的数字化改革探索实践，取得了突破性进展，整体智治、协同高效的理念、方法达成广泛共识，涌现出一批重大标志性成果。这些成果，呈现在服务群众第一线，去政府办事实现了"智办""秒办"。2022年初，浙江省民政厅群众"身后事"集成联办改革荣获浙江省改革突破提名奖，主要在于这些应用在直面群众办事的痛点、堵点的同时，做到各部门间横向协同、纵向联动。

二 浙江殡葬数字化改革的实践历程

数字化改革作为浙江全面深化殡葬改革的总抓手，是全省的中心工作。民政部在支持浙江建设共同富裕示范区实施方案中明确支持浙江率先推进殡葬服务数字化改革，推进殡葬服务优质供给。按照"一年出成果、两年大变样、五年新飞跃"的要求，浙江省民政厅紧紧围绕省委决策部署，着力推进民政数字化改革，构建"民政大脑"，积极推进包括浙江殡葬数字化改革在内的12条业务线，打造一批具有民政辨识度的标志性改革项目，推出一批跨部门、多业务协同应用，实现"用数据服务、用数据治理、用数据决策"，切实彰显了浙江数字化改革的原动力。

（一）殡葬数字化改革发展

浙江省殡葬数字化建设，大致分三个阶段。

1.以信息化为基础，开发建设殡葬管理信息系统（2016年7月至2019年6月）起步阶段

2016年7月，浙江省民政厅开发建设殡葬管理信息系统，主要是殡仪

馆系统、安葬（放）设施、殡葬审批模块等，在归集火化数据、生成火化证明电子证照和收费项目管理等方面发挥了重要作用，殡仪馆系统的使用尤为频繁，并实时上传火化数据。

2. 以"最多跑一次"改革为动力，助推群众"身后事"联办（2019年7月至2020年12月）发展阶段

2019年7月，浙江省民政厅联合省委改革办、省公安厅、省人社厅等11个部门出台《推进群众身后"一件事""最多跑一次"改革实施方案》，将群众"身后事"办理"多部门""多流程"整合为"一件事""一次办"，构建统一受理、联动办理业务模式。实现居民死亡医学证明（推断）书开具、遗体火化、社保金和抚恤金发放（停发）退补、医保个人账户清算、逝者户籍注销等群众身后事项统一受理、一站式服务，办理信息实时、准确归集共享，让群众"身后事"办理"最多跑一次"，全面提升服务对象获得感满足感。

3. 以数字化改革为抓手，全面推进殡葬管理工作纵深发展（2021年2月至今）创新阶段

以全生命周期闭环服务为切入点，全面推进殡葬管理工作纵深发展，实现群众"身后事"涉财事项全闭环，提升服务便捷化、专业化水平，解决殡葬管理工作中的难点堵点，打造全流程的殡葬数字化智慧系统，对群众殡葬服务需求进行全生命周期管理，为群众提供方便快捷满意的殡葬服务，切实让老百姓有更多的获得感幸福感。

为推动殡葬数字化改革工作，2021年4月，在由浙江省民政厅厅长任组长、各副厅长任副组长组成数字化改革领导小组的基础上，成立了全省殡葬数字化改革项目组，举办全省殡葬数字化改革现场培训会，组织业务骨干，集中办公，为全省殡葬数字化改革谋篇布局。5月，全省筛选确定萧山区智慧殡葬数字化改革项目等12个试点县（市、区）开展试点工作；浙江省发改委在嘉兴市举行数字社会第一轮"揭榜挂帅"路演，浙江衢州市、台州市、温州市瓯海区、义乌市中榜群众"身后事"联办揭榜挂帅项目，得到专家和群众代表的好评。10月，全省殡仪馆使用省建系统。群众的满

意度是衡量殡葬数字化改革成果最好的标尺。目前，浙江各地积极推进殡葬数字化改革，杭州市南山陵园上线墓穴导航系统，破解找墓难问题；海宁市通过公证，解决群众涉财事项查取闭环；建德市上线死亡人口专题数据库"数智殡"，实现逝者银行存款的查询并告知其家属。

（二）殡葬数字化改革主要内容

在殡葬数字化改革具体内容上，浙江规范标准体系，实现"浙里逝安"各系统流程统一、表格统一、收费分类统一、技术规范统一。全省78家殡仪馆系统统建，完善殡葬火化及公墓安葬数据库，搭建归集殡葬服务和骨灰跟踪数据库。构建殡葬云服务系统，提供网上祭祀、自助缴费、墓区导航等服务。

1. 规范标准体系

根据"省里统建，市县补充，规范接口，边界清晰"原则规范"浙里逝安"应用平台，包括殡仪馆、公墓管理、"身后事"联办、骨灰跟踪等各系统实现流程统一、表格统一、收费分类统一、技术规范统一。

2. 统一系统应用

统建全省78家殡仪馆业务系统，"身后事"系统地市部署、省厅归集，公墓系统、骨灰寄存、骨灰跟踪、网上自助应用实现统建版本。

3. 建立死亡数据库

在现有的2016年以来火化数据的基础上，归集2010年后的历史火化数据，完善殡葬火化数据库，把分级建立的"身后事"联办数据进行整合形成统一的"身后事"联办数据库，实现殡仪馆及安葬设施单位数据常态化。

4. 开发云服务系统

构建殡葬云服务系统，提供统一的网上祭祀、自助缴费、园区导航等服务，云对接各自服务系统，形成殡葬统一信息基础设施。

（1）升级改造殡仪馆业务系统。完成殡仪馆业务数据上报接口规范的制定、民政统计台卡指标录入以及2010年1月1日以来的历史火化数据归集工作；扩大殡仪馆系统应用范围，进一步推动全省殡仪馆信息系统的统建统用工作。

（2）优化升级公墓业务管理系统。细化公墓业务，开展大型陵园安葬设施导航、三维技术等试点工作，探索"墓区管理服务一张图"基础信息的建设，对全省经营性公墓可视化场景化管理。

（3）完善殡葬事项全省通办系统。完成殡葬12个事项的全省通办系统改造，完善"身后事"业务流程、数据上报接口规范，落实数据归集工作，做好"身后事"闭环流程工作，以此实现网上全省通办。

（4）开展安葬设施综合监管。强化各级民政部门对殡葬设施的监管，安葬设施常态化管理、骨灰安葬规范化管理及跟踪，对殡仪馆、公墓等安葬设施进行实时监管。结合网络技术，实现实时监控和远程传递：可进行园区人脸识别比对，根据人脸识别比对确认入园人员信息是否与园区逝者相关联，同时对相关刑事处罚人员做出实时标记。

（5）殡葬服务机构网上平台。依托民政部门管理、各地殡葬协会参与、殡葬服务单位加入，搭建殡葬服务、殡葬用品网上平台，老百姓可在平台选择殡葬服务机构，评价打分；增加社会服务监管，民政部门对殡葬服务单位实时监管，进一步推进殡葬服务管理水平。

（6）群众自助服务系统。推行丧属自助服务应用，开展政务服务网、浙政钉治理端、浙里办服务端等多端应用试点工作，群众可以通过浙里办服务端发起预约，选择殡仪服务或者购买安葬设施的需求，可以查看殡仪馆及公墓的地理信息等，打通"最后一米"老百姓办事难点痛点。

（三）推进群众"身后事"联办

群众"身后事"联办作为殡葬数字化改革的重大应用，一直是社会关注、办理频率较高的事项。浙江省民政部门重点打造群众"身后事"联办迭代升级和多跨场景应用，涉及丧户办理丧情报送、死亡证明、殡仪服务、户口注销、丧葬补助、社保停发、医保停发、社会福利停发、公积金提取、银行存款及股票基金不动产查询等群众"身后事"多部门统一受理，一站式服务、一次性办理。着力构建全流程网上联办和群众"身后事"涉财事

项办理全闭环。2021年"浙里逝安"作为新增应用纳入全省数字化改革重大应用"一本账S1",今后群众"身后事"联办都可以从"浙里逝安"平台登录,方便快捷。据统计,2021年全省共火化遗体33.56万具,联办30.09万次,联办率89.67%,人均联办部门6.02个。目前各地积极创新应用场景,解决群众办理"身后事"的难点、堵点。主要有台州、建德、义乌、海宁四种模式。浙江紧盯群众需求,破解改革难题,积极推进群众"身后事"联办。

三 浙江省殡葬数字化改革主要成效

(一)加快推进"浙里逝安"应用平台建设

浙江省积极推进殡葬数字化改革,"浙里逝安"被列入全省数字化改革重大应用"一本账S1"。殡仪服务:主要查询各殡仪馆业务信息,包括火化、车辆、冰柜、礼厅、灵堂、收费、逝者档案等信息;安葬服务:涉及主要各公墓安葬机构,网上祭祀等数据信息;群众"身后事"联办:查询各地逝者联办信息以及联办情况、联办状态信息;殡葬审批:主要针对12个殡葬事项的审批和管理;阳光政务:主要内容为逝者骨灰跟踪、收费情况等信息。殡仪服务、安葬服务、群众"身后事"、殡葬审批、阳光政务、各地指标汇总……数字技术的快速发展,为推进殡葬数字化改革提供了新机遇,浙江正全力构建"浙里逝安"应用平台,全域推进群众"身后事"联办数字化改革。

浙江以数字化改革作为殡葬工作高质量发展总抓手,推动殡葬数据资源转化为服务和治理能力,着力推进"浙里逝安"重大应用项目建设,全面推进群众"身后事"联办,迭代升级殡葬服务"一网通办",不断推动殡葬事业质量变革、效率变革、动力变革。积极探索开展殡仪馆等级评定工作,制定《浙江省殡仪馆等级认定办法》,开展网上殡仪馆等级认定;按照《关于深化"放管服"改革 进一步规范经营性公墓审批监管的通知》要求,

2022 年底前实现公墓证件电子化；开展"互联网+监管"，增加阳光政务模块，协同推进专项治理，更好满足人民群众对殡葬基本公共服务需求。

为推进殡葬数字化改革，浙江正在构建"浙里逝安"殡葬数字化应用平台，全域推进群众"身后事"联办数字化改革（见图 1）。

图 1　"浙里逝安"驾驶舱

（二）群众"身后事"联办集成改革成效明显

目前，浙江省每年火化遗体 30 多万具，"身后事"办理事项多、难点多、堵点多。以前业务申办难，群众需向公安、民政、人社、医保等十余个部门反复递申请，办理户籍注销、殡葬事宜、清算补助、卡证注销等事项，办理周期长，有些事项甚至漏办少办。遗产知情难，公民亡故后财产涉及范围广、机构多、数据分散，家属很难逐个金融机构查询亡故人遗产，而且查询手续烦琐，需要提供各类证明文件。

群众"身后事"办理涉及每家每户，是老百姓的揪心事、烦心事、难心事，办得顺利贴心与否关系人民对美好生活的感受程度。为解决这个揪心、烦心、难心事，浙江省民政厅积极牵头，协调 15 个部门大胆探索群众"身后事"联办改革试点。群众"身后事"联办入选省政府部门改革创新项目。

一是群众满意。2021 年浙江省共火化遗体 33.56 万具，已有 30.09 万逝者的家属进行联办，联办率89.67%，人均联办部门数达6.02个，实现"掌上办理、掌上反馈"。近三年来，群众身后事联办人数、联办率和部门数逐年增加（见表1、图2）。按照每个逝者家属办理"身后事"节约10小时计算，可为全省群众办理"身后事"节约300余万小时。2020年底，国家统计局温州、丽水调查队分别对两市群众"身后事"联办工作进行调查评估，温州抽取900例，上门入户调查60例；丽水抽取300例，上门入户调查30例，满意度分别为98.33%、99.32%，群众满意度较高。对于政府而言，在数据共享、数据实效和工作机制上复杂事变成简单事，联办数据完全共享，并主动推送各部门，最终达到对问题协同高效地解决。

表1　近三年浙江省群众"身后事"联办情况

年度	火化人数（人）	"身后事"联办人（人）	"身后事"联办率（%）	"身后事"人均联办部门数（个）
2019	325122	56559	15.19	4.88
2020	325737	216387	66.43	5.04
2021	335635	300943	89.67	6.02

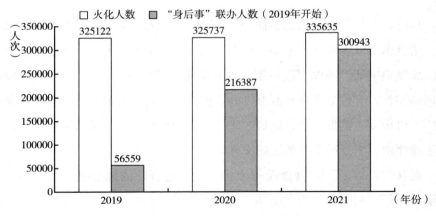

图2　2019~2021年浙江省火化及"身后事"联办情况

二是制度重塑。通过群众"身后事"联办，撬动浙江省殡葬领域综合改革，实现群众"身后事"联办平台和规范两个全省统一，并出台三个制度：《浙江省推进群众身后"一件事""最多跑一次"改革实施方案》《浙江省推进群众"身后事"联办涉及个人金融资产事项试点实施方案》《关于进一步规范和加强公墓建设和审批监管工作的指导意见》，让制度重塑转化为治理效能。

三是复制推广。2021 年底浙江省群众"身后事"联办入选浙江省政府部门改革创新项目，并荣获改革突破奖。2020 年 9 月、2021 年 10 月民政部分别在青海、广西举办全国殡葬政策法规培训，浙江作群众"身后事"联办和殡葬数字化改革经验介绍；2021 年中国社会报《殡葬周刊》刊发了浙江省民政厅《殡葬数字化改革不妨往"浙"里看》、海宁市《遗产数字化闭环处置让"身后事"贴心又便捷》，中国改革办刊发台州《台州聚焦"急、难、愁、盼"全面升级群众身后事全周期协办》等经验做法。

（三）"身后事"涉财事项联办试点应用场景

群众"身后事"是特殊高频事项，全国尚无体系化的遗产集中查询和处置有效机制。从服务端看：呈现"三难一高"，即知情难，家属不知道有多少遗产；查询难，不知道遗产在哪里；办理难，不知道去哪里办；继承费用高，仅房产继承公证费用一般就需 8000 元/套。从治理端看：共享难，逝者相关信息共享不畅，需多次证明"我爸是我爸"。协同难，缺乏主管部门和统一的办理程序。销户难，金融机构认定复杂，休眠账户大量沉淀。矛盾纠纷多，海宁每年的家事调解、法院处置超过 500 件。

围绕群众关切的"身后事"联办事项，重点介绍浙江台州、建德、海宁三地群众"身后事"涉财联办的主要成效。

1. 台州市模式——台州"数智殡"应用场景，实现群众"身后事"全周期协办升级

台州市聚焦民生"身后事"痛点和社会治理服务短板，升级上线"数智殡"场景应用，通过打通 15 个协同部门数据，对接全市 43 家银行、57 家保险公司，联通全市 2000 余家公墓经营管理单位，集成省、市、县三级 25 个数源系统，实现 50 个身后事项联查联办。系统开发了

"浙里办"群众端、"浙政钉"治理端和"PC"管理端,建立了省、市、县、乡四级联动模式,实现"身后事"证明文件数字化开具、跨部门业务高效办结精准兑现、跨系统遗产信息集中掌上查询、跨层级死亡相关数据全量归集分析,达到"民生服务+社会治理"双向提升,以全省设区市级第一名入选浙江省数字社会"最佳应用"。截至 2021 年底,台州"数智殡"应用平台已累计为 80375 位逝者提供 556081 次联办服务,线上联办率达 87.56%。

一是升级无纸,证照文件全数字化。运用电子签章技术,通过群众掌上签字,公安、卫健等部门工作人员授权加盖单位电子印章应用自动生成联办申请表、死亡证明、授权书、查询函、查询结果反馈等高清电子证照,破解纸质证明拍照上传不清晰、难辨认等问题。实现联办场景全流程证照文件100%数字化,100%实时共享。

二是打破边界,联办信息全共享。通过省市一体化公共数据共享平台建立死亡人口信息数据专题库,发布接口对接规范,在全省率先实现"身后事"所有联办部门业务系统对接,系统自动交互共享申报材料及办件信息。所有联办部门工作人员无须再核验身份等基础信息,无须再操作多套系统,无须手动输入基础信息,实现联办事项及时、准确、高效办理。

三是再造流程,遗产查询全集中。创建部门、企业、司法公证遗产数字化集中查询协同模式。对接银保监数字金融平台,汇集全市 43 家银行、57 家保险公司的存款、保单、证券信息,同时通过公共数据共享平台获取并自动比对自然资源部门不动产信息、市场监管部门股权登记信息、公安部门车辆登记信息、公积金管理部门公积金缴纳信息等。查询函及查询结果经公证处核查并在线签章,实现遗产信息掌上一键统一查询。

四是建章立制,制度流程全规范。制定 1 个规范,发布死亡人口信息专题库对接规范,实现死亡相关数据归集标准化。出台《关于规范身后"一件事"联办事项中居民死亡证明签发数字化登记管理工作的通知》《关于推进群众身后"一件事"涉财查询事项数字化联办工作的通知》等 2 个制度,规范居民死亡证明签发数字化登记管理和涉财查询事项数字化联办工作机制。

2. 杭州建德市模式——"数智殡"死亡专题库场景应用助推"身后事"全程零跑一键联办

浙江建德市聚焦群众身后事"难、烦、琐"等痛点，紧扣"一键能申报、办事零材料、全程零次跑"，首创县级死亡人口专题数据库、死亡证明数字化、事项申报数字化、部门联办数字化。已故存款人存款余额清退零突破，为群众身后事提供"伤心事暖心办、烦心事顺心办"的精准服务。2021 年 7 月 2 日，浙里办、浙政钉、PC 端同步上线，目前受理 2455 例 22638 件身后事，反馈各类信息 1.3 万余条，为群众减少各类纸质材料 6 万余份、少跑 2.5 万余次。建成"一库两端"。"一库"，指建成全省首个"县级死亡人口专题数据库"，依托一体化、智能化公共数据平台，通过历史数据全量入库、新增死亡即时入库、回流数据补充入库，归集了 2010 年以来来自法院、卫健、公安、殡仪馆、医保、人社、公积金、省民政厅共享库的死亡和火化数据信息，以及历年存量遗体（含遗体捐献）、公安处警和法院执行的死亡人员信息，经去重处理后共完成死亡数据归集 4.3 万条；死亡人口数据库与各联办部门进行对接，通过同步共享、智能催办、数据回流为各部门事项联办提供数据支撑。

一是突破死亡证明数字化。创新死亡信息数字化申报和死亡证明数字化，家属（村社干部）通过浙里办完成死亡信息数字化申报，医疗机构完成死亡调查后即可签发数字死亡证明，并通过死亡人口数据库向各联办部门同步推送，供联办部门共享应用，彻底改变身后事办理以纸质证明为唯一依据的局面，为死亡证明数字化全省普及、部门联办零材料、身后事全程零跑做出探索。

二是再造身后事办理流程。数智殡推出前，群众需要纸质申报死亡信息和身后事联办单，需要面对面办理身后事；改革后，群众在浙里办完成死亡信息申报和联办事项申请，联办部门即可完成逝者身后事 27 件（社保账户清退、医保账户清算、社会救助停发、丧葬补助金发放、公积金清退、市民卡电子钱包挂失、户口注销、银行、保险、证券等资产查询）办理。

三是发挥死亡人口专题数据库效能。死亡人口数据专题库为政府精准治

理、暖心服务提供数据支撑。通过数据匹配，破解了死亡人员继续享受社会救助、社会保障和社会优待问题。如目前已一次性对比出财政"一卡通"问题账户1100余个，挽回财政资金55万余元；一次性比对出建德农商行等银行机构已故存款人1.8万人3.2万个账户，涉及资金6000余万元，其中单账户最高的超百万元。

四是建立身后事闭环监管机制。出台《建德市丧事办理流程图》《"数智殡"操作指南》《建德市"数智殡"改革实施细则》《关于开展已故人员银行账户查询专项工作的通知》等制度，引导群众办理身后事，实现"文明殡、生态葬、绿色祭"全程闭环；规范联办部门业务流程，为群众提供身后事联办进度查询和银行存款、保险、证券查询结果反馈，为群众提供"伤心事暖心办、烦心事顺心办"的精准服务。

3.嘉兴海宁市模式——线上线下涉财公民遗产"省心办"应用

海宁市充分发挥全国殡葬综合改革试点优势，聚焦逝者涉财处置的难点堵点，将银行存款、公积金、证券保险等原先分散在多部门办理的涉财事项，整合纳入身后"一件事"联办，成立了全国首个公民遗产服务中心，打造公民遗产数字化闭环处置模式。逝者家属凭1本户口簿、1张银行卡、2张身份证，符合条件即可归集遗产清单，实现"伤心事暖心办"。2020年7月应用上线以来，已办结遗产查询、处置1万多件，遗产处置金额近4.3亿元，逝者家属少跑腿20万余次。据统计，2019年6月至2021年底，已办结涉财事项40.7万件，查询银行存款1.01亿余元，理财产品6894万元，证券650余万份，保险11万份，公积金提取230万元，不动产8万平方米。

一是全国首创建立公民遗产服务中心驱动体制创新。该中心在公证处挂牌，以政府公共服务为主、非营利性服务为辅。中心由民政局通过政府购买服务方式保障其运行经费，设立办事咨询窗口，配备专业人员提供遗产处置服务。同时，建立遗产处置准公共服务模式。由民政局牵头，联合中央垂管单位银保监局，协同不动产登记服务、公证处、矛调中心、法院等机构，由民政局负责全程数据运行；公证处负责财产查询与引导处理；矛调中心负责开展家事调解；法院负责遗产纠纷诉讼，实现逝者遗产"一处集成查询、专业引导处置"，最大限度释放数字化改革后殡葬遗留财产处置红利，填补了现行法律中公民遗产处置机构和程序的实践空白。

二是全国独创以公证为手段撬动遗产闭环处置。逝者家属在办理时即可自主授权开展遗产查询，公证处在线签发电子财产查询函发起查询任务。经过查询、处置两个环节，各涉财部门、单位根据电子公证书中确定的财产分割情况为逝者家属办理遗产继承，按照公证书中指定的遗产提取人和银行账号将余额打入遗产提取人账户。对于行动不便的老弱病残等群体，升级上门服务、破解数字鸿沟。证券公司可直接将逝者名下股票更名为指定合法继承人。公证处基于《中华人民共和国公证法》和《公证程序规则》发起查询函，法律效力强、业务流程简、群众接受度高、隐私安全有保障。

三是全省率先重塑制度破解遗产继承政策性痛点难点。①免费公证。全省首创将不动产继承公证费用纳入政府购买服务目录，即由政府"埋单"，大大降低了继承的制度性成本，已为群众累计减免该类费用1575万元。②提高标准。银行存款继承方面，将需公证的起点金额从5000元提高到5万元，已在建行等首批15家银行执行这一标准。在逝者户籍注销方面，变"先注销、再火化"为"先火化、再注销"，并将注销期延长至30天，为群众办理逝者身后事宜预留充分时间，避免因身份证、户口本信息注销而产生各类不便。③创设专户。启动探索顶层设计，拟在公证处开设提存专户，将逝者家属查询到的被继承人遗产统一从涉财单位归集到提存专户，原有账户销户，遗产继承办理完毕后进行分配。

四　殡葬数字化改革存在的问题

（一）重塑体制机制的重大改革要进一步加强

改革，是数字化改革的"源代码"，也是重大应用的"根目录"。数字化改革不是简单把数字化场景应用叠加到传统的体制机制上，而是将治理体系和治理能力建立在网络化、信息化、智能化的底座之上，推进深层次系统

性制度重塑。从目前改革情况看，综合运用数字化手段倒逼制度重塑、服务群众的举措要进一步加强，改革导向还需要进一步强化。

（二）群众"身后事"联办协同难度大

群众"身后事"联办部门单位之间对接存在困难，各地联办数据查询和数据质量有待提高，平台数据分析力度偏弱。"身后事"联办实现全省通办实时性差，特别是不在本地火化、本地死亡、部分事项在异地联办，导致死亡数据更新不及时。

（三）重大应用场景开发仍较为滞后

殡葬数字化改革重大应用场景的贯通力度还需进一步加强，多跨协同力度不足，一些场景应用离实战实效还有差距，界面设计不够方便群众使用。民政部门、殡仪馆、殡葬协会联合开发应用的模式还没完全形成，特别是殡葬服务机构、殡葬社会组织的作用发挥还不充分。

（四）业务与技术融合的机制尚未形成

业务和技术还存在"两张皮"的现象，场景应用开发与流程再造、制度变革、机制完善还未有效协同。一些已上线的应用场景实战实效不强，应用的体验度、知晓率、活跃度有待提高。老百姓应用端越简单越好，面向群众的应用如果没有摸准群众需求，是没有生命力的。必须深入谋划，找到社会广泛关注的、最需要解决的问题，真正提高数字化应用绩效。

五　完善殡葬数字化改革的对策与建议

（一）科学谋划，重塑数字化改革制度建设

坚持群众对殡葬服务的需求导向，瞄准群众最为迫切的需求、最期望解决的问题、最有获得感的丧葬服务、公墓购买等领域，浙江殡葬数字化改革

的规划坚持多跨协同，以构建多跨场景、打破边界、整合资源，通过开发运行重大应用，实现省市县高效协同、一体贯通、闭环管理。要坚持"小切口、大场景"的改革突破法，以重大应用催生重大改革，撬动相关领域改革，更好破除体制性障碍、打通机制性梗阻、推出殡葬数字化改革政策性创新。

（二）试点先行，有效促使应用场景全省推广

依托台州、建德、海宁等地省级"身后事"涉财联办试点，印发《浙江省推进群众"身后事"联办涉及个人金融资产事项试点实施方案》，完善多跨协同办理机制，探索群众"身后事"涉财事项查询办理全数字化联办向全省推开。

（三）统一平台，积极推进群众"身后事"涉财统一查询

建立全省统一的逝者信息数据库，建立身后业务办理统一流程和标准，建立逝者数字化档案，实现逝者"身后事"全省通办。充分利用民政现有数字化平台，实现群众"身后事"涉财事项统一查询；运用民政系统的浙江省家庭经济收入核对平台数据，做到全省"身后事"联办涉财事项统一查询；使用省级平台，实现涉财查询智能闭环。在公证介入的基础上，由省级银保监、人民银行协调，破解系统物理隔绝的壁垒，推进"数智殡"系统与金融系统"总对总"数据对接，从而实现数字查询、智能反馈以及全省范围的覆盖。

（四）加强沟通，做好死亡人口有关信息归集与统一

根据《关于进一步规范人口死亡医学证明和信息登记管理工作的通知》（国卫规划发〔2013〕57号）要求，卫生健康部门负责建立正常死亡人口信息库，民政部门负责建立死者火化信息库，在各地开展"身后事"联办的基础上，建议公安、卫生健康等部门及时共享死亡人员信息，实现跨部门数据共享，全面实现全流程网上联办。在火化数据实时归集共享的基础上，积极配合有关部门实时归集死亡有关信息，便于联办部门实时停止相关待遇发放，进一步推动做好群众"身后事"联办服务的延伸。

G.19
江西省殡葬改革发展报告

洪立琴　郑华锋*

摘　要： 殡葬改革是破千年旧俗、树一代新风的社会改革。近年来，江西省委、省政府将殡葬改革纳入"一把手工程"，纳入重大决策部署中统筹推进，坚持教育引导先行、基础设施先行、惠民政策先行、文明新风先行，全省惠民绿色文明殡葬改革取得积极成效。全面建立基本殡葬服务免费制度，基本实现公益性殡葬设施城乡全覆盖，有效减轻群众丧葬负担，有力保护自然环境、改善人居环境，推动形成现代文明丧葬新风尚，对民生领域、生态环境、文化习俗、政治生态等方面都产生巨大而深远的影响。

关键词： 殡葬改革　惠民政策　一把手工程　江西省

近年来，江西省委、省政府深入学习贯彻习近平总书记关于民政工作重要指示精神，坚持以人民为中心的发展思想，突出教育引导先行、基础设施先行、惠民政策先行、文明新风先行，积极稳步推进惠民绿色文明殡葬改革，启动实施"三年行动计划"，全面建立基本殡葬服务免费制度，基本实现公益性殡葬设施城乡全覆盖，有效减轻群众丧葬负担，有力保护自然环境、改善人居环境，推动形成现代文明丧葬新风尚。

---

* 洪立琴，江西省民政厅二级巡视员；郑华锋，江西省民政厅社会事务处一级主任科员。

一　殡葬改革的背景

殡葬改革是破千年旧俗、树一代新风的社会改革，事关人民群众切身利益，事关精神文明建设和生态文明建设，事关党风政风民风。江西省以习近平总书记关于殡葬工作重要指示批示精神为遵循，以解决群众殡葬领域急难愁盼问题为出发点和落脚点，着力补齐殡葬服务设施，切实履行好基本民生保障、基本社会服务等职责。

（一）习近平总书记多次对殡葬工作做出重要指示批示

近年来，习近平总书记高度重视殡葬工作，先后多次做出重要指示批示，为我们加快推动殡葬改革提供了根本遵循。党的十八大以来，党中央、国务院将殡葬工作摆在更加突出位置，强调要加快补齐问题短板。2013年，中办、国办印发《关于党员干部带头推动殡葬改革的意见》，要求充分发挥党员干部示范作用，深化殡葬改革。

（二）江西是全国首批三个国家生态文明试验区之一

江西省自然禀赋优越，森林覆盖率达63.1%，居全国第二位。可以说，绿色生态是江西最大财富、最大优势、最大品牌。但是，传统土葬和散埋乱葬、建造大墓、豪华墓占用了大量土地，耗费了大量木材，破坏了生态环境。按照江西省2021年公布的6.03‰的人口死亡率计算，全省每年死亡约27.3万人。如果传统土葬，1亩地最多只能安葬20具遗体，一年就要占用土地约1.4万亩；如果1具遗体消耗1立方米木材，一年消耗木材就约27万立方米。

（三）江西原有殡葬工作基础较为薄弱

2018年全面推行殡葬改革前，江西省殡葬基本公共服务历史欠账较多。有5个县尚未建有火化殡仪馆，城市公益性公墓建设处在起步阶段，农村公益

性公墓覆盖率不足40%，已建成的公益性公墓标准普遍偏低；2017年全省火化率仅为34.96%，低于全国50%的平均水平；殡葬基础设施薄弱，散埋乱葬和修建超标准大墓等现象较为普遍。同时，随着经济社会发展，群众多层次丧葬需求、城市发展涉及的迁坟等问题日益突出，逝有所安、葬有去处成为殡葬工作不得不面对的问题。

（四）丧葬陋习造成诸多不良影响

殡葬是传递亲情、传承文化的重要载体，是精神文明、社会文明进步的重要体现。但殡葬改革前，江西省还存在一些陋习糟粕，比如，厚葬薄养、大操大办、办丧扰民、封建迷信等，败坏了党风政风民风，群众对此深恶痛绝又被人情世故裹挟。推进殡葬改革就是要引导广大群众感党恩、跟党走，感恩今天的美好生活是党带领我们奋斗得来的，而不是所谓的祖坟风水好，要进一步转变和创新思想，引导殡葬活动从注重物质载体向精神追求上转移，倡树现代文明丧葬新风尚，弘扬社会主义核心价值观。

二　关于殡葬改革的主要做法

江西省聚焦殡葬工作存在的问题短板，系统思考、统筹谋划，通过狠抓组织领导、教育引导、基础设施、惠民政策、移风易俗，扎实有序推动改革各项任务落地落实。

（一）坚持高位谋划推进

殡葬改革是一项系统工程，涉及历史与文化、传统与现代、强制与倡导、公域与私域、法治与自治等，涉及多个部门，涉及千家万户，必须要强有力地组织领导。一是建立"五级书记抓殡改"。将殡葬改革工作纳入"一把手"工程，形成了省市县乡村五级书记共抓殡葬改革的局面。省级层面，省委主要领导亲自谋划推动殡葬改革工作；省委常委会专题研究，为全省惠民绿色文明殡葬改革方向把关定调。市县乡层面，党政主要负责同志常态化部署调度殡葬改革各项任务，成立市、县、乡三级党委或政府领导牵头的殡葬改革领导工作小组，进一步压实村（居）在宣传、报告等方面的职责。二是纳入多项重大考评。省委、省政府先后将殡葬改革纳入民生工程、乡村振兴、乡风文明和城乡环境综合整治等重大决策部署统筹推进，纳入对市县党委政府高质量发展考评，纳入对市县党委政府乡村振兴发展考评。此外，还被纳入乡风文明、城乡环境综合整治等重要考核体系，层层传导压力，形成了推动各级、各部门抓殡葬改革的"硬指标"。三是推行"两报告一承诺"制度。充分发挥党员领导干部示范带头作用，要求领导干部操办婚丧喜庆事宜前后，必须向纪律检查和组织部门报告宴席桌数、用车等情况，并承诺"请客不收礼、节俭办宴席"。管住了关键少数，压实了党员领导干部责任，引导党员干部主动做殡葬改革的践行者、引领者。

（二）坚持教育引导先行

殡葬改革是做人的工作，群众思想不认同，工作就难以开展。江西省将教育引导工作想在前、做在前，确保改革平稳有序推进。一是强化法规政策硬约束。加强顶层设计，先后制定出台政府规章《江西省公墓管理办法》和《关于加快推进殡葬改革促进殡葬事业发展的实施意见》《江西省殡葬事业"十四五"发展规划》等系列管总的行政法规、政策文件、发展规划。同时围绕重点单项工作推进，配套出台殡葬设施建设指南、公益性骨灰堂（公墓）管理指引、殡仪服务站建设指南等指导性、操作性制度文件，明确了目标任务、实现方式、推进路径，将殡葬改革全面纳入制度化、规范化轨道。二是充分发挥德治教育引导作用。通过"新时代文明实践中心""传习所""民嘴讲堂"等平台；通过开展殡葬设施"开放日"、建设生命文化纪念馆，推动乡镇、村（居）干部主动参加丧属追思会等方式；通过广播、电视、微信、微电影、文艺节目、宣传车等途径，全面宣传殡葬改革政策、移风易俗新规、先进典型案例，做通群众思想工作。利用清明节等关键时间节点，全面推行无烟祭扫、网络祭扫、代为祭扫等殡葬新风尚。此外，在社区（村）建立道德"红黑榜"制度，充分发挥正向激励和反向约束作用，

让乡村教化有了"硬"力量。三是加强对"风水先生"等特殊群体管理。建立行业组织、制定从业规范、举办培训班、宣讲法律法规与政策文件等，加强对"风水先生"等殡葬从业人员的宣传教育，变堵为疏、为我所用，引导这一特殊群体在推进殡葬改革中发挥积极作用。

（三）坚持基础设施先行

江西省下大力气补齐殡葬设施短板，不断夯实殡葬改革基础。一是加快推进殡葬设施建设。按照"县县建有殡仪馆，城市建有城市公益性公墓，行政村建有农村公益性公墓"的总体布局，① 加大资金投入，省财政、发改部门安排专项资金支持市县完善殡葬基础设施；自然资源部门坚持规划先行、审批提速，依法全力保障殡葬设施项目建设用地需求；林业部门保障殡葬用地林业指标，指导林地墓地复合利用。目前，江西省已基本实现公益性殡葬设施城乡全覆盖，为改善殡葬服务供给提供了坚实的物质保障。二是突出公益属性。始终坚持殡葬服务的公益属性，在设施建设、价格管理、问题整治等方面都予以明确。规定公益性公墓只能收取维护管理费，并实行政府定价，不得收取墓位成本费、使用费等其他费用。新建的经营性公墓应当按照总规划面积20%比例建设公益性公墓。完善殡葬服务收费制度，督促殡葬服务单位执行政府定价、政府指导价，实行收费公示和明码标价。对困难群众、优抚对象等特殊群体，进一步强化兜底保障和基本服务，最大限度地补齐管理服务短板、体现惠民利民。三是坚持建管用祭并重。在建设上，坚持一次规划、分批建设，明确了推进步骤、时间节点。在管理上，制定公益性公墓日常管理和专人管理制度，推动将管理人员、管理经费同步配备到位，做到人员、场所、制度、经费四落实，实现管理标准化、规范化、人性化。在使用上，全面推行死亡、火化、入墓等环节的闭环管理制度，提高入墓率、杜绝散埋乱葬。在祭祀上，拓展殡仪

---

① 江西省人民政府办公厅发布《关于加快推进殡葬改革促进殡葬事业发展的实施意见》，2018。

馆服务功能，建设配备可供群众自主选择的守灵房、悼念房、生命文化纪念馆等设施，在城乡公益性公墓也同步配备建设追思堂，满足群众祭祀追思需求，引导形成文明祭祀新风。

（四）坚持惠民政策先行

让群众看到实实在在的变化、获得真真切切的实惠事关殡葬改革能否得到支持、能否让群众满意，也是常态长效推进的关键所在。江西省在全面推行殡葬改革之初，就建立健全惠民殡葬政策，着力减轻群众丧葬负担，方便群众办丧事。一是建立免费火化制度。坚持基本殡葬服务惠民利民，在全省范围内建立遗体接运、暂存、火化、提供普通骨灰盒、骨灰寄存等 5 项基本殡葬服务全免制度，相关费用在殡葬服务机构直接核免，每具遗体平均减免 1500 元。2018 年以来，全省累计有 48.96 万户家庭享受 5 项免费政策，为群众节约殡葬支出约 83.74 亿元。二是纳入民生工程实事项目。省级财政部门将绿色殡葬纳入省政府民生工程 51 件实事项目，安排惠民政策奖补资金。各地根据工作实际，建立节地生态安葬和散埋乱葬治理奖补制度。[①] 三是大力推进智慧殡葬。将殡葬信息化建设纳入全省政务服务平台"赣服通"建设重要内容，在"赣服通"政务服务平台上线了殡葬服务小程序，可线上查询殡葬服务单位地址、联系电话、服务事项、当地五项基本殡葬服务免费金额及覆盖人群范围等基本信息，还可线上办理遗体接运、火化和经营性公墓选购等预约，实现伤心事宽心办，加快推广群众"身后一件事"联办，减少办理时间、办事环节和次数。

（五）坚持文明新风先行

丧葬习俗受地缘、人口、民族等影响千差万别，良好丧葬风尚需要每个人的参与和维护。只有从客观实际出发，获得群众的广泛支持和积极参与，殡葬改革才能持续有效推进，才能把好事办好办实，办成民心工程。一是发

---

① 《2018 年江西省人民政府工作报告》。

挥群众主体作用。一方面，尊重群众意见，通过发动群众参与殡葬设施规划选址、建设管理和婚丧礼俗规范制定，将殡葬改革政策要求纳入村规民约、融入乡风文明，在村一级普遍建立了基层殡葬信息员制度，第一时间开展信息报送、上门服务等。另一方面，按照有职能、有人员、有场所、有经费"四有"标准，全面推进村（居）红白理事会建设，把丧事简办、移风易俗纳入自治范围。二是以先进带动后进。建立每月一调度、每季一通报、半年一小结、全年一考核工作机制。由省殡改办对工作成效突出的，以简报、现场会、季度点评会等形式进行表扬、宣传、推广；对工作滞后的，采取暗访、督办、约谈等方式促进迎头赶上。在 12 个县（市、区）开展婚丧领域移风易俗示范点建设，以点带面遏制厚葬薄养、铺张浪费、封建迷信等不良风气，减轻群众丧葬支出负担。三是坚持因地制宜推进。在城市，对丧葬陋习的整治力度普遍更大，规范管理的要求更高，推进群众治丧和悼念活动在殡仪馆或集中治丧服务场所内进行。在农村，则由实行遗体火化到杜绝新增散埋乱葬，再到逐步抓好丧事从简等工作，更多采用宣传教育、倡导引导等方式。村"两委"成员、红白理事会成员主动上门，引导帮助群众组织丧葬活动。同时，当地鼓励农村邀请家族中德高望重的年长者担任红白理事会成员，带头做到请客不收礼、宴席节俭办，推动群众树立文明新风。

三 殡葬改革的工作成效

通过改革，江西省殡葬活动和丧葬习俗发生了历史性变化，对民生、生态、文化、政治等经济社会的方方面面都产生了巨大而深刻的影响。

（一）民生方面：大幅减轻群众负担，全面补齐设施短板

改革前，一场普通的丧葬花费约 6 万元。改革后，通过压缩酒席桌数、取消风水先生乱收费和鼓号吹打等环节，加大农村公益性公墓保障力度等措施，每场丧葬费用普遍降低到 1.5 万元左右，平均节约 4.5 万元。同时，基础设施实现了跨越式发展。截至 2021 年底，全省已改扩建殡仪馆 90 个，基

本实现了殡仪馆县市全覆盖；建成城市公益性骨灰堂（公墓）117 个、农村公益性骨灰堂（公墓）1.84 万个，基本实现了公益性公墓县市全覆盖。特别是，由于坚持公益属性，城市、农村公益性骨灰堂（公墓）原则上只收取维护管理费，有效遏制了"天价墓"乱象，缓解了群众对"身后事"的忧虑，实现了"逝有所安"。

表 1　2021 年江西省城乡公益性公墓建设情况

设区市	城市公益性骨灰堂（公墓）（个）	农村公益性骨灰堂（公墓）（个）
南昌市	3	829
九江市	11	1433
景德镇市	4	315
萍乡市	4	679
新余市	2	51
鹰潭市	7	1607
赣州市	24	2186
宜春市	15	2892
上饶市	16	3036
吉安市	20	3356
抚州市	11	2019
合计	117	18403

资料来源：江西省各地民政部门统计。

（二）生态方面：节约了大量土地林木资源，显著改善人居环境

从节约土地资源看，2018 年改革前全省火化率仅有 34.96%，超过 60% 的逝者都要在家族墓地安葬，按照当地习俗，每穴坟墓占地约 10 平方米；改革后全省火化率达到 100%（见图 1），逝者骨灰可根据需要进入公墓安葬，单墓穴占地不超过 0.5 平方米、双墓穴不超过 0.8 平方米。仅此一项，2018 年以来全省就节约土地 3100 多亩。从保护林木资源看，由于推行全域火化政策，安葬不使用棺木，全省累计关停棺木加工销售店铺 2855 家，三年来累计节约木材资源 29 万立方米。特别是，由于统一规划、建设、管理

公墓，因此从根本上扭转了散埋乱葬现象，因群众烧纸祭祀活动引发的森林火灾风险明显下降。从火化污染防治看，通过对全省殡仪馆火化设施改造，火化污染排放得到有效治理，实现了烟尘、二氧化硫和碳氧化物减排全面达标，绿色殡葬理念得到全面推行。从人居环境改善看，按照"建墓不见墓""墓园变公园"的理念，集中整治散埋乱葬91.9万多穴，基本消除了散埋乱葬坟墓。同时，将历史埋葬点进行生态化改造，"超大墓""豪华墓""活人墓"等现象消除了，原有坟头"变小""改卧"，坟地变成了林地、绿地、茶园、果园、公园，与周边自然环境融为一体。

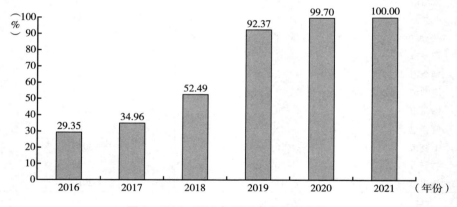

图1　2016~2021年江西省火化率趋势

资料来源：江西数字民政系统生成。

（三）文化方面：丧葬陋习得到有效遏制，文明乡风逐步树立

在丧葬习俗上，过去环节复杂冗长的丧葬旧俗，被简约贴心的追思会代替，殡葬活动周期也由7~15天压缩至一般不超过3~5天。在思想观念上，部分群众曾经固有的"发家致富主要是自己家祖坟埋得好"等封建迷信思想得到转变。在特殊利益群体改造上，"风水先生"等特殊利益群体被纳入了规范化管理，由殡葬改革的"拦路人"转变为移风易俗改革的宣传员、促进者，群众被这一特殊利益群体挟裹、盘剥的问题得以有效解决，重构了丧事简办礼办的丧葬文化，进一步弘扬了社会主义核心价值观。

（四）政治方面：改善了党风政风，密切了干群关系

在廉政风险防范上，领导干部操办丧葬事宜向组织、纪检部门进行"两报告、一承诺"，铲除了大操大办和借请客之名行贿受贿的土壤，让人情往来、政商关系变得"很简单"，更好地保护了干部，优化了营商环境。在干群关系上，干部带头移风易俗，去世后一律进公墓安葬，实现了丧葬领域的平等，促进了社会和谐；通过出席去世群众追思会纪念会、致悼词等方式，拉近了干部与当事人亲属的感情，创新了新时代联系群众的方式，党在群众心目中的形象进一步提升。

四 工作启示

在不断深化改革过程中，我们边总结边完善、边推进边提升，对全省殡葬改革工作措施、成效以及问题不足进行了一些思考，主要有以下几点启示。

（一）党委、政府重视是推进改革的根本和前提

要积极主动向党委、政府报告殡葬工作的基础、形势、问题、举措等，争取获得更大支持，融入乡村振兴、移风易俗、城乡环境综合整治、生态环境保护、旅游发展等中央和省市县的重大决策部署中一体推进。同时，要纳入党委政府考评内容，发挥考评"指挥棒"作用。

（二）坚持殡葬设施、惠民政策先行

在全面推进殡葬改革前，务必要建成覆盖城乡的公益性殡葬基础设施，切实解决服务供给和遗体去哪火化、骨灰去哪安葬的问题。只有基础设施先行，才能高效执行监督管理和落实服务供给，推动殡葬有效治理。要建立健全惠民殡葬政策，减轻群众丧葬支出才能赢得群众支持。只有把这两项工作做在前，才能推进遗体火化。

（三）大力推广林地墓地复合利用

在林地指标紧缺的前提下，如何在较短时间内完成安葬设施建设？在实践中，经与林业部门沟通，可推广林地墓地复合利用，只要符合不推山砍树、不改变林地性质、在林地内依山就势建设墓穴、墓穴之间及墓地道路不得硬化的条件便可实行备案制度。在气候较为干旱的地方，可先栽树后建墓。

（四）散埋乱葬治理因地制宜、不搞"一刀切"

在方式方法上，要跳出殡改抓整治，纳入城乡人居环境综合整治等中心工作统筹谋划推进。要做实做细做通群众思想工作，动员群众自己迁移或者改造。在时间节点上，要集中在清明、冬至等时间节点。在治理形式上，要分类治理，可采取迁移进公墓安葬、就地立改卧方式，打造周边环境，赢得群众支持。

（五）丧葬习俗改革要同步推进

文化习俗是根植于内心的认同，不良的丧葬习俗具有顽固性、持久性，涉及破立并举、公域和私域的界定，群众接受也需要一个过程。要完善服务供给同步推进殡葬习俗改革，在党的领导下，加强部门配合，依靠群众自治和基层治理，结合弘扬宣传社会主义核心价值观，结合弘扬优秀传统文化，主动回应社会关切，加强政府与市场的权责边界研究，对提倡、鼓励、支持什么，反对、禁止、杜绝什么，要制定明确的规范、标准、指引、操作规程，给社会传递明确信号，形成政府、市场、社会、家庭、个体在丧葬习俗改革中的最大合力。

（六）加强舆情应对处置

时刻紧绷防范化解负面舆情这根弦，在党委、政府领导下，加强对舆情风险的评估，提前做好应对处置预案，确保安全稳定。坚持多做少说、只做不说，建立民政部、宣传部、网信办舆情应对处置会商机制，加强网络舆情导控，及时消除不良影响。

五　下一步工作方向

殡葬改革是一项艰巨性、复杂性、长期性的社会改革，必须持之以恒、久久为功，需要各级党委、政府和各有关部门持续深化，进而推动殡葬事业高质量发展。江西省将巩固深化改革成果，健全常态长效推进工作机制，坚决防止反弹，实现逝有所安、故有所尊的奋斗目标。

（一）常态长效推进殡葬改革

进一步增强责任意识、红线意识，坚守底线思维，在防反弹、防出现重大问题这点上始终保持清醒头脑，常态长效推进全省惠民绿色文明殡葬改革各项工作。在完善制度和强化担当抓落实上下功夫，加快完善常态长效推进过程中涉及人、财、物等方面的制度安排，优化服务供给，细化监管举措，深化移风易俗，推动法治殡葬建设，出台殡葬管理规章等，切实抓好殡葬事业发展"十四五"规划落地实施。强化工作调研、问题研判、跟踪问效，利用好殡改办这一协调议事平台，推动解决实际问题，敢于较真碰硬。高度重视舆情导控，把提升服务质量作为工作基础，加强预判评估和部门协同，坚决防止简单粗暴。

（二）接续打造一批示范性殡葬设施

对照"十四五"规划，及时调度重点项目推进情况，推动一批示范性殡葬服务设施提升改造，加快对标准偏低的殡仪馆、城乡公益性骨灰堂（公墓）提档升级，推进火化设备减排节能更新改造，配置遗物无害化焚烧设施，合理配置殡仪服务站点，进一步完善配套设施，满足群众办丧需求。持续加强日常服务管理，落实专人负责制，管好、用好殡葬基础设施，实现标准化、规范化、人性化，提供更具人文关怀和仪式感的暖心服务，让群众

殡葬绿皮书

满意。建立完善示范性殡葬设施评价标准体系，综合考虑功能属性、服务规模、群众需求、承受程度等因素，形成科学合理、可操作性强的验收标准。

（三）切实提高服务管理能力

加强《江西省公墓管理办法》宣传贯彻，启动《江西省殡葬管理条例》立法调研和草案起草。加强殡葬人才队伍建设，举办殡葬礼仪师、殡葬服务员技能大赛。持续做好殡葬业价格秩序、公益性安葬设施建设经营专项整治，坚持综合施策、标本兼治，兼顾依法"堵"和合理"疏"，既依法查处殡葬服务运营主体侵害群众利益的违法违规行为，又从体制机制和制度上解决屡禁不止的顽症痼疾，做好殡葬领域疫情常态化防控工作。

（四）不断完善智慧殡葬建设

完善智慧殡葬管理服务平台，推动做好"身后一件事"联办各项工作，提供网上预约、远程告别、网上支付、网络祭扫、网上评价投诉等服务，推动殡葬服务线上线下融合，切实提高殡葬在线政务服务水平。健全部门之间人口死亡信息交换、共享机制，促进殡葬信息互联互通，提高殡葬在线政务服务水平，一方面实现群众"少跑腿"，数据"多跑路"，另一方面形成遗体火化、骨灰安葬的闭环管理。

（五）深入推进殡葬移风易俗

以试点为突破，在抓好省级婚丧领域移风易俗试点的基础上，坚持边试边改、边试边总结的原则，逐步从一个县区、乡镇拓展至更多县区和乡镇，形成省市县区齐抓婚丧习俗改革。充分发挥群众自治作用，通过村规民约、居民公约，细化操办红白喜事约束性措施，支持红白理事会等组织发挥信息报告、政策宣传、上门服务、制止陋习等作用，强化群众自我管理、自我约束、自我提高。以殡葬服务机构、城乡社区等为重要宣传阵地，加强新时代殡葬文化研究，支持建设生命文化纪念园，引导树立现代文明丧葬新风尚。

G.20
安徽省桐城市殡葬改革发展报告

张　臻*

摘　要： 2014 年以来，安徽省桐城市全面推进殡葬改革，通过高站位、强管理、惠民生，实现了惠民殡葬全覆盖、基本殡葬服务全保障、遗体火化率、骨灰入墓率两个 100% 的目标，赢得了群众的理解和支持，但与逝有所安要求相比，依然存在公益性公墓建设管理水平有待提升、社会共识不足等问题。本文立足桐城市殡葬改革成效和已有经验，对存在问题进行研究分析，进一步探讨深化殡葬改革的对策建议，以期加快推进新时代殡葬事业高质量发展。

关键词： 殡葬改革　公益性公墓　安徽桐城

桐城市，坐落于皖中部偏西南，是由安庆市代管的县级市；地势自西北向东南，山地、丘陵、平原依次呈阶梯形分布。桐城市文化底蕴深厚，"桐城派"享誉海外，"六尺巷"礼让文化远近闻名，但就丧葬文化而言，桐城受吴、楚文化影响，自古重祭祀，事死如事生，传统殡葬观念根深蒂固。2014 年以来，根据省委、省政府决策部署，在安庆市委、市政府的坚强领导和省民政厅的大力支持下，桐城市全面推进入殓、出殡、下葬、祭祀全链条殡改工作，疏堵结合、以疏为先，补短板、强弱项、夯基础、建机制、促提升，不断推进惠民、绿色、文明殡葬建设，赢得了广大群众支持认可，取得了明显成效。

---

* 张臻，安徽省民政厅社会事务处处长、一级调研员。

一 桐城市殡葬改革的背景

1994 年 2 月 25 日,安徽省人民政府令(第 53 号)发布,即日起实施《安徽省殡葬管理办法》,明确了除因条件限制的皖西南和皖南 12 个县区为土葬改革区外,其他各市县均为实行火葬的地区,死亡人员遗体均应就地火化。然而,桐城市殡葬改革因为种种原因,推进严重滞后,2014 年以前的遗体火化率仅 6.5%,散埋乱葬情况严重,坟冢林立、青山挂白等现象屡见不鲜,死人与活人争地矛盾突出,当地一些群众对此反映强烈。"破石筑高冢,毁林造巨坟。可怜如画境,枉作鬼居城。"这是殡葬改革前一位市民作诗并在网上发帖,强烈呼吁尽快掀起一场清坟攻坚战,不要让园林城市成为园陵城市。2014 年 1 月 24 日,一场因祭祀引发的森林火灾给当地的森林资源造成了重大损失,可谓"十年植树造林成果毁于一旦",同时也导致了多名政府工作人员被问责。此次事件的惨痛教训,给当地坚持土葬的民众敲响了警钟,为推进殡葬改革提供了群众思想基础。2014 年 4 月 1 日,桐城市政府发布《关于在全市依法推进殡葬改革的通告》,提出了"城乡居民死亡后一律实行火化,骨灰一律安葬在公墓"的殡葬改革任务,明确了改革的时间表、路线图。自此,一场轰轰烈烈的殡葬改革攻坚战在桐城大地全面打响。

二 桐城市殡葬改革成效和具体举措

(一)改革成效

桐城市紧紧围绕群众受益、移风易俗、节约资源、保护环境的改革目标,引导社会公众算清"经济、土地、安全、生态"四笔账,因势利导推进殡葬改革,彻底解决了"厝棺"待葬、散埋乱葬、祭扫引发山火等突出问题,短短几年实现了遗体全部火化、骨灰一律入墓。2017 年,民政部公布首批全国殡葬综合改革试点，安庆市成功入选。2019 年，安徽省政府召开殡葬改革工作推进会，全面推广桐城殡葬改革经验。一是减轻了群众负担，推动了移风易俗。桐城自古有着独特的厝棺土葬习俗（"厝棺"，指人死后遗体装棺暂不下葬，放置田间地头、僻静山林，待 3～7 年后，择吉日下葬），一整套程序往往涵盖送老、吊丧、入殓、出丧、厝棺、荫七、安葬、复山等程序。按照习俗，老人死后往往先安排三天的"流水席"，然后"厝棺" 3～5 年，最长 7 年后下葬，再摆一场酒席，总花费在五六万元。殡葬改革启动后，桐城市克服公众质疑、舆论发酵等多重压力，多措并举处置棺材 4.6 万副，推动了从丧礼复杂的厝棺土葬到现代化火葬的转变，破除了封建迷信，简化了丧葬程序，扭转了社会风气。殡葬仪式从 7 天缩短到 2 天，加上全面实行惠民殡葬政策，基本实现了群众殡葬"零费用"，解决了群众"无人抬棺"的困扰。及时出台了规范操办婚丧嫁娶事宜的有关规定，充分发挥党员干部先锋模范作用，对丧葬宴请标准、邀请对象和范围等进行限定，大大减轻了群众经济负担，同时也密切了干群关系，人情攀比、大操大办等歪风邪气得到有效整治，文明办丧新风正气逐步树立。二是节约了土地、木材等资源。殡葬改革前，一座坟加上周边硬化方便祭扫的区域，占地多达几十平方米，全市每年因土葬占用土地达 100 亩以上，不少地方出现了"死人与活人争地"的现象；存放尸体的棺木，用材多选取高档木材，尺寸较大、做工考究，动辄上万元，浪费严重。殡葬改革后，群众逐渐接受遗体火葬和骨灰入公墓，实现了遗体火化率、骨灰入墓率和惠民殡葬覆盖率三个 100% 目标，每年节约土地 80 亩以上，不仅避免了土地、木材的大量浪费，也促进了经济发展和生态文明建设。三是避免了环境污染，消除了火葬隐患。桐城"厝棺"土葬，尸体入棺后，多停放在山上或者自留地待葬，尸体腐烂后产生的臭味、细菌污染给公共卫生安全和生态环境带了严重风险。同时，上山土葬必然带来祭扫烧山的风险，殡葬改革前，每年新增厝棺2000 余具，因祭扫产生的大小火灾百余场，青山经常被烧得光秃秃的，造成的环境污染和经济损失难以估量。殡葬改革后，通过高标准建设桐城市殡仪馆、告别大厅、守灵室等场所，添置火化炉、焚烧炉等设施设备，在方便

群众治丧的同时，最大限度减少了环境污染。在祭祀环节，通过城乡公益性公墓集中规范管理，逐渐杜绝了焚烧纸钱、燃放鞭炮等行为，基本消除了祭祀烧纸引发的山林火灾。

（二）具体举措

1. 重视与政策并行，凝聚工作合力

桐城市委、市政府坚持把殡葬改革作为保障和改善民生、生态文明建设、精神文明建设和党风政风民风建设的重要方面，高位推动、久久为功。一是强化组织领导。第一时间成立高规格的殡葬改革工作领导小组，辖区内所有乡镇（街道）均相应成立殡葬改革议事协调机构和执法工作队伍，所有村（社区）均成立治丧工作队伍，压实市、镇、村三级责任，各尽其责，合力推进殡改工作。二是注重制度建设。以殡葬改革实施方案为引领，配套出台实施办法、责任追究暂行规定等一系列政策文件，就实施办法、惠民殡葬、公墓建设、责任追究等方面做出具体安排，桐城市依法规范推进殡葬改革工作格局初步形成。三是加大财政投入。桐城殡葬改革属于政府主导型改革，推进过程中财政资金的投入十分重要，截至2021年12月，桐城市累计投入殡葬改革资金30909万元，其中处置棺木补助费用4000万元，建设公益性公墓花费15990万元，殡仪馆建设花费984万元，惠民殡葬补贴8935万元，其他配套改革资金1000多万元，有效保障了桐城市殡葬改革的有力开局、有序推进、有效运行（见表1）。

表1　2014~2021年桐城市殡葬改革资金投入情况

单位：万元

年份	公益性公墓建设	惠民殡葬补贴	殡仪馆建设	棺木处置	其他	合计
2014	2810	620	101	4000	1000	8531
2015	1500	1200	50			2750
2016	2115	1188	30			3333
2017	2450	1169	95			3714
2018	1756	1177	170			3103

年份	公益性公墓建设	惠民殡葬补贴	殡仪馆建设	棺木处置	其他	合计
2019	1559	1195				2754
2020	1542	1207	309			3058
2021	2258	1179	229			3666
合计	15990	8935	984	4000	1000	30909

2. 建设与升级并进，提升殡葬设施供给水平

针对公益性安葬设施普遍短缺、厝棺土葬治理难等问题，桐城坚持一手抓公益性公墓建设，一手抓殡葬基本公共服务能力提升，走出了一条公益性公墓从无到有、从有到优的建设之路。公益性公墓投入使用后，当地经营性公墓销售量从每年100余座降至10余座，也从侧面反映了群众对公益性公墓的高度认可。一是做好公墓规划建设文章。在选址过程中，主动邀请民俗专家、社会各界代表等进行实地考察，广泛征求意见建议，最大限度削减"邻避效应"影响，便于后期公墓建设管理。累计投入土地710亩、建设资金15990万元，完成1座城市公益性公墓和10座乡镇公益性公墓建设并投入使用，城乡公益性公墓实现全覆盖。二是做好公墓创新管理文章。为实现殡葬公共资源合理公平配置，城乡公益性公墓一律落实"两个统一"要求，即统一墓穴规格（一律按照单墓占地面积不超过0.5平方米、双墓不超过0.8平方米，基本采用卧碑形式）、统一墓穴价格（1500元/单穴、2500元/双穴，含20年管理费）。创新选墓入葬方式，采取分批次放号、随机摸号的选墓方式，破除了风水迷信，体现了公平与正义，提升了政府公信力，赢得了公众的支持和信任。三是做好公墓升级改造文章。桐城市殡改后新增殡仪馆聘用工作人员40余人，累计投入900余万元，添置殡葬专用车10辆、火化设备4台，装设空气净化系统，确保殡仪馆区域空气清洁，最大限度降低焚烧尸体对环境造成的污染。建设了5个不同规格的守灵告别大厅，引导群众从家设灵堂、小区办丧到殡仪馆从简举办告别仪式，从而方便了群众、净化了社区环境，推进了文明节俭治丧。高标准开发了"桐城市信息化殡

葬平台"，启用"遗体一码通"，通过信息化手段对殡葬全过程进行管控，规避行业风险，提升工作效率，实现一窗办理一次办结的"一站式"便民殡葬服务。依托殡葬信息化建设，大力推行网络祭扫，特别在疫情期间满足了群众追思祭祖需求，体现了行业温度和人文关怀。

3. 惠民与便民并重，完善殡葬服务体系

桐城市委、市政府把推进完善公益基本殡葬服务作为兜底性、基本性、人性化制度安排，持续减免基本殡葬费用，优化殡葬服务，让殡葬工作成为一项得民心、惠民生的工程。一是优化惠民殡葬政策。出台殡葬惠民工程实施办法，市财政每年投入 600 万余元，免除辖区内所有居民四项基本殡葬服务费用（遗体接运、三天内暂存、火化、一年内骨灰寄存），同时，为特困供养人员等提供免费骨灰盒，累计投入四项基本服务补贴费用 4235 万元；加大对支持殡葬改革人员的奖补力度，对自愿进行火化并主动葬入公墓的，给予 1500 元的奖励。对选择水葬、树葬、花坛葬等节地生态葬的，分别额外奖励 500~1000 元，累计补贴奖励资金约 4500 万元。桐城当地群众对惠民范围之广、力度之大、政策之实给予充分肯定，对殡葬改革积极拥护和支持，群众满意度逐年提升（见图 1）。二是提供贴心便民服务。建立干部全程服务殡葬制度，老人去世后，家人只需一个电话，村委会就及时上门慰问提供全程贴心服务，帮助群众办理从死亡、接运、火化到骨灰寄存或入葬公墓等环节的手续，积极引导丧属从俭办丧，倡导丧事移风易俗，通过限定礼金数额、请客人数，遏制盲目攀比、大操大办等行为，有效杜绝了因丧致贫、因丧返贫。三是加强殡葬行风建设。殡葬改革启动初期，有些群众对殡改工作难以接受，喜欢把怨气和不满撒在殡葬一线员工身上，甚至出现大闹殡仪馆、辱骂殡葬工作人员的现象。针对此类情况，殡葬管理所专门设立"员工委屈奖"，引导员工做到"打不还手，骂不还口"，以"三声、四心"服务标准，耐心做好引导劝解服务工作。工作中，严禁向丧户索要烟酒等财物，严禁刁难丧户或拒绝丧户合理要求，严肃处理违纪违规人员，实现了殡葬领域的风清气正。

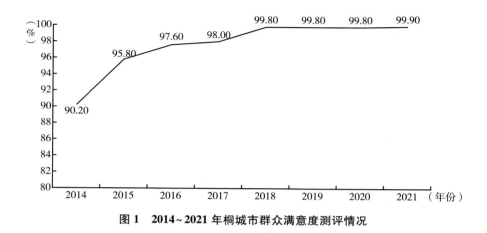

图 1　2014~2021 年桐城市群众满意度测评情况

4. 治理与宣传并举，巩固既有成果

坚持以新发展理念为引领，将殡葬改革融入乡村振兴、文明城市创建统筹推进，改进方式方法，注重宣传引导，不断把殡葬改革引向深入。一方面，因势利导、巩固提升。2018 年以来，桐城市根据民政部殡葬领域专项整治决策部署，对前期殡葬改革成果进行再检查、再整治、再提升。全市共排查殡葬领域突出问题 12 个，全部如期完成整治工作，未发现一处违规建设殡葬设施和"住宅式"墓地。另一方面，重在宣传、化风成俗。注重教育感化，广泛宣传殡葬改革正面典型。依托殡葬服务机构等宣传阵地，深入挖掘优秀传统文化，把桐城派文化引入宣传教育内容，突出孝老敬老、厚养薄葬、慎终追远、缅怀先烈等主题，让移风易俗入脑入心，引导群众从心底接受移风易俗新气象。充分发挥红白理事会等基层自治组织作用，通过完善村规民约、发放文明祭扫倡议书、开展鲜花换纸钱等举措，培育引领殡葬新风尚。

三　桐城市殡葬改革存在的问题及原因分析

桐城市殡葬改革经过多年的改革发展和巩固提升，冲破各种阻力和困难，总体平稳有序、成效明显，群众获得感、幸福感逐步提升。但也要清醒

地看到，殡葬改革任务仍非常艰巨，与逝有所安要求、基本公共服务均等化目标和群众期望相比还有一定的差距。

（一）公益性公墓建设管理水平仍有提升空间

2014年之前，桐城市公益性公墓基本是空白，城市居民安葬主要依靠经营性公墓，价格较高，农村居民安葬基本上是自我服务、就近就便。为解决这些问题，在殡葬改革背景下，桐城市公益性公墓建设工作坚持起步早、推进快，但规划设计上难免不够完善，管理维护上还有待改进。在走访中发现，少数乡镇公益性公墓布局不合理，距离村（组）太远，不便于群众祭扫，山势陡峭，存在山体滑坡等灾害隐患；少数乡镇公益性公墓缺少绿地、公厕、停车场及给排水、照明、消防等配套保障，功能有待完善，墓园内硬化范围和面积也较大，距离"生态化""园林化"要求还有较大差距。另外，与经营性公墓相比，部分公益性公墓在墓穴品种、区域位置、消费层次方面缺少差异性，无法提供多层次、多样化的产品服务和安葬模式，难以满足群众丧葬的个性化需求和"逝者为大"的情感消费需要。在日常管理方面，少数乡镇公益性公墓还存在道路等基础设施破损、绿化植被不足等情况，脏、乱、差等粗放式管理问题需要重点关注。

（二）公益性公墓存在选址难、用地难问题

近年来，桐城市公益性公墓已实现城区、乡镇层面全覆盖，但各地普遍反映选址难、用地难，已建成的公益性公墓保障年限有限，随着老龄化程度加剧，殡葬墓位的需求日益增加，从长远看公益性公墓缺口较大。调研发现，受限制性用地、生态红线和城镇村规划三方面限制，公益性公墓目前用地只有三种选择，分别是多年前土地性质就已经是建设用地的存量地块、荒山瘠地等未利用地和由非耕地的农用地调转为建设用地（需要建设用地指标）。桐城山地虽多，但要避开生态红线，选择地势相对平缓、便于群众祭扫，又相对集中连片的土地也非易事。桐城市早期建设的部分乡镇公益性公墓的土地、林业手续问题尚未彻底解决，成为公墓建设方面的痛点、难点。以桐城市八

台山公墓为例，2014 年 5 月征收土地 193 亩，按照一次性规划、一次性设计、分步实施原则进行建设，2020 年 2 月启动八台山公墓三期建设，土地立项 95 亩，但因土地性质问题，报批手续难以协调办理，直至 2021 年 3 月才批准了可用土地 16.5 亩，严重地制约着公墓发展。此外，在城乡公益性公墓建设中，主要依靠地方政府投入，造成财政压力负担过重。占地 10 亩的乡镇公益性公墓可建 2500 个墓穴，前期需投入 300 万元，仅靠乡镇财力难以推进。调研中发现，某乡镇 2014 年借款建设公墓，至今仍有 140 余万元债务。为鼓励群众在公墓安葬骨灰，各地对墓穴、管理等仅收成本费用，甚至全免费提供使用，一方面造成了穴位费难以收取，另一方面日常维护管理需要持续投入，自身"造血"功能的先天不足，给基层运营维护带来资金方面的压力。

（三）社会公众普遍对殡葬行业认识不足

殡葬作为一个特殊行业，群众接受度不高，往往戴着有色眼镜看待殡葬从业人员，导致总体上从业形势不容乐观、从业人员年龄结构偏老年化、专业素质有待提升，难以顺应新时代人民群众日益增长的多元化殡葬需求发展趋势。以桐城市殡仪馆为例，该馆现有职工 55 人，殡改后，该馆日均接运遗体 13 具，最多一天接运遗体 30 具，火化 26 具，工作量是殡改前的 10 倍以上，员工全年无休干着超负荷的工作，加上工资待遇偏低，在一定程度上影响了殡葬从业人员的归属感和工作质效。另外，传统丧俗观念根深蒂固，中原文化尤其重视"风水地气""入土为安"，攀比、从众等社会心理以及殡葬特有的精神消费特征，极易伴随出现封建迷信活动。对一般家庭来说，亲人去世几十年一遇，大多数群众对殡葬行业缺乏了解，对相关产品和服务的价格也不敏感，遇到违规收费、"漫天要价"等情况，也多选择"忍气吞声"、不了了之，给殡葬行业违规行为提供了生存土壤。

四　推进殡葬改革发展的对策建议

殡葬改革关系殡葬文化的引导传承、殡葬事业的科学发展、人民群众的

权益保护、公共服务的体系完善等一系列问题，与推进移风易俗、节约资源、保护环境、建设生态文明紧密相连，与乡村振兴、提升基层治理能力息息相关，已成为重大时代课题、党和政府重要工作。桐城市殡葬改革是全国殡葬改革发展中的一个缩影，具有一定的代表性，其取得的经验和面临的问题值得我们深入思考、认真总结、引以为鉴。特别是当前各地普遍面临着公益性公墓建设和违建墓地整治等方面的问题，亟须从组织领导、分类施策、政策创制、队伍建设、行业自律、宣传引导、技术支撑、创新发展等方面突出"八个加强"，加快推进新时代殡葬事业高质量发展。

（一）加强组织领导是深化殡葬改革的根本前提

殡葬改革是一项系统工程，事关改革发展稳定大局。桐城市殡葬改革的实践证明，党委和政府的高度重视和坚强领导是做好殡葬工作最重要的体制保障。坚定不移推进殡葬改革，就必须突出政府的主导作用，逐级建立任务明确、职责明晰的殡葬管理考核监督体系，压紧压实地方政府主体责任，明确部门分工，加强协同作战，推动落实各地各部门在选址规划、设施建设、经费投入、土地供应、监管执法等职责任务，形成"党委统一领导、党政齐抓共管、民政组织协调、相关部门各负其责、群众积极参与"的殡葬工作机制，一级抓一级，层层抓落实。

（二）加强分类施策是深化殡葬改革的有效途径

殡葬工作是重大民生事项，是保障和改善民生的关键环节，与教育、医疗、养老等同等重要，必须坚持公益属性和问题导向，分类施策、精准发力。一要解决落地难的问题，解决公益性公墓选址用地。公益性公墓不能成为"空中楼阁"，要推进其长足发展，就要从国家层面取消限制性用地目录，加大公益性殡葬设施土地供给，严格控制经营性公墓土地指标。要将殡葬设施建设纳入国土空间等规划，因地制宜研究出台具体建设方案，提高建设管理的标准化、规范化水平，探索调整土地性质，加大对历史集中埋葬点和"老坟地"的资源整合、改造升级，因地制宜补充建设村级公益性公墓，一并解决农村散埋乱葬和殡葬设施短缺的问题。二要解决资金难的问题，充分发挥财政资金牵头引领作用，通过福彩公益金、社会捐赠、发行政府债等多种方式筹集资金，重点加大对殡葬基础设施建设的补助，并采取以奖代补等方式逐级激励，夯实殡葬设施建设资金保障。三要解决普惠难的问题，坚持基本殡葬公共服务均等化原则，将对军人、优抚对象和城乡困难群众实施的基本殡葬服务免费政策（免费享有遗体接运、暂存、火化及骨灰寄存等四项基本服务）扩面到全体公民，进一步扩展惠民殡葬事项内容，提高惠民殡葬补贴标准，减轻群众的丧葬负担。四要解决奖补效果不明显的问题，创新激励方式方法，在方式上将"身后事"变为"生前补"，探索制定安葬补贴前置发放有关措施，通过鼓励生前签订安葬承诺、领取相应补贴的办法，引导群众自愿选择江葬、树葬、花葬、格位存放等节地生态安葬方式；在形式上，由交费时统筹减免改为按定价交费事后返还，增加群众的获得感、认同感，推进殡葬移风易俗。五要解决经营性公墓价格虚高的问题，既要满足群众多层次殡葬服务需求，更要保证群众基本需求，通过以公益性为主体的安葬（安放）设施供给，保基本保需求；通过有效的政府定价、指导价、限价和备案制，加大对经营性公墓督导力度；通过引入充分的市场竞争机制，鼓励各级政府城投建投公司进入殡葬设施建设领域，严格控制公墓价格，杜绝殡葬行业正在形成的"产业化"垄断趋势。

（三）加强政策创制是深化殡葬改革的关键举措

政府层面，法无授权不可为，目前很多殡葬改革措施为倡导性措施，无法律条文作为支撑；对于群众而言，法无禁止即可为，法律层面未对相关行为予以禁止，随着法制化进程的加快，群众依法维权意识不断增强，为了和谐稳定推进殡葬改革，必须强化依法行政。要对标学习长三角经验，推进殡葬法纳入立法规划，加快修订出台《殡葬管理条例》，尽快推动相关法律法规的立改废释，加强殡葬行业标准化建设，探索建立殡葬领域全链条"负面清单"，明确如禁止墓穴硬化、散埋乱葬等禁止性条款，设置殡葬"一条龙"服务机构准入门槛。同时，要强化公众法治观念和法律意识，以基层综合行政

执法改革为契机，将殡葬执法纳入综合执法服务范畴，充实民政执法力量，丰富民政执法手段，推进殡葬领域依法行政、严格执法、全民守法进程。

（四）加强队伍建设是深化殡葬改革的内在要求

随着社会的文明进步，殡葬事业正在由传统殡葬向现代殡葬转型，"术业有专攻"，要提供高质量的殡葬服务，关键在于培养和打造一支专业化、职业化的殡葬高端人才队伍。有条件的高校要尽快设置殡葬或生命文化教育相关专业，加大教学改革力度，强化学生实践能力培训，源源不断为社会输送理论与实践俱佳的技能人才。建立动态调整的殡葬业特殊岗位津贴制度，完善符合新时代发展要求的职业能力水平评价机制，鼓励各地建立殡葬工作室、培训基地，逐步构建高、中、初级技能劳动者结构相对合理的格局。各类殡仪服务机构要建立健全殡葬业从业人员培训制度，强化岗位练兵，全方位开展殡葬设施建设和管理服务相关知识和技能的培训，积极组织开展技术攻关赛、岗位大练兵等活动，培养一批殡葬技能带头人队伍。

（五）加强行业自律是深化殡葬改革的重要保障

当前由于殡葬领域法规政策和监管制度不够健全，殡葬行业仍存在一些侵害人民群众合法权益的问题，影响了行业形象，社会反响强烈，亟须加强行业自律来推动解决。要教育引导殡葬从业人员牢固树立全心全意为人民服务的工作理念，以大爱之心和为民情怀做好本职工作。要充分发挥社会组织作用，倡导殡葬服务单位和殡葬从业者自觉遵守有关法律、法规，认真贯彻执行殡葬行业相关政策举措，增强服务意识，熟识服务规则，不断规范服务行为，坚决杜绝行业中定价不合理、不合法，甚至只收费不服务的情况出现。要积极推进行业信用体系建设，树立殡葬行业良好形象，在维护人民群众合法权益的基础上，兼顾企业效益和社会责任。

（六）加强宣传引导是深化殡葬改革的有力手段

丧葬文化流传至今已有千年历史，包含中国人对生命的看法与态度，在彰显社会文明、敬重生命、慰藉情感等方面发挥着重要功能，是中华文化传承的重要组成部分，民众在清明、中元、冬至等传统节日开展殡葬活动蕴含着敬祖、尽孝、家和、感恩等丰富的伦理观和价值观，是中国的"感恩节"，挖掘和弘扬传统丧葬文化中的正能量和积极面，有利于我们在参与丧葬活动中增强文化自信、推进移风易俗。要加大殡葬宣传引导力度，善于把握时机和切入点，在时间上以清明、冬至等传统节日为宣传重点，依托殡仪馆、公墓等举办"开放日""体验日"，开展生命文化教育；在方法上婚丧一齐抓共同建，通过政府目标考核、文明城市创建等手段，完善部门协作机制，着力构建统筹协调、分工负责、整体联动、齐抓共管的良好格局，形成推动婚丧移风易俗的强大合力；在形式上充分利用主流媒体、门户网站和自媒体等载体广泛宣传殡改工作，推动形成社会共识；在对象上要充分发挥党员干部先锋模范作用，努力营造殡葬改革良好氛围，引导群众在丧葬活动中展现良好家风、文明乡风、淳朴民风。

（七）加强创新发展是深化殡葬改革的必然趋势

公墓硬化、使用不可降解殡葬用品等对生态环境带来的负面影响将随着时间推移不断突出，对土地资源的占用也将日益严重，且危害是难以逆转的。要鼓励推广骨灰堂、地下多层叠加墓穴等节地安葬新模式，同时对入公墓满 20 年且长期无人祭扫、未续管理费用的"失联公墓"，经查找对接、转葬公示等程序后，采用树葬、花坛葬等生态节地安葬方式进行转葬，腾出墓穴空间，循环利用，节约土地。同时，要加大对殡葬用品材质、公墓建设工艺等基础科学研究，支持高校、科研院所、企业在殡葬领域深度结合，尽快研发殡葬新工艺、新材料，推广应用无毒、可降解环保殡葬用品。

（八）加强科技赋能是深化殡葬改革的重要支撑

推进殡葬工作数字化、智能化建设是殡葬改革的大趋势，尤其在疫情防控常态化背景下，也是广大群众的实际需求和热切期盼。要加强数字化平台建设，将丧葬服务事项纳入政务服务平台，统一办事入口，方便群众治丧、

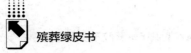

祭扫预约办理。要推进数据共享，将殡葬数据及时与卫健、人社、公安、政务等平台衔接，实现部门联动、一站式服务，积极探索"身后一件事"改革。充分发挥物联网、大数据等在殡葬领域的场景应用，建设殡葬管理服务信息平台、VR 全景陵园、网络祭扫等平台，不断提高殡葬智能化水平。做好江葬、树葬等"不留骨灰"葬式的后续服务工作，建设在线追思平台，建立后人生电子档案库，对逝者简历、生平事迹、重要影像资料等存档，通过信息化手段让"化骨扬灰"也能"认祖归宗"。

G.21

忠实践行"绿水青山就是金山银山"理念 打造生态文明殡葬改革示范样本

朱荣章　臧培峰*

摘　要： 本文介绍了湖州市绿色生态安葬的实践，重点说明在"绿水青山就是金山银山"理念指引下的标准化推进生态安葬的经验做法，并提出了在现有体制和政策环境下，拓宽人文思考和服务的建议，包括深刻把握共同富裕与绿色生态殡葬之间的关系、以标准化理念推进生态安葬建设和管理协调发展、处理好殡葬事业改革与人文关怀的协同治理。

关键词： 生态文明　殡葬改革　数字化　湖州市

湖州是"绿水青山就是金山银山"理念诞生地、中国美丽乡村的发源地、全国首个地级市生态文明先行示范区。近年来，湖州市紧紧围绕生态殡葬综合改革主线，积极做好"绿水青山就是金山银山"理念在殡葬领域的成果转化。坚持"殡、葬、祭"三位一体，精准发力、全域推进，努力打造新时代生态殡葬改革的湖州样本。

一　聚焦体系支撑，着力推进绿色机制建设

以政策文件为支撑，制定创新湖州殡葬改革标准，形成集"机制政策、

---

* 朱荣章，湖州市民政局党委书记、局长，主要研究方向为基层社会治理；臧培峰，湖州市仁与公益组织发展中心主任，湖州市民政局标准化技术委员会秘书长，主要研究方向为基层社会治理、社会工作与社会事业标准化。

标准规范、人才队伍"为一体的殡葬发展体系。

1. 政策体系有保障

近年来，湖州市以习近平新时代中国特色社会主义思想为指导，深入践行"绿水青山就是金山银山"理念，市委市政府高度重视殡葬改革工作，陆续出台了《关于进一步深化殡葬改革的实施意见》《关于进一步深化殡葬改革全面推行节地生态安葬的实施意见》等系列文件，着力加大节地生态安葬公共服务产品供给，提供优质高效便捷的殡葬服务，积极培育现代优秀殡葬文化，深化丧葬礼俗改革，使满足群众安葬需求与保护资源环境协调推进，形成人与自然和谐发展新格局。到2021年，建成覆盖城乡节地生态安葬公共服务网络，每个乡镇（街道）建有节地生态安葬点，主要新农村集聚点建有集中治丧场所，全市生态安葬行政村覆盖率达到100%，节地生态安葬入葬率达到80%以上；实现全市各类殡葬服务机构文明绿色祭祀全覆盖。持续巩固散埋乱葬坟墓整治成果，杜绝散埋乱葬行为，基本实现"三沿五区""两路两侧"无坟化目标。

其中《关于进一步深化殡葬改革全面推行节地生态安葬的实施意见》在推进湖州生态殡葬改革事业中，起到历史性转折的作用，特别是农村在践行绿色生态安葬中得到跨越式的进步，推进绿色生态安葬与共同富裕绿色样板区建设协同发展。从"健全节地生态安葬设施、优化节地生态安葬服务、积极推动殡葬移风易俗、强化殡葬领域执法监督、深化殡葬领域改革创新"等方面提出了新要求，为进一步推进湖州殡葬高质量发展提供了坚强的政策支撑。

2. 标准规范做支撑

2018年，湖州市民政局在市场监管部门的指导下，成立了"湖州市民政标准化技术委员会"，这是一个统筹全市民政领域的综合性的标准化技术组织，并且将秘书处单位设在一家市级枢纽型社会组织，该秘书处负责提出湖州市民政领域地方标准和行业标准的制修订项目年度计划建议，组织研究、制订和完善民政领域标准体系，沟通联系民政领域及相关民生领域的行政主管部门，在基础调研、标准研制、宣贯实施、评估修改等过程中，注入了强大的技术保障力量。

从 2018 年开始，湖州立足地方特色，发布一系列地方标准，如《生态墓地建设标准》《逝者身后事"最多跑一次"①工作规范》《殡仪服务规范》《公益性骨灰堂建设和管理规范》《树葬区建设与管理规范》等，目前正在积极研制《节地生态安葬服务规范》省级地方标准的草案，这一系列具有湖州特色的地方性标准，不仅填补了以往生态文明殡葬领域的某些空白，还有力推动了殡葬事业的健康发展。

2019 年 2 月，湖州市民政局发布《打造逝者身后"一件事"②跟踪服务机制》，将逝者身后事联办工作在全市进行推广，延伸服务链条，通过逝者身后"一件事"跟踪服务机制，让居民群众得真便利、享真实惠、有更多获得感。同年 10 月，湖州市地方标准《逝者身后事"最多跑一次"工作规范》发布实施，此项标准在浙江省"最多跑一次"改革服务中是比较成功的标准技术规范。该标准从群众身边的"日常小事"抓起，聚焦群众在办理死亡相关事项中存在的环节多、手续多、跑路多等突出问题，创新突破惠民殡葬、绿色殡葬改革瓶颈，优化办理的通道与流程；并加强与大数据、民政、公安、卫生健康等部门的联动协作，统合优化了逝者身后丧情报送、死亡证明、殡仪服务、遗体火化、骨灰入葬、户口注销等事项流程，真正实现逝者身后"一件事"联办，为逝者的家属（承办人）提供"一次都不用跑"的殡葬全程联办服务。通过标准发布实施，规范了逝者身后事联办工作的服务对象、管理要求、平台建设、工作要求和监督检查等内容，有效减少中间办事流程，大幅度缩减群众办事时间，实现居民死亡相关事项"掌上办"③和

---

① 逝者身后事"最多跑一次"是将逝者身后事涉及多个办事服务事项的系统、数据、人员相互协同，为逝者身后事提供跨部门、跨层级、跨区域的主题集成服务，实现最多跑一次或零跑次。

② 逝者身后"一件事"将逝者有关的丧情报送、死亡证明、殡仪服务、遗体火化、骨灰入葬、户口注销等事项流程，实现一次联办。

③ 掌上办：在浙江"最多跑一次"改革推动下，该省已实现 100%的事项网上办理。"浙里办"作为浙江省打造"掌上办事之省"的核心载体，囊括"掌上办事""掌上咨询""掌上投诉"三大核心功能板块。

"一次都不用跑"。为逝者的家属（承办人）处理逝者身后事、应用数字化手段为实现"最多跑一次"工作提供依据和指引，提升群众满意度和获得感，并形成一套可复制、可推广的湖州经验，在浙江省推广实施。

面对全市土地资源日益紧张的实际情况，湖州在全市推行深化殡葬改革过程中，深刻领会"绿水青山就是金山银山"重要理念精神内核，聚焦生态环境保护，树立绿色发展观念，将节地生态安葬作为助推生态文明建设的重要载体和抓手，致力于打造以公益性骨灰堂为主，辅之以树葬、草坪葬等多种生态葬法的多样化节地生态安葬。2020年3月，湖州市地方标准《公益性骨灰堂建设和管理规范》在全市殡葬服务机构和居民群众的期盼下闪亮登场。这是为了更好地通过规范管理、激励引导、探索创新、提升内涵、节约资源、保护环境，着力凝聚社会共识，加快节地生态安葬设施建设，积极稳妥推广节地生态葬，满足安葬需求与保护资源环境协调推进，促进形成人与自然和谐发展新格局。在殡葬设施体系建设中，湖州市注重对居民群众需求调研，回应家属在祭奠逝者的方式、方法中所期盼的精神寄托，重视精神传承，积极稳妥、循序渐进地推进建设，逐步革除陋习、达到移风易俗。2017~2020年，以长兴县和德清县、安吉县分别被确定为全国殡葬改革综合试点和全省殡葬改革综合试点为契机，湖州在全市范围内积极开展了公益性骨灰堂建设工作，各区县相继制定出台了节地生态安葬设施建设规划，截至2021年底，全市已累计建成并投入使用的公益性骨灰堂有113个。

湖州市地方标准《公益性骨灰堂建设和管理规范》根据不占地、少占地的原则，减少安葬活动对资源的消耗和对环境的不当干预，切实维护生态安全。根据殡、葬、祭"三位一体"，推动节地生态安葬与绿色殡葬、人文殡葬、惠民殡葬相结合，葬法改革与丧礼改革相衔接，统筹推行节地生态安葬。其中，该地方标准提出：骨灰安放格位总量应根据辖区内存量骨灰数和今后50年预测的新增骨灰数量确定，新增骨灰数量按人口年死亡率计算。该规定在标准研制的过程中广泛征求意见，也经过了激烈辩论，比如要充分考虑今后50年人口增长数量以及骨灰存放数量的长远规划，要充分考虑人文关怀和区域殡葬礼俗的变迁，要充分考虑把殡葬改革与对人的尊重两者兼顾，把绿色生态安葬放置于子孙后代发展的长远利益当中考虑。

关于节约土地涉及公益性骨灰堂建设规模和建设要求有明确的设置，如表1所示。

表1　公益性骨灰堂建设规模比对

类型	Ⅰ类	Ⅱ类	Ⅲ类
服务覆盖人口（万人）	>15	3~15	<3
骨灰安放数量（万个）	>5	1~5	<1

资料来源：《公益性骨灰堂建设与管理规范》（DB3305/T 142—2020）。

Ⅰ类公益性骨灰堂建筑设施的总占地面积不应超过15亩，其中骨灰安放主体建筑占地面积不应大于6.5亩；Ⅱ类公益性骨灰堂建筑设施的总占地面积不应超过10亩，其中骨灰安放主体建筑占地面积不应大于4.5亩；Ⅲ类公益性骨灰堂建筑设施的总占地面积不应超过5亩，其中骨灰安放主体建筑占地面积不应大于2.5亩。办公用房和管理用房应设有数字化办公系统，包含骨灰安放信息管理系统、广播系统、自动监控系统、综合布线系统、骨灰防盗系统和火灾自动报警系统等数字化管理服务，以上在节约土地和数字化方面做出明确的规定，湖州市有关部门在政策文件中引用了该标准。

2018年，浙江省民政厅下发了《关于印发〈深化殡葬改革全省推广树葬工作方案〉的通知》（浙民事〔2018〕68号）。湖州市各区县积极推进实施，其中德清出台了《德清县开展树林葬试点工作方案》，从指导思想、目标任务、工作步骤、有关要求四个方面做了具体规定，后又出台了《德清县树林葬管理办法》（德民〔2018〕117号），从安葬方式、安葬管理、奖励措施、执行时间等方面做了详细说明，尤其在安葬管理步骤上细化了流程、申请上简化了流程，使树林葬工作更具可操作性和便民性。利用广播电台，在"中国之声""浙江之声"进行了宣传，同时分管县长进行会议传达部署，从而初具树林葬整体意识概念，以此为标准建设镇（街道）树林葬区。

随后几年，全市上下积极推进树葬的改革和实践。以德清县和安吉县为基础实践后，湖州市地方标准《树葬区建设与管理规范》也积极研制发布。标准研制的过程中，充分考虑几个概念之间的内涵和外延。比如树葬、树林葬、树葬区，三者之间的差异明显，树葬指逝者身前或丧户认领一棵树，在去世火化后再将骨灰安葬在树下或旁边；树林葬的外延更广，可以是树林、竹林或其他植物混种，将骨灰抛洒或撒散在树林的部分区域；树葬区，则充分考虑了单棵树与一片树林之间的不同用法，树葬区可以多棵树，可以固定数量几棵树，还可以是树木与花草等混种。标准规范在结合实践经验中总结出，以划分土地面积和掩土深浅为基本标准，考虑了不同时间段、不同地表深度层次安排骨灰安葬。

在节约土地上体现在集体墓碑的设置，集体墓碑前可设置公共祭奠摆台，摆台应简洁大方，面积不大于 2.0 平方米。另外，根据居民群众对树葬价值理念的实际接受程度不一，开展个性化管理。例如，通过不同形式的科普宣传，改善对树葬区认知，加大服务形式的多元和服务质量优化，推进厚养薄葬的理念。树葬区管理人员配合有关部门，开展树葬区的生前契约服务，结合临终关怀、遗体捐献等服务机构提供个性化服务；根据逝者家属的需求，协助家属处理身后事，提供心理慰藉、哀伤辅导等服务；根据当地的风俗习惯，开展重要纪念日的服务，如春节、清明、冬至、祭日等重要节日的代为祭扫、祭祀、宣读祭文等活动。

3. 人才队伍建设为依托

湖州通过健全市、县、乡镇、村四级联动监管体系，推动殡葬监管下沉、关口前移，重点建立了一支专业殡葬协理员队伍〔协理员队伍以乡镇街道民政专员和村（社区）民政协理员为主，目前在册的有 2100 名左右〕，具体负责本行政区域的殡葬事务基础管理和常态化服务工作。通过专项训练、追踪评估等方式，加强工作人员学习培训教育，提升业务水平，每年全市平均培训数量达 3200 人次。

浙江省依托大力推进"最多跑一次改革"契机，通过数字化管理和培训，利用手机 App、网上申报平台等全程数字化服务，大大节约了办事效率，降低居民的经济成本和时间成本。同时，大力推进规章制度优化提升、收费标准统一公开公示、内外部监督评价执行等全程数字化管理，严格执行遗体接运、存放、火化、骨灰寄存、申领骨灰盒这五项基本服务全免费。专门制定"移风易俗、文明治丧"考核办法，抽调有关部门人员，成立信息报送、综合协调、登记管理、遗体接运、遗体火化、骨灰寄存等 8 个督查小组，常态化联合检查、不定期抽查，对绿色生态安葬贯彻落实情况进行检查。

二　聚焦绿色转型，着力推行节地生态安葬

始终坚持把"绿水青山就是金山银山"的理念贯穿于殡葬改革全过程，加大节地生态安葬公共服务产品供给，提供优质绿色安葬服务。

1. 健全节地生态安葬规划设施

湖州市在推行节地生态安葬设施建设方面，每个乡镇（街道）都规划公益性骨灰存放处、树葬区等设施。并从 2017 年停止审批新建乡村公益性墓地，建立以公益性骨灰堂为主，树葬、草坪葬为辅的节地安葬设备设施构架体系。全市建设节地安葬设施以"1+5 规划框架"模式（1 市级+5 个区县级），共规划市级 1 个，区县骨灰堂 151 个、树葬区 68 个，预计到 2022 年全部建成，实现乡镇（街道）全覆盖。

2. 发挥示范引领作用

湖州市的长兴县、安吉县、德清县分别被确定为国家殡葬综合改革试点、全省殡葬综合改革试点和全省树葬改革试点。通过试点引领，大力促进全市节地生态安葬工作。截至 2022 年 2 月，全市已建成骨灰堂 113 个、树葬区 24 处，有节地生态安葬点的乡镇（街道）比例达到 91.67%；乡村公益性墓地 546 个，其中市级示范性生态墓地 173 个，节地生态安葬率达到83.79%，到 2022 年实现乡镇（街道）全覆盖。

3. 强化部门统筹协调和财政保障

全市各级民政部门主动加强与财政部门、自然资源和规划部门的工作协

调，完善推行节地生态安葬相关配套政策，加大对节地生态安葬尤其是在建设资金、土地保障等方面的支持力度。五年来，各级自然资源和规划部门将节地生态安葬设施建设依法纳入了用地需求规划，全市共规划 598 亩土地，各级财政共投入资金 2.78 亿元，有力保障了节地生态安葬设施建设顺利推行。

三　聚焦改革创新，着力提升殡葬服务水平

始终坚持以人民为中心的理念，积极出台殡葬便民利民惠民政策，完善服务功能，优化服务环境，提高服务质量。

1. 以"最多跑一次"改革为契机，深入数字化服务

2016 年，浙江省委经济工作会议根据浙江基层工作创新经验首次公开提出"最多跑一次"改革。2017 年初，浙江省政府工作报告正式提出浙江实施"最多跑一次"改革。紧随其后，浙江省公布了《加快推进"最多跑一次"改革实施方案》《浙江省公共数据和电子政务管理办法》，对改革规范进行整体部署和实施。湖州市深入推进殡葬领域"最多跑一次"改革，按照全生命周期服务理念和群众眼里"一件事"标准，以湖州市"逝者身后一件事"联办信息平台为载体，实现市民身后事"一站式"服务。注重"线上线下"融合，创新殡葬服务方式。在互联网平台创新推出"绿色生命天使"等手机 App，整合丧情信息报送、殡仪馆出殡时间预约、居民医学死亡证明出具、户口注销等多个涉及民政、公安、卫健等部门的服务功能，实现部门联合办丧全程服务、全程监控、全程管理的"无缝对接"。完善线下服务体系，由民政协理员第一时间上门进行报丧和指导，提供殡仪馆预约出殡时间、惠民殡葬政策申领、社会福利处理政策解读等服务。安吉县建立信息共享互查机制，建立"安吉绿色生命天使"村级报丧员微信群和钉钉群，便于民政部门及时、全面了解治丧情况并实现报丧员间的信息共享和互相监督（湖州逝者"身后一件事"联办做法经验被省委改革办《竞跑者》刊发）。

2. 细化殡葬便民惠民工程

出台《关于规范殡仪服务收费管理的通知》和《关于确定湖州市殡仪延伸服务项目的通知》，进一步规范收费标准，并对重点优抚对象、特困人员、低保对象等困难群体给予一定的减免，对符合相关条件的，免除遗体接运、火化等基本殡葬服务费；其中，安吉县对实施节地生态葬法的予以奖励，进入生态型公益性墓地的奖励 800 元/例，放入公益性骨灰堂的，奖励 2000 元/例，不保留骨灰的奖励 10000 元/例。在此基础上，各区县出台了节地生态葬法奖励机制，对树葬、竹林葬、抛撒葬等生态节地安葬的，每例奖励 5000~10000 元。全市每年殡葬惠民政策共减免人数 17000 余人，减免费用 1800 余万元。

3. 优化拓展殡葬外延服务

湖州市安吉县人民政府是国家标准《美丽乡村建设指南》（GB/T 32000-2015）的主要起草单位。《指南》规定了美丽乡村的村庄规划和建设、生态环境、经济发展、公共服务、乡风文明、基层组织、长效管理等建设要求。其中绿色殡葬也是公共服务和乡风文明建设的内容之一，要求持续深化农村丧葬改革，引导农村农户施行文明办丧、节约办丧。长兴县、安吉县、南浔区等区县大力推行新农村集中治丧场所建设（2021 年已全市推广）。长兴县在县、乡镇、村分别建立三级殡仪服务模式，在全省率先推出无烟环保守灵厅、守灵厅不焚烧纸和不点蜡烛香火，使用鲜花代替纸质和塑料花，全部使用环保电子祭祀产品和鲜花。探索性使用小型标准化灵堂，统一采购有关设备，办丧群众可以免费使用。积极利用乡镇（街道）和村（居）文化礼堂等公共空间，为群众办丧提供集中服务场地，全市共建 65 个公共治丧点。

四　聚焦多元倡导，着力推动丧葬礼俗改革

湖州市坚持移风易俗，通过多渠道多方位宣传和倡导，推动城乡丧葬习俗改革，推进传统丧葬习俗向文明丧葬转变。

1. 传播新时代文明殡葬理念

2018 年 7 月浙江省第十三届人民代表大会常务委员会第四次会议批准《湖州市文明行为促进条例》，其中将文明治丧、文明祭扫等内容纳入条例在全市推行。各区县结合实际多元倡导新风尚，比如：湖州市殡仪馆于 2019 年 1 月 1 日起正式取消了电子礼炮服务项目，并禁止民间鼓乐和宗教法事人员在馆内集中服务区域开展治丧扰民活动，推进殡葬改革移风易俗和规范公序良俗向公益性与生态性融合发展；同时，充分利用清明、冬至等重要时间节点，积极倡导绿色文明祭扫方式，联合市殡葬协会发起"生态祭扫 无烟公约"行动，以鲜花、祈福树和清明文化展板、丝带卡片、主题音乐以及网络祭奠等低碳文明新风尚，加大绿色、生态、文明、环保祭祀的宣传力度。积极宣传引导丧户文明祭祀，营造温馨、整洁的祭扫环境，倡议来馆祭扫群众自觉践行绿色殡葬，携手保护绿水青山，共建美丽家园。德清县通过乡镇新风理事会、社区移风易俗志愿服务队等基层自治组织，开展殡葬移风易俗普及宣传；长兴县、安吉县全面禁止治丧活动中的过度喧嚣的扰民行为，并将丧事的内容、形式、规模、宴请标准等规定纳入村规民约。

2. 尊重传统文化并推行新祭奠方式

从 2014 年开始，全市各殡仪服务机构利用清明、冬至等时节，以"鲜花换纸钱""无烟公墓""网络祭祀""家庭追思会""集中祭扫"等活动为载体，积极推行绿色祭祀，邀请志愿者、社会组织参与宣传，并在清明、冬至等时节在大型墓地门口组织实施发放鲜花以替换烧纸钱的全市性公益行动，到 2021 年冬至时期，累计发放鲜花 170 余万支，全市"无烟祭祀"已蔚然成风。

2020 年以来，随着新冠肺炎疫情在我国出现，疫情防控成为一项十分重要的工作，为了有效开展殡葬服务机构的疫情防控，全市积极推进清明节、冬至节期间扫墓网上预约制度，通过官方微信公众号、殡仪馆网站等形式预约，市民政局微信公众号增设"扫墓预约"模块，准确掌握扫墓人数和进出动态、健康码动态变化等数据，有效实施疫情防控措施。

3. 引领新常态

充分发挥媒体导向作用，以殡葬服务机构、城乡社区等为重要宣传平台，用群众喜闻乐见的方式，深入宣传殡葬法规政策，普及科学知识，传递文明理念，引导群众转变观念、理性消费、革除陋俗，树立厚养薄葬、文明节俭、生态环保的殡葬新理念，全市生态殡葬、绿色殡葬成为一种新常态。发挥社会组织、行业协会、村（居）委会作用，积极开展文明丧葬和文明祭祀进村、进社区宣传活动，村（居）委会等基层组织要将推动殡葬改革列入村规民约，引导、教育广大群众积极参与殡葬改革，摒弃封建迷信丧葬陋习，倡导文明丧葬新风。发挥社会工作者的专业优势，为遭遇特殊意外事件离世的家属提供殡葬社工服务，包括心灵陪伴、哀伤辅导、协办丧事等服务，帮助逝者家属度过心理应激期。

五　聚焦长效管理，着力强化殡葬执法监督

建立健全殡葬执法机制和网络监管体系，加强执法力度、闭环管理，对殡葬领域违规违法行为实现精准动态监管。

1. 加强部门联合，有效促进执法监督

整合殡葬执法资源，加强属地管理与部门联动，形成上下贯通、部门协作的殡葬联合执法机制，切实提高殡葬执法能力，加大对违规殡葬行为劝阻和查处力度，形成齐抓共管的良好局面。湖州市还结合农村全域土地整治契机，加大对"三沿五区"、"两路两侧"、永久基本农田等重点区域内坟墓的清理整治力度，对非法占用林地、园地、耕地的乱埋乱葬行为予以坚决制止。2018 年以来，共整改违规超标准建设墓穴 953 穴，硬化大墓、活人墓 161 座，累计治理"三沿五区"坟墓 4.3 万余穴，共节约土地近 200 亩。

2. 完善监管网络

落实"四级监管网络体系"和月巡查制度，对违规违法行为实施动态管控。充分发挥殡葬协理员的作用，重点加强对公墓违规建设经营、公益性

墓地（骨灰堂）违规对外销售、殡葬服务乱收费、违规丧事活动等问题的监管，确保早发现、早处置。德清县还采用卫星遥感监控和无人机监测新技术，对公墓违规建设和散埋乱葬实施更加有效的动态管控。按照属地管理原则，切实加强对公墓的依法监管，重点强化日常监管和年检制度，严防炒买炒卖，除可向夫妻健在一方、高龄老人、危重病人预售（租）并确保自用外，必须凭死亡证明、火化证明或迁葬证明方可提供。乡村举办的公益性公墓主要存放本镇（街道）、村死亡人员的骨灰，禁止以任何形式转为经营性公墓，严禁对外销售牟利或开展租赁、招商引资、股份制合作等商业活动。

3. 实施闭环管理

依托数字化改革，推动湖州市殡葬智能化管理。在逝者"身后一件事"联办信息平台的基础上，推动殡仪服务、公墓服务管理、骨灰跟踪、网上祭祀等系统的有效整合，形成对单个逝者线上闭环管理，实现全天实时服务。

六 在建设共同富裕实践中对绿色生态安葬的建议

1. 深刻把握共同富裕与绿色生态殡葬之间的关系

党的十九届五中全会向着更远的目标谋划共同富裕，提出了"全体人民共同富裕取得更为明显的实质性进展"的目标。习近平总书记指出："共同富裕本身就是社会主义现代化的一个重要目标。我们要始终把满足人民对美好生活的新期待作为发展的出发点和落脚点，在实现现代化过程中不断地、逐步地解决好这个问题。"我们要深刻把握坚定不移走"绿水青山就是金山银山"之路，奋力建设绿色低碳共富社会主义现代化国家，实行最严格的生态环境保护制度，健全生态产品价值实现机制，打造绿色低碳共富区域公共品牌，拓宽"两山理念"高水平转化通道。

绿色生态安葬助力打造美丽宜居的生活环境，就是有效地实现绿色低碳共富的途径之一。绿色低碳共富的环境不是一朝一夕就能完成，生态安葬也是随着人民群众生命生养安息不断变迁的过程。因此，建议推进绿色生态安葬地方立法机制，在促进基层党委政府的各项决策过程中，牢固坚守绿色生态安葬价值理念。只要我们保持绿色初心，践行绿色行动，优化绿色殡葬实施的法律工具，一定能在建设共同富裕现代化国家的征途上贡献不可小觑的力量。

2. 以标准化理念推进生态安葬建设和管理协调发展

当前，浙江及全国各地都如火如荼地推进殡葬设施建设，中央和各地也相继出台政策文件，有效监督和指导用地规模不断扩大、布局建设理念和形式过于奢华等情况。根据《中华人民共和国标准化法》和标准管理有关条例精神，我国目前在殡葬领域的标准已经比较丰富，然而，标准规范的总量及覆盖面仍有不足。随着时代发展和数字化技术的不断进步，殡葬硬件建设和设备设施领域标准明显比殡葬管理服务领域多，建议要加大对管理和服务标准的研制和修改力度。

此外，标准的研制发布后，关键在于宣贯实施。特别是推荐性标准只有和地方行政部门的管理性文件有效结合，才能更加有效发挥规范标准的引领作用。建议加大标准宣贯、实施绩效评估力度，可以委托地方性有关部门和技术组织，加大对国家标准和地方标准的适用性、可行性等的阶段性评估，及时向归口单位反馈。

3. 处理好殡葬事业改革与人文关怀的协同治理

从湖州市生态安葬的实践过程中可以发现，居民群众对绿色生态安葬的接受程度近年来有了明显的提升，包括树葬、壁葬、海葬等形式也逐渐被居民群众关注，特别是年青一代接受。地方标准《树葬区建设与管理规范》研制过程中，编制小组向75位1985年以后出生的企事业单位职工发出调查问卷，其中有一条："假设五年后您自己或者您的家人去世以后，建议您不保留骨灰，直接抛洒树林或水域，您会接受吗？"55%认为完全可以接受，33%的人认为不能接受，12%的人认为目前不知道。大部分被调查者认为树葬区建设是一个"值得被支持的工作"。

笔者认为，在殡葬事业改革过程，除了践行绿色生态理念、严格履行对自然环境的保护外，同时更要加大人文关怀，特别是对几种关系的思考，包括活人墓和逝后安葬时间关系的思考；人与自然环境、政治环境之间关系的

思考；汉族居民与少数民族文化差异的思考；有宗教信仰者与无宗教信仰者之间的思考；东西部差异和未来发展关系的思考；政策倡导与地域风俗之间关系的思考。建议加大对殡葬从业人员队伍的人文素养培育力度，着力培养殡葬社会工作者队伍，提供从临终关怀到逝者安葬以及对逝者亲属的心灵支持，促进人与社会的和谐相处、人与自然的和谐发展。

附　　录

Appendices

G.22
中国殡葬事业发展大事记
（2017~2021年）

胡道庆　张　赫

序号	时间	事件名称	主要内容
1	2017年1月24日	民政部王金华司长带队视察河南省安阳市民政工作	1月24日，民政部社会事务司司长王金华，副司长刘涛、范瑜在省民政厅副厅长李长训、社会事务处处长靖铭的陪同下莅临安阳市视察民政工作，慰问市民政系统广大干部、职工，看望慰问了安阳市救助管理站原站长许帅的父母、亲属。安阳市政府副市长刘建发和市民政局局长张双献、副局长孙笑梅、副局长胡光镜、副局长崔利鸿陪同视察。
2	2017年2月20日	一零一研究所在广州市殡葬服务中心设博士后科研工作站	2月20日，在广州市殡葬服务中心举行民政部一零一研究所博士后科研工作站挂牌暨科技文化战略合作启动仪式。民政部一零一研究所李伯森所长和市民政局局长、党委书记何镜清等领导为民政部一零一研究所博士后科研工作站揭牌，李伯森所长和市殡葬服务中心侯雪军主任签署战略合作协议，并召开研讨会，就博士后科研工作在广州加强殡葬高级人才培养、深化殡葬文化科技项目合作进行了研讨。民政部一零一研究所和省市民政部门有关负责同志、专家参加。

序号	时间	事件名称	主要内容
3	2017 年 2 月 20 日	殡葬团体标准注册国家标准化管理委员会"全国团体标准信息平台"获通过	为贯彻落实国务院印发的《深化标准化工作改革方案》(国发〔2015〕13 号)和质检总局、国家标准委关于印发《关于培育和发展团体标准的指导意见》(国质检标联〔2016〕109 号)通知精神,推动团体标准化工作规范有序发展的总体要求,中国殡葬协会 2017 年 2 月 20 日,按照国家标准化管理委员会"全国团体标准信息平台"的要求进行了注册工作。经过 30 天的公示,没有收到异议和经协商无疑义获通过,中国殡葬协会于 2017 年 3 月 23 日正式成为"全国团体标准信息平台"团体用户。
4	2017 年 2 月 27 日	中韩双方将于清明节前交接第四批在韩中国人民志愿军烈士遗骸	近日,由民政部优抚安置局李桂广副局长率领的中方工作组和由韩国国防部军备控制次长张学明准将率领的韩方工作组,在韩国首尔就第四批在韩中国人民志愿军烈士遗骸交接事宜进行了磋商,达成一致意见并签署了会谈纪要。根据双方磋商达成的共识,韩方将于 2017 年 3 月 22 日向中方再次移交一批 20 余具在韩中国人民志愿军烈士遗骸及相关遗物,在此之前,双方将于 3 月 20 日在韩国共同举行装殓仪式。中韩双方遵循人道主义原则,本着友好协商、务实合作的精神,2014～2016 年已成功交接 541 位在韩中国人民志愿军烈士遗骸,2017 年是按照中韩共识实施的第四次交接。针对今后发掘的中国人民志愿军烈士遗骸,韩方将本着人道主义精神继续移交给中方。会谈中,中方对韩国国防部遗骸发掘鉴识团所付出的努力表示感谢,中韩双方均表示,将积极协商,共同妥善做好第四批在韩中国人民志愿军烈士遗骸交接工作。
5	2017 年 3 月 20 日	民政部召开 2017 年全国清明节祭扫工作视频会议	3 月 20 日,为深入贯彻落实《中共中央国务院关于推进安全生产领域改革发展的意见》、国务院安委会全体会议以及全国安全生产电视电话会议精神,研究部署 2017 年清明节祭扫安全管理和服务保障工作,民政部召开 2017 年全国清明节祭扫工作视频会议。民政部副部长高晓兵出席会议,社会事务司司长王金华主持会议,民政部社会事务司副司长范瑜、民政部 101 研究所所长李伯森、中国殡葬协会会长李建华参加会议。

序号	时间	事件名称	主要内容
6	2017年3月23日	一零一研究所科技成果落户八宝山获社会广泛赞誉	3月23日，在北京市八宝山殡仪馆举行的第二届公众开放日上，一零一研究所研发的"遗容修复3D打印"和"消毒机器人"科研成果落户北京八宝山殡仪馆，受到社会广泛关注，50多家媒体和全国人大代表、政协委员应邀参加。
7	2017年5月16~18日	"亚洲殡仪及墓园博览暨会议"（AFE）在香港举办	为进一步推动科技殡葬，加强与国际同业交流，提升殡葬设备用品和服务实务的现代水平，中国殡葬协会会长助理王衍臻带队参加会议。
8	2017年5月21日	临沂沂水全国首开先河 率先跨入丧葬费"全免时代"	山东省沂水县跨入丧葬费"全免时代"。自2017年5月10日起，凡具有沂水县户口的居民，在沂水县死亡后所涉及的殡葬费用全部免收。自此，一场在山东省乃自全国"首开先河"的殡葬改革正式开始了。
9	2017年7月25日	多家烈士纪念设施管理保护单位到一零一研究所参观交流	2017年7月25日，湘鄂西苏区革命烈士陵园、皖南事变烈士陵园、兴国县革命烈士纪念馆等十余家烈士纪念设施管理保护单位和相关研究机构代表到一零一研究所进行参观交流。
10	2017年8月8日	女子张恒艳斩获第23届听障奥运会两金一铜	北京时间7月19日凌晨，第23届听障奥运会在土耳其海滨城市萨姆松市体育馆隆重开幕。贵阳市殡仪服务中心职工张恒艳，作为中国体育代表团羽毛球队的一员，一路过关斩将获得第23届国际奥运会听障羽毛球比赛一枚混合团体金牌、一枚女子双打金牌和一枚混合双打铜牌。
11	2017年8月15日	民政部部长黄树贤调研八宝山殡仪馆工作	民政部部长黄树贤到北京市八宝山殡仪馆调研并召开座谈会。来自民政部、北京市政府、市民政局等领导及一线殡葬职工代表共30余人参加了座谈会，会议由北京市民政局党委书记、局长李万钧主持。黄树贤一行人与职工代表座谈，并观看自然葬和海撒宣传片。

序号	时间	事件名称	主要内容
12	2017 年 8 月 20 日	用爱点亮生命——2017"世界因生命而融合"纪念活动在福寿园辽宁观陵山艺术园林举行	由中国殡葬协会主办,辽宁省殡葬协会协办,福寿园国际集团、福寿园辽宁观陵山艺术园林公墓有限公司承办的"2017 世界因生命而融合"中国主会场纪念活动在福寿园国际集团辽宁观陵山艺术园林举行。辽宁省民政厅副厅长杨景云,中国殡葬协会会长李建华,中国殡葬协会副会长、福寿园国际集团执行董事兼总裁王计生出席活动。作为活动发起者和倡导者,国际殡葬协会主席、南美殡葬联合会主席特蕾莎通过视频连线全程观看了本次活动。同时,活动中播放了特蕾莎主席录制的活动致辞视频。"世界因生命而融合"纪念活动自 2012 年至今已经举办了五次。中国、玻利维亚、巴西、阿根廷、墨西哥、美国、加拿大、澳大利亚、新西兰、新加坡、蒙古等 32 个国家分别以不同形式参与其中,共同歌颂生命。
13	2017 年 8 月 26 日	民政部生态安葬重点实验室在上海福寿园正式揭牌	8 月 26 日,民政部生态安葬重点实验室上海基地的揭牌仪式在上海福寿园福苑山庄闻礼厅举行,这是民政部重点实验室为更深入开展研究工作而首次在地方省市分设研究基地。实验室依托单位民政部一零一研究所所长李伯森、上海市民政局巡视员周静波、上海市殡葬管理处处长高建华、副处长王良永,以及作为实验室共建单位之一的福寿园国际集团执行董事兼总裁王计生和相关专家共同出席了本次仪式。
14	2017 年 8 月 28~29 日	全国殡葬工作座谈会在玉溪召开,坚定不移深化殡葬改革	8 月 28~29 日,全国殡葬工作座谈会在云南玉溪市召开。会议分析当前殡葬工作形势,交流经验做法,统一思想认识,进一步推进《关于党员干部带头推动殡葬改革的意见》的贯彻落实,大力推动殡葬改革和殡葬事业健康发展。民政部党组书记、部长黄树贤出席座谈会并讲话,民政部党组成员、副部长高晓兵主持座谈会并作总结。
15	2017 年 9 月 23~26 日	2017 年中国技能大赛——第七届全国民政行业职业技能竞赛遗体整容师职业竞赛在河北省秦皇岛市成功举办	第七届全国民政行业职业技能竞赛遗体整容师职业竞赛在河北省秦皇岛市举行。600 余名选手经过省级赛区预赛的选拔,产生了 80 名参加全国决赛的选手,经过激烈的角逐,最终产生了 3 名特等奖,12 名一等奖,20 名二等奖,30 名三等奖和 1 个团体一等奖,3 个团体二等奖,6 个团体三等奖,15 个优秀组织奖。

序号	时间	事件名称	主要内容
16	2017年11月4日	一零一研究所"遗体清洗养护消毒实验装置升级改造"等3个项目通过专家验收	2017年11月4日，民政部规划财务司在北京对民政部一零一研究所承担的中央级科学事业单位修缮购置专项——"遗体清洗养护消毒实验装置升级改造"、"遗体面部残缺修复快速成型实验装置升级改造"和"骨灰与火化残余物固化处置成套装置升级改造"3个财政专项进行了专家验收。
17	2017年11月16日	殡葬政策标准制定座谈会在京召开	民政部社会事务司司长、殡葬标准化委员会主任委员王金华出席会议并做重要讲话，民政部一零一研究所所长李伯森、中国殡葬协会会长李建华及殡葬标准化委员单位共28人参加会议。会议由民政部社会事务司副司长范瑜主持。
18	2017年11月17日	中国殡葬行业3家单位获评第五届"全国文明单位"	全国精神文明建设表彰大会在北京举行。中共中央总书记、国家主席、中央军委主席习近平在人民大会堂亲切会见参加大会的新一届全国文明城市、文明村镇、文明单位、文明校园、未成年人思想道德建设工作先进代表和全国道德模范代表，勉励获奖集体和个人再接再厉，在社会主义精神文明建设中再立新功、做出表率。中国殡葬行业3家单位：上海福寿园实业发展有限公司、上海市龙华殡仪馆和绥化市殡仪馆被中央文明委授予第五届"全国文明单位"荣誉称号。
19	2017年11月23~25日	一零一研究所殡葬标准宣贯培训班在青岛市举办	为贯彻落实十九大报告提出的"建设美丽中国"要求，壮大殡葬节能环保产业、清洁生产产业、清洁能源产业，提升殡葬治理水平，践行全国殡葬工作座谈会议精神，按照部办公厅印发的《2017年民政部培训计划》（民办发〔2017〕11号）的要求，一零一研究所会同民政部社会事务司于2017年11月23~25日在青岛举办为期三天的殡葬标准宣贯培训班。民政部社会事务司司长王金华、副司长范瑜、民政部一零一研究所所长李伯森、中国殡葬协会秘书长孙树仁等出席。

序号	时间	事件名称	主要内容
20	2017 年 11 月 24~25 日	全国殡葬综合改革试点部署暨殡葬信息化建设推进会在青岛召开	会议深入学习贯彻党的十九大精神,深入落实全国殡葬工作座谈会精神,部署开展全国殡葬综合改革试点,并对殡葬信息化工作做出部署安排。民政部社会事务司司长王金华出席会议并讲话,副司长范瑜主持会议。北京、山东等省(市)民政厅(局)和江苏常州、四川眉山、广东廉江、陕西大荔等市、县民政局负责同志代表试点地区(单位)介绍了试点工作思路。部分省级民政部门分管同志,各省(区、市)民政厅(局)、新疆生产建设兵团民政局和计划单列市民政局社会事务处(殡葬管理处)负责同志,部分殡葬服务机构和单位负责同志,民政部一零一研究所和中国殡葬协会有关负责同志参加了会议。
21	2017 年 12 月 3 日	第七届生命文化节暨现代殡葬技术与管理专业教学指导委员会第五次年会在学院召开	12 月 3 日,第七届生命文化节暨现代殡葬技术与管理专业教学指导委员会第五次年会于北京社会管理职业学院召开。民政部社会事务司司长王金华,北京社会管理职业学院党委书记、院长邹文开出席会议并做讲话。北京社会管理职业学院副院长杨凤欣、民政部社会事务司殡葬管理处副处长刘珺、中国殡葬协会秘书长和现代殡葬协同创新主任孙树仁教授、中国殡葬协会副秘书长兼办公室主任张素改、西藏自治区民政厅党组成员和巡视员徐家利、北京市八宝山殡仪馆主任曹丽娟、秦皇岛海涛万福环保设备有限公司董事长孙智勇、民政部 101 研究所研究员肖成龙以及 25 个省份 48 个地市的殡葬企事业单位领导和嘉宾出席会议。
22	2017 年 12 月 26 日	江苏镇江殡葬:因创新而精彩,因专注而非凡	江苏省镇江市殡葬管理处"多彩殡葬"理念的提出,打破了殡葬"黑白两色"的传统思维,从一个色彩标牌到整个程序,可以解读出中华传统文化深厚的内涵和底蕴。镇江市首次提出"多彩殡葬",把抽象的殡葬文化落实到具体的工作之中尚属首次。"多彩殡葬"的最大看点是殡葬创新,而镇江"多彩殡葬"的主要内容就是规范服务程序,创新服务模式,推行生态葬式。镇江市殡葬管理处从管理模式的多元化、服务形式的多种化,到色彩运用的多样化,本着内化于心、外化于行的思想理念,把殡葬服务工作做到极致,让服务对象"省心、省力、省事、少钱",受到社会的高度好评和广泛认可。

续表

序号	时间	事件名称	主要内容
23	2017年12月29日	民政部关于发布《社会工作方法个案工作》等14项推荐性行业标准的公告	2017年12月29日,民政部发布14项推荐性行业标准。这些标准是《社会工作方法个案工作》《社会工作方法小组工作》《社会组织信息交换格式》《社会组织业务原数据》《殡葬管理服务信息系统基本数据规范》《平板火化机捡灰服务》《燃油式平板火化机及辅机运行规程》《火化机烟气净化设备通用技术条件》《安葬随葬品使用要求》《殡仪场所消毒技术规范》《火化残余物处理处置要求》《火化随葬品使用要求》《火化场二噁英类污染物减排技术导则》《遗体火化大气污染物监测技术规范》。这些标准自颁布之日起实施
24	2018年1月10日	十六部门联发推动殡葬改革促进殡葬事业发展的指导意见通知	为全面深入贯彻党的十九大精神,推动殡葬改革和殡葬事业更好地服务于保障和改善民生、促进精神文明和生态文明建设,民政部等16个部门制定了《关于进一步推动殡葬改革促进殡葬事业发展的指导意见》,并商中央组织部、中央宣传部、住房城乡建设部、最高人民法院同意。现印发给你们,请结合实际,认真贯彻实施。
25	2018年2月4~5日	国家"十二五"科技支撑计划项目"殡葬行业节能减排技术与示范"三项课题通过验收	2018年2月4~5日,按照科技部有关要求,民政部在北京主持召开了民政部一零一研究所承担的"十二五"科技支撑计划项目"殡葬行业节能减排技术与示范"(项目编号:2014BAC11B00)三项课题的验收会。验收委员会由国家环境分析测试中心、清华大学、中国疾病预防控制中心、中科院北京综合研究中心、北京航空航天大学、中国科学院过程工程研究所、北京市环境保护科学研究院、军事医学科学院消毒检测中心、民政部、工业和信息化部、北京林业大学等12位专家组成。
26	2018年2月28日	民政部环境监测中心站通过国家认监委资质认定复审	2月28日,民政部一零一研究所内设机构民政部环境监测中心站顺利通过国家计量认证(CMA)复查换证评审,获得国家认证认可监督管理委员会颁发的新的检验检测机构资质认定证书。
27	2018年2月28日、3月12日	一零一研究所和北京市东郊殡仪馆、广州市殡葬服务中心开展科技合作	2月28日和3月12日,北京市东郊殡仪馆和广州市殡葬服务中心分别访问一零一研究所,就开展殡葬科技"研用结合"进行了座谈交流。一零一研究所和北京市东郊殡仪馆就火化工作间环境净化、消毒机器人、残缺遗体面部修复3D打印等科研合作事项达成共识。

序号	时间	事件名称	主要内容
28	2018 年 3 月 16 日	民政部召开电视电话会议部署 2018 年清明节祭扫工作	民政部召开 2018 年清明节祭扫工作电视电话会议,深入学习贯彻习近平新时代中国特色社会主义思想和党的十九大精神,贯彻落实党中央、国务院关于加强安全生产工作的一系列决策,研究部署今年清明节祭扫安全管理和服务保障工作。民政部党组成员、副部长高晓兵出席会议并讲话,民政部社会事务司司长王金华主持会议,黑龙江、上海、甘肃、大连等地民政厅(局)做了交流发言。民政部一零一研究所、中国殡葬协会等单位负责同志在主会场参加会议,各省(区、市)民政部门、殡葬服务单位负责同志在各地分会场参加会议。
29	2018 年 3 月 26 日	中韩双方共同举行第五批在韩中国人民志愿军烈士遗骸装殓仪式	2018 年 3 月 26 日上午,中韩双方在韩国仁川"中国人民志愿军烈士遗骸临时安置所"共同举行第五批在韩中国人民志愿军烈士遗骸装殓仪式,民政部优抚安置局副局长李桂广、中国驻韩使馆国防武官杜农一等中方代表出席仪式,并在现场举行了简短而庄重的悼念活动。据悉,韩方于 2017 年 3~11 月在韩国境内共发掘出 20 具中国人民志愿军烈士遗骸及相关遗物。根据 2018 年 2 月 1 日中韩双方在北京磋商达成的共识,装殓仪式结束后,中韩双方将会于 3 月 28 日上午在韩国仁川国际机场共同举行第五批在韩中国人民志愿军烈士遗骸交接仪式。这是自 2014 年开始,韩方连续第五年向中方移交在韩中国人民志愿军烈士遗骸。
30	2018 年 3 月 28 日	中韩双方顺利交接第五批在韩中国人民志愿军烈士遗骸	2018 年 3 月 28 日上午,中韩双方在韩国仁川国际机场庄严举行第五批在韩中国人民志愿军烈士遗骸交接仪式。民政部党组成员、副部长高晓兵率中方交接代表团出席交接仪式,中韩双方代表现场签署交接书,确认交接 20 位中国人民志愿军烈士遗骸及相关遗物。在交接仪式现场,高晓兵副部长表示,在中韩两国领导人的高度关注和大力支持下,中韩双方友好协商、精诚合作,连续五年共同推进实施了五次交接,目前已成功交接 589 具中国人民志愿军烈士遗骸。中方感谢韩方相关部门和工作人员的辛勤付出和不懈努力,愿同韩方落实好有关共识,持续做好志愿军烈士遗骸交接工作。

序号	时间	事件名称	主要内容
31	2018 年 3 月 28 日	首个全国性海葬交流平台在普陀山易德园挂牌	中国殡葬协会殡仪服务工作委员会海葬文化交流会在浙江省舟山市普陀山易德园挂牌成立，标志着首个全国性海葬交流平台就此诞生。
32	2018 年 3 月 30 日	"生命教育与死亡辅导"北京大学清明论坛在京召开	3 月 30 日，"生命教育与死亡辅导"北京大学清明论坛在北京大学英杰交流中心举行。本次论坛由北京大学医学人文研究院主办，中国科学学与科技政策研究会科学文化专业委员会、北京生前预嘱推广协会、福寿园国际集团协办。来自医学、哲学、生死学、生死教育、殡葬界等领域的专家学者以及网上报名的公众人士共 400 余人参加论坛。
33	2018 年 4 月 4 日	缅怀英烈，是为了更好地在新时代砥砺前行——"铭记·2018 清明祭英烈"主题宣传教育活动侧记	清明时节，"铭记·2018 清明祭英烈"主题宣传教育活动，正在华夏大地如火如荼兴起，同时海外祭奠中国烈士的活动也在蓬勃展开。活动是为了铭记革命先烈所做出的不朽功绩，也是为了牢记中国共产党人为中国人民谋幸福、为中华民族谋复兴的初心和使命，这是学习贯彻习近平新时代中国特色社会主义思想、党的十九大精神以及"两会精神"的重要举措。
34	2018 年 4 月 6 日	新一批在朝志愿军烈士陵园修缮工程开工仪式在江东郡隆重举行	4 月 6 日，适逢清明时节缅怀先烈的浓厚氛围，中朝双方在朝鲜平壤市江东郡隆重举行江东志愿军烈士陵园修缮工程开工仪式，从而启动了新一批志愿军烈士陵园修缮工程，告慰安葬在朝鲜的十余万志愿军烈士忠魂，传承和铭记中朝传统友谊。
35	2018 年 4 月 25 日	朝方专列运送中国遇难者遗体和伤员回中国	北京时间 4 月 25 日深夜，朝鲜安排的专列从平壤出发，运送此前在重大交通事故中遇难的中国同胞遗体和伤员回国。朝鲜最高领导人金正恩亲自到车站送行，再次向中方表达对遇难者及家属的深切哀悼，并登上列车慰问伤员。朝方派出党和政府多名高级官员乘专列随行护送。中国驻朝鲜大使李进军、使馆和外交部工作组及医疗专家乘专列同行。当天，金正恩等朝鲜领导人向中国领导人发来了慰问电。北京时间 4 月 26 日上午 9 时，专列顺利抵达辽宁沈阳。民政部副部长高晓兵代表中方迎接。中方相关部门、地方政府等各方面将继续协助家属做好有关善后工作。

续表

序号	时间	事件名称	主要内容
36	2018 年 6 月 17 日	第八届中国国际殡葬设备用品博览会开幕	6 月 17 日上午 9 时,第八届中国国际殡葬设备用品博览会在湖北省武汉市国际博览中心开幕。本届博览会的主题是"弘扬优秀文化,创新绿色发展",在展现殡葬行业近年来发展成果的同时,搭建起行业交流和互动平台,在助推殡葬事业发展、展现殡葬行业先进技术和科研成果、学习和展示国际先进的殡葬设备用品、交流先进殡葬理念、提高服务和管理水平等方面发挥了重要作用。
37	2018 年 6 月 21 日	一零一研究所承担的"十二五"国家科技支撑计划项目通过专家验收	2018 年 6 月 21 日,科技部社会发展科技司、资源配置与管理司在北京组织中国环境科学学会、中科院生态环境研究中心、中国环境监测总站、中国石油和化工协会、中国科学院大学、中国环境科学研究院、北京大学、中科院过程工程研究所、中国农业科学院等 11 位专家对一零一研究所承担的"十二五"国家科技支撑计划项目"殡葬行业节能减排技术与示范"(2014BAC11B00)召开专家验收会,进行项目验收。项目完成了规定的研究内容,达到考核指标要求,验收专家组一致同意通过项目验收。
38	2018 年 6 月 29 日	王勇:切实加强殡葬服务管理,促进殡葬行业规范有序健康发展	6 月 29 日,国务委员王勇出席全国殡葬领域突出问题专项整治行动电视电话会议并讲话,他强调,要以习近平新时代中国特色社会主义思想为指导,认真贯彻落实党中央、国务院决策部署,坚决有力抓好殡葬领域突出问题专项整治行动,进一步规范和加强殡葬管理工作,更好促进殡葬行业规范有序健康发展。
39	2018 年 7 月 2 日	民政部等 9 部门联合发文部署开展殡葬领域突出问题专项整治行动	为认真贯彻落实党中央、国务院决策部署,有效解决近年来殡葬领域反映强烈的突出问题,民政部会同发展改革委、公安部、司法部、自然资源部、住房城乡建设部、国家卫生健康委员会、市场监管总局、国家宗教事务局等 9 部门,联合印发了《全国殡葬领域突出问题专项整治行动方案》,决定于 2018 年 6 月下旬至 9 月底,在全国范围部署开展殡葬领域突出问题专项整治行动。

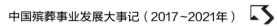

续表

序号	时间	事件名称	主要内容
40	2018 年 9 月 9 日	2018"世界因生命而融合"主题活动在舟山举办	2018"世界因生命而融合"主题活动在浙江省舟山市绿郡·易德园举办。浙江省民政厅副厅长余强，中国殡葬协会会长李建华，浙江省民政厅殡葬管理处处长胡玉民、副处长骆杭军，舟山市民政局局长徐爱华，浙江绿郡恒业实业发展有限公司董事长孙彩霞出席活动。中国殡葬协会秘书长孙树仁，顾问、殡仪委员会主任王宏阶，顾问杨世森参加活动。
41	2018 年 9 月 25 日	一零一研究所英烈文化作品在国家退役军人事务部机关内展出	2018 年 4 月 27 日，第十三届全国人大常委会第二次会议通过了《中华人民共和国英雄烈士保护法》，决定每年 9 月 30 日为烈士纪念日，为配合国家退役军人事务部举办的"不忘初心、牢记使命，为构建新时代退役军人事务新格局努力奋斗"主题活动，9 月 25 日至 10 月 24 日，一零一研究所应邀在国家退役军人事务部机关内开展了"英烈文化作品展"活动。9 月 25 日，国家退役军人事务部部长孙绍骋，副部长钱锋、方永祥和驻部纪检监察组组长林国耀为展览揭幕，并一同参观了展览。
42	2018 年 9 月 26 日	中国殡葬协会出席 2018 年国际殡葬协会会员大会	国际殡葬协会（FIAT~IFTA）第十五届会员大会在玻利维亚圣克鲁斯召开。中国殡葬协会副会长王计生率团出席了本次大会。本次参会代表团成员有中国殡葬协会秘书长孙树仁、中国殡葬协会殡葬文化遗产委员会主任成媛媛等一行 10 人。
43	2018 年 10 月 18 日	一零一研究所在云南开展"互联网+殡葬服务"部署试点工作	10 月 18 日，在云南省民政厅召开的全省殡葬信息化建设和综合改革试点推进会上，按照民政部印发的《关于推进"互联网+殡葬服务"的行动方案》和《全国殡葬综合改革试点方案》要求，云南省作为全国殡葬信息化建设的 5 个试点省份之一，民政部一零一研究所在云南省开展了"互联网+殡葬服务"部署试点工作。

续表

序号	时间	事件名称	主要内容
44	2018 年 12 月 3 日	北京社会管理职业学院第八届生命文化节暨现代殡葬技术与管理专业教学指导委员会第六次年会成功召开	12 月 3 日，由北京社会管理职业学院主办，生命文化学院承办，秦皇岛海涛万福环保设备股份有限公司、御福祥生命文化国际集团协办的"第八届生命文化节暨现代殡葬技术与管理专业教学指导委员会第六次年会"于北京召开。民政部社会事务司副司长范瑜，北京社会管理职业学院党委书记、院长邹文开和党委委员方新，中国殡葬协会会长李建华，民政部专家咨询委员会委员、中国殡葬协会顾问朱金龙，中国殡葬协会秘书长孙树仁，北京市八宝山革命公墓主任董立波，秦皇岛海涛万福环保设备股份有限公司董事长孙智勇，黑龙江省民政职业学校校长马荣以及全国 22 个省份 51 个地级市的殡葬企事业单位、协会的领导、专家、学者近 300 人参加会议。国际殡葬协会主席克里斯汀与蒙古国殡葬协会主席爱德玛也纷纷发来贺函表示祝贺。
45	2018 年 12 月 6~7 日	全国丧葬礼俗改革暨公益性公墓建设管理座谈会在陕西省大荔县召开	全国丧葬礼俗改革暨公益性公墓建设管理座谈会在陕西省大荔县召开。民政部社会事务司司长王金华出席会议并讲话，副司长范瑜主持会议。部分省级民政部门分管同志，各省（区、市）民政厅（局）、新疆生产建设兵团民政局和计划单列市民政局社会事务处（殡葬管理处）负责同志，部分殡葬服务机构和单位负责同志，民政部一零一研究所和中国殡葬协会有关负责同志参加了会议。
46	2018 年 12 月 11 日	全国殡葬标准化建设工作推进会在北京召开	全国殡葬标准化建设工作推进会在北京召开。会议审查并通过了调整后的标委会委员名单，并为新任委员颁发聘书。民政部社会事务司司长、全国殡葬标委会主任委员王金华出席会议，社会事务司副司长范瑜主持会议。社会事务司殡葬处处长刘珺，民政部一零一研究所李玉光，中国殡葬协会会长李建华，中国殡葬协会、全国殡葬标委会秘书长孙树仁，及部分副主任委员参加会议。

续表

序号	时间	事件名称	主要内容
47	2018 年 12 月 22 日	民政部一零一研究所在北京组织召开了"中国殡葬公共服务网络平台"（2014～2017年）财政专项中期技术专家验收会	民政部一零一研究所在北京组织召开了"中国殡葬公共服务网络平台"（2014～2017 年）财政专项中期技术专家验收会。专家组由来自中科院计算机研究所、清华大学、北京科技大学、北京交通大学、民政部社会事务司、民政部信息中心、民政部档案馆、山东民政信息中心等单位的 11 位专家组成。专家组听取了项目组网络平台"云计算支撑平台基础软件开发"、"全国通用版殡葬信息管理服务系统"、"网络地图服务平台"、"公共服务平台"、"中国殡葬数字博物馆一期项目"和"虚拟祭祀"等研创任务执行情况的汇报
48	2018 年 12 月 29 日	一零一研究所中央级科学事业单位修缮购置项目通过专家验收	2018 年 12 月 29 日，民政部规划财务司在北京主持召开了一零一研究所承担的 2017 年度中央级科学事业单位修缮购置"遗体清洁燃烧成套实验装置升级改造"、"遗体水化集成实验装置升级改造"和"殡葬设备质量检测系统升级改造"三个项目的验收会。
49	2019 年 1 月 9 日	中国殡葬协会印发《中国殡葬协会信息公开办法（试行）》《中国殡葬协会会员单位自律公约（试行）》	经中国殡葬协会第七届理事会第二次会议审议通过，进一步规范协会信息管理和行业自律，印发了《中国殡葬协会信息公开办法（试行）》《中国殡葬协会会员单位自律公约（试行）》。
50	2019 年 1 月 18 日	中国殡葬协会召开《殡葬管理条例》征求意见会	中国殡葬协会在北京召开《殡葬管理条例》送审稿征求意见会，会议围绕《条例》（征求意见稿）内容进行研究和讨论。中国殡葬协会会长李建华，副会长王计生、郭青凡、林军、王占勇、周静波、陈景莲，各分支机构负责人，以及各省、区、市协会负责人参加会议，秘书长孙树仁主持会议。
51	2019 年 3 月 8 日	一零一研究所周雪媚研究员参加中央和国家机关女干部职工风采展示	为纪念"三八"国际妇女节，由中央和国家机关妇工委主办的"巾帼绽放 逐梦前行"——中央和国家机关女干部职工风采展示活动 3 月 8 日在民族文化宫举行。一零一研究所周雪媚研究员作为殡葬行业代表参加了风采展示，同台展示的还有中国科学院院士、国务院新闻办发言人、新时代外交官、中国女排队长、《国家相册》讲述人、北京协和医院护理团队、跨国缉毒女警官团队等。她们通过演讲、短片、采访、点评等丰富多彩的形式，展示了新时代中央和国家机关女干部职工的思想境界和精神风貌。

序号	时间	事件名称	主要内容
52	2019年3月21日	民政部部署2019年清明节安全祭扫工作	3月21日,民政部联合有关部门召开2019年清明节安全祭扫工作电视电话会议,部署清明节安全祭扫工作。民政部党组书记、部长黄树贤出席会议并讲话。
53	2019年3月29日	"生命教育与死亡关怀"清明论坛在北京大学举行	3月29日,"生命教育与死亡关怀"清明论坛在北京大学举行。本次会议由北京大学医学人文学院、中国科学学与科技政策研究会科学文化专业委员会主办,福寿园生命服务学院、长春华夏陵园承办,上海福寿园公益发展基金会全力支持。来自医学、哲学、生死学、生死教育、殡葬服务等领域的专家学者等共400余人参加,民政部社会事务司司长王金华出席会议并致辞。
54	2019年4月2日	北京社会管理职业学院毕业生辛沙沙入选民政部最高荣誉"孺子牛奖"	北京社会管理职业学院生命文化学院现代殡葬技术与管理专业2013届毕业生辛沙沙入选民政部最高荣誉"孺子牛奖",并于4月2日参加第十四次全国民政会议,受到李克强总理的亲切接见。辛沙沙是现代殡仪技术与管理专业2013届优秀毕业生,现为山东省济南市殡仪馆入殓师。2013年从事殡葬工作以来,多次荣获民政行业荣誉称号。
55	2019年4月2日	京津冀首次联合举办骨灰海葬活动推动生态安葬	4月2日,由北京、天津、河北三地民政部门联合主办的"2019年京津冀协同骨灰海葬首航活动"在天津渤海湾隆重举行。此次活动对于深化殡葬领域合作,推动资源共享、优势互补,携手打造基本公共服务共建共享,推行节地生态安葬,促进京津冀民政事业协同发展具有积极意义。民政部社会事务司副巡视员杨宗涛、中国殡葬协会会长李建华及三地民政部门有关领导出席。
56	2019年4月2~6日	中国殡葬协会参加全美公墓、火化、殡仪协会(ICCFA)年会	全美公墓、火化、殡仪协会(ICCFA)年会在美国夏洛特市举行。中国殡葬协会副会长王计生带队参加会议。会议邀请了50多位业内外的知名专家学者进行了专题主旨演讲和分会场专题演讲,分为商业经营、员工与领导力、目标导向等分享了管理学相关内容,涉及公墓管理、数字化运营、社交媒体、传播策略、市场营销、科技运用、环保火化、生前契约、悲伤关怀、殡葬金融、纪念社区和殡葬从业女性领导及影响力等多个板块,角度多元、内容丰富。会议同期还举办了ICCFA殡葬博览会,共吸引了来自美国、加拿大、澳大利亚、巴西、玻利维亚、中国等280多家参展商和2600多名参会者。

续表

序号	时间	事件名称	主要内容
57	2018 年 5 月 31 日	第十届全国职业院校民政职业技能大赛殡葬类职业竞赛开幕	5 月 31 日下午,第十届全国职业院校民政职业技能大赛殡葬类职业竞赛在秦皇岛开幕。全国民政职业教育教学指导委员会办公室负责人、民政部职业技能鉴定指导中心办公室负责人、中民民政职业能力建设中心理事长孙钰林同志,全国民政行指委委员、殡葬专指委副主任委员和秦皇岛海涛集团董事长孙智勇同志,大赛裁判长、中国殡葬协会教育科技文化工作委员会副主任秘书长姜笑同志出席开幕式。参加开幕式的还有各参赛院校的领队、参赛选手、秦皇岛海涛公司的领导及有关部门同志共 150 余人。开幕式由大赛专家组组长、民政部一零一研究所研究员肖成龙同志主持。
58	2019 年 6 月 7~8 日	中国殡葬协会赴英参加第 50 届国际殡葬协会 ICD 会议	第 50 届国际殡葬协会 ICD 会议在英国伯明翰市举办。由中国殡葬协会副会长王计生带队,殡葬文化遗产工作委员会主任成媛媛,国际交流与合作工作委员会主任段律文等一行 7 人作为中国代表团参加了此次会议。会议通过了 2018 年召开的第 49 届国际殡葬大会 ICD 会议上的相关提案,以及国际殡葬协会 2019~2020 年度财务官提名和财务预算。会议表决通过了丹麦、印度尼西亚等国成为新的国家会员,同意了德国、英国等国的单位成为新的积极会员。
59	2019 年 6 月 28 日	江苏省常州市依托"互联网+管理"模式打造殡葬公共服务平台	6 月 28 日,民政部社会事务司司长王金华一行,在江苏省民政厅副厅长王小华、常州市民政局副局长杨继洪的陪同下,专题调研 96444 常州市殡葬公共服务平台,常州市殡仪馆馆长郁桂娣作平台工作汇报。
60	2019 年 8 月 8 日	民政部社会事务司司长王金华一行深入贵阳市殡仪服务中心调研指导殡葬工作	8 月 8 日上午,民政部社会事务司司长王金华、救助管理(综合)处副处长曹洪峰、殡葬管理处干部张立友一行到贵阳市殡仪服务中心调研指导殡葬工作。贵州省民政厅党组书记、厅长彭旻,党组成员、副厅长张惠明,办公室主任赵卫东,社会事务处副处长杨焱,贵阳市民政局党委书记、局长陈国玺,党委委员刘直及市殡葬管理所、市殡仪服务中心相关同志一同参与调研。
61	2019 年 11 月 17 日	一零一研究所中央级科学事业单位修缮购置项目通过专家验收	2019 年 11 月 17 日,一零一研究所在北京召开 2018 年中央级科学事业单位修缮购置专项中"火化间空气净化实验装置升级改造"、"遗体火化数值模拟实验平台升级改造"和"遗物祭品无害化处理实验装置的升级改造"三个升级改造项目验收会。

序号	时间	事件名称	主要内容
62	2019 年 11 月 28~29 日	总结试点经验,深化改革创新,推进新时代殡葬改革和殡葬事业健康发展——全国殡葬综合改革试点工作座谈会在山东召开	全国殡葬综合改革试点工作座谈会在山东省沂水县召开。会议深入学习贯彻党的十九大和十九届二中、三中、四中全会精神,认真贯彻习近平总书记关于殡葬工作的重要批示精神及党中央、国务院决策部署,总结交流各地推进殡葬综合改革试点的经验做法,分析当前殡葬工作面临的形势任务,研究部署下一阶段殡葬工作改革创新的思路举措,进一步推进殡葬事业健康发展。民政部党组成员、副部长詹成付出席会议并讲话。
63	2019 年 12 月 3 日	北京社会管理职业学院第九届生命文化节暨现代殡葬技术与管理专业教学指导委员会第七次年会顺利召开	12 月 3 日,由北京社会管理职业学院生命文化学院、全国民政行业教育教学指导委员会殡葬专指委主办,北京市八宝山殡仪馆、北京市东郊殡仪馆、秦皇岛海涛万福集团有限公司、天津御福祥生命文化国际集团、石家庄古中山陵园有限公司协办的"第九届生命文化节暨现代殡葬技术与管理专业教学指导委员会第七次年会"于北京召开。民政部社会事务司副司长范瑜、中国殡葬协会会长李建华、北京市教委项明、学院领导以及全国多个省市的殡葬企事业单位、协会领导、专家、学者参加会议。2019 年的生命文化节设置了包括明德、创新、共融、奋进四个环节的开幕式,以及殡葬教育热点面对面、生命演说家、创新中心成果通报会、行业导师拜师礼、专指委年会、系列教材审定会、校企合作座谈会、招聘会等九个环节。
64	2019 年 12 月 12 日	民政部批准发布 17 项行业标准并开始实施	12 月 12 日,民政部批准发布 17 项行业标准并开始实施。17 项行业标准是《养老服务常用图形符号及标志》《养老机构预防压疮服务规范》《养老机构顾客满意度测评》《节地生态安葬基本评价规范》《遗体收殓运输卫生技术规范》《遗体整容操作技术规范》《遗体冷冻柜通用技术条件》《突发事件遇难人员遗体处置技术规范》《遗体防腐操作规程》《殡仪场所致病菌检测技术规范》《殡葬管理服务信息系统数据共享和交换规范》《燃气式火化机通用技术条件》《殡葬服务公共平台基本要求》《殡葬服务机构安全管理指南》《殡葬服务机构业务档案管理规范》《殡葬场所烟气排放连续监测技术规范》《火化机生产制造基本规范》。

续表

序号	时间	事件名称	主要内容
65	2020 年 1 月 30 日	民政部对殡葬服务、婚姻登记等民政服务机构新型冠状病毒感染肺炎疫情防控工作做出紧急安排部署	1 月 30 日，民政部办公厅印发《关于切实做好殡葬服务、婚姻登记等服务机构新型冠状病毒感染肺炎疫情防控工作的紧急通知》，要求各地民政部门深入学习贯彻习近平总书记关于做好疫情防控工作的系列重要指示精神，切实加强殡葬服务机构、婚姻登记机关、流浪乞讨人员救助管理机构和精神卫生福利机构等社会事务领域民政服务机构疫情防控工作，积极投身疫情防控第一线，合力打赢疫情防控阻击战。
66	2020 年 2 月 3 日	民政部印发殡葬服务机构新型冠状病毒感染肺炎患者遗体处置及疫情防控工作指引	为切实做好殡葬服务机构新型冠状病毒感染肺炎患者遗体处置及疫情防控工作，保障殡葬服务机构工作人员身体健康安全，防范疾病传播风险，民政部办公厅于 2 月 3 日印发了《殡葬服务机构新型冠状病毒感染肺炎患者遗体处置及疫情防控工作指引（试行）》，从管理和技术双重角度，对殡葬服务机构特别是承担患者遗体处置工作的殡仪馆操作规则程序、设施场所消毒、工作人员防护等做出了详细规定。这是第一次专门就殡葬服务机构如何妥善应对处置新冠肺炎等传染病患者遗体及疫情防控做出规范、提出要求。
67	2020 年 3 月 6 日	民政部调研组调研兰州市殡仪馆疫情防控工作	3 月 6 日，民政部机关党委（人事司）副司长张宇星一行四人到兰州市殡仪馆调研疫情防控工作。甘肃省民政厅及兰州市相关领导陪同调研。调研组到达兰州市殡仪馆，第一时间听取了市殡仪馆主任社敬就单位疫情防控情况做出的详细汇报。调研组先后在业务办理大厅、守灵堂等服务区域详细查看了消毒设备配备情况、定期消毒登记情况以及疫情应急观察隔离点。调研组在多功能厅详细查阅了消毒记录、体温监测记录、疫情遗体处理资料、工作安排等各类资料。张宇星对兰州市殡仪馆疫情防控工作给予了充分的肯定。

序号	时间	事件名称	主要内容
68	2020 年 3 月 23 日	民政部召开电视电话会议部署统筹推进 2020 年清明节疫情防控与祭扫工作	民政部召开 2020 年清明节祭扫工作电视电话会议，深入学习贯彻习近平总书记关于统筹推进新冠肺炎疫情防控和经济社会发展的重要指示精神，分析当前疫情防控和清明节祭扫形势，推进全国民政系统全面贯彻党中央、国务院决策部署，巩固疫情防控成果，努力为群众祭扫提供更加安全、更高质量、更有温度的服务。民政部党组书记、部长李纪恒出席会议并讲话。民政部党组成员、副部长王爱文主持会议。
69	2020 年 3 月 23 日	一零一研究所助力防"疫"开通网上祭扫平台	为贯彻落实民政部办公厅《关于做好 2020 年清明节祭扫工作的通知》要求和 3 月 23 日民政部召开 2020 年清明节祭扫工作视频电话会议精神，统筹做好疫情防控与 2020 年清明期间安全有序绿色的群众祭扫工作，打通群众便捷绿色文明安全的清明网上祭扫"最后一公里"，降低实地祭扫人员聚集风险，助力防"疫"，推进"互联网+殡葬服务"信息化建设，一零一研究所会同清华大学、北京航空航天大学等单位，运用互联网、大数据、云计算、智能化技术，开通了"云上殿堂"网络祭祀平台。
70	2020 年 4 月 4 日	2020 网络清明论坛会议	2020 年初，新冠肺炎疫情肆虐，数千位同胞被夺去了宝贵生命。时值清明，疫情依然未结。在这个特别的节日、特殊的时期里，由北京市癌症防治学会生死学与生死教育专业委员会主办、清华大学附属北京长庚医院疼痛科承办，北京物资学院教师雷爱民博士、清华大学附属北京长庚医院疼痛科路桂军主任、上海师范大学副教授张永超博士策划的"爱之祭奠:疫情清明，何以寄哀思 2020 网络清明论坛"公益活动在 4 月 4 日举行。清明论坛特邀请相关领域的专家学者与从业人员，围绕清明祭祀、哀伤抚慰、哀思寄托等主题进行共同探讨，通过腾讯会议及参与直播的方式，来自高校、医院、心理咨询、殡葬机构及抗疫一线工作人员等 100 多人参加论坛。
71	2020 年 4 月 6 日	清明节假期各地群众祭扫活动安全有序	4 月 6 日是清明节假期最后一天，各地祭扫活动仍安全平稳。据统计，当天全国各地开放现场祭扫的殡葬服务机构(设施)7771 个，接待祭扫群众 156.5 万余人次，疏导车辆 32.9 万台次;假期三天各地累计接待现场祭扫群众 1019 万人次，疏导车辆 218 万余台次，参与服务保障的工作人员近 100 万人次。

序号	时间	事件名称	主要内容
72	2020年8月18日	民政部召开殡葬信息化建设工作调度视频会议	8月18日，民政部在京召开殡葬信息化建设工作调度视频会议，部署加快推进殡葬信息化建设工作。31个省（区、市）民政厅（局）和新疆生产建设兵团民政局发言介绍了《关于推进"互联网+殡葬服务"的行动方案》落实情况。社会事务司司长王金华、信息中心主任范一大、一零一研究所所长刘锋出席会议并讲话，社会事务司副司长范瑜主持会议。社会事务司、信息中心、一零一研究所有关负责同志在主会场参加会议，各省（区、市）民政厅（局）和新疆生产建设兵团民政局分管负责同志、负责殡葬工作和信息化建设的处室负责同志在分会场参加会议。
73	2020年10月15日	殡仪服务员、遗体防腐整容师、遗体火化师、公墓管理员等四项殡葬类国家职业技能标准成功通过终审	根据《中华人民共和国劳动法》有关规定，人力资源社会保障部、民政部共同制定了殡仪服务员、遗体防腐整容师、遗体火化师、公墓管理员和社群健康助理员5个国家职业技能标准，现予颁布施行。原相应国家职业技能标准同时废止。
74	2020年11月24日	全国劳动模范和先进工作者表彰大会隆重举行	全国劳动模范和先进工作者表彰大会11月24日上午在北京人民大会堂隆重举行。中共中央总书记、国家主席、中央军委主席习近平出席大会并发表重要讲话，代表党中央、国务院，向受到表彰的全国劳动模范和先进工作者表示热烈的祝贺，向为改革开放和社会主义现代化建设做出突出贡献的我国工人阶级和广大劳动群众致以诚挚的问候。其中温州市殡葬管理处副主任兼局基建联络室主任麻煜臻，在北京人民大会堂受到党中央、国务院全国先进工作者的荣誉表彰。

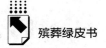

续表

序号	时间	事件名称	主要内容
75	2020 年 12 月 4 日	殡葬政策标准制定座谈会在京召开	为推进殡葬标准化工作,12 月 4 日,殡葬政策标准制定座谈会在北京举行。民政部社会事务司副司长、全国殡葬标准化技术委员会副主任委员范瑜,中国殡葬协会会长、全国殡葬标准化技术委员会副主任委员李建华,民政部一零一研究所所长刘锋出席会议。会议由中国殡葬协会秘书长、全国殡葬标准化技术委员会秘书长孙树仁主持。
76	2020 年 12 月 9 ~ 11 日	民政部工作组来渝调研评估安葬(放)设施违规建设经营专项摸排工作	12 月 9 ~ 11 日,民政部社会事务司副司长乌玛尔江·努合曼率工作组赴渝,调研评估安葬(放)设施违规建设经营专项摸排工作。市民政局党组成员、副局长谭书凯陪同调研。万盛经开区党工委书记、管委会主任袁光灿、綦江区政府副区长刘芳敏及市民政局社会事务处、市殡葬事业管理中心主要负责人参加调研。
77	2020 年 12 月 16 日	一零一研究所与上海市殡葬服务中心签署战略合作协议	12 月 16 日,一零一研究所与上海市殡葬服务中心战略合作协议签约暨民政部重点实验室试验基地揭牌仪式在上海市益善殡仪馆举行。党委副书记、所长刘锋代表一零一研究所与上海市殡葬服务中心签订双方战略合作协议;与上海市民政局党组书记、局长朱勤皓共同为"民政部污染控制重点实验室(上海)""民政部火化设备重点实验室(上海试验基地)"揭牌。
78	2020 年 12 月 22 日	中国殡葬协会印发《疫情防控常态化下的殡仪服务指南》	12 月 22 日,为切实做好新冠肺炎疫情常态化下的防控工作,统筹推进殡葬行业稳步发展,全面保障殡葬服务机构工作人员和人民群众的身体健康、安全,中国殡葬协会在广泛征集意见的前提下,由殡仪服务工作委员会起草了《疫情防控常态化下的殡仪服务指南》。
79	2021 年 3 月 19 日	民政部部署 2021 年清明节祭扫工作	3 月 19 日上午,民政部召开 2021 年全国清明节祭扫工作电视电话会议,部署清明节祭扫安全管理与服务保障工作。民政部党组成员、副部长詹成付出席会议并讲话。会议由民政部社会事务司司长王金华主持。黑龙江、上海、山东三省(市)民政厅(局)负责同志做了交流发言。民政部有关司局和直属单位负责同志在主会场参加会议。各省级民政部门和视频会议系统覆盖的市县级民政部门在各地分会场参加会议。

续表

序号	时间	事件名称	主要内容
80	2021年3月25日	南京推出"生命菁华"节地生态葬，单墓园可变为家族墓园	3月25日，南京市首个"生命菁华"葬安放仪式举行。此次南京探索推出"生命菁华"葬是生态葬的一种创新尝试，按照这种殡葬方式，单个墓园可变为家族墓园。生命菁华可以将一块墓碑的厚度加到12厘米，方便安放更多的生命菁华，而墓碑正面写明家族成员即可。生命菁华葬的形式，也解决了很多人想葬入祖坟的心愿。
81	2021年3月	六省市出台发展规划	3月23日，《中华人民共和国国民经济和社会发展第十四个五年规划和2035年远景目标纲要》提出"加强殡仪馆、公益性骨灰安葬（放）设施建设"。推动老旧殡仪馆改造，推动基本殡葬服务设施覆盖全部县市。推动农村公墓建设，加大生态殡葬奖补力度。满足民众期盼，弘扬时代新风，成为新时期社会事务领域提升政务服务效能的重点。既要让逝者有尊严，也要让生者得慰藉。民政部认真贯彻党中央国务院决策部署，加大殡葬领域突出问题整改，完善顶层制度设计，推动《殡葬管理条例》修订。与此同时，各地也加快了殡葬改革步伐，北京、江苏、江西、山东、广东、青海6省份出台"十四五"殡葬事业发展规划或殡葬设施建设专项规划。
82	2021年4月9日	2021第三届北京大学清明论坛成功举行——生死两安:医疗·殡葬一体化	2021年4月9日，第三届北京大学清明论坛在京成功举行，本次论坛的主题是"生死两安:医疗·殡葬一体化"，论坛由北京大学医学人文学院主办，福寿园国际集团、中国科学学与科技政策研究会科学文化专委会协办，民政部社会事务工作专家委员会、上海福寿园公益发展基金会支持。全国政协原副主席、中国科学技术协会名誉主席、医学部原主任韩启德院士，北京大学医学人文学院院长周程，北京市卫健委党委委员、市老龄办常务副主任王小娥，民政部社会事务司殡葬管理处处长刘珺等领导和嘉宾出席论坛，来自医学、社会学、伦理学、生死学等领域的专家学者，医疗、殡葬行业从业者以及网上报名的公众人士150余人参与论坛，并有上万网友观看了论坛直播。

序号	时间	事件名称	主要内容
83	2021 年 4 月 23 日	一零一研究所召开中央级科学事业基本科研业务费专项 2020 年项目验收会和 2021 年项目论证会	2021 年 4 月 23 日,民政部一零一研究所在北京组织专家召开了 2020 年度中央级科学事业单位基本科研业务费项目技术验收会和 2021 年度中央级科学事业单位基本科研业务费项目技术方案论证会。来自国家环境分析测试中心、北京科技大学、北京市环境科学院、中国邮电大学、工信部电信研究院、大兴殡仪馆的专家组成专家组,先后听取了 2020 年度项目的总结报告、经费使用情况报告和 2021 年度项目技术方案情况报告,审查了相关资料,经质询和认真讨论,分别形成专家组意见。
84	2021 年 5 月 24~25 日	山东沂水"惠民礼葬"改革专家研讨会召开	5 月 24~25 日,山东沂水"惠民礼葬"改革专家研讨会召开,国务院发展研究中心公共管理与人力资源研究所所长李兰,民政部社会事务司副司长张贞德,省民政厅党组书记、厅长刘炳国,市委副书记、代市长任刚,副市长张玉兰,县领导薛峰、徐本开、郭忠友、何长平以及来自全国各地的殡葬领域的专家教授和国家、省、市多家权威媒体记者参加研讨会。
85	2021 年 7 月 2 日	民政部关于深化"放管服"改革进一步规范经营性公墓审批监管工作的通知	国务院印发《关于深化"证照分离"改革进一步激发市场主体发展活力的通知》(国发〔2021〕7 号),明确在全国范围内实施经营性公墓审批事项改革,将经营性公墓审批权由省级民政部门下放至设区的市级民政部门,由设区的市级民政部门将审批结果报省级民政部门备案。为进一步规范经营性公墓审批,强化事中事后监管,构建以公益性为主体、营利性为补充、节地生态为导向的安葬服务格局。
86	2021 年 7 月 4 日	一零一研究所"应急移动火化烟气减排实验装置升级改造"项目实施方案通过专家论证	2021 年 7 月 4 日,民政部一零一研究所组织专家就承担的 2021 年度中央级科学事业单位科研仪器设备升级改造项目"应急移动火化烟气减排实验装置升级改造"的实施方案进行了技术论证。一零一所总工程师王玮主持会议,项目组成员参加了论证会。专家组由清华大学、中科院生态环境研究中心、国家环境分析测试中心、中科院工程物理研究所、中国科学院大学、北京科技大学和北京市环境科学研究院等研究员、教授组成。专家组听取了项目组关于项目实施方案的汇报,审查了项目的有关技术资料,经认真质询与讨论,通过了该项目的实施方案。

续表

序号	时间	事件名称	主要内容
87	2021 年 7 月 9 日	民政部办公厅关于印发《民政部2021 年立法工作计划》的通知	根据全国人大常委会 2021 年立法工作计划和国务院 2021 年立法工作计划，结合民政事业发展需求，制定民政部 2021 年立法工作计划，其中包括：《殡葬管理条例》（修订）（继续配合司法部推进，责任单位：政策法规司、社会事务司）。
88	2021 年 9 月 2 日	民政部生态安葬重点实验室与黄石市民政局生态建设技术研讨会在京召开	9 月 2 日上午，一零一研究所与湖北省黄石市民政局联合召开"民政部生态安葬重点实验室与黄石市雁门山人文生态园生态建设技术研讨会"，一零一研究所党委书记袁德、所长刘锋、副所长孟浩，黄石市民政局党委书记、局长黄士华出席研讨会。
89	2021 年 12 月 2 日	2021 年民政论坛（视频）在京举办，李纪恒出席并讲话	12 月 2 日，2021 年民政论坛以视频会议形式在京举办，专题学习贯彻党的十九届六中全会精神，交流民政政策理论研究工作。民政部党组书记、部长李纪恒出席论坛并讲话，民政部党组成员、副部长高晓兵主持论坛并宣读《民政部关于 2021 年民政政策理论研究获奖情况的通报》，部分专家学者、地方民政厅（局）负责同志和获奖论文作者做了交流发言。本届论坛共收到全国民政系统和高校科研机构提交的论文 2151 篇。评出一等奖 39 篇、二等奖 117 篇、三等奖 163 篇。民政部各司（局）、直属单位负责人，部分专家、获奖论文作者代表在主会场参加了论坛。各省（自治区、直辖市）民政厅（局）、各计划单列市民政局、新疆生产建设兵团民政局负责人和相关处室负责人，其他专家、获奖论文作者代表在各地分会场参会。
90	2021 年 12 月 3 日	北京社会管理职业学院举办第十一届生命文化节暨现代殡葬技术与管理专业教学指导委员会第九次年会	12 月 3 日，北京社会管理职业学院第十一届生命文化节暨现代殡葬技术与管理专业教学指导委员会第九次年会以线上线下相结合的形式在京举办。开幕式上，北京社会管理职业学院与民政部一零一研究所签署了战略合作协议，并展示了研究所科技成果。民政部一零一研究所所长刘锋、中国殡葬协会会长李建华、北京市教委职成处处长张树刚分别在开幕式上致辞。

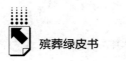

续表

序号	时间	事件名称	主要内容
91	2021年12月20日	一零一研究所与华为技术有限公司签署合作协议	12月20日上午,一零一研究所与华为技术有限公司在华为中国区总部举行了合作协议的签约仪式,一零一研究所所长刘锋和华为技术有限公司数字政府业务部副总裁冯军伟出席签约仪式。一零一研究所副所长孟浩、华为技术有限公司数字政府业务部民政事业群总经理李存杰出席了签约仪式。华为技术有限公司数字政府业务部有关领导、一零一研究所有关部门负责人和项目负责人等参加了仪式。
92	2021年12月29日	一零一研究所中央级科学事业单位修缮购置项目通过专家验收	2020年12月29日,一零一研究所在北京召开2019年度中央级科学事业单位修缮购置专项"殡仪场所智能化消毒实验装置升级改造"和"变频式微波遗体处置实验装置的升级改造"两个升级改造项目验收会。

G.23

殡葬领域奖励与评定（2017~2021年）

王颖超　刘洋

一　2017年全国五一巾帼标兵岗

安徽省　李淑芳　安庆市太湖县殡葬管理所所长

二　2017年中国技能大赛——第七届全国民政行业职业技能竞赛遗体整容师职业竞赛

（一）团体奖（按成绩排序）

1. 一等奖

北京市民政局

2. 二等奖

辽宁省民政厅

湖南省民政厅

重庆市民政局

3. 三等奖

广东省民政厅

广西壮族自治区民政厅

江苏省民政厅

山东省民政厅

湖北省民政厅

黑龙江省民政厅

4. 优秀组织奖

上海市民政局

四川省民政厅

新疆维吾尔自治区民政厅

天津市民政局

浙江省民政厅

云南省民政厅

宁夏回族自治区民政厅

河北省民政厅

甘肃省民政厅

山西省民政厅

安徽省民政厅

江西省民政厅

陕西省民政厅

河南省民政厅

福建省民政厅

（二）个人奖（按成绩排序）

1. 特等奖（3名）

陈　钰　上海市龙华殡仪馆

高小夫　四川省成都市殡仪馆

曲　杰　北京市八宝山殡仪馆

2. 一等奖（12名）

黄勤妹　广西壮族自治区南宁市殡葬服务管理处

廖　健　广西壮族自治区玉林市殡仪馆

查庆国　上海市益善殡仪馆

许培培　上海市宝兴殡仪馆

穆春彤　山东省济南市莲花山殡仪馆

王　璠　上海市宝兴殡仪馆

陈　云　辽宁省大连市殡仪馆

景士阳　辽宁省丹东市殡仪服务中心

郑艳妮　广西壮族自治区柳州市殡葬管理处

赵希舆　山东省济南市殡仪馆

罗四林　广东省东莞市殡仪馆

刘　冰　辽宁省本溪市殡仪服务中心

3. 二等奖（20名）

张　彤　辽宁省沈阳市回龙岗革命公墓

蔡佳妮　浙江省嘉兴火化殡仪馆

罗　阳　山东省东营市广饶县殡仪馆

张朝虹　四川省泸州市殡仪馆

王　乾　广东省广州市殡葬服务中心

马　杰　广东省佛山市殡仪馆

赵　辉　北京市大兴区殡仪馆

张仙麒　江苏省无锡市殡仪馆

周　哲　湖南省长沙市殡葬事业管理处

徐宇洲　浙江省杭州殡仪馆

黄可心　广东省广州市殡葬服务中心

刘　佳　安徽省合肥市殡葬管理处

彦海玉　山东省日照市殡仪馆

王伊宇　浙江省温岭市殡仪馆

王馨连　重庆市江南殡仪馆

舒登高　湖南省长沙市殡葬事业管理处

杨薇薇　北京市八宝山殡仪馆

李元茜　河北省石家庄市殡葬管理处

王婷婷　天津市第一殡仪馆

郑冬冬　福建省福鼎市殡仪馆

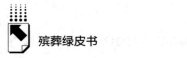

4. 三等奖（30名）

聂忠亮　天津市第二殡仪馆

杨卫平　福建省厦门市殡仪服务中心

王　壨　北京市八宝山殡仪馆

邓米娅　湖南省长沙市殡葬事业管理处

朱艳召　河北省石家庄市殡葬管理处

党鹏玲　江苏省南京市殡葬管理处

张立文　重庆市涪陵区殡仪馆

任廷敏　重庆安乐服务有限公司

刘进龙　江苏省南京市殡葬管理处

赵宁江　江西省萍乡市人文公园发展有限公司

王　雪　湖北省武汉市殡仪馆

谭春阳　天津市滨海新区民政局

毛腾飞　重庆市石桥铺殡仪馆

唐　宇　四川省德阳市殡仪馆

谢亮庭　湖南省郴州资兴市殡仪馆

吴抒明　江苏省南京市殡葬管理处

曹维召　陕西省西安市殡仪馆

隋明晓　天津市第一殡仪馆

田瑞雪　湖北省宜昌市殡葬管理处

朱万腾　黑龙江省哈尔滨市西华苑殡仪服务中心

黄会兰　四川省眉山市殡仪馆

陈疆恩　新疆维吾尔自治区乌鲁木齐市殡仪馆

陈　俊　湖北省襄阳市殡仪馆

都雅倩　新疆维吾尔自治区乌鲁木齐市殡葬服务总站

宋　波　浙江省桐乡市殡仪馆

李　敏　新疆维吾尔自治区昌吉市祥安殡仪服务有限责任公司

杜　威　湖北省武汉市武昌殡仪馆

何细苟　江西省新余市殡仪馆
滑　翔　新疆维吾尔自治区乌鲁木齐市第二殡仪馆
田　旻　黑龙江省哈尔滨市西华苑殡仪服务中心

三　2017年第八届全国职业院校民政
职业技能大赛(殡葬类)

（一）殡仪服务员（22名）

奖　项	姓　名	单　位
特等奖（1名）	葛丽燕	长沙民政职业技术学院
一等奖（3名）	郑永泰	长沙民政职业技术学院
	方艺桦	长沙民政职业技术学院
	张　婷	长沙民政职业技术学院
二等奖（9名）	王　洋	北京社会管理职业学院
	于兆栓	长沙民政职业技术学院
	宋启航	北京社会管理职业学院
	霍欣蕊	北京社会管理职业学院
	王宇露	北京社会管理职业学院
	蒋明桃	长沙民政职业技术学院
	王迎港	北京社会管理职业学院
	陈岳婷	武汉民政职业学院
	王紫琴	武汉民政职业学院
三等奖（9名）	陈　玉	重庆城市管理职业学院
	牛雅茹	武汉民政职业学院
	冷雅兰	北京社会管理职业学院
	曹雪燕	武汉民政职业学院
	周明权	武汉民政职业学院
	阚文静	长沙民政职业技术学院
	滕天生	重庆城市管理职业学院
	吴宇航	北京社会管理职业学院
	叶晓燕	福建民政学校

（二）遗体防腐整容师（21名）

奖项	姓名	单位
特等奖（1名）	张艳宏	北京社会管理职业学院
一等奖（3名）	侯葎希	北京社会管理职业学院
	周小双	长沙民政职业技术学院
	李桥梅	北京社会管理职业学院
二等奖（9名）	张世豪	长沙民政职业技术学院
	李春燕	北京社会管理职业学院
	韩　悦	长沙民政职业技术学院
	谭子衿	长沙民政职业技术学院
	张　亮	长沙民政职业技术学院
	马玉欢	北京社会管理职业学院
	刘三三	北京社会管理职业学院
	熊　芯	武汉民政职业学校
	刘丹丹	武汉民政职业学校
三等奖（8名）	向　纯	重庆城市管理职业学院
	曹　蓉	长沙民政职业技术学院
	周　缨	长沙民政职业技术学院
	冉小川	重庆城市管理职业学院
	白彦彬	北京社会管理职业学院
	郝　鑫	武汉民政职业学校
	陈　晨	武汉民政职业学校
	刘林静	武汉民政职业学校

（三）遗体火化师（15名）

奖　项	姓　名	单　位
特等奖（1名）	袁　英	长沙民政职业技术学院
一等奖（2名）	田英杰	长沙民政职业技术学院
	兰远远	长沙民政职业技术学院

续表

奖 项	姓 名	单 位
二等奖（6名）	潘 充	长沙民政职业技术学院
	牛洪亮	北京社会管理职业学院
	晏 倩	长沙民政职业技术学院
	李跃乐	北京社会管理职业学院
	袁志伟	武汉民政职业学院
	范自强	重庆城市管理职业学院
三等奖（6名）	陈养涵	福建省民政学校
	李 源	北京社会管理职业学院
	王 迪	北京社会管理职业学院
	周长财	北京社会管理职业学院
	边 关	武汉民政职业学院
	杨 刚	福建省民政学校

（四）墓地管理员（18名）

奖 项	姓 名	单 位
特等奖（1名）	邓丽红	长沙民政职业技术学院
一等奖（3名）	李婷婷	长沙民政职业技术学院
	胡梦丽	长沙民政职业技术学院
	艾志玲	武汉民政职业学院
二等奖（7名）	邱泰丽	重庆城市管理职业学院
	支佳磊	长沙民政职业技术学院
	李 好	长沙民政职业技术学院
	叶 硕	北京社会管理职业学院
	宋鹏新	武汉民政职业学院
	孔军龙	武汉民政职业学院
	谢冬梅	北京社会管理职业学院
三等奖（7名）	李思远	北京社会管理职业学院
	孔德宇	北京社会管理职业学院
	陈芳垚	武汉民政职业学院
	刘佳昕	北京社会管理职业学院
	谢淑婷	福建省民政学校
	刘黎兰	福建省民政学校
	李荣鑫	河南省民政学校

四 2017年民政政策理论研究获奖论文（殡葬类）

奖次	论文题目	获奖者	单 位
三等奖	节地生态安葬奖补政策创新——"生前享有"奖补政策研究	梁星心 胡玉民 骆杭军 陈景莲等	浙江省民政厅 浙江省殡葬协会

五 2018年中国技能大赛——第八届全国民政行业职业技能竞赛殡仪服务员职业竞赛

（一）团体奖（按成绩排序）

1. 一等奖

北京市民政局

2. 二等奖

黑龙江省民政厅

重庆市民政局

安徽省民政厅

3. 三等奖

天津市民政局

贵州省民政厅

广西壮族自治区民政厅

上海市民政局

湖南省民政厅

陕西省民政厅

4. 优秀组织奖

辽宁省民政厅

湖北省民政厅

浙江省民政厅

江苏省民政厅

广东省民政厅

甘肃省民政厅

山东省民政厅

吉林省民政厅

云南省民政厅

河北省民政厅

四川省民政厅

福建省民政厅

河南省民政厅

新疆维吾尔自治区民政厅

内蒙古自治区民政厅

青海省民政厅

宁夏回族自治区民政厅

山西省民政厅

海南省民政厅

西藏自治区民政厅

（二）个人奖（按成绩排序）

1. 特等奖（3名）

陈双阳　黑龙江省牡丹江市第二殡仪馆

卫艳茹　北京市大兴区殡仪馆

高　洋　黑龙江省牡丹江市第二殡仪馆

2. 一等奖（12名）

靳中学　北京市八宝山殡仪馆

白　杨　辽宁省沈阳市回龙岗革命公墓

李邓梦云　湖北省武汉市青山殡仪馆

李　佳　江苏省南京市殡葬管理处

颜　雯　陕西省西安市殡仪馆

孙志红　重庆安乐服务有限公司

赵　岩　北京市八宝山殡仪馆

宋晓静　贵州省贵阳市殡仪服务中心

聂忠亮　天津市第二殡仪馆

刘　拓　北京市八宝山殡仪馆

李晓婷　安徽省蚌埠市殡仪馆

吴　斌　上海市龙华殡仪馆

3. 二等奖（21名）

吕宏娟　江苏省扬州市殡仪馆

任　雪　黑龙江省牡丹江市第一殡仪馆

杨晓玲　甘肃省兰州市殡仪馆

姜琼宇　上海浦东殡仪馆

银　阳　辽宁省沈阳市苏家屯区天台山殡仪馆

曹博跃　天津市第一殡仪馆

周　银　湖南省长沙市殡葬事业管理处

姜黎黎　上海市松江区殡仪馆

凌勇光　广西壮族自治区南宁市殡葬服务管理处

戴晓倩　重庆市石桥铺殡仪馆

陈　程　上海市宝兴殡仪馆

姚园园　天津市武清区第二殡仪服务中心

林海涛　湖南省长沙市殡葬事业管理处

颜焰平　湖南省长沙市殡葬事业管理处

张　楠　浙江省舟山市殡仪馆

何　强　重庆盛元天乐殡葬服务有限公司

林　莎　宁夏回族自治区殡葬协会

胡　平　湖南省湘潭市殡仪馆

尹雪琦　黑龙江省牡丹江市第二殡仪馆

李海涛　江苏省常州市殡仪馆

王　薇　广东省广州市殡葬服务中心

4. 三等奖（30名）

孙　瑕　新疆维吾尔自治区乌鲁木齐市第二殡仪馆

张继升　重庆市九龙坡区寿寝安乐堂

史　心　河北省石家庄市殡葬管理处

刘　娟　四川省泸州市殡仪馆

张伟庭　广东省佛山市顺德区殡仪馆

王　玲　安徽省合肥市人本礼仪服务公司

陈美霖　河南省许昌市玉皇岭墓园

沈　婕　广西壮族自治区南宁市殡葬服务管理处

肖　霜　贵州省贵阳市殡仪服务中心

杨　敏　甘肃省兰州市殡仪馆

蔡　俊　陕西省西安市殡仪馆

张贝贝　湖北省襄阳市殡仪馆

林　阳　山东省济南市殡仪馆

李亚斌　广东省佛山市顺德区殡仪馆

单瑞祥　天津市第三殡仪馆

崔　婧　贵州省贵阳市殡仪服务中心

杨　银　广西壮族自治区梧州市殡仪馆

郑　伟　河北省唐山市殡葬管理处殡仪服务中心

都雅倩　新疆维吾尔自治区乌鲁木齐市殡仪服务总站

张　健　山东省济南市莲花山殡仪馆

张娟丽　安徽省合肥市殡仪馆

黄　戈　湖北省武汉市武昌殡仪馆

林雪梅　陕西省西安市殡仪馆

陈春兰　广西壮族自治区玉林市殡仪馆

周　娟　四川省绵阳市殡仪馆

简　珊　安徽省六安市殡仪馆

李汶苡　新疆维吾尔自治区乌鲁木齐市殡仪馆

赵晓曼　辽宁省沈阳市浑南区殡仪馆

郭永江　内蒙古自治区鄂尔多斯市东胜区殡仪馆

余　勇　贵州省遵义市红花岗区殡葬服务中心

六　2018年第九届全国职业院校民政职业技能大赛（殡葬类）

（一）殡仪服务（17名）

奖　项	学　校	姓　名	优秀指导老师
一等奖（3名）	长沙民政职业技术学院	张家鑫	熊　英
	长沙民政职业技术学院	刘益凤	钟启顺
	重庆城市管理职业学院	陈雨婷	林　玲
二等奖（6名）	长沙民政职业技术学院	张　蕾	
	长沙民政职业技术学院	杨宇婷	
	武汉民政职业学院	张　杰	
	长沙民政职业技术学院	郭东和	
	北京社会管理职业学院	郭廷琳	
	北京社会管理职业学院	薛　飞	
三等奖（8名）	长沙民政职业技术学院	洪紫薇	
	长沙民政职业技术学院	姜淑惠	
	武汉民政职业学院	杨　静	
	北京社会管理职业学院	冷雅兰	
	武汉民政职业学院	陈　曼	
	北京社会管理职业学院	张瑜娜	
	黑龙江省民政职业技术学校	高悦圆	
	重庆城市管理职业学院	王姗姗	

（二）遗体防腐整容（16名）

奖　项	学　校	姓　名	优秀指导老师
一等奖（3名）	北京社会管理职业学院	任　凯	郑翔宇
	北京社会管理职业学院	王　露	牛伟静
	北京社会管理职业学院	张雨薇	牛伟静
二等奖（5名）	重庆城市管理职业学院	梁启媛	
	重庆城市管理职业学院	梅茂林	
	北京社会管理职业学院	董　哲	
	北京社会管理职业学院	许　璇	
	北京社会管理职业学院	鲍柳桦	
三等奖（8名）	重庆城市管理职业学院	梁远钦	
	北京社会管理职业学院	石小宝	
	长沙民政职业技术学院	范思琪	
	长沙民政职业技术学院	温雅欣	
	重庆城市管理职业学院	张　铮	
	武汉民政职业技术学院	钱　红	
	长沙民政职业技术学院	夏玲莉	
	黑龙江省民政职业技术学校	郭中海	

（三）遗体火化（10名）

奖　项	学　校	姓　名	优秀指导老师
一等奖（2名）	北京社会管理职业学院	胡洪浩	张丽丽
	长沙民政职业技术学院	吴志用	部绍明
二等奖（3名）	北京社会管理职业学院	姚贺彪	
	长沙民政职业技术学院	周娜娜	
	长沙民政职业技术学院	卢帅成	
三等奖（5名）	长沙民政职业技术学院	鲁　航	
	武汉民政职业学院	田　熊	
	长沙民政职业技术学院	邓子煜	
	武汉民政职业学院	孙　峰	
	北京社会管理职业学院	张　蕊	

（四）公墓管理（12名）

奖 项	学 校	姓 名	优秀指导老师
一等奖（2名）	北京社会管理职业学院	张明鑫	翟媛媛
	重庆城市管理职业学院	余 丹	赵 宇
二等奖（4名）	长沙民政职业技术学院	冯婷婷	
	重庆城市管理职业学院	黄春琴	
	武汉民政职业学院	陈岳婷	
	长沙民政职业技术学院	阳洁茹	
三等奖（6名）	长沙民政职业技术学院	田 怡	
	长沙民政职业技术学院	肖明涛	
	重庆城市管理职业学院	周 容	
	北京社会管理职业学院	王迎港	
	武汉民政职业学院	李丹霞	
	长沙民政职业技术学院	于佳琦	

七 2019年人力资源社会保障部民政部关于表彰全国民政系统先进集体先进工作者和劳动模范的决定（殡葬类）

（一）全国民政系统先进集体名单（13个）

1. 北京市八宝山殡仪馆

2. 天津市蓟州区殡仪馆

3. 辽宁省抚顺市殡仪馆

4. 黑龙江省双鸭山市殡仪馆

5. 上海市龙华烈士陵园（龙华烈士纪念馆）

6. 江苏省淮安市永思园公墓管理处

7. 安徽省阜阳市殡仪馆

8. 福建省三明市殡葬管理服务中心

9. 福建省南平市卧龙山公墓管理处

10. 广东省廉江市殡仪馆

11. 广东省梅州市殡仪馆

12. 广东省河源市殡仪馆

13. 重庆市西阳土家族苗族自治县殡葬事务管理中心

（二）全国民政系统先进工作者名单（7名）

1. 王田玉　天津市殡葬事业管理处党委书记、处长

2. 高境远（女）　吉林省通化市革命烈士陵园管理处党支部书记、处长

3. 俞建方　浙江省缙云县民政局殡仪馆主任

4. 黄明兵　湖北省襄阳市殡仪馆党支部书记、馆长

5. 陈建标　广东省肇庆市殡仪馆副馆长

6. 苟忠彬　四川省巴中市殡葬管理所所长

7. 谭春锡　云南省腾冲市殡仪馆党支部书记、馆长

（三）全国民政系统劳动模范名单（28名）

1. 赵树清　天津市滨海新区大港殡葬事业服务中心职工

2. 李新波　天津市宁河区殡葬管理所职工

3. 张世温　河北省辛集市殡葬管理所火化工

4. 王　迪　辽宁省沈阳市民政事务服务与行政执法中心殡仪火化工

5. 景士阳（女，回族）　辽宁省丹东市殡仪服务中心遗体整容师

6. 张　海　黑龙江省伊春市伊春殡仪馆火化工

7. 姜益青　上海市嘉定区殡仪馆整容组遗体整容师

8. 倪杨西　浙江省乐清市殡仪馆职工

9. 王险峰　安徽省合肥市殡葬管理处火化班班长

10. 任胜男（女）　安徽省淮北市殡葬服务中心遗体化妆工

11. 梁维兵　安徽省六安市殡仪馆火化班班长

12. 田　丰　福建省建瓯市殡仪馆接运组组长

13. 宋微微（女）　江西省九江市殡葬管理处殡仪服务员

14. 谭洪发　江西省宜春市殡葬管理所遗体接运班班长

15. 邓继龙　山东省济南市赢城殡仪馆火化车间主任

16. 唐洪喜　河南省鹤壁市殡仪馆工会主席

17. 吴泓博　河南省许昌市殡仪馆火化工

18. 熊军民　湖北省天门市殡葬管理所火化车间主任

19. 林亚球　广东省珠海市殡仪馆火化车间主任

20. 黄树源　广东省潮州市殡仪馆火葬场办事员

21. 廖小斌　广西壮族自治区桂林市殡仪馆火化部部长

22. 汪　志　重庆市石桥铺殡仪馆殓运科科长

23. 龚　睿　四川省成都市殡仪馆高级遗体火化师

24. 王新黔　贵州省安顺市殡仪馆火化场遗体火化工

25. 庞崇利　陕西省西安市殡仪馆业务一部火化整容技师

26. 殷朝荣　甘肃省嘉峪关市殡葬管理所火化班班长

27. 王建国　甘肃省会宁县东岚山公墓管理所所长

28. 杨　林　甘肃省天水市殡仪馆党支部书记、馆长

八　2019年第十届全国职业院校民政职业技能大赛（殡葬类）

（一）殡仪服务员(按成绩排序,下同)

名次	获奖名次	选手姓名	所在单位	优秀指导老师
1	一等奖	颜明珠	长沙民政职业技术学院	梁小花
2	一等奖	黄春琴	重庆城市管理职业学院	赵　宇
3	一等奖	骆沙平	武汉民政职业学院	孙雅萍
4	一等奖	刘祖运	武汉民政职业学院	钟家旺

名次	获奖名次	选手姓名	所在单位	优秀指导老师
5	二等奖	张若薇	长沙民政职业技术学院	
6	二等奖	魏泽萌	北京社会管理职业学院	
7	二等奖	曾　晨	武汉民政职业学院	
8	二等奖	盛诗敏	长沙民政职业技术学院	
9	二等奖	李静怡	北京社会管理职业学院	
10	二等奖	黄　强	重庆城市管理职业学院	
11	二等奖	寇新春	武汉民政职业学院	
12	二等奖	王志豪	长沙民政职业技术学院	
13	二等奖	梅利红	重庆城市管理职业学院	
14	三等奖	刘梦然	北京社会管理职业学院	
15	三等奖	李岱嵘	北京社会管理职业学院	
16	三等奖	宋清淼	武汉民政职业学院	
17	三等奖	胡洋洋	黑龙江省民政职业技术学校	
18	三等奖	马晓庆	黑龙江省民政职业技术学校	
19	三等奖	梁芸嘉	重庆城市管理职业学院	
20	三等奖	刘家宣	北京社会管理职业学院	
21	三等奖	张琦欣	长沙民政职业技术学院	
22	三等奖	高悦圆	黑龙江省民政职业技术学校	
23	三等奖	赵鑫龙	黑龙江省民政职业技术学校	
24	三等奖	何晓娟	武汉民政职业学院	
25	三等奖	张　颖	长沙民政职业技术学院	
26	三等奖	朱瀚文	北京社会管理职业学院	

（二）遗体防腐整容师

名次	获奖名次	选手姓名	所在单位	优秀指导老师
1	一等奖	何宇辰	黑龙江省民政职业技术学校	徐姗姗
2	一等奖	赵　全	黑龙江省民政职业技术学校	朱振凯
3	一等奖	刘光悦	北京社会管理职业学院	牛伟静
4	一等奖	霍薇蓉	重庆城市管理职业学院	任俊圣
5	二等奖	王春燕	长沙民政职业技术学院	

续表

名次	获奖名次	选手姓名	所在单位	优秀指导老师
6	二等奖	郭中海	黑龙江省民政职业技术学校	
7	二等奖	张 锐	北京社会管理职业学院	
8	二等奖	云小林	北京社会管理职业学院	
9	二等奖	颜雪梅	重庆城市管理职业学院	
10	二等奖	赵富林	北京社会管理职业学院	
11	二等奖	王 芳	武汉民政职业学院	
12	二等奖	邓小丰	长沙民政职业技术学院	
13	三等奖	宋锗炎	北京社会管理职业学院	
14	三等奖	彭 兴	重庆城市管理职业学院	
15	三等奖	蔡奕镕	武汉民政职业学院	
16	三等奖	王迎港	北京社会管理职业学院	
17	三等奖	杜 淳	长沙民政职业技术学院	
18	三等奖	沈芯伊	长沙民政职业技术学院	
19	三等奖	熊晓加	武汉民政职业学院	
20	三等奖	严臣瑞	重庆城市管理职业学院	
21	三等奖	赵崇均	长沙民政职业技术学院	
22	三等奖	冯海龙	长沙民政职业技术学院	
23	三等奖	王慧君	武汉民政职业学院	
24	三等奖	刘博文	黑龙江省民政职业技术学校	

九　2019年全国殡葬服务专业人才资源库首批入库人员

类　别	姓　名	工作单位
遗体防腐类	张 洋	北京市八宝山殡仪馆
	徐 军	上海市宝兴殡仪馆
	陈伟和	福建省厦门市殡仪服务中心
	毕爱胜	山东省济南市莲花山殡仪馆
	李发均	广东省广州市殡葬服务中心
	王加锐	云南省昆明市殡仪馆
	王 瑛	新疆维吾尔自治区乌鲁木齐市殡葬服务中心

类　别	姓　名	工作单位
遗体整容类	赵　辉	北京市大兴区殡仪馆
	王万喜	天津市第二殡仪馆
	武占雄	河北省张家口市殡仪馆
	朱惠芳	上海市浦东殡仪馆
	王　刚	上海市龙华殡仪馆
	余　廷	江苏省无锡市殡仪馆
	薛龙超	安徽省合肥市殡葬管理处
	王　健	云南省昆明市殡仪馆
	马中贵	宁夏回族自治区银川市殡仪馆
	张文革	新疆维吾尔自治区乌鲁木齐市殡葬服务中心
遗体告别类	卫艳茹	北京市大兴区殡仪馆
	董子毅	北京市八宝山殡仪馆
	贺淑敏	河北省张家口市殡仪馆
	王艳芳	江苏省启东市殡仪馆
	徐宇洲	浙江省杭州殡仪馆
	邸国良	浙江省杭州市余杭区第一殡仪馆
	齐卫东	山东省博兴县殡仪馆
	刘　琳	湖北省襄阳市殡仪馆
	张小莉	湖北省荆州市殡葬管理所
	王　川	重庆市江南殡仪馆
遗体火化类	魏　童	北京市八宝山殡仪馆
	贾建清	河北省张家口市殡仪馆
	曹连兴	江苏省常熟市殡仪馆
	李　忠	江苏省苏州市殡仪馆
	魏中山	江西省南昌市殡葬管理处
	刘　凯	河南省郑州市殡仪馆
	龚键伟	四川省泸州市殡仪馆
	段刚林	宁夏回族自治区银川市殡仪馆
悲伤抚慰类	郭鹏飞	北京市八宝山殡仪馆
	何秀琴	武汉民政职业学院
	王俊伟	四川省眉山市殡仪馆
社会工作类	吕　莹	北京市八宝山革命公墓
	王立军	内蒙古自治区赤峰殡仪馆
	庄志坚	福建省晋江市殡葬管理所
	黄伟良	广东省河源市殡仪馆
	陆晓君	广东省广州市殡葬服务中心
	李宏钰	宁夏回族自治区固原市殡仪馆

十　2019年民政部关于授予"孺子牛奖"的
决定（殡葬）

姓名	单位
袁建军	河北省邯郸市殡仪馆馆长
马建军	山西省大同市殡仪馆馆长
高 环(女)	黑龙江省绥化市殡仪馆馆长
王 刚	上海市龙华殡仪馆业务科副科长
徐小萍(女)	福建省龙岩新罗区　殡葬管理所所长
魏中山	江西省南昌市殡葬管理处火化机械维修工兼火化工
辛沙沙(女)	山东省济南市殡仪馆入殓师
李春萍(女)	云南省禄丰县殡仪馆馆长
石小红(女)	陕西省西安市殡仪馆副主任
马中贵(回族)	宁夏回族自治区银川市殡仪馆干部

十一　2019年民政政策理论研究
获奖论文（殡葬类）

奖次	论文题目	获奖者	单 位
二等奖	新时代殡葬改革的现代转型研究	李伯森　何镜清　光焕竹　刘海娟等	民政部一零一研究所 广东省广州市民政局 深圳大学
二等奖	当前制约殡葬改革的突出问题研究——以北京市为例	李全喜　陈谊　杨宝祥　马金生等	北京市民政局 中国殡葬协会 中央民族大学 北京社会管理职业学院等
三等奖	殡葬习俗改革的系统治理与温州行动	姜迪清　杨茂富　周勇　刘立杰等	浙江省温州市民政局 首都师范大学

十二　2020年全国劳动模范和先进工作者（殡葬类）

1. 王　迪　沈阳市民政事务服务与行政执法中心回龙岗殡葬服务中心（公墓）火化班班长，高级工
2. 麻煜臻　温州市殡葬管理处副主任
3. 辛沙沙（女）　济南市殡仪馆入殓师
4. 黄伟良　广东省河源殡仪馆馆长
5. 汪　志　重庆市石桥铺殡仪馆殓运科科长

十三　2020年度职业技能竞赛全国技术能手

1. 刘　艳　合肥大蜀山文化陵园有限公司
2. 王秋梦　襄阳市殡仪馆
3. 郑　滔　上海滨海古园

十四　2020年全国行业职业技能竞赛——第十届全国民政行业职业技能竞赛（公墓管理员职业竞赛）

（一）团体奖（按成绩排序）

1. 一等奖

上海市民政局

江苏省民政厅

黑龙江省民政厅

2. 二等奖

陕西省民政厅

安徽省民政厅

北京市民政局

广西壮族自治区民政厅

重庆市民政局

云南省民政厅

3. 三等奖

河南省民政厅

天津市民政局

辽宁省民政厅

湖南省民政厅

内蒙古自治区民政厅

吉林省民政厅

四川省民政厅

河北省民政厅

4. 优秀组织奖

湖北省民政厅

广东省民政厅

山东省民政厅

浙江省民政厅

江西省民政厅

海南省民政厅

新疆维吾尔自治区民政厅

福建省民政厅

新疆生产建设兵团民政局

甘肃省民政厅

山西省民政厅

（二）个人奖（按成绩排序）

1. 一等奖（11名）

刘　艳　安徽省　合肥大蜀山文化陵园有限公司

王秋梦　湖北省　襄阳市殡仪馆

郑　滔　上海市　上海滨海古园

杜明莲　上海市　上海松鹤经济发展有限公司

吴海峰　上海市　上海南院实业发展有限公司

刘芮含　北京市　北京市八宝山革命公墓

李　莹　江苏省　苏州市殡仪馆

关　禹　黑龙江省　牡丹江市第一殡仪馆

毕玉石　黑龙江省　牡丹江市第一殡仪馆

廖江宏　重庆市　重庆市石桥铺殡仪馆

邓颐佳　陕西省　西安市三兆骨灰公墓

2. 二等奖（23名）

席　萱　陕西省　西安市三兆骨灰公墓

潘均波　河南省　河南福寿园实业有限公司

张　超　陕西省　西安汇国霸陵墓园新区有限责任公司

刘　炜　辽宁省　辽宁观陵山艺术园林公墓有限公司

刘捷嘉　安徽省　合肥大蜀山文化陵园有限公司

王路瑗　吉林省　长春福山寿明园

夏　倩　江苏省　苏州市吴中区香山公墓

满　莉　上海市　上海福寿园实业集团有限公司

隋明晓　天津市　天津市第一殡仪馆

耿　雪　云南省　昆明文笔山文化艺术陵园有限公司

韩　森　黑龙江省　佳木斯市东郊殡仪馆

刘　莹　黑龙江省　哈尔滨市殡葬事务服务中心

周　阳　湖南省　湖南唐人万寿园有限责任公司

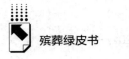

张静思　吉林省　长春市殡葬服务中心长春息园
邓丽红　安徽省　合肥巢湖市殡葬服务中心
邱中理　江苏省　南京市殡葬管理处陵园中心
林仁龙　江苏省　南京市殡葬管理处陵园中心
游　璐　重庆市　重庆市南岸区灵安陵园有限公司
李　晶　云南省　大理漾云陵园有限公司
张文畅　山东省　济南市第二殡仪馆
刘　清　重庆市　重庆祥安实业有限公司
曹　赛　内蒙古自治区　赤峰市红山区南山公墓管理处
王　强　广西壮族自治区　贵港市殡仪服务有限责任公司

3. 三等奖（32名）

艾志玲　广西壮族自治区　南宁市崇善颐养服务有限公司
孟玲雪　河北省　张家口市人民公墓
毛　莉　四川省　宜宾市殡仪馆
卜祥玉　吉林省　长春华夏陵园
王立媛　北京市　北京市太子峪陵园
张光宇　辽宁省　沈阳市浑南区殡仪服务有限公司
王　霞　安徽省　六安市殡仪馆
向　旭　湖南省　湖南唐人万寿园有限责任公司
谭巍冉　湖北省　武汉石门峰纪念公园有限公司
周筱山　云南省　昌宁县凤凰山公墓
徐　锐　广西壮族自治区　梧州市益顺开发建设有限公司
文仕凤　北京市　北京天寿陵园有限公司
张　柳　湖南省　湖南衡阳市殡仪馆
单瑞祥　天津市　天津市第三殡仪馆
王荣鑫　广东省　博罗县罗浮净土人文纪念园
黄　鹤　广西壮族自治区　梧州市益顺开发建设有限公司
闫春玲　内蒙古自治区　赤峰市红山区南山公墓管理处

王中玉　内蒙古自治区　呼和浩特市安佑园

许　琴　云南省　云南长松园陵园有限责任公司

陈　红　重庆市　重庆安乐服务有限公司

石　珊　福建省　厦门海沧文圃山陵园开发有限公司

吴士静　天津市　天津市殡仪服务总站

李　雪　吉林省　长春九龙源社会公墓服务中心

但旭萍　四川省　成都红枫艺术陵园

魏　巍　天津市　天津市殡仪墓地事务服务中心

党会格　河南省　洛阳仙鹤纪念陵园有限公司

李跃峥　北京市　北京市八宝山革命公墓

负　良　河南省　许昌市玉皇岭墓园

车赟霖　福建省　福州松鹤陵园有限公司

王　君　辽宁省　辽阳市殡仪服务有限公司

刘霞丽　江西省　江西西山万寿陵园有限公司

陆　丹　新疆维吾尔自治区　乌鲁木齐市卡子湾殡仪馆

（三）突出贡献奖

南宁市崇善颐养服务有限公司

广西壮族自治区民政干部培训中心

广西殡葬行业协会

福寿园国际集团

中民民政职业能力建设中心

十五　2020年民政政策理论研究获奖论文（殡葬类）

奖次	论文题目	获奖者	单位
一等奖	社会治理视域下殡葬习俗改革的路径创新研究	马金生　张福庆　洪立琴　郑华锋等	中央民族大学 江西省民政厅

奖次	论文题目	获奖者	单位
二等奖	殡葬领域社会管理体系研究——以《殡葬管理条例》修订为视角	余寅同　崔永东　王丛虎　曹辉等	宁波大学 华东政法大学 中国人民大学 济南大学
	湖南省殡葬公共服务设施规划研究	郭灿辉	长沙民政职业技术学院
	新时代殡葬法治研究	刘德致	内蒙古自治区呼伦贝尔市海拉尔区殡葬管理所
	殡葬法制建设的国际比较及其启示	郭林　黄安　管理定	华中科技大学
	新时代婚丧礼俗改革方向研究——以北京市为例	李全喜　陈谊　杨国林　张庆立等	北京市民政局 中国殡葬协会
三等奖	殡葬文化研究——以重庆市为例	张俊　彭珑　万胜英　陈方园等	重庆市石桥铺殡仪馆 重庆市冬青社会工作服务中心
	新时代殡葬礼仪的困境和重塑——基于江西省殡葬改革的调查与思考	赵大伟　熊崧麟　涂龙峰　杨振华等	江西省民政厅 江西社会科学院
	引入社会资本促进殡葬事业发展研究——基于广西壮族自治区的实践与探索	周文栋　孟光明　伍用文　谢舜等	广西大学
	善治理论视角下连云港市殡葬服务市场管理的内在症结与优化研究	陈军　付永虎　魏范青　李强	江苏省连云港市民政局
	四川省农村公益性墓地建设实践与思考	廖永康　安亮　李平　陈永跃	四川省民政厅 四川省泸州市殡葬文化研究会 中共四川省泸州市委党校

十六　2021年第六届全国文明单位（殡葬类）

辽宁省：抚顺市殡仪馆

十七　2021年全国五一劳动奖和全国工人先锋号表彰（殡葬类）

北京市全国五一劳动奖章

魏　童　北京市八宝山殡仪馆火化室二部主任、党支部书记，工程师

十八　2021年第十一届全国职业院校民政职业技能大赛殡葬赛项

（一）团体奖

奖　次	单　位
一等奖	长沙民政职业技术学院
二等奖	重庆城市管理职业学院
三等奖	福建省民政学校
	黑龙江省民政职业技术学校
优秀组织奖	北京社会管理职业学院
	武汉民政职业学院
	安徽城市管理职业学院

（二）个人奖

奖　次	姓　名	单　位
一等奖（6名）	刘浩	安徽城市管理职业学院
	王栋	北京社会管理职业学院
	田浩东	北京社会管理职业学院
	王成阳	安徽城市管理职业学院
	汪余莹	北京社会管理职业学院
	路鑫宇	黑龙江省民政职业技术学校

续表

奖　次	姓　名	单　位
二等奖（12名）	郭子豪	黑龙江省民政职业技术学校
	王雪雪	北京社会管理职业学院
	罗　研	黑龙江省民政职业技术学校
	李玉龙	北京社会管理职业学院
	马光楠	北京社会管理职业学院
	车德禄	黑龙江省民政职业技术学校
	金凤茹	安徽城市管理职业学院
	赵紫涵	福建省民政学校
	李昕宇	长沙民政职业技术学院
	魏泽萌	北京社会管理职业学院
	乐嘉琪	福建省民政学校
	于　伟	北京社会管理职业学院
三等奖（18名）	王　曦	长沙民政职业技术学院
	卜　银	安徽城市管理职业学院
	王　婷	武汉民政职业学院
	李双秀	安徽城市管理职业学院
	胡攀健	福建省民政学校
	李思琪	长沙民政职业技术学院
	戚伟民	长沙民政职业技术学院
	张美馨	长沙民政职业技术学院
	张宗周	福建省民政学校
	王新宇	长沙民政职业技术学院
	杨　超	黑龙江省民政职业技术学校
	申　雅	武汉民政职业学院
	张　艳	武汉民政职业学院
	杨　晨	北京社会管理职业学院
	李智凯	长沙民政职业技术学院
	董庆枝	重庆城市管理职业学院
	付绍江	武汉民政职业学院
	侯靖雯	重庆城市管理职业学院

十九　2021年民政政策理论研究获奖论文（殡葬类）

奖次	论文题目	获奖者	单位
一等奖	逝有所安：从"惠民殡葬"走向基本殡葬服务	何文炯　胡晓毅 王琰骅	浙江大学
	突发公共卫生事件下民族风俗习惯适应性研究	马金生　王　波 石圣哲　黄文凌	中央民族大学 广西殡葬行业协会
二等奖	广西深化殡葬改革促进殡葬事业发展研究	张光廷　闭伟宁 杜　波　伍用文等	广西壮族自治区民政厅
	新时代殡葬行业人才队伍建设现状、问题与对策研究——以全国150家殡葬服务机构为例	何振锋　高淑梅 翟媛媛　亓娜等	北京社会管理职业学院 江苏省徐州市第二公墓 　管理处 黑龙江省民政职业技术 　学校 天津社会科学院等
	新时代殡葬文化建设研究	王小华　朱长引 程德文　周诚等	江苏省民政厅
	现代殡葬技术与管理专业群教师教学创新团队建设研究——基于区块链技术的视角	李　科　王　松	长沙民政职业技术学院
	宁波市殡仪服务行业现状困境分析与破解路径研究	周忠贤　卓洪斌 余　锋　陈绍友等	浙江省宁波市民政局
三等奖	广州市推行绿色文明殡葬的实践和探索	温凌飞　黄建伟 陈宪辉　陈兵等	广东省广州市民政局
	乡村振兴背景下深入推进殡葬改革研究	王　斌　黄　猛 唐　婧　尹德华等	贵州省民政厅
	新时代殡葬法制建设研究	林　弘　黄汉卿 吕良武　林颖等	福建省民政厅 福建省民政学校 福建省厦门市殡仪馆 福建省沙县殡仪馆等

社会科学文献出版社

皮 书

智库成果出版与传播平台

❖ 皮书定义 ❖

皮书是对中国与世界发展状况和热点问题进行年度监测，以专业的角度、专家的视野和实证研究方法，针对某一领域或区域现状与发展态势展开分析和预测，具备前沿性、原创性、实证性、连续性、时效性等特点的公开出版物，由一系列权威研究报告组成。

❖ 皮书作者 ❖

皮书系列报告作者以国内外一流研究机构、知名高校等重点智库的研究人员为主，多为相关领域一流专家学者，他们的观点代表了当下学界对中国与世界的现实和未来最高水平的解读与分析。截至2021年底，皮书研创机构逾千家，报告作者累计超过10万人。

❖ 皮书荣誉 ❖

皮书作为中国社会科学院基础理论研究与应用对策研究融合发展的代表性成果，不仅是哲学社会科学工作者服务中国特色社会主义现代化建设的重要成果，更是助力中国特色新型智库建设、构建中国特色哲学社会科学"三大体系"的重要平台。皮书系列先后被列入"十二五""十三五""十四五"时期国家重点出版物出版专项规划项目；2013~2022年，重点皮书列入中国社会科学院国家哲学社会科学创新工程项目。

权威报告·连续出版·独家资源

皮书数据库
ANNUAL REPORT(YEARBOOK)
DATABASE

分析解读当下中国发展变迁的高端智库平台

所获荣誉

- 2020年，入选全国新闻出版深度融合发展创新案例
- 2019年，入选国家新闻出版署数字出版精品遴选推荐计划
- 2016年，入选"十三五"国家重点电子出版物出版规划骨干工程
- 2013年，荣获"中国出版政府奖·网络出版物奖"提名奖
- 连续多年荣获中国数字出版博览会"数字出版·优秀品牌"奖

皮书数据库　　"社科数托邦"
微信公众号

成为会员

　　登录网址www.pishu.com.cn访问皮书数据库网站或下载皮书数据库APP，通过手机号码验证或邮箱验证即可成为皮书数据库会员。

会员福利

- 已注册用户购书后可免费获赠100元皮书数据库充值卡。刮开充值卡涂层获取充值密码，登录并进入"会员中心"—"在线充值"—"充值卡充值"，充值成功即可购买和查看数据库内容。
- 会员福利最终解释权归社会科学文献出版社所有。

数据库服务热线：400-008-6695
数据库服务QQ：2475522410
数据库服务邮箱：database@ssap.cn
图书销售热线：010-59367070/7028
图书服务QQ：1265056568
图书服务邮箱：duzhe@ssap.cn

社会科学文献出版社　皮书系列
SOCIAL SCIENCES ACADEMIC PRESS (CHINA)

卡号：921938327584
密码：

S 基本子库
UB DATABASE

中国社会发展数据库（下设 12 个专题子库）

紧扣人口、政治、外交、法律、教育、医疗卫生、资源环境等 12 个社会发展领域的前沿和热点，全面整合专业著作、智库报告、学术资讯、调研数据等类型资源，帮助用户追踪中国社会发展动态、研究社会发展战略与政策、了解社会热点问题、分析社会发展趋势。

中国经济发展数据库（下设 12 专题子库）

内容涵盖宏观经济、产业经济、工业经济、农业经济、财政金融、房地产经济、城市经济、商业贸易等 12 个重点经济领域，为把握经济运行态势、洞察经济发展规律、研判经济发展趋势、进行经济调控决策提供参考和依据。

中国行业发展数据库（下设 17 个专题子库）

以中国国民经济行业分类为依据，覆盖金融业、旅游业、交通运输业、能源矿产业、制造业等 100 多个行业，跟踪分析国民经济相关行业市场运行状况和政策导向，汇集行业发展前沿资讯，为投资、从业及各种经济决策提供理论支撑和实践指导。

中国区域发展数据库（下设 4 个专题子库）

对中国特定区域内的经济、社会、文化等领域现状与发展情况进行深度分析和预测，涉及省级行政区、城市群、城市、农村等不同维度，研究层级至县及县以下行政区，为学者研究地方经济社会宏观态势、经验模式、发展案例提供支撑，为地方政府决策提供参考。

中国文化传媒数据库（下设 18 个专题子库）

内容覆盖文化产业、新闻传播、电影娱乐、文学艺术、群众文化、图书情报等 18 个重点研究领域，聚焦文化传媒领域发展前沿、热点话题、行业实践，服务用户的教学科研、文化投资、企业规划等需要。

世界经济与国际关系数据库（下设 6 个专题子库）

整合世界经济、国际政治、世界文化与科技、全球性问题、国际组织与国际法、区域研究 6 大领域研究成果，对世界经济形势、国际形势进行连续性深度分析，对年度热点问题进行专题解读，为研判全球发展趋势提供事实和数据支持。

法律声明

"皮书系列"（含蓝皮书、绿皮书、黄皮书）之品牌由社会科学文献出版社最早使用并持续至今，现已被中国图书行业所熟知。"皮书系列"的相关商标已在国家商标管理部门商标局注册，包括但不限于 LOGO（▨）、皮书、Pishu、经济蓝皮书、社会蓝皮书等。"皮书系列"图书的注册商标专用权及封面设计、版式设计的著作权均为社会科学文献出版社所有。未经社会科学文献出版社书面授权许可，任何使用与"皮书系列"图书注册商标、封面设计、版式设计相同或者近似的文字、图形或其组合的行为均系侵权行为。

经作者授权，本书的专有出版权及信息网络传播权等为社会科学文献出版社享有。未经社会科学文献出版社书面授权许可，任何就本书内容的复制、发行或以数字形式进行网络传播的行为均系侵权行为。

社会科学文献出版社将通过法律途径追究上述侵权行为的法律责任，维护自身合法权益。

欢迎社会各界人士对侵犯社会科学文献出版社上述权利的侵权行为进行举报。电话：010-59367121，电子邮箱：fawubu@ssap.cn。

社会科学文献出版社